刑法罪名精释与案例百选

财产犯罪

罪名精释与案例百选

陈洪兵　著

CAICHAN FANZUI
ZUIMING JINGSHI YU ANLI BAIXUAN

法律出版社 LAW PRESS · CHINA ｜ 北京

图书在版编目(CIP)数据

财产犯罪罪名精释与案例百选／陈洪兵著. -- 北京：法律出版社，2023

(刑法罪名精释与案例百选)

ISBN 978-7-5197-8276-4

Ⅰ. ①财… Ⅱ. ①陈… Ⅲ. ①侵犯财产罪－法律解释－中国②侵犯财产罪－案例－中国 Ⅳ. ①D924.355

中国国家版本馆CIP数据核字(2023)第165287号

财产犯罪罪名精释与案例百选
CAICHAN FANZUI ZUIMING JINGSHI YU ANLI BAIXUAN

陈洪兵 著

策划编辑 张 珺
责任编辑 张 珺
装帧设计 汪奇峰

出版发行 法律出版社
编辑统筹 法商出版分社
责任校对 王晓萍 王语童
责任印制 胡晓雅
经 销 新华书店

开本 710毫米×1000毫米 1/16
印张 22 **字数** 322千
版本 2023年10月第1版
印次 2023年10月第1次印刷
印刷 固安华明印业有限公司

地址：北京市丰台区莲花池西里7号(100073)
网址：www.lawpress.com.cn
投稿邮箱：info@lawpress.com.cn
举报盗版邮箱：jbwq@lawpress.com.cn
销售电话：010-83938349
客服电话：010-83938350
咨询电话：010-63939796

书号：ISBN 978-7-5197-8276-4
定价：95.00元

凡购买本社图书，如有印装错误，我社负责退换。电话：010-83938349

出版说明

新中国成立以来，在几代刑法学者和实务工作者的辛勤耕耘下，我国刑法学和刑事审判实践取得了辉煌的历史成就，积累了丰富的实践经验，逐步建立健全了有中国特色的刑法学体系及其知识结构、话语体系等。[①] 刑法是维护社会秩序、保持社会的稳定利器，是具有现实引导意义的规范，谦抑性是对其的基本要求，但同时，“刑法是时代的一面镜子，敏感地反映着社会的各种变化”，[②]面对着纷繁复杂的社会关系和云谲波诡的客观变化，刑事立法必须紧紧跟随。

每一次刑事立法，无论是条文修改还是增设新罪，对于刑事法律适用过程中的每一位参与者而言，对每一项罪名的理解可能都有出入。如何准确理解立法本意，如何将言词简洁的条文适用于错综复杂的实践中，如何运用刑法逻辑推理出符合罪刑法定原则的结果，如何确保同案同判、统一裁判尺度等问题现于每一起刑事案件中，也是每一位刑法学人面临的现实问题，而解决这些问题的最佳路径就是研究《刑法》分则中的罪名和尽可能多的案例。

在笔者看来，写进《刑法》分则的每一项罪名都是悬在头上的“达摩克利斯之剑”，可能随时吞噬每一个人，“刑法学并不是一个智力游戏，它背后是沉甸甸的社会责任”[③]。研究关系生杀予夺、关乎每个人命运的《刑法》分则，是让每个

---

① 高铭暄：《习近平法治思想指导下中国特色刑法学高质量发展论纲》，载《中国应用法学》2023 年第 2 期。

② 张明楷：《外国刑法学》（第 2 版），法律出版社 2019 年版，“第二版前言”。

③ 张明楷：《张明楷刑法学讲义》，新星出版社 2021 年版，“序言”。

人在合法的范围内充分发挥社会主体作用的保障，更是真正实现《宪法》规定的“国家尊重和保障人权”的抓手。创制法律条文是为了适用于个案，抽象、概括、原则的法律条文具象后形成了案例。案例本身是具有重要法治价值的，是法律生命的住所，也是法治的生成方式，法律规则及法治经验多潜藏于已经处理的各类案例之中。[①] 对法学学科发展和法治社会建设而言，案例研究具有重大意义。

研究离不开阅读，笔者在教学研究工作中发现，市面上的刑法书大多是有关客观归责、不作为、因果关系、故意、过失、正当防卫、紧急避险、被害人承诺、共犯、罪数之类理论性极强的小众图书，或是实务人员编写的实操性很强但理论深度有所欠缺的汇编图书，抑或有关罗列类罪概念、特征、主体、客体、主观方面、客观方面、此罪与彼罪的区别等的教科书式图书，却少见对《刑法》分则的理论和实务都深入研究，将罪名阐释与案例充分恰当结合的图书。鉴于此，笔者在长期研究和积累的基础上，在法律出版社的策划和支持下，为广大司法实务工作者、研究人员和法科生献出这样一套《刑法》分则“宝典”——《刑法罪名精释与案例百选》，以丰富的案例贯穿于对抽象法律条文的解释之中，旨在打通刑法理论与司法实务的脉络，展现刑事司法逻辑的推演过程。

本丛书内容追求简洁、明快、实用，对每一项罪名的犯罪构成和实务疑难问题作精准阐释和解读，对收录的大量案例作精简呈现，不罗列理论学说和司法解释条文。对于分册安排，由于《刑法》分则第一章危害国家安全罪、第七章危害国防利益罪与第十章军人违反职责罪理论研究和实务适用较少，本丛书未特别设置相应分册；渎职罪内容不多，故将其与贪污贿赂罪合并为职务犯罪分册。各分册中详细解读了相关的每一项罪名，均按照“导读”“条文”“实务疑难问题（穿插案例）”三个部分编排。

本丛书分册包括：

《职务犯罪罪名精释与案例百选》；

《财产犯罪罪名精释与案例百选》；

《经济犯罪罪名精释与案例百选》；

---

① 胡云腾：《加强案例法学研究　提高案例研究水平》，载《法律适用》2020年第10期。

《人身犯罪罪名精释与案例百选》;

《危害公共安全罪罪名精释与案例百选》;

《妨害社会管理秩序罪罪名精释与案例百选》。

见出以知入,观往以知来。在刑法研究之路上,笔者真心希望能为解释《刑法》分则尽一位刑法学人应尽的责任,为我国犯罪治理体系优化,治理能力提高贡献微薄之力。

2023年4月

目　录 | CONTENTS

第一章　财产犯罪总论

第一节　财产犯罪的对象

·导　读·

何谓“财物”，应采管理可能性说，具有一定客观价值或者主观价值的有形财产、无形财产以及财产性利益，均应纳入财产犯罪的保护范畴。成立财产性利益犯罪，不应严格要求“移转性”，经营权、继承权属于刑法保护的财产性利益，但逼问他人银行卡密码、处于随时可以取款的地位的，不属于获得财产性利益。以暴力、欺骗手段使他人负担债务的，成立财产性利益犯罪的既遂。网络虚拟财产属于物权，是一种无形财产，系财产犯罪的对象；即便认为侵犯网络虚拟财产的行为符合侵犯通信自由罪、破坏计算机信息系统罪构成要件，也不可否认可能同时符合盗窃罪等财产犯罪构成要件，应当作为想象竞合犯从一重处罚。信息是一种无形财产，非法获取他人商业秘密的，成立侵犯商业秘密罪与盗窃罪等财产犯罪的想象竞合犯，从一重处罚。

实务疑难问题

1. 何谓“财物”？

案1：啤酒厂为了促销，在部分啤酒瓶盖的里面印有获奖标记，如果购买了瓶盖上有获奖标记的啤酒,就可凭瓶盖兑奖。甲将啤酒厂兑奖后收回的瓶盖盗走。如果甲再兑奖,可以获得5000余元的奖品。

作为财产犯罪对象的财物必须具有价值,其中的价值不仅包括积极的价值,而且包括消极的价值。如银行收回的破损的货币、本案中啤酒厂已经兑奖过的啤酒瓶盖,虽然对银行和啤酒厂来说已经没有什么用处,但一旦落入他人之手,他人便可能利用破损的货币和啤酒瓶盖重新兑换和兑奖,而使银行和啤酒厂遭受财产损失。因此,这种银行收回的破损的货币和啤酒厂兑奖过的啤酒瓶盖应属于刑法上的财物。即便本案中行为人没有重新兑奖,由于盗窃罪是针对个别财产的犯罪,被害人个别财产的丧失就是财产上的损失。事实上,如果行为人盗走了啤酒瓶盖,啤酒厂的兑奖义务就相应增加了,在此意义上讲,啤酒厂实际上增加了债务。即使在转移占有之外还要求财产损失,也可以说啤酒厂遭受了财产性利益的损失。因此,本案中甲窃取了啤酒厂兑奖过的瓶盖,就成立针对啤酒瓶盖的盗窃罪。如果甲凭之全部兑换了奖品,又构成了针对奖品的诈骗罪。由于啤酒厂实际上仅遭受了一个财产损失,所以成立盗窃罪与诈骗罪的包括的一罪,从一重处罚即可,犯罪金额为5000元。

确定“财物”的含义,直接关系到盗窃罪等财产犯罪的成立范围。关于财物的含义,国外刑法理论中存在有体性说(有体物说)和管理可能性说的对立,管理可能性说内部又存在事务管理可能性说与物理管理可能性说的分歧。有体性说认为,财物仅限于有体物,有体物包括固体、液体和气体。瓦斯、冷气、热气等属于有体物;电、热、冷、光等系无体物,不属于财物。管理可能性说认为,财物不限于有体物,只要具有管理可能,即具有可移动性与管理可能性即可。其中,物理管理可能性说认为,财物并不限于有体物,具有物理的管理可能性的东西就是财物。除电之外,其他凡具有物理上的管理可能性的水力、火力、冷、热、放射线等无形能源均属于财物,但像劳动力、牛马的牵引力、债权等不具有物质性的无形利益,不包括在内。事务管理可能说则认为,凡是具有事务管理可能性的东西,都是财物,如牛马的牵引力、债权、信息等,均具有事务的管理可能性,故属于财物。

国内有观点认为,1997年《刑法》盗窃罪中的“财物”限于有形财物,对于盗窃电力、煤气、天然气等无形财产的行为是否以盗窃罪进行认定,就是通过司法解释加以确认的。还有观点指出,盗窃罪的对象原则上应限于有体物;《刑法》第265条关于盗接他人通信线路、复制他人电信码号以盗窃罪定罪处罚的规定,应作为例外规定解释;我国司法解释规定电力可以作为盗窃的对象,偏离了罪刑法定原则。以上观点显然持有体性说的立场。

国内通说教科书指出,盗窃罪的对象不仅指有体物,而且包括无体物,如电力、燃气、天然气等,电信码号也可成为盗窃罪的对象。还有教科书指出,盗窃罪的犯罪对象,必须同时具有经济价值型、可支配性和属于动产范围三个特征。从通说教科书来看,似乎不赞成有体性说。这基本上是管理可能性说的立场。

张明楷教授认为,作为财产犯罪对象的财物,必须具有以下三个特征(否则,要么他人不可能侵犯,要么不值得刑法保护):其一,具有管理可能性。这是相对于被害人而言的,如果被害人根本不可能管理,我们就不能说被害人对某种财物具有占有权或者所有权,因而也不能认定其丧失了某种财物。而且,盗窃、抢劫等罪都表现为将他人占有的财物转移给自己或者第三者占有。所以,只有被害人具有管理可能性(可以占有)的东西,才可能成为财物。其二,具有转移可能性。这是就取得罪相对于行为人而言的,如果行为人不可能转移被害人管理的财物,就不可能取得被害人的财物。是否具有转移可能性,要以同时代的科学技术水平与能力为标准做出判断。其三,具有价值性。这是相对于保护法益而言的,如果一种对象没有任何价值,就不值得刑法保护。总之,作为财产犯罪对象的财物,包括具有价值与管理、转移可能性的一切有体物、无体物与财产性利益。①

本书赞成管理可能性说。首先,财产的本质特征是具有价值,包括客观价值和主观价值,凡是具有价值和管理可能性的有体物,当然属于财产犯罪保护的对象。其次,日本刑法理论中的有体性说之所以是通说,是因为根据日本现行法律规定利益盗窃不可罚,若采用管理可能性说,会导致财物概念的界限不明确,甚

① 参见张明楷:《刑法学》(第6版),法律出版社2021年版,第1212、1219页。

至处罚利益盗窃行为。而在我国,由于刑法中关于财产犯罪的对象并未明确区分财物与财产性利益,侵犯财产性利益的行为不仅具有当罚性,而且在现行法上也不存在任何障碍,况且我国财产犯罪的成立一般要求数额较大,即便承认无形财产和财产性利益可以成为财产犯罪的对象,也不会导致财产犯罪的处罚范围漫无边际。最后,民法上区分无体物与有体物的主要作用在于为构建物权法的体系而发挥工具性的作用,而并非对物的法律属性的准确描述;就连严格坚持"物必为有体"的德国民法学界也无法不正视其自身的理论困境。可以说,传统民法仅仅以有体物作为规范对象的模式已经越来越难以适应日益变化发展的社会形势的需要。当今世界正处于知识经济时代,财物的概念已经发生本质的变化,财产已经不再是仅仅局限于有体物,而更主要表现为无形财产。然而,我国民法学界关于"物必为有体"的观点构成了刑法学界关于盗窃罪犯罪对象的"有体性说"的直接理论依据。遗憾的是,刑法学界没有从构建物权法体系、界定物权法的调整对象的角度去理解"物必为有体"理论,而是对该理论做了片面的、错误的理解。

作为财产犯罪的对象,不仅要具有管理可能性,系所有权的对象,而且必须具有一定的价值。所谓价值,就是对人的有用性,包括客观价值与主观价值。国外刑法理论通说认为,即便不具有买卖等交换价值(客观价值),但只要对所有人、占有人而言具有主观价值就够了,如情书、儿时的照片;对所有人而言,只要具有满足精神欲望、感情需要的价值,就具有值得刑法保护的必要性;只有既不具有客观价值,也不具有主观价值,或者价值极为低廉,没有达到值得刑法保护程度的财物,才不是刑法保护的对象。

在《刑法修正案(八)》通过之前,由于盗窃等罪的入罪基本上都要求数额较大,而"数额较大"的计算标准一般是财物的市场交换价值,也就是说,财产犯罪入罪与否,基本上考量的是财物的客观价值,而鲜有关注财物的主观价值。然而,任何物品的使用价值都是相对的。刑法保护的是作为个体的人,而不是抽象的人,只有关注财物的主观价值,才能真正实现刑法的法益保护目的。有学者以《刑法修正案(八)》增设了入户盗窃、携带凶器盗窃和扒窃这三种不要求数额较大的盗窃行为类型为契机,提出某些纪念品(如具有纪念意义的照片、信件等)、身份证、出入境证件、信用卡、存折等，本身不一定具有经济价值，但对所有人、占有人具有使用价值，社会观念也认为对这种物品的占有值得刑法保护，因而应当成为盗窃罪的对象。

本书认为，除盗窃罪的特殊行为类型外，盗窃、诈骗、抢夺、敲诈勒索公私财物中的"数额较大"，也未必就意味着指客观价值"金额较大"，还可以理解为"数量较大"；而"数量较大"既包括客观价值较大，也包括主观价值较大，如诈骗、抢夺多张身份证、出入境证件、信用卡、存折的，完全可以认定为"数额较大"，从而以诈骗、抢夺罪定罪处罚。

综上所述，刑法中的"财物"，是指存在一定客观价值或者主观价值，具有管理可能性和转移可能性的财产，包括有形物、无形物以及财产性利益。

2. 财产性利益能成为我国财产犯罪的对象吗？

案2：A使用暴力逼迫"富姐"B给自己写下200万元的欠条。后来，A持"富姐"B写下的欠条去法院提起诉讼，获得胜诉判决并执行。

欠条是债权这种财产性利益的凭证，A使用暴力手段逼"富姐"写下欠条，就意味着让"富姐"背负了200万元的债务，所以A获取欠条时就已经构成抢劫财产性利益的既遂。之后A持欠条去法院起诉的行为，构成虚假诉讼罪与（诉讼）诈骗罪的想象竞合。由于抢劫和诈骗实际上侵害了一个法益，或者说"富姐"实际上仅遭受了一个财产损失，所以成立包括的一罪。如此，全案可以抢劫罪与虚假诉讼罪数罪并罚。

案3：甲到乙家行窃，发现一叠别人欠乙钱的欠条，甲拿走欠条后一一找到债务人，以支付欠条记载部分金额的方式换取欠条的销毁。

欠条是债权债务的凭证。虽然从民法上讲，丧失欠条并不意味着丧失了债权，但当欠条是债权债务的唯一凭证时，丧失欠条的债权事实上成为无法履行的自然债务。所以甲盗走乙的欠条的行为，事实上使得乙丧失了债权，这与盗窃定额支票类似，应成立盗窃罪。需要指出的是，本案中乙的债务人没有被骗，不是被害人，所以甲不对乙的债务人成立犯罪。

案4：甲想入股乙开的一家很赚钱的货运公司，但乙一直拒绝。于是，甲带着一帮人到乙办公室将乙打了一顿,并强迫乙签订股权转让协议,让乙将50%股权转让给自己,甲仅象征性地支付给乙10万元股权转让款。在签订此协议之后的1年内,甲每个月按时间获得红利,一年内获得350万元。

股权是一种财产性利益。甲强迫乙签订了股权转让协议,就成立抢劫财产性利益的既遂,抢劫数额就是50%股权的价值,甲象征性地支付的10万元所谓转让款不应从中扣除。之后的350万元的分红属于犯罪所得收益,应当追缴后返还给乙。

所谓财产性利益,是指财物以外的财产上的利益。在我国,关于财产性利益,需要思考以下问题:财产性利益是否为财产犯罪的对象?如何界定财产性利益的范围?财产性利益可以成为哪些财产犯罪的对象?财产性利益犯罪的既未遂标准如何?财产性利益犯罪与财物犯罪的关系如何处理?

第一,财产性利益是否为财产犯罪的对象?

在其他国家和地区,由于刑法中关于财产犯罪的对象明确区分为财物(或者“物”)与财产性利益,财产性利益一般作为二项犯罪的对象加以规定,所以财产性利益可以成为哪些犯罪的对象,往往一目了然,无须争论。而我国刑法关于财产犯罪的对象,基本上都是笼统规定为“公私财物”,这就难免引起理论上的纷争,而形成肯定说与否定说的对立。

肯定说的理由主要有:(1)《刑法》分则第五章规定的是侵犯“财产”罪,而财产性利益属于“财产”。(2)财产性利益与狭义的财物对人的需要的满足没有实质性的差异。而且,财产性利益也具有财产价值,甚至可以转化为现金或其他财物,因而是值得保护的重要利益,将其作为盗窃、诈骗等罪的对象,具有现实的妥当性。例如,盗划他人存款,如果不认定为盗窃罪(既遂),显然不利于法益保护,也导致处罚的不公平。(3)司法实践中一般也将财产性利益作为财产罪的对象,例如司法解释规定,使用伪造、变造、盗窃的武装部队车辆号牌,骗免养路费、通行费等各种规费的,以诈骗罪定罪处罚。(4)《刑法》的相关规定也肯定了财产性利益可以成为财产犯罪的对象,例如,《刑法》第265条关于复制电信码号以盗窃罪定罪处罚的规定,第210条关于盗窃、诈骗增值税专用发票以盗窃、诈骗罪定罪处罚的规定,以及第 276 条之一关于拒不支付劳动报酬罪的规定。

否定说认为,我国刑法并没有像《日本刑法典》那样规定利益罪,只是因为盗窃罪的性质决定了财产性利益不能成为该罪的侵害对象;根据财产罪的一般原则,利益不能成为盗窃的对象,这主要是为了保证盗窃罪解释上的明确性,同时也为了限制处罚不当罚的行为。否定说一般把《刑法》第 265 条的规定理解为特别或例外规定,而且将财产性权利凭证和发票作为狭义的财物而不是财产性利益进行把握。

本书赞成肯定说,认为财产性利益可以成为财产犯罪的对象。否定说存在疑问。单就《刑法》第 265 条和第 210 条而言,既可能理解为注意规定,也可能理解为特别规定;将财产性权利凭证(如欠条)和发票看作狭义的财物,也没有问题。但是,从刑法体系性解释的角度以及法益保护的要求来看,这种理解有失偏颇:其一,盗打电话侵害的对象是电信服务这种财产性利益,相对于盗划存款和盗窃、抢劫欠条等行为,刑法保护的必要性要低得多,根本没有设置拟制规定加以特别保护的理由。其二,若将第 210 条理解为特别规定,不仅导致以其他手段,如侵占、毁坏、敲诈勒索增值税专用发票的行为不能成立犯罪,而且使盗窃、诈骗增值税、抵税发票以外发票的行为,也不能以财产犯罪论处。这有违国家严厉打击发票犯罪的宗旨。其三,若将财产性权利凭证如欠条,仅仅理解为财物,则盗窃、抢劫、毁坏欠条的行为,即便实际上给债权人造成了重大的财产损失,往往也会因为欠条本身的价值极为低廉(纸张价值),而不值得作为财产犯罪处罚。若如此,显然不利于保护被害人的财产权益。故第 265 条以及第 210 条的规定,不过是注意规定,除此之外的财产性利益,也应成为财产犯罪的对象。

第二,财产性利益的范围。

如果将财产分为有形财产与无形财产,则财产性利益显然属于无形财产。不过理论上一般在有形财产与无形财产以外,单独讨论财产性利益。问题在于,财产性利益的范围始终不够明确。较为一致的看法是,债权债务、劳务以及服务属于财产性利益。有争议的是,经营权、继承权以及知悉密码后处于随时可以取款的地位,是否属于财产性利益?

必须先明确一个问题:成立财产性利益犯罪,是否必须与“财物”犯罪一样严格要求移转性？对于财物犯罪来说，一方得到某种财物的同时，就意味着对方丧失、移转了同样的财物，这乃不言自明的道理。但对于财产性利益犯罪来说，则呈现出复杂性。例如，避开检票口溜到地铁列车上无票乘车的，行为人虽然得到了运输劳务，但地铁公司未必丧失了运输劳务，因为无论行为人是否上车，列车都会在固定的时间、固定的线路上运行。又如，行为人利用伪造的电话卡拨打电话，行为人得到了电信服务，但电信局未必就因此丧失了电信服务。再如，偷偷溜进电影院看几场《哈利波特》，行为人得到了艺术享受，但未必意味着就给电影院造成了相应的财产损失。还如，行为人得到了商业秘密（商业秘密属于无形利益），但未必意味着所有权人就完全丧失了商业秘密，而是呈现行为人与原所有权人共同占有商业秘密的状态。因此，对于财产性利益犯罪而言，不应像财物犯罪一样，严格要求财产的取得与丧失的同一性、移转性。换言之，只要一方提供了某种劳务或服务，另一方享受了该种劳务或服务，就应肯定劳务、服务的转移，成立占有转移罪（夺取罪）。

关于继承权，日本刑法理论与判例一般否认为了取得继承权而杀害被继承人或者其他继承人的，成立抢劫杀人罪。判例理由是，作为二项抢劫对象的财产性利益，与一项抢劫一样，必须是在未被压制反抗的情况下被害人能够任意处分的利益；然而，因遗产继承而实施的财产继承，人的死亡是启动遗产继承的唯一原因，并无任意处分的余地，因此，继承权并不属于抢劫之对象的财产性利益，杀害被继承人而未得逞的，不成立抢劫杀人罪未遂。理论认为，对于属于继承对象的个别财产，被继承人当然可以进行处分，但对于因遗产继承而取得的继承人地位，并不能认定具有获取利益的现实性。关于经营权，日本判例认为，为了取得公司的经营权而杀害实际的经营者，不能说因杀害行为本身而转移了“经营上的权益”，因此不能成立抢劫利益罪。

本书认为，虽然一般认为成立财产性利益犯罪，要求利益的取得具有现实性、具体性和确实性，但是，通过杀害实际经营者、被继承人，往往就能导致经营权的转移和继承的发生，所以本身并不缺乏利益移转的现实性、具体性和确实性。另外，虽然采用杀人手段获取的继承权、经营权在法律上是无效的，但不应因此影响利益犯罪的成立。正如从民法意义上讲，以盗窃、抢劫等非法手段虽然可以暂时取得财产的占有,但不可能取得法律意义上的所有权,而这并不影响财产犯罪的成立。质言之,即便财产只是抽象、包括性地转移,也没有理由否定财产性利益犯罪的成立。

关于以强迫手段逼问出被害人银行卡密码的事例,日本东京地方法院一审认为,成立抢劫利益罪必须发生财产性利益的转移,即伴随行为人取得利益的,必须是被害人利益的丧失。本案中被告人虽然逼问出了银行卡密码,但关于银行卡的信息仍属于被害人与被告人共同享有,即被害人并未丧失利益,被告人也没有因此得到财产上的不法利益,故而不成立抢劫罪,而仅成立强要罪。东京高等法院二审撤销了一审强要罪的判决,肯定了抢劫利益罪的成立。理由是:获得银行卡并知悉密码,被告人实际上取得了自由支配银行卡的地位,即随时随地可以处分银行卡上的存款,因而事实上取得了通过银行卡和密码在 ATM 上取款的地位这种财产上的利益,故而成立抢劫利益罪。日本前田雅英教授对东京高等法院肯定抢劫利益罪成立的结论表示支持,认为逼问出银行卡密码,即使尚未取款,也已取得了财产上的利益,具备了以抢劫利益罪论处的当罚性,能够肯定抢劫利益罪的成立。

本书认为,成立财产犯罪必须要求被害人存在财产损失,而逼问出银行卡密码的行为,虽然使被害人银行卡上的存款处于随时可能被侵害的危险状态,但被害人并没有因此遭受财产上的实际损失;如果认为这种情形也成立财产犯罪而且属于犯罪既遂的话,则只要获得他人银行卡和密码,则卡上的金额就是犯罪数额,就可能以盗窃、抢劫数额巨大,甚至特别巨大量刑,显然违背罪刑相适应原则。而且,若认为处于随时可能取款的地位就成立犯罪,则非法获取了他人房间钥匙,就能成立针对房间内财物的财产犯罪,这恐怕不能被人接受。故而,获取他人银行卡和密码,尚未取款的,不宜认为行为人已经取得了财产上的利益,一般来说,评价为犯罪预备或未遂即可,或者仅成立针对银行卡本身(而不是卡上的存款)的抢劫财物罪的既遂。

第三,财产性利益可以成为哪些财产犯罪的对象?

明确规定财产性利益犯罪的国家,一般肯定财产性利益可以成为抢劫罪、诈骗罪、敲诈勒索罪、背信罪的对象。我国刑法没有区分财物与财产性利益,而且成立财产犯罪一般要求数额较大，承认财产性利益可以成为财产犯罪的对象，也不会导致财产犯罪的处罚范围漫无边际。从理论上讲，在我国，财产性利益可以成为所有财产犯罪的对象。

对于强行索回欠条并销毁以及强迫他人写下债权债务已经清偿的收条的行为，属于强行免除债务的行为，我国司法实践中一般认定为抢劫罪。① 对于逼写欠条使他人负担债务的，可以认定为抢劫（财产性利益）罪的既遂。在司法实务中，对于行为人先以暴力威胁手段逼迫被害人写下退资 20 万元的凭证，被害人被迫汇款 8 万元，因无力支付另外 12 万元，而又被迫写下 12 万元借条的案件，法院认定构成抢劫罪，抢劫金额为 8 万元，逼写 12 万元借条的事实只能作为一个量刑情节考虑，而不成立敲诈勒索罪实行数罪并罚。② 本书认为，法院未将逼写借条的金额计入抢劫财物的数额是正确的，但逼写借条的行为应认定为抢劫财产性利益的既遂，应当以同种数罪实行并罚。

对于盗窃欠条，有观点认为，借条、欠条不属于刑法上的“财物”，不属于有价证券、有价凭证、有价票证；债务人盗窃自己出具给债权人的借条、欠条，意图赖账的，不构成盗窃罪，有可能构成侵占罪。还有观点认为，盗窃单位欠条后冒充债权单位收取欠款的，成立盗窃罪。本书认为，如果欠条是关键证据，债权人失去欠条将意味着债权难以实现，则欠条作为债权凭证，本身值得作为财产犯罪的对象加以保护；债务人盗窃、骗取、抢劫欠条后加以隐匿或者毁坏的，导致被害人债权实际上难以实现的，成立盗窃、诈骗、抢劫罪，而不是故意毁坏财物罪；第三人出于利用的意思，如将欠条有偿或者无偿地交给债务人，则应根据取得欠条的行为方式，成立盗窃、诈骗、抢夺、抢劫等罪；第三人若出于使被害人遭受财产损失的意思，如盗窃、抢夺、抢劫欠条后销毁或者隐匿的，成立故意毁坏财物罪。

劳务和服务可以成为盗窃罪的对象，最典型的是无钱食宿、无票乘车和偷看

① 参见贵州省高级人民法院（2006）黔高刑二终字第 11 号刑事判决书；浙江省金华市中级人民法院（2002）金中刑二终字第 114 号刑事判决书。

② 参见江苏省苏州市虎丘区人民法院（2010）虎刑初字第 0046 号刑事判决书；江苏省苏州市中级人民法院（2010）苏中刑终字第 0106 号刑事裁定书。

电影戏剧。关于无钱食宿(同时具有财物和财产性利益性质),行为人起初就没有付钱的意思而大大咧咧地点菜吃饭、入住宾馆的(犯意先行型),无论行为人事后是悄悄溜走,还是谎称送人而一去不复返,都已经成立(举动)诈骗罪;行为人食宿享受完毕后方产生赖账意思的(食宿先行型),这时行为人与被害人之间形成了关于食宿费用的债权债务关系(食宿后不可能要求返还原物),行为人悄悄溜走的,构成利益盗窃(逃避债务),谎称送人而一去不复返的,根据处分意思不要说,成立诈骗罪。无论上述哪一种情形,行为人食宿后采用暴力、胁迫手段,使对方免除支付食宿费用的,成立盗窃罪、诈骗罪与抢劫罪的包括的一罪,最终以抢劫罪定罪处罚。无票乘车与无钱食宿相似,根据具体情形分别处理。偷看电影戏剧的,属于利益盗窃。

关于财产性利益犯罪,还有两点需要强调:一是虽然财产性利益原则上可以成为所有财产犯罪的对象,而且成立财产性利益犯罪,不要求严格的占有转移性,但如果没有给被害人造成现实的财产损失,而只是存在财产损失的危险性的,不宜认定为侵犯财物犯罪的既遂,而只能认定为财产性利益犯罪的既遂。例如,强迫他人写下欠条,尚未兑现的,评价为抢劫财产性利益的既遂。又如,以欺骗、恐吓手段让他人写下借条,最终未能兑现的,成立诈骗、敲诈勒索财产性利益的既遂。设赌博骗局使对方欠下赌债,只要赌债没有兑现,成立诈骗财产性利益的既遂。二是侵占他人财物后,以欺骗手段使所有权人放弃返还原物要求的,虽然也属于针对财物返还请求权这一财产性利益的诈骗,但由于与所侵占的财物实质上属于同一财产法益,事后欺骗仅属于掩盖犯罪事实的行为,没有侵害新的法益;若将事后行为认定为诈骗罪,就有违立法者特意对侵占罪规定较轻法定刑的宗旨,因而评价为侵占罪一罪即可。但是,如果行为人在所有权人要求返还财物时,以暴力手段拒绝返还,则因为侵害了人身权这一新的法益,可以成立侵占罪与针对财物返还请求权的抢劫罪的包括的一罪,以抢劫罪一罪定罪处罚即可。

3. 抢劫他人游戏装备,构成抢劫罪吗?

案5:周某采用向他人计算机植入计算机病毒远程控制他人计算机的手段,盗取他人网络游戏的游戏金币,并通过网络销售获利7万余元。一审法院以盗窃罪判处周某有期徒刑 11 年,并处罚金 1 万元。周某上诉后,二审法院判决指出:“上诉人周某采用非法向他人计算机输入木马程序远程控制他人计算机的手段,盗取他人计算机储存的网络游戏金币,并出售牟利,由于游戏金币作为虚拟财产无法准确估价,且现有证据不能确定周某非法获利的数额,原判认定其行为构成盗窃罪的定性不准,量刑不当……周某盗窃的网络游戏金币属于计算机信息系统数据,且其累计作案达 200 余次,情节严重,其行为构成非法获取计算机信息系统数据罪。”

应该说,一审判决是正确的。二审判决存在疑问:第一,二审判决虽然肯定了游戏金币是虚拟财产,却又以无法准确计算其价值(财产数额)为由否定行为的盗窃性质,这就明显不符合逻辑。行为是否属于盗窃,与所盗窃的财物如何计算数额,是两个不同的问题。不能因为不知道如何计算数额,就否认行为属于盗窃。第二,二审判决虽然肯定行为人非法获利,却以现有证据不能确定行为人非法获利的数额为由否定行为的盗窃性质,同样不符合逻辑。第三,“周某盗窃的网络游戏金币属于计算机信息系统数据”这一结论,并不能成为否认周某的行为成立盗窃罪的理由。这是因为,任何一种对象都可能具有多重属性,网络游戏币虽然是计算机信息系统数据,但仅此还不足以否认它是财物或者财产。所以,本案应成立盗窃罪与非法获取计算机信息系统数据罪的想象竞合,从一重处罚。

案 6:四名被告人在网吧玩游戏,发现被害人游戏装备的级别特别高,就要求被害人以较低的价格转让给自己,被害人不同意,四名被告人就在网吧里面,拿着凶器胁迫被害人将游戏装备转到了他们的账号里。

由于网络游戏装备具有价值,可以管理和转移,值得刑法保护。本案中,四名被告人抢劫游戏装备,应成立抢劫罪。抢劫数额就是被害人游戏装备的市场交换价值。

案 7:田某等四人利用深圳某网络游戏的漏洞,通过专门软件突破了其中两台服务器的防火墙,植入 20 多个账号刷卡,盗取平台服务商 1300 亿游戏币。价格鉴定结论为:以 2009 年 4 月 28 日为价格鉴定基准日,以 1 亿游戏金币即 350 元的市场价计算,犯罪嫌疑人田某等四人所盗窃的 1300 亿游戏金币核价为 45.5 万元。

由于网络服务商的虚拟财产具有一次产出、无限销售的特点,而明显不同于网络用户的虚拟财产。用户损失的虚拟财产,与其现实生活中的财产损失基本上没有什么区别。例如,用户 A 损失价值 2000 元的 Q 币与其损失现实的 2000 元人民币,没有什么区别。而腾讯被盗 1 亿 Q 币与其被盗 1 亿元现金就明显不同。在 1 亿 Q 币被盗后,只要有用户购买 Q 币,无论购买多少,腾讯依然能满足用户的需求。所以,在相同条件下,网络服务商的财产损失与用户的财产损失不可等同评价。对于非法获取网络服务商的虚拟财产的,在具备数额较大或者其他成立犯罪所必需的条件(如多次盗窃虚拟财产)的前提下,按情节量刑而不按数额量刑。本案中,对于田某等人的行为不应按盗窃 45.5 万元量刑,而是直接按情节量刑。如果认为情节不严重,则适用最低档法定刑。在判断情节是否严重时,应综合考虑行为的次数、持续的时间、非法获取虚拟财产的种类与数量、销赃数额等。当然,原则上应当尽可能避免适用情节特别严重的法定刑。

近年来,"网络虚拟财产"成为最热门的词汇之一,但到底什么是网络虚拟财产,又众说纷纭。本书认为,所谓网络虚拟财产,大致是指存在于网络世界中,依赖电脑和网络呈现,不具备有形实体,属于网络运营商和游戏玩家等网络用户的无形财产。

从司法实践来看,目前对于侵害网络虚拟财产行为的处理,主要有四种途径:一是宣告无罪,作为民事违法或违反《治安管理处罚法》处理;二是认定为盗窃罪;三是认定为侵犯通信自由罪;四是认定为破坏计算机信息系统罪。很显然,对侵害网络虚拟财产行为正确定性的前提,是明确网络虚拟财产的性质。关于网络虚拟财产的性质,法学理论上主要有四种观点:"新型财产权说"、"知识产权说"、"债权说"和"物权说"。由于网络虚拟财产只是客观存在的数字信息,而不是必须通过抽象思维才能加以感受和消费的精神产品,将网络虚拟财产权看作知识产权显然不妥当。债权只是一种相对权,任何一个在线游戏的参与者都有可能成千上万,而且任何一种网络虚拟财产都有可能面临"黑客"的攻击,虚拟财产权的义务主体完全有可能是不特定的多数人,因而,将虚拟财产权看作一种债权(一种相对权),显然不利于对网络虚拟财产的保护。虚拟财产权具有支配性特征,是一种对世权、绝对权,应属于物权的范畴。

本书认为,网络虚拟财产作为一种无形财产,其具有财产所需的效用性、稀缺性和流转性等属性,值得以刑法手段进行保护。出于利用的意思,侵害他人网络虚拟财产牟利的,应当以盗窃罪、抢劫罪等取得罪论处。当然,其前提是必须符合取得罪的行为类型。有观点认为,抢劫虚拟财产的手段并不限于物理上的强制,还可以采用非现实的强制力,如技术强制。所谓技术强制,是指行为人依靠计算机技术手段,迫使他人的计算机系统或某一程序不能使用,或无法正常使用,进而在他人缺乏技术对抗或者反抗能力的情况下,强行劫取他人的虚拟财产。以技术手段实施的网络抢劫行为,类似于将仓库保安人员反锁在值班室,然后在其目视之下拿走仓库财物的情况。抢劫罪不是国外刑法所规定的强制罪,而是以暴力、胁迫手段侵害生命、健康或者剥夺人身自由的方式,压制他人的反抗,进而取得财物的犯罪。而技术强制,虽然对他人的意志自由存在一定的压制,但并没有侵害他人的生命与健康,也没有现实地剥夺他人的人身自由,根本不同于通过反锁保安人员剥夺他人人身自由进行抢劫的情形。故而,以技术强制的方式取得他人网络虚拟财产,不符合抢劫罪的构成要件。

关于盗卖 QQ 号,即便客观上可能导致原用户的聊天内容泄露,侵害他人的通信自由,因而有可能被评价为“非法开拆他人信件”、情节严重,进而以侵犯通信自由罪定罪处罚。但是,QQ 号作为聊天工具,不仅对原用户具有使用价值(主观价值),而且既然能够出售,还说明 QQ 号具有客观的交换价值;既然具有主观价值和客观价值,就值得作为财产犯罪的对象加以保护。因而,盗卖他人 QQ 号的,即使因为可能侵犯他人的通信自由而符合侵犯通信自由罪的构成要件,也不可否认同时符合盗窃罪构成要件,应成立想象竞合犯,通常以法定刑更重的盗窃罪定罪处罚。

有观点认为,将侵犯网络虚拟财产的行为认定为破坏计算机信息系统罪,在不违背罪刑法定原则的同时,既避免了对虚拟财产法律属性的争议,也体现了从严治理网络犯罪的刑事政策。其一,固然,侵犯网络虚拟财产的行为,一般会对他人计算机信息系统中存储、处理或者传输的数据进行一定的删除、修改、增加的操作,但不能认为,只要存在这些操作,就应成立破坏计算机信息系统罪。例如,非法侵入银行计算机信息系统盗划他人存款,或者侵入后直接在自己的账户上进行增加存款数额的记账操作的,虽然也可谓对数据的修改、增加,但不应以破坏计算机信息系统罪定罪处罚。其二,破坏计算机信息系统罪属于"妨害社会管理秩序罪"一章中的扰乱公共秩序罪罪名,其侵害的法益是社会法益,而通过非法侵入他人计算机信息系统,对数据进行删除、修改、增加的操作,侵害了他人的财产权,虽然可能符合破坏计算机信息系统罪构成要件,但也可能同时成立财产犯罪。事实上,非法侵入他人计算机信息系统进行上述操作只是手段,目的要么是破坏他人财产(没有利用的意思),要么是获利。我们不能因为行为符合破坏计算机信息系统罪构成要件,就否认成立财产犯罪。正如以破坏性手段进行盗窃的,如为盗窃文物而切掉秦始皇兵马俑的头部,为盗窃文物而破坏性地盗掘古墓,即使符合故意毁坏财物罪、故意损毁文物罪、盗掘古墓葬罪等罪构成要件,也不可否认这些行为同时符合了盗窃罪构成要件。

因此,通过非法侵入他人计算机信息系统,对数据进行删除、修改、增加的操作,侵犯他人网络虚拟财产,同时符合破坏计算机信息系统罪和故意毁坏财物罪、盗窃罪构成要件的,成立想象竞合犯,应当从一重处罚。

综上,网络虚拟财产属于物权范畴,是财产犯罪的保护对象;侵犯网络虚拟财产的行为,即便符合侵犯通信自由罪、破坏计算机信息系统罪构成要件,也可能同时符合故意毁坏财物罪、盗窃罪等财产罪构成要件,而形成想象竞合犯,应当从一重处罚。

4. 窃取商业秘密,能构成盗窃罪吗?

在 1997 年《刑法》增设侵犯商业秘密罪之前,司法实践中对盗窃他人技术成果的行为是以盗窃罪定罪处罚的;增设之后,刑法理论与实务均认为,以盗窃等方式非法获取他人商业秘密的,只能以侵犯商业秘密罪定罪处罚。由于信息属于一种无形财产,在坚持有体性说的国家,如日本,一般认为信息本身因不属于有体物而不能成为盗窃罪的对象,只有信息的载体,如承载信息的纸张、U 盘,才是财产犯罪的对象。这就导致对于非法获取他人商业秘密的行为,评价的不是商业秘密本身的价值,而是承载商业秘密的纸张等价值显然微不足道的媒介物。不评价对信息本身价值的侵害,而是评价对纸张等媒介物的侵害,可谓本末倒置。而且,如果行为人自带纸张复印他人的商业资料,或者用自己的U盘拷贝他人的商业信息数据资料,则可能针对信息媒介物的财产犯罪都不能构成。正是因为考虑到这一点,日本将侵犯营业秘密的行为纳入反不正当竞争法的范畴。但即便如此,仍有学者认为,由于反不正当竞争法旨在保护公平的竞争秩序,而财产犯罪保护的是财产价值,因而,以盗窃、抢劫等方式非法获取他人营业秘密,同时触犯反不正当竞争法和财产犯罪的,成立包括的一罪。

本书认为,以盗窃、诈骗、抢劫等方式非法获取他人商业秘密的,同时成立侵犯商业秘密罪与财产犯罪,形成想象竞合,应当从一重处罚。首先,如前所述,针对无形财产、财产性利益的犯罪,不应如财物犯罪一样严格要求移转性,只要一方提供了某种服务、信息,另一方享受了某种服务、信息,就承认财产的转移,成立夺取罪。对于商业秘密而言,完全可能存在行为人与被害人共享商业秘密的状态,但不应因此否认财产的占有转移以及盗窃、诈骗、抢劫等夺取罪的成立。其次,侵犯商业秘密罪罪名的设置与财产犯罪的规定并不冲突,二者评价和保护法益的侧重点不同。前者旨在对知识产权法益的保护,后者旨在对财产价值的保护。我们没有理由认为,盗窃他人几十台电脑硬件因为达到数额特别巨大而应被判处10年以上有期徒刑甚至无期徒刑,而盗窃公司的核心商业秘密,给对方单位造成上亿元的经济损失,甚至导致公司破产的,只能以侵犯商业秘密罪,最重判处10年有期徒刑。这显然与无形财产的价值已经远远超过有形财产的价值的现代社会格格不入。

5. 赶走房东自己入住,构成抢劫罪吗?

案8:甲买通村委会主任,伪造乙的身份证、签字等,将乙的一块土地的使用权过户到自己名下。后来要进行土地置换时,乙的土地使用权可以置换50万元,乙发现后报案。

我国土体属于国家和集体所有。农民对其耕种的土地不享有所有权(集体所有),仅享有使用权。这个权利就是财产性利益,应当认定为农民占有。本案被告人甲实际上是在村委会主任的帮助下将被害人的土地使用权转移为自己占有,而且违背了被害人的意志,所以构成对土地使用权这一财产性利益的盗窃罪。如果甲已经领了50万元置换费,就再构成诈骗罪。由于诈骗罪与前面的盗窃罪实际上仅侵害了一个法益,被害人仅遭受了一个财产损失,所以成立包括的一罪,从一重处罚即可。如果还没有领取这50万元,就认定为对土地使用权的盗窃既遂,数额也可以认定为50万元。甲伪造身份证的行为,构成伪造身份证件罪,可以认为与盗窃罪之间是牵连关系,成立牵连犯,从一重处罚。

案9:甲采用暴力、胁迫手段,强迫乙与自己签订不动产无偿转让合同,并且迫使乙第二天与自己去办理过户登记,事实上也办理了过户登记。

所谓不动产过户登记,其实转移的就是不动产所有权这一财产性利益。所谓盗窃、抢劫等转移占有的犯罪,强调的是转移占有,而不是转移财物本身的存在空间。本案中甲成立财产性利益的抢劫罪,抢劫数额就是不动产本身的价值。

在民法上,不动产是指土地及其地上的附着物。在刑法上,不动产仅指土地及地上的建筑物。由于不动产不可以移动,侵害不动产也容易恢复权利,因此,不动产能否成为盗窃罪的对象,在理论上曾经存在激烈的争论。为了避免这种争议,日本刑法规定了侵夺不动产罪,我国台湾地区“刑法”规定了窃占不动产罪。但即便如此,不动产能否成为夺取罪的对象,能成为哪些财产犯罪的对象,仍然存在争议。例如,虽然日本刑法理论通说与判例认为,侵夺不动产罪规制的就是盗窃不动产的行为,因而不动产只能成为诈骗、恐吓、侵占等罪的对象,而不是盗窃罪的对象,但仍然有学者坚持认为,不动产不能成为盗窃罪对象,在解释论上未必是不言自明之理。此外,对于不动产能否成为抢劫罪的对象,否定论认为,因为不动产不能移动,因而不能成为抢劫罪的对象;肯定论认为,不动产虽然不能移动,但仍然可以暴力胁迫方式强迫对方转移登记,而可以成为抢劫罪的对象;折中说认为,因为不动产作为财物不能移动而不能成为抢劫财物罪的对象,但完全可以以暴力手段对不动产形成事实上的支配,因而不动产可以成为抢劫利益罪的对象。

本书认为,不动产虽然不能移动,但完全可以通过盗卖、诈骗、抢劫等方式登记过户,从而侵害他人房产的法律上的占有权及所有权,因而可以构成盗窃、诈骗、抢劫罪等夺取罪,犯罪数额就是不动产的市场价值;毁坏整个不动产的,还可能成立故意毁坏财物罪。偷偷入住他人的空屋,以及采用暴力、胁迫方式将房屋所有权人赶出而自己入住的,是对他人房产事实上的支配权的侵害,行为人获得的是居住权这种财产性利益,因而成立利益盗窃、抢劫,犯罪数额不是整个不动产的市场交易价值,而是相当于租金的市场价值。在我国司法实践中,发生过行为人盗取其父亲房屋的各种有效证件后,伪造身份证等相关资料,将其父亲所有的房屋登记过户给他人的盗卖房产案件,有观点认为应以合同诈骗罪定罪,还有观点认为应以盗窃罪论处。本书认为,盗卖他人房产,进行过户登记而转移所有权的,当然成立盗窃罪。没有理由认为,盗窃他人房屋的门窗可以成立盗窃罪,将整个房屋盗卖给他人的,反而不成立盗窃罪。房屋这种不动产相对于动产而言,特殊性仅在于:一是不能移动;二是一般需在房管部门办理过户登记手续才能在法律上占有和所有。由于动产强调的是事实上的占有和支配,而不动产强调的是法律上的占有和支配,因而,盗窃、骗取、抢劫他人不动产产权证等资料,只要尚未进行过户登记,还只是成立犯罪的预备或者未遂,只有完成登记过户手续后,方成立财产犯罪的既遂。

6. 强行无偿抽取他人身上1000毫升血液,构成抢劫罪吗?

民法上认为,人体具有特殊的属性,是人格的载体,不能将其视为物;因而,活人的人体器官与组织在没有与人体分离之前,是与人的人格相联系的,是民事主体的物质性人格的构成要素。但是,如果认为未与人体相分离的器官绝对不能成为财产犯罪的对象,也可能导致不合理的结论。比如,以暴力强迫他人出售1000毫升血液的,可以构成强迫卖血罪,最重判处10年有期徒刑,而强迫他人无偿抽出1000毫升血液的,只要未造成轻伤或者重伤,反而不能以任何犯罪论处,这种结论恐怕不合理。由此,本书认为,未与人体分离的器官,因为是人格载体的一部分,不属于财物,但使用暴力手段强行使器官与人体相分离的,在分离的瞬间就已变成财物,因而成为财产犯罪的对象。出于利用的意思,以非法手段使器官与人体分离的,除可能成立故意伤害罪、组织出卖人体器官罪之外,还应成立抢劫罪等财产犯罪。诚如学者所言,趁他人熟睡之机,抽取其身上的鲜血,则可能构成盗窃罪和故意伤害罪的想象竞合犯。此外,虽然禁止买卖人体器官,但由于人体器官在客观上具有价值,与人体分离的器官在移植到其他活体之前,可以成为财产犯罪的对象。对于培育试管婴儿的受精卵,虽然具有一定的人格属性,但作为杀人罪进行保护,显然没有必要;由于其具有一定的价值(至少具有主观价值),应视为财产犯罪的对象,盗窃、抢劫或者故意毁坏受精卵的,可以构成盗窃罪、抢劫罪、故意毁坏财物罪。

7. 挖坟盗走尸体、葬祭物的,构成盗窃罪吗?

对于非法获取尸体、遗骨、遗发以及陪葬品的行为,在规定了取得入棺物罪的国家,虽然有观点认为成立该罪与盗窃罪的想象竞合犯,但通说认为,仅成立取得入棺物罪。我国《刑法》规定有盗窃尸体罪,有学者因此认为,由于我国专门规定了盗窃、侮辱尸体罪,盗窃棺材中作为医学标本的尸体,构成盗窃尸体罪,而不构成盗窃罪。本书认为,如果是已经埋葬的尸体(骨灰不是尸体),可以视为抛弃物,不再是所有权的对象,只是承载死者家属哀思感情的载体,因而盗窃这种尸体的,仅成立盗窃尸体罪。但是,尸体若不是作为火葬或埋葬之用者,则可以视为物,如木乃伊或供医学解剖用的尸体,可以成为盗窃罪的对象。至于尸体以外的葬祭物品,有学者认为,我国刑法没有规定取得葬祭物罪,但对窃取葬祭物的行为有进行刑法规制的必要。根据社会的一般观念,葬祭物仍然由死者亲属占有和所有。由此,葬祭物可以成为财产罪对象。本书认为,虽然不能一概认为葬祭物都是抛弃物,但必须是根据社会的一般观念,仍然属于有人占有的财物,如位于有人看守的公墓、死者家属房前屋后等自留山上,才能成为财产犯罪的对象,否则,应视为抛弃物,不能成为盗窃罪等财产犯罪的对象。

8. 盗走刑法教授日文资料同时植入等值游戏装备,构成盗窃罪吗?

案 10:甲潜入某个主张整体财产说的刑法教授家中,盗走其十分珍惜的价值 10 万元的日本刑法资料,同时在其电脑中植入等值的游戏装备。

如果认为盗窃罪是对整体财产的犯罪，则由于刑法教授的整体财产价值并未减少，而不构成盗窃罪。但若认为盗窃罪是对个别财产的犯罪，因为刑法教授刑法资料的丧失就是财产损失，所以成立盗窃罪。

案11：医生到乡下"走穴"，"义务"为农民兄弟体检。体检"发现"该村的村民基本上都患有严重的肝病，于是医生以低于市场价的价格将治疗肝病的药推销给农民兄弟。此事引起当地卫生部门的重视，经复查，只有个别人患有肝病，其他人都未患肝病。

由于农民兄弟虽丧失了钱款，但获得了"性价比"高的治疗肝病的药品，整体财产没有减少，按照整体财产说，医生的行为不构成诈骗罪。但按照个别财产说，则因为欺骗导致未患肝病的农民兄弟丧失了钱款，造成了个别财产的损失，所以成立诈骗罪。

国内外刑法理论认为，财产犯罪可以分为对个别财产的犯罪与对整体财产的犯罪。对个别财产的犯罪，是指对被害人的个别财产（如财物、债权、无体财产权等）进行侵害的犯罪。其特点是，只要使被害人丧失了个别财产，即使同时使被害人获得了相应的利益，也成立犯罪。盗窃罪、侵占罪、赃物罪等都属于对个别财产的犯罪。对整体财产的犯罪，是指对被害人的财产状态整体进行侵害的犯罪。其特点是，将财产的丧失与取得作为整体进行综合评价，如果没有损害就否认犯罪的成立。国外刑法中规定的背信罪就属于对整体财产的犯罪。至于诈骗罪是对个别财产的犯罪还是对整体财产的犯罪，则取决于各国刑法的规定以及刑法解释。

在我国，虽然从法律条文上理解，不应将诈骗罪理解为对整体财产的犯罪，但应采取实质的个别财产损失说。至于个别财产的丧失能否评价为财产损失或法益侵害，则不能仅就被害人交付的财物与其得到的财物之间的客观金钱价值进行比较，而应当联系受骗者或被害人的交易目的等进行判断。即使行为人提供了反对给付，但受骗者的交易目的基本未能实现（包括反对给付缺乏双方约定的重要属性）时，宜认定为诈骗罪。案11中，对于未患肝病的农民兄弟来说，花钱买治疗肝病的药，交易目的就没有达到，就有财产损失，所以医生的行为成立诈骗罪。

总之,就我国刑法规定而言,应当认为我国的财产犯罪都是对个别财产的犯罪,使被害人丧失了个别财产,就是造成被害人的财产损失,就值得以财产罪进行评价。

第二节　财产犯罪保护的法益

·导　读·

财产犯罪所保护的法益是什么？这一直是理论界热议的话题,也直接体现在具体问题的处理结论上。日本以盗窃罪为中心展开了本权说与占有说的争论,德国围绕诈骗罪开展了法律的财产说与经济的财产说的讨论。其实,殊途同归。本权说与法律的财产说、占有说与经济的财产说、中间说与法律的经济的财产说结论基本一致。本权说认为,财产犯罪的法益是所有权及其他本权,占有说认为财产犯罪的法益是事实占有本身。中间说是两说的折中。各种学说的分歧集中于财物的非法占有是否值得保护,窃回赃物是否构成盗窃罪,如何解释盗窃违禁品以及第三人盗窃赃物的行为是否构成盗窃罪。

我国传统观点认为财产犯罪保护的法益是所有权,彻底的所有权说比本权说保护范围还窄,不仅无法说明对赃物、违禁品的盗窃构成盗窃罪,而且得出只要享有所有权,即便他人享有合法占有权,无论采用什么手段都不会构成财产犯罪的结论。这会导致没有财产秩序可言。近年来有学者试图对所有权说进行修正,希望"废物利用",但理论上难以自洽。张明楷教授提出了基于占有说的中间说及基于经济的财产说的法律的经济的财产说,对顽固所有权说形成了致命性的冲击,但个别结论还有待商榷。本书主张占有说和经济的财产说,无论侵害的是否为合法占有,原则上都符合财产罪构成要件,只是可以在违法性阶段考虑是否存在自救行为而阻却违法性。经济的财产说主张从经济的观点进行财产损害的判断,有助于处理不法原因给付、行使权利、诈骗罪财产损害的判断等问题，有助于合理认定我国刑法众多条文中所要求的财产损失，有利于保护法益和维护财产秩序。

实务疑难问题

1. 财产罪法益之争的焦点是什么？

关于财产罪的法益，日本围绕夺取罪，尤其以盗窃罪为中心，形成了本权说、占有说、中间说的争论。而德国，围绕诈骗罪所保护法益的“财产”以及诈骗罪中的“财产损失”，展开了法律的财产说、经济的财产说及法律的经济的财产说的讨论。表面上看，德国、日本关于财产罪法益的讨论自说自话、互不相干。其实，本权说与法律的财产说、占有说与经济的财产说、中间说与法律的经济的财产说得出的结论几乎一致，两国只是讨论问题的视角不同而已。本书认为，由于刑法以保护法益为目的，刑法规定财产犯罪最终都是为了避免造成财产损失，可以尝试用经济的财产损害概念对财产罪法益之争进行整合，“一揽子”解决相关争议问题。

关于财产罪法益，国内通说是“所有权说”，这是比本权说还要顽固的学说。近年来，有不少学者认识到了所有权说的弊端，提出对所有权说进行修正，可谓“修正所有权说”。而张明楷教授在借鉴日本、德国相关理论的基础上，提出以占有说为基础的中间说以及以经济的财产说为基础的法律的经济的财产说。

财产罪法益之争的焦点何在？

第一，所有权人从已经形成平稳占有的盗窃犯手中窃回自己的财物，是否构成盗窃罪？这是各种学说争执的焦点。本权说当然否定盗窃罪的成立，中间说也否定盗窃罪的成立，而占有说首先肯定行为符合盗窃罪的构成要件，只是在违法性阶段可以考虑将其认定为超法规违法阻却事由中的自救行为，而阻却违法性。第三人从盗窃犯手中盗走赃物的（盗窃赃物），各种学说基本都肯定盗窃罪的成立。不过，本权说虽得出了肯定结论，但理论上不能自洽，占有说则尽显优势。

第二，对于毒品、淫秽物品、枪支等违禁品，以及作为犯罪工具或者犯罪组成之物（如赌资）的持有，显然不受法律保护，那么盗窃违禁品或者抢劫赌资的，是否构成盗窃、抢劫罪？与上述盗窃赃物一样，各种学说都得出了肯定的结论，但本权说在理论上依然不能自洽。我国所有权说虽然也认为构成盗窃、抢劫罪，但理论说明仍不明晰。赌输者支付赌资属于民法上典型的不法原因给付，给付者没有返还请求权，但我国最高人民法院在《关于审理抢劫、抢夺刑事案件适用法律若干问题的意见》中却认为，“行为人仅以其所输赌资或所赢赌债为抢劫对象的，一般不以抢劫罪定罪处罚。构成其他犯罪的，依照刑法的相关规定处罚”，问题很明显。占有说当然一以贯之地肯定盗窃、抢劫罪的成立，而且在理论说明上不存在任何问题。

第三，所有权人盗回他人享受租赁权，质押、留置等担保物权，虽所有权保留但享有使用权之类的他物权（对应于作为自物权的所有权以外的他物权），以及因违章等原因被国家机关依法扣押的财物，是否构成盗窃罪？当然构成盗窃罪。这在国外几无争议（只是对于盗回超期不还的出借物尚存分歧）。我国刑法理论与判例的主流观点却认为，只要事后不索赔的，就无罪。这种观点是不可思议的。占有说及以占有说为基础的中间说，当然认为构成盗窃罪，本权说也持肯定态度。

第四，关于行使权利，除狭义的窃回赃物案外，国外一般讨论的是，以欺骗、恐吓手段行使债权，是否构成诈骗、恐吓罪？彻底的本权说会得出否定的结论，中间说可能得出无罪或者仅构成胁迫罪的结论，占有说一般肯定诈骗、恐吓罪的成立。我国刑法理论与实务的主流观点认为，只要事出有因，就应否定财产罪的成立。这就相当于告诉人们，在找人勒索钱财之前，最好先找茬与对方干上一架，然后以事出有因“依法”向对方勒索钱财。

第五，关于不法原因给付，国外刑法理论一般分诈骗与侵占进行讨论。对于以欺骗手段让人做出不法原因给付的，如骗取杀人酬金（谎称替人杀人收取杀人酬金后逃之夭夭）的，是否构成诈骗罪？几乎各种学说均肯定诈骗罪的成立，但本权说在说理上存在问题。对于他人因不法原因给付进行委托，接受委托者侵吞所委托的钱物，如截留贿赂款（受委托转交贿赂款而予以侵吞）的、侵吞购毒款（受委托购买毒品而侵吞购毒款）的，以及侵吞赃物销赃款（受盗窃犯委托保管或销售赃物而侵吞赃物或销赃款）的，是否构成侵占罪？本权说一般否定侵占罪的成立,或者仅成立脱离占有物侵占罪。占有说一般肯定委托物侵占罪的成立。还有一种有力学说,将不法原因给付的情形分为不法原因"给付"与不法原因"委托"(寄托),对于前者,因给付者无民法上的返还请求权,故否定委托物侵占罪的成立,对于后者,因并未丧失返还请求权,故无碍委托物侵占罪的成立。虽然这种"给付"与"委托"区别说在理论上很有诱惑力,也得到一些有影响的刑法学者的支持,民法学者却不以为然。

第六,以欺骗手段让他人履行不法劳务,如骗取卖淫服务(谎称嫖娼后付钱让妓女提供卖淫服务,结束后溜走)的,或者骗免嫖娼费(开始有嫖娼后付钱的意思,但结束后准备付钱时发现没带钱,谎称自己与对方一见钟情,假以时日会娶对方为妻,而骗免嫖娼费)的,是否构成诈骗罪?这在德国是法律的财产说、经济的财产说以及法律的经济的财产说争锋的典型案例,在日本也有争论。一般而言,除经济的财产说和占有说外,均以卖淫服务违反公序良俗为由,否定诈骗罪的成立。而经济的财产说和占有说认为,不可否认卖淫女也存在财产损失,故即便是不法原因给付也无碍诈骗罪的成立。

以上是关于财产罪法益之争的概貌,但根本性分歧还是在于,盗窃自己所有但为他人占有的财物的行为定性问题。

2. 财产犯罪是保护占有还是所有?

案1(所有权保留案):A与B约定,A分12期付款从B处购买一台价值12万元的机器,付清全部款项前所有权保留。最后两期A因疫情经营困难未能按时支付,于是B派人悄悄地运回了机器。

案2(盗回赃物案):乙偷走了丙的苹果手机,丙发现手机被盗后没有报警,而是自己偷回了手机。

案3(盗窃赃物案):C盗窃了D的手机,E又从C处盗走了D的手机。

案4(盗窃毒品案):F偷走了贩毒分子G手中的1000克海洛因。

案5(盗回毒品案):贩毒分子G发现F偷走了其毒品后,又从F处偷回了毒品。

案6(所有权人盗窃质物案):H用手机作质押,向I借款3000元。H后来不想还款，于是从I处偷回了质押的手机。

案7（质押权人偷回质物案）：I发现H盗走了质押的手机后，又从H处偷回了质押的手机。

案8（第三人盗窃质物案）：第三人J从质押权人I处偷走了质押的手机。

案9（质押权人从第三人处偷回质物案）：质押权人I发现J偷走H质押的手机后，又从J处偷回了质押的手机。

以上均为有关财产罪法益的经典教学案例。本权说认为，财产犯罪保护的法益是指财物的所有权及其他本权。本权是指法律上具有正当性的占有权利，即行为人占有财物具有法律上的根据。本权首先是指作为自物权的所有权，除此之外，还包括他物权（如租赁权，质押、留置等担保物权）和债权。行为只有侵害了这种本权，才构成财产犯罪；如果只是侵害了他人的单纯占有，则不构成财产犯罪。按照本权说，只有窃取了他人合法占有的财物，才构成盗窃罪；相反，盗窃了他人非法占有的财物（如赃物、违禁品）不构成犯罪，以欺骗、恐吓手段行使债权，以及骗免嫖娼费的，均否定财产罪的成立。占有说认为，财产罪保护的法益，是事实上的占有本身，不仅包括合法的占有（具有法律根据、受法律保护的占有），而且包括非法的占有（如赃物、违禁品等赤裸裸地违法占有）。由此，行为人盗窃他人非法占有的财物也成立盗窃罪；即便所有权人窃回赃物也符合盗窃罪的构成要件，只是可能因属于自救行为而阻却违法性；以欺骗、恐吓手段让人还债，成立诈骗、恐吓罪；骗免嫖娼费成立诈骗罪；“截留贿赂款”成立委托物侵占罪；等等。

对于纯粹本权说，日本现在几乎没有学者支持，（纯粹）占有说得到了前田雅英、川端博、伊东研佑、木村光江、大谷实（自称与占有说略有不同）等学者有力的支持。本权说与占有说的分歧源于对《日本刑法典》第242条中“他人占有”的解释问题。本权说认为，这里的“他人占有”应限于基于质权、租赁权、留置权等私法上的合法权限，即限于基于权源的占有，因而，该条属于例外规定，是对盗窃罪客体的扩张。而占有说认为，无论是合法占有还是非法占有，都属于这里的“他人占有”，因而该条只是注意规定而已。由此，本权说与占有说的根本性分歧在于,是否认为窃回赃物的行为符合盗窃罪的构成要件,以及违法占有是否值得刑法保护的问题上。

两说立场分歧的背后在于两方面:一是坚持刑法的从属性(从属于民法)还是独立性;二是坚持禁止自力救济原则(自力救济禁止论)还是放任自力救济(自力救济放任论)。本权说坚持认为,只有受民法保护的权利,刑法才能予以保护,否则有悖法秩序统一性原理;占有说却认为,刑法有自己的任务和目的,是否值得刑法保护,完全可以独立进行判断。占有说认为,禁止自力救济是现代法治国家的原则,若允许自力救济就没有法治和财产秩序可言。对此,持修正本权说的西田典之教授批判:禁止自力救济的确是近代法的重要原则,但仅因这一点,便将并不含有值得保护利益的占有也包括在所有占有之中,作为盗窃罪的保护法益,则超出了刑法保护个人财产这一本来任务,这难道不是有利于禁止自力救济、强制进行民事诉讼这一极度法治国家思想吗?可以说,即便在民事诉讼领域,禁止自力救济的思想实质上也正趋于缓和。

可以说,本权说最大的问题就在于放任自力救济。自力救济(也称私力救济)仅存在于法治还没有形成的社会里,在法治社会若放任自力救济,无疑是对"弱肉强食"的丛林规则的纵容,毫无平等可言;禁止自力救济,正是体现平等原则、建设法治社会的需要。对于诸如民间通过黑恶势力讨债勒索等情形,放任自力救济很可能成为黑恶势力滋生的"土壤"。因此,应坚持禁止自力救济的原则为主。作为自力救济禁止的例外应限于,来不及向国家申请权利保全,不实施自力救济权利将陷入以后难以实现或者实现将显著困难的危险境地的情形。就窃回赃物等占有自救,应限于盗窃的现场或者追踪中(类似于《刑法》第269条事后抢劫中的"当场")的情形。如发现盗窃犯可能转移赃物,实施自救行为后也应立即向国家机关申请保全,因为是否存在权属争议还需要国家机关进行最终判定。

本权说与占有说各执一端。一般认为,本权说导致处罚范围过于狭小,而且不能合理说明盗窃赃物、违禁品成立盗窃罪的理由;而占有说,保护所有赤裸裸的非法占有,完全禁止自力救济,导致处罚范围过宽,连窃回赃物的行为也认为符合盗窃罪构成要件,只是在违法性阶段判断是否属于自救行为之类的违法阻却事由。然而,成立自救行为的条件极为严格,事实上极少存在不构成盗窃罪的情形,这被认为不够合理。为此,日本多数学者都对本权说与占有说进行折中,出现了要么基于本权说、要么基于占有说的所谓修正本权说、修正占有说等形形色色的中间说,其中,影响最大的莫过于平野龙一教授的"平稳占有说"和西田典之教授的"合理理由占有说"。

平稳占有说认为,财产犯罪保护的法益是包括所有权在内的本权以及平稳的占有。盗窃犯对于赃物的占有可谓平稳的占有,第三人盗窃赃物构成盗窃罪;但由于这种占有从源头来看是基于侵害所有权人的占有而取得的,因此相对于所有权人而言,不是平稳的占有,故所有权人窃回赃物的,不构成盗窃罪。平稳占有说最接近占有说,除窃回赃物案不构成盗窃罪外,其他与占有说结论完全一致。

合理理由占有说认为,在被害人与行为人的关系上,如果一眼就能明白并非是值得保护的占有,就应该否认盗窃罪的构成要件该当性,因此,应将盗窃罪(财物罪)的保护法益理解为存在合理理由的占有。这种观点与平稳占有说相比,对盗窃罪成立范围作了进一步的限制。也就是除窃回赃物不构成盗窃罪外,在以下两种情形也应否定盗窃罪的成立:一是借方超过期限仍不归还,出借方窃回出借物的情形;二是在附有所有权保留条款的分期付款合约履行中,若买方既不履行还款义务,也不存在清算利益,卖方窃回该财物的,均不成立盗窃罪。

形形色色的中间说虽然都想对本权说与占有说扬长避短,但不可避免受到标准不明确的批判。比如,何谓"平稳的占有""合理理由的占有",不过是凭直觉得出的结论,甚至可以说都是先有结论罢了。

本书主张占有说。占有说经常被质疑的一点是,该说无法解释不可罚的事后行为。盗窃犯窃得被害人财物,就已经侵害了被害人的占有,事后加以毁坏的,又另外侵害了被害人的所有权,就此而言除构成盗窃罪外,另外还成立故意毁坏财物罪,但成立数罪的结论明显有违刑法的谦抑性。持占有说的川端博教授反驳道:保护占有最终是为了保护所有,保护占有的反射性效果当然也是保护了所有。本书认为,保护占有本身不是目的,保护占有最终是为了保护所有;盗窃犯事后毁坏财物的,并非不可罚的事后行为,不过是先前的盗窃罪已经进行了包括性评价,可谓共罚的事后行为而已;事后毁坏财物的,可以认为成立盗窃罪包括的一罪,以盗窃罪一罪论处即可。

国内通说教科书指出,财产犯罪侵犯的客体是公私财产所有权。财产所有权是指所有人依法对自己的财产享有占有、使用、收益和处分的权利,包括占有、使用、收益和处分四项权能。侵犯财产的犯罪,就是不同程度侵犯这些权能的犯罪。近年来,张明楷教授首先对通说所有权说进行发难,极大地动摇了一直以来人们认为天经地义的所有权说。不过还是有学者为所有权说辩解,认为虽然所有权说存在这样那样的问题,但所有权说符合我国的立法与实践,故仍可维持。

张明楷教授提出了一种立于占有说的中间说,认为财产罪(取得罪)保护的法益首先是财产所有权及其他本权,其次是需要通过法定程序恢复应有状态的占有;在相对于本权者的情况下,如果这种占有没有与本权者相对抗的合理理由,对于本权者恢复(行使)权利(占有物取回权)的行为而言,则不是财产罪的保护法益。①

张明楷教授的修正占有说与日本平野龙一教授的平稳占有说非常接近,都是旨在将窃回赃物的情形排除在犯罪之外。不过,张明楷教授认为,不法原因委托以及骗免嫖娼费不构成侵占、诈骗罪,这在一定程度上又体现了本权说的主张。本书主张彻底的占有说与经济的财产说,认为所有的占有都值得刑法保护,只是可以在违法性阶段考虑是否存在自救行为等违法性阻却事由,因而,不仅本人窃回赃物符合盗窃罪构成要件,而且骗免嫖娼费及侵吞不法原因委托物均构成财产犯罪。

张明楷教授对传统所有权说进行了淋漓尽致的批判,本书表示完全赞同。这里仅就近年来的所有权说捍卫论者的观点作必要的回应。

第一,《日本刑法典》第 242 条明确规定,即便是自己的所有物,但若在他人的占有之下或者基于公务机关的命令由他人看守时,视为他人的财物。因而,对于盗窃他人享有租赁权,质押、留置等担保物权以及被公务机关扣押的财物的,毫无争议地构成盗窃罪。而且,即便是自己的所有物,在公务机关命令他人保管

① 张明楷:《刑法学》(第 6 版),法律出版社 2021 年版,第 1224 页。

的，行为人进行变卖等非法处置的，还能构成委托物侵占罪（侵占罪是公认的不侵害占有但侵害所有权的犯罪）。各种学说的分歧仅在于，这里“他人的占有”是否限于合法的占有（基于本权的占有），以及在第三人侵害他人违法占有的财物（如赃物、违禁品）构成财产罪的结论解释上。我国刑法中没有类似的规定，与此有关的是《刑法》第 91 条第 2 款的规定。如下文所述，该款是注意规定。

第二，在关于财产罪保护法益的讨论中，无论理论还是实践，都有意无意地最终将其转化为是否具有非法占有目的的主观要件上来。我国台湾地区实务中关于歌舞团谎称知名歌星登台表演案，以及谎称普通表为名表按照普通表价格予以销售案，最终也是以缺乏不法所有意图为由（我们所称的非法占有目的），认为不构成诈骗罪。为此，我国台湾地区林东茂教授指出，本应在客观构成要件上检验（被害人究竟有无财产损害），却都被当成主观构成要件的问题。这种误解，与财产的概念没有被细究，可能大有关系。张明楷教授认为，不法所有，并不局限于从他人所有非法转移为自己所有，还应包括从自己受公法限制的所有非法转移为不受公法限制的所有。

本书认为，行为是否侵害法益是客观违法性问题，是否具备非法占有目的是主观有责性问题，主客观不容混淆。例如，误把别人的雨伞拿回家，虽然行为人主观上没有盗窃的故意与非法占有目的，但客观上侵害了对方的财产权法益，却是不容否认的。又如，图书馆管理员误以为学生都出来了，而锁门后回去睡大觉，第二天开门时才发现学生被锁在里边。虽然管理员没有非法拘禁的故意，但不能否认其行为客观上侵犯了被锁学生的身体移动自由法益。我们在讨论是本权说还是占有说的问题时，争论的是财产罪所保护的法益是所有权还是占有事实本身，是侵害了什么的问题，至于行为人有无非法占有目的，是对客观法益侵害的认识问题，故完全是不同的问题。即便所有权人坚信自己窃回被国家机关合法扣押的财物的行为没有侵犯他人的财产所有权，因而不构成财产犯罪，但只要我们认为财产罪保护的法益是占有，而行为人也认识到了自己的行为侵害了他人的占有，就不能否认行为人既具有盗窃的故意也具有非法占有目的，行为人的认识错误不过是评价的错误、法律认识错误而已，不影响犯罪的认定。

第三，理论与实务中不少人认为，对于所有权人擅自取回被国家机关依法扣押的财产(如违章卡车)的行为,若认定为财产犯罪,会面临财产数额难以计算的问题。若按照卡车价值计算,可能达到数额巨大甚至特别巨大的标准,如此定罪量刑显然不符合罪刑相适应原则。另外还疑惑,只要事后不索赔,扣押机关哪里会有财产损失呢?因此,笃定只要事后不索赔的就不构成财产罪。为此,张明楷教授回应:如果认为诈骗罪的法益是对财产的占有,那么,诈骗罪的结果当然是被害人对财产占有的丧失。既然所有权说存在缺陷,那么,将诈骗罪的结果限定为所有权的丧失也便存在缺陷。既然第三者骗走卡车的行为对扣押机关造成了损害,就没有理由否认行为人骗走卡车的行为对扣押机关造成了损害。财产损失的数额就是卡车本身的价值。至于认定为诈骗罪可能导致刑罚过重应适用《刑法》第63条第2款在法定刑以下判处刑罚的情形,实践中却不多见,而量刑过重或者随意选择轻罪甚至宣告无罪的情形频出。责任在谁呢?

财产犯罪的数额计算始终是理论与实务纠结的问题。主要包括:其一,有些国家刑法基本上不会在条文中做出“数额较大”“数额巨大”之类的规定,而我国为了选择法定刑幅度,必须精算犯罪数额。可是,我们也应注意到,财产犯罪条文中数额与情节一般并列规定,如盗窃罪、诈骗罪。也就是说,除数额外还应考虑情节,甚至说数额不过也是一种情节而已。其二,何为“数额较大”“数额巨大”,也是个解释的问题,适用刑法不是用计算器做加减乘除。因此,即便在现有《刑法》规定下,关于数额的计算也有很大的解释论空间。关于“许霆案”,按照司法解释规定,似乎应该判处无期徒刑,最后不也是仅判5年徒刑么?再则,法官判决所依据的是《刑法》条文,而不是司法解释,罪刑“法”定,而不是“司法解释”定。立法者的高明之处就在于,仅作了“数额较大”“数额巨大”“数额特别巨大”等抽象性规定,旨在防止司法人员机械司法。一句话,不能因为“数学题”不好做,就胡乱地找个轻罪定,甚至宣告无罪。

综上所述,本书主张占有说。由于案1、案3、案4、案6、案8中的行为均侵害了他人值得法律保护的占有权,所以成立盗窃罪。关于案2,只要不符合自救的条件,还是值得以盗窃罪进行评价。对于案5,由于任何人都无权持有毒品,所以原毒品持有人偷回被盗的毒品,依然成立盗窃罪。关于案7和案9,虽然质押权人享有对质押物的合法占有权,但质押物被盗,之后只要不符合自救的条件，其偷回质押物的行为，还是可能被评价为盗窃罪。

3. 嫖娼后骗免嫖娼费的，构成诈骗罪吗？

案10：甲嫖娼后不想付钱，便欺骗卖淫女说"你是知道的，我很爱你，保证3个月后娶你"，于是卖淫女免除了其支付嫖娼费的义务。

对于本案，卖淫女不存在受民法保护的嫖娼费请求权，根据法律的财产说，甲的行为不构成诈骗罪。但卖淫女无疑存在经济利益上的损失，根据经济的财产说，其行为构成诈骗罪。

《德国刑法典》第263条关于诈骗罪的条文明确规定，成立诈骗罪必须发生财产损失，而且德国刑法中没有类似《日本刑法典》第242条的规定。于是，德国刑法围绕诈骗罪的"财产损失"以及何谓诈骗罪保护的法益"财产"，展开了法律的财产说、经济的财产说的争论，而日本刑法理论直接围绕第242条"他人的占有"的解释展开了本权说与占有说的讨论。其实，两国只是看问题的角度不同。因为犯罪的本质是侵犯法益，刑法的目的是保护法益，财产罪也必然是侵犯法益的，必然以造成他人财产的损害为要件，正如，人身犯罪都是以造成他人人身的损害或者损害的危险为要件一样。事实上，法律的财产说与本权说、经济的财产说与占有说、法律的经济的财产说与中间说结论基本一致。

法律的财产说认为，一切财产犯罪都是侵害财产上权利的犯罪。刑法规定财产犯罪就是为了保护民事法上的权利。因此，财产犯罪的成立不以行为造成经济损害为前提，只要损害了民事法上的权利，即便没有经济上的损害，也成立财产犯罪；相反，只要没有侵害民事法上的权利，即便造成了重大的经济上的损害，也不能成立财产犯罪。法律的财产说与本权说结论基本一致，即窃回赃物的行为不构成盗窃罪，甚至第三人盗窃赃物的行为也不能构成犯罪，骗取杀人酬金的也不构成诈骗罪，虽然对方都存在经济上的损失，但因为对方不存在受法律保护的权利。

经济的财产说（纯粹经济的财产说）认为，作为整体的具有经济价值的利益就是财产，因而是财产犯罪保护的法益。经济价值一般等同于金钱价值，金钱上的得失是判断有无损害的标准。经济的财产说与占有说结论基本一致。按照经济的财产说，无论所有权人还是第三人盗窃赃物，都构成盗窃罪，骗取杀人酬金以及骗免嫖娼费，均构成诈骗罪，因为对方无疑存在财产损失。

法律的经济的财产说是法律的财产说与经济的财产说的折中，认为财产是指法秩序所保护的、作为整体的具有经济价值的利益。也就是说，财产罪保护的对象必须是具有民事法上的权利或者至少不为法秩序所非难，同时具有经济价值的利益。法律的经济的财产说与中间说结论大致相同，关于不法原因给付与诈骗，一般否定诈骗罪的成立。另外，关于财产损害是否是财产罪的要件，与经济的财产说结论相同。

需要指出的是，经济的财产说目前基本上是德国理论与判例的通说。经济的财产说取代法律的财产说的重要原因在于：刑法从属于民法的观念受到批判，刑法的独立性思想受到重视；以不法原因给付与诈骗问题为契机，判例转采纯粹经济的财产说；刑法目的由权利保护思想转向法益保护思想，也为经济的财产说提供了依据。

近年来，中国学者也开始关注法律的财产说与经济的财产说的争论。我国台湾地区学者林山田支持法律的经济的财产说，认为凡是具有经济利益与价值，而能以金钱折算的物或劳务，均属财产，但违反强制或禁止规定而形成的经济利益或价值，因非属法律上的财产权利者，则应排除在刑法所保护的财产概念之外。我国台湾地区林东茂教授则支持经济的财产说，认为纯经济的财产概念比较可以接受，有解释上与刑事政策上的两个理由：第一，刑法秩序的一致性（法解释的理由）。强取窃贼偷来的东西，成立抢夺罪或强盗罪；窃取之，成立盗窃罪；破坏之，成立毁损罪。诈欺是财产犯罪的类型之一，财产概念的解释自外于其他财产犯罪。不法来源的财产，一律受保护，所以骗取小偷的赃物成立诈欺罪，骗取应召女郎的性劳务亦为诈欺。第二，防止私力救济（刑事政策的理由）。刑法保护不正当来源的财产，可以相当程度地避免私力救济。

张明楷教授提倡一种以经济的财产说为基础的折中说（类似于法律的经济的财产说），即原则上，只要造成了他人经济损失的，就可以认定为财产损失。如果造成他人经济损失的行为挽回了更大的利益，则不能认定为财产损失。例如，第三者从盗窃犯那里骗取赃物的，侵害了盗窃犯的占有，造成了财产损失，成立诈骗罪,因为相对于第三者的关系上说,盗窃犯的占有也是法秩序所保护的。反之,所有权人从盗窃犯那里骗取被盗财物的,则不存在财产损失,因为盗窃犯的利益不能与所有权人的利益相对抗。又如,欺骗卖淫者使其与自己发生性行为的,由于性行为本身不是经济利益,所以,卖淫者没有遭受经济损失,对方不成立诈骗罪。但是,在卖淫者已经获得嫖宿费用之后,嫖宿者使用欺骗手段骗回所给付的嫖宿费用的,卖淫者存在财产损失,嫖宿者的行为构成诈骗罪。①

本书认为,刑法不同于民法的地方在于,民法功能旨在恢复权利、平衡利益,软化维持社会秩序、伸张正义的功能;而刑法主要功能正在于维持秩序、伸张正义、预防犯罪。从经济的角度讲,即使被害人对行为人负有债务,也并非意味被害人的全部财产不受刑法保护,使用欺骗手段迫使还债的,不可否认就是财产损失。关于不法原因给付,的确在民法上不存在受保护的权利,但也不能否认被害人存在财产损失。无论是骗取卖淫服务(一开始就有嫖娼后不付钱的意思),还是骗免嫖娼费(事后才产生不付钱的想法),都会给提供性服务的妇女造成财产损失。道理很简单,她们不是因为爱而是为了钱与他人发生性行为。至于被害人的所得最终是否会被没收,这是之后的问题,与财产罪是否成立无关。多数学者认为,骗取杀人酬金的,成立诈骗罪。其实,肯定诈骗罪的成立也并非为了保护被害人的财产权,因为雇凶者最终也会被以故意杀人罪的教唆犯处罚,并没收其所支付的杀人酬金。

综上,本书支持占有说与经济的财产说。

4.《刑法》第91条第2款是注意规定还是法律拟制?

案11(盗回被扣卡车案):车主甲因交通违章卡车被交警扣押,甲不愿意缴纳5000元罚款,趁深夜无人之际悄悄从交警大队院子里将所扣押的卡车开回。

主张所有权说的传统观点认为,因为甲是所有权人,所以开回卡车的行为不构成犯罪。也有观点认为,如果甲事后不向交警大队索赔,则不构成犯

---

① 张明楷:《诈骗犯罪论》,法律出版社2021年版,第314页。

罪;若索赔,则构成诈骗罪。应该说,虽然甲是被扣押卡车的所有权人,但既然因为交通违章被交警大队扣押,则其所有权的行使将受到限制,也就是说,交警大队对其卡车的占有权应当受到保护。甲只有在缴纳5000元罚款后才能重新行使所有权。其在不缴纳罚款的情况下,擅自开回卡车,因为侵害了交警大队的占有而构成盗窃罪。考虑到卡车的价值很大,可以认为盗窃的数额就是其应当缴纳的罚款数额5000元。若开回后还向交警大队索赔,则构成诈骗罪。由于实际上仅给交警大队造成一项财产损失,所以成立包括的一罪,犯罪数额就是甲向交警大队索赔的数额加上罚款数额5000元。

《刑法》第91条第2款规定:“在国家机关、国有公司、企业、集体企业和人民团体管理、使用、运输中的私人财产,以公共财产论。”对此规定,张明楷教授的解读是:在国家机关等单位管理、使用或者运输中的私人财产,被刑法拟制为公共财产。但是,不少学者对此表示质疑:(1)《刑法》第91条第2款的真实含义,更应是对公私财产之间临时性性质转换的立法宣示,暗示的是侵犯此类财产的犯罪行为将被定性为侵犯公共财产的犯罪行为,而不会再被定性为侵犯私人财产的犯罪行为。可以说,这只是公有制经济模式在刑法中的历史烙印,也是其立法本意所在,根本没有侧重于保护“占有权”的意思。(2)该款规定仅仅是针对第三人而言的,即非所有权人的第三人以非法手段侵犯这类财产,构成相应的财产罪;而所有权人非法侵犯的,事后不索赔的,由于只是侵犯了对于基于公共秩序管理需要的占有,不成立财产罪,可能成立非法处置查封、扣押、冻结的财产罪。(3)该款规定源于苏联学说,立法本旨在于公共财产在刑法上保护的优先性,从而保障社会主义公有制对私有财产的优越地位,因此建议废除。

其实,该款规定不过是提醒司法人员的注意性规定而已,与《日本刑法典》第242条的功能一样。也就是说,在讨论财产罪保护法益时可以不用考虑该款的规定,只要根据现代社会保护财产法益的要求,认为单纯占有本身值得刑法保护即可,否则,即便是占有说也不能得出统一的结论。因为该款仅规定了在国家机关等公共组织管理中的财产,那么,委托私人性质的汽车修理厂修理汽车,为了逃掉巨额修理费而偷偷将汽车开走的窃回留置物的行为,以及窃回质押物的,虽侵害了他人占有，由于不属于《刑法》第 91 条第 2 款规定的对象，也只能得出无罪的结论。同样地，窃取赃物、违禁品的行为也只能宣告无罪。这显然不利于维护财产秩序。因此，从占有说立场出发，不应纠结于《刑法》第 91 条第 2 款的规定，而应将其理解为注意规定，认为所有的事实占有本身都是财产罪保护的法益。

第三节　非法占有目的

·导　读·

德国、日本通说认为，财产罪中不法领得的意思（非法占有目的）包括排除意思与利用意思，前者功能是区分盗窃罪与不可罚的使用盗窃，后者功能在于区分盗窃罪与毁弃罪。在德国，使用盗窃因不具有排除意思，原则上不可罚，而日本却得出使用盗窃原则上可罚的结论。我国关于财产犯罪的规定既定性又定量，要求具有排除意思，使用盗窃原则上不可罚；强调利用意思具有合理性，因为利用意思既有区分机能，又能解释盗窃罪比毁弃罪法定刑重的原因。窃取他人财物后勒索财物或索要感谢费的，不具有利用意思，不成立盗窃罪。“侵犯财产罪”章以外的盗窃、抢夺等犯罪，可能包括毁弃、隐匿情形。

实务疑难问题

1. 成立取得型财产罪需要非法占有目的吗？

案 1：甲欺骗乙说，珠宝商丙想进行保险诈骗，只要乙去丙的珠宝店把丙绑在椅子上打一顿，拿走价值 200 万元的珠宝，丙就会去保险公司索赔，分给甲、乙一笔现金，乙信以为真照做，并将拿走的珠宝悉数交给甲。而甲在拿到珠宝的当天就把珠宝交给丙，且告诉丙说自己抓住了抢劫珠宝的人，丙遂给了甲一笔好处费。

本案中,乙因受欺骗而没有非法占有目的,不构成犯罪。甲用珠宝从丙那里骗取好处费,应该说具有利用意思。如果之后经过较长时间(不是一两个小时)才返还给丙珠宝,应该也能认定甲有排除意思。所以,可以认为甲欺骗乙抢劫珠宝的行为成立抢劫罪,甲之后用乙抢得的丙的珠宝向丙骗取好处费的行为,又构成诈骗罪。由于丙实际上仅遭受了一个财产损失,可以认为成立抢劫罪与诈骗罪包括的一罪,从一重处罚即可。

案2:张三与李四发生纠纷后,殴打李四但尚未造成轻伤,李四拿起手机想报警,为了不让李四报警,张三就把手机夺过来,并在脱离李四视线后将手机扔掉。

本案中,张三肯定有排除的意思,但防止他人利用手机报警的意思,其实还是妨害他人利用的排除意思,不能评价为具有利用的意思,所以张三针对手机的行为不构成盗窃罪,只能认定为故意毁坏财物罪。日本曾经有一个案件,杀人犯为了防止警察查清被害人的身份,将被害人的身份证件掏出来扔到海里,没有认定为盗窃罪。

案3:一位女士在离婚诉讼的时候,为了让自己多分得财产,要证明丈夫有外遇,她就到丈夫情人的住宅把丈夫送给情妇的衣服偷出来后在法庭上出示,证明丈夫与情人的不正常关系,然后将衣服还给丈夫的情人。

本案中,由于很难说衣服有作为证据使用的功能,所以很难说这位女士有利用的意思,因而难以将其行为评价为盗窃罪。又由于很快就还回去了,所以也很难说有排除的意思。所以,也难以评价为故意毁坏财物罪。

案4:4名被告人将他人价值17万元的王老吉饮料从仓库拿出来,把王老吉罐里的饮料倒掉,变卖了王老吉饮料罐。

本案中,被告人将饮料从仓库搬出来就盗窃既遂了。也就是说,当被告人以对财物的部分利用意思,对整个财产实施了盗窃行为,转移了整个财物时,可能对整个财物认定为盗窃罪。同样地,当行为人以对财物的廉价利用意思窃取了高档财物时,应当按盗窃高档财物计算数额。例如,将红木家具盗走后用于劈柴取暖的,还是要按高档家具计算盗窃数额,不能按取暖用的木材计算盗窃数额。本案中4名被告人的行为成立盗窃罪,盗窃数额为王老吉饮料的价值。如果4名被告人在对方王老吉饮料的仓库就地打开倾倒其中饮料后将王老吉饮料罐拿走,应成立针对王老吉饮料的故意毁坏财物罪和王老吉饮料罐的盗窃罪,数罪并罚。

案5:被告人多次毁坏路边价值不菲的共享单车上的锁后,骑走卖掉。

应该说,被告人毁坏共享单车车锁的行为构成故意毁坏财物罪,骑走共享单车的行为,构成盗窃罪。正如毁坏价值昂贵的防盗门入室盗窃,砸坏豪华汽车的玻璃偷走车内的财物,成立故意毁坏财物罪与盗窃罪,数罪并罚。

案6:被告人知道贵妇人的LV包包可能价值不菲,偷包后,只取走包中价值数千元的手机、少量现金,然后把包扔掉了。

应该说,只要对其中部分财物具有利用的意思而转移财物整体,就针对财物整体成立盗窃罪。本案中盗窃数额应包括其扔掉的包包的价值。当然,如果包的夹层有一颗夜明珠没被被告人发现而扔掉了,由于被告人没有认识,根据责任主义原理,不应将夜明珠的价值计入盗窃数额。

在司法实践中,盗窃车牌勒索财物案件频发,定性上存在盗窃国家机关证件罪、盗窃罪、诈骗罪、敲诈勒索罪等的意见分歧。对于其他以盗窃方式获取财物后向对方勒索的,多数定盗窃罪,而不是敲诈勒索罪。① 对于投注站工作人员在不交纳投注金的情况下擅自打出巨额彩票的案件,通常定挪用资金罪,而不是职务侵占罪。② 在这些案件的定性上之所以存在争议,主要是对不法领得意思(非法占有目的)中的排除意思与利用意思缺乏准确的认识。

财产犯罪可以分为取得罪(如盗窃、诈骗、抢劫、抢夺、敲诈勒索罪等,本书以盗窃罪为例说明)与毁弃罪(如故意毁坏财物罪、破坏生产经营罪),而取得罪又可分为转移占有罪(如盗窃、诈骗、抢夺罪等)与非转移占有罪(如侵占罪)。我国刑法理论通说认为,除毁弃罪和挪用罪(如挪用公款罪、挪用资金罪、挪用特定款物罪)外,均在犯罪故意以外还要求具有非法占有的目的,但对于非法占

① 参见宁波市中级人民法院(2010)甬刑二终字第9号刑事裁定书。

② 参见重庆市綦江县人民法院(2006)綦刑初字第25号刑事判决书。

有目的的内容、非法占有目的的机能(意义),基本上没有进行认真的讨论。侵占罪(包括职务侵占罪与侵吞型贪污罪)是不侵害占有而仅侵害所有的犯罪,其非法占有目的与盗窃罪自然有所不同,但学界也并没有认真讨论侵占罪中的非法占有目的。我国学界与实务的主流观点还将财产罪的法益问题与作为主观要件的非法占有目的混为一谈。如对于擅自取回被依法扣押车辆的行为的处理,不是认真探讨财产罪的法益,而是有意无意地绕到非法占有目的上,以缺乏非法占有目的为由"轻松地"否定财产罪的成立。另外,财产罪成立与否,均以是否具有非法占有目的而"自信满满"地得出结论,这是目前的普遍现象。相较而言,国外一些理论研究对财产犯罪的非法占有目的(不法领得的意思、非法所有的意图)的认定要精细得多,借鉴相关研究成果是具有重要意义。

国外关于不法领得的意思的讨论,主要围绕着盗窃罪与不可罚的使用盗窃以及盗窃罪与毁弃罪的区分展开,前者关系到罪与非罪的区分(可罚性限定机能),后者涉及此罪与彼罪的区分(犯罪个别化机能)。但是德国、日本因为立法差异等原因,对于不法领得意思内涵的理解以及在个案的处理上有很大的差异,这是我们借鉴时不能忽视的。

《德国刑法典》第242条盗窃罪中明文规定了不法领得意思,该条规定:"行为人以使自己或者第三者违法地占有的意图而拿走他人可移动的物品的,处五年以下的自由刑或者金钱刑。"该条中不法领得意思中的"领得",由"enteignung"和"aneignung"两个要素组成,前者称为领得的消极要素,相当于日本不法领得意思中的排除意思,后者称为领得的积极要素,相当于日本不法领得意思中的利用意思,分别区分盗窃罪与使用盗窃、盗窃罪与毁弃罪。由于使用盗窃不具备"enteignung"要素,故在德国使用盗窃原则上不成立盗窃罪,这被认为是不言自明的。正是因为使用盗窃原则上不成立盗窃罪,由此可能形成处罚空白,故对于盗用他人交通工具的行为,《德国刑法典》第248条b款专门规定了盗用交通工具罪。在德国,对于盗用汽车的行为,有返还原处意思的,一般否定不法领得的意思,仅可能成立盗用交通工具罪,但在使用后随意放置(使用后丢弃)的,则肯定不法领得意思的存在,成立盗窃罪。

另外,在德国,因为使用盗窃原则上不成立盗窃罪,理论与判例通说认为,盗用他人的钥匙开门后返还原处的(钥匙事例),盗用他人现金卡取款后将卡返还原处的(现金卡事例),复印拷贝他人秘密资料后返还的(复印资料事例),由于针对钥匙、现金卡、秘密资料的载体本身缺乏“enteignung”要素,故否定不法领得的意思,否定盗窃罪的成立。

《日本刑法典》中财产罪条文没有明文规定不法领得的意思,但日本刑法理论通说与判例承认,不法领得的意思是不成文的构成要件要素;不法领得意思的内容是,排除权利人将他人之物作为自己的所有物,并按照该物的经济用途进行利用处分意思。前者称为排除权利者意思(以下简称“排除意思”),后者是利用处分意思(以下简称“利用意思”)。排除意思的机能是区分盗窃罪与不可罚的使用盗窃,利用意思的机能是区分盗窃罪与毁弃罪。日本通说和判例所主张的立场可谓排除、利用意思必要说。与此相对,还有不法领得意思不要说。在不法领得意思必要说内部,除排除、利用意思必要说外,还有仅承认排除意思的排除意思必要说以及仅承认利用意思的利用意思必要说。因此在日本,关于不法领得意思,可以分为不法领得意思不要说,排除、利用意思必要说,排除意思必要说以及利用意思必要说四派学说。

关于使用盗窃的可罚性,德国学者一般认为使用盗窃因不具备不法领得意思中的排除意思,而原则上不成立盗窃罪;日本则与此相反,日本各种学说均认为,除擅自使用他人自行车在广场遛一圈返还原处,这种价值低廉、损耗轻微的使用盗窃不成立盗窃罪外,使用盗窃原则上成立盗窃罪,结论基本一致,只是说理不同。日本判例认为,出于换取奖品的目的,用磁铁从他人的游戏机中吸出弹子(弹子事例),以及从超市拿出商品假装退货(假装退货事例),实质上是为了获取等额退款,均肯定盗窃罪的成立。关于盗用汽车,原则上成立盗窃罪,甚至有仅盗用两小时就返还原处也成立盗窃罪的判例。日本通说一方面承认排除意思是不法领得意思的内容,另一方面又广泛肯定使用盗窃具有不法领得意思,这是矛盾的,致使排除意思几乎丧失了限制使用盗窃可罚性的机能。正因如此,有力学说主张排除意思不是不法领得意思的内容。

关于利用意思,必要说与不要说的分歧主要在于出于毁弃的意思实施了伴随占有转移的行为的处理上(包括移动一段距离后毁坏、转移占有后放置,以及转移占有后产生利用的意思进而加以利用)。利用意思不要说通常认为,即便是出于毁弃的意思,只要转移了占有就成立盗窃罪。而利用意思必要说认为,只要夺取占有时没有利用的意思,就不成立盗窃罪等取得罪;放置的,作为毁弃罪所包含的隐匿处理,成立毁弃罪;转移占有后加以利用的,成立脱离占有物侵占罪。关于利用意思的含义,判例与通说呈现不断缓和的趋势,从按照财物的经济用途进行利用,到按照财物的本来用途进行利用,直至按照财物可能的用法或者享用财物的某种效用的意思即可。缓和利用意思的结果导致盗窃罪等取得罪与毁弃罪的界限日渐模糊。

我国刑法理论通说主张,取得型财产罪在主观上除故意外还要求具有非法占有的目的。至于非法占有目的的内容并没有认真展开讨论。张明楷教授主张排除、利用意思必要说。周光权教授也持类似观点,其将非法占有目的界定为永久而非暂时地排除他人的占有,将他人之物作为自己之物,并遵从财物的经济价值加以利用或者处分的意思。刘明祥教授主张非法占有目的不要说。还有学者主张排除意思必要说,认为利用意思不过是包含在排除意思之中。

2.盗窃购物卡使用后返还购物卡的,构成盗窃罪吗?

案7:甲盗走了乙价值3000万元的购物卡,使用该购物卡购买商品归自己所有,然后悄悄将购物卡返还给乙。

虽然甲返还了作为有体物的购物卡本身,但其通过使用该购物卡购物而消耗了购物卡的价值,所以应该认为有利用的意思,而成立盗窃罪。

案8:丙为了取得退货款,从超市拿走价值5000元的商品,然后假装退货,而取得超市5000元的退货款。

行为人从超市拿走商品,严重妨碍了超市的商品销售,所以具有排除的意思,之后假装退货,又有消耗商品价值的意思,所以可以认为有利用的意思,故丙针对商品构成盗窃罪,假装退货构成诈骗罪,由于超市实际上只有一个财产损失,所以成立包括的一罪,从一重处罚,犯罪数额就是商品的价值。

案9:A盗窃了富人B当“儿子”养的宠物狗,B悬赏1万元,A假装是自己找到的而向B领取了1万元赏金。

排除意思是不可否认的，但领取赏金很难说是宠物狗可能的用法，难以认为A对宠物狗具有利用的意思，A的行为不构成盗窃罪，只能认定为诈骗罪。

关于非法占有的对象，德国有物体理论、价值理论及综合理论的对立。物体理论（物质理论）认为，非法占有目的，是指行为人具有将他人的财物本身（物质、物体）非法予以占有的意思。价值理论认为，非法占有目的，是指行为人具有非法占有他人财物的价值的意思。综合理论（结合理论）认为，只要行为人具有非法占有他人的财物本身或者财物的价值的意思，就是具有非法占有目的。综合理论其实就是择一理论。德国刑法理论与判例的通说主张综合理论，认为因为银行存折是免责证券，不同于现金卡，盗窃存折取款后返还的（存折事例），根据价值理论和综合理论均肯定不法领得的意思，成立盗窃罪。但是，债务人盗窃借条后予以毁弃的（借条事例），由于借条本身不同于借条所记载的内容，故对于借条本身欠缺"aneignung"要素即利用意思，故针对借条仅成立毁弃罪（包括毁弃文书罪）。对于盗窃他人宠物后骗取感谢费（宠物事例），或者盗窃他人名画后以此向被害人勒索财物的（名画事例），由于对于财物本身并没有排除的意思，而且所实现的价值也不是财物本身的价值，所以缺乏不法领得意思，不成立盗窃罪。对于盗窃他人铁矿石后假装是自己的财物卖给原物主的（铁矿石事例），具有不法领得的意思，成立盗窃罪。

我国财产犯罪的非法占有目的中的占有对象既包括财物本身，也包括了财产性利益。其中的财物不仅包括财物本身，也包括附着于财物的经济价值（有时也可能被评价为财产性利益）。行为人骗取他人购物卡使用后返还购物卡本身的，就购物卡的经济价值成立诈骗罪。①

3.偷骑他人自行车在人民广场兜一圈放回原处的，构成盗窃罪吗？

日本刑法理论通说认为，不法领得意思中的排除意思具有区分盗窃罪与不可罚的使用盗窃的功能，不存在排除意思时，即属于不可罚的使用盗窃。不过，

---

① 张明楷：《诈骗犯罪论》，法律出版社2021年版，第396页。

排除意思必要说(包括排除、利用意思必要说和排除意思必要说)与排除意思不要说(包括不法领得意思不要说和利用意思必要说)关于使用盗窃的处罚范围基本一致,只是说理上的差异。排除意思不要说的理由是:不可罚的使用盗窃之所以不构成盗窃罪,并不是因为行为缺乏不法领得意思,而是因为其行为本身不能被认定为盗窃行为;以没有被客观事实证明的单纯的意思来决定犯罪的成立与否是存在问题的,使用盗窃的不可罚性应根据不存在排除权利者或其危险的客观事实,从客观违法性的角度提供根据;关于使用盗窃的可罚范围,应从实质上看是否实际侵害到权利者的利用,与财产价值极为微薄的财物不是刑法上的财物一样,轻微的占有侵害也不应认为是该当构成要件的侵害行为。必要说对不要说的批评是:盗窃罪是状态犯,使用盗窃的可罚性应根据夺取占有时的情况进行判断,即使是对事后的客观利用程度是否达到可罚的违法性的判断,也必须考虑夺取占有时的利用意思,而从主观上进行考察。因此,只要擅自短时间使用行为在一定限度之内不可罚,就无法否认作为主观性违法要素的排除意思的必要性。

关于使用盗窃,本书发表如下看法:第一,在使用盗窃的情形,毫无疑问已经侵害了对方的占有,是否值得科处刑罚,无非是要考虑使用时间的长短、盗用对象价值的大小、盗用期间内是否严重妨碍了物主对于财物的利用。第二,我们不应一方面主张排除意思必要说;另一方面又广泛承认使用盗窃的可罚性,即欲作为盗窃罪处罚时就认为具有排除意思,否则不具有排除意思,使得排除意思实际上成为“面团”,任人拿捏。第三,德国坚持排除意思必要说,得出了使用盗窃原则上不成立盗窃罪的结论,对于盗用交通工具的,以专门的立法进行规定。而日本,一方面通说持排除意思必要说;另一方面又与排除意思不要说同样得出了广泛处罚使用盗窃的结论(不处罚只是例外),恐怕存在疑问。第四,我国不同于德日等国刑法的一个显著特点在于,我国刑法规定成立盗窃罪需要达到“数额较大”(多次盗窃、入户盗窃、携带凶器盗窃以及扒窃成立盗窃罪不要求数额较大),也就是定性之外还有定量的要求,而且事实上对于挪用公款、挪用资金都有挪用时间达到3个月以上(即便用于营利和违法活动,也不可能完全不考虑挪用时间的长短)或情节严重的要求。这说明,我国成立犯罪定性又定量的要求决定了使用盗窃对于法益的侵害也必须达到一定的程度,而且应该比原则上只有定性要求的德日刑法定罪门槛更高,处罚范围更窄。第五,对使用盗窃法益侵害程度的要求,是进行纯客观的判断,还是根据夺取占有时主观上有否排除意思进行判断,的确值得考虑。固然盗窃罪是状态犯,夺取占有行为的完成即达到既遂,而不可能认为夺取占有完成经过一段时间后才既遂。但是,我国对成立盗窃罪定性又定量的要求决定了,处罚与否事实上不可能不考虑既遂之后的情况。例如,对于非法拘禁罪,理论上认为非法拘束了他人身体即为既遂,但拘束他人时间很短的,在国外可能成立暴行罪,在我国则不会作为犯罪处理。第六,只进行纯客观的判断,不要求排除意思,本来是一个很好的思路,但带来的问题是,可能导致使用盗窃处罚范围的无限扩大。即使是在通过排除意思对使用盗窃处罚范围进行限制的日本,尚且无法限制使用盗窃的处罚范围。而一向"古板"的德国人,可能就是为了防止不当扩大使用盗窃的处罚范围才坚持认为成立盗窃罪必须具有"enteignung"这一消极要素;认识到可能存在处罚空隙后,对于盗用交通工具的行为,通过专门立法来解决。第七,主观目的可以限制处罚范围,而且并不违反罪刑法定和人权保障的要求。例如,我国《刑法》规定走私淫秽物品罪必须出于牟利或者传播的目的,就属于主观的超过要素。又如,非法拘禁他人的,行为人意欲何为?必要考察是出于勒索财物还是出卖,抑或单单出于报复的目的,直接决定了行为性质是绑架罪,拐卖妇女、儿童罪还是非法拘禁罪。第八,为了限制使用盗窃的处罚范围,我们可以认为排除意思是非法占有目的的要素之一,借此将不具有排除意思的使用盗窃排除在盗窃罪之外。第九,判断排除意思具备与否,可以考虑是否具有盗用后随意丢弃的意思、盗用时间的长短、盗用对象的价值高低、盗用行为导致财物价值损耗的程度、盗用期间对他人实际利用可能性的妨碍程度,以及实际消耗价值的数量等因素进行判断。第十,我国犯罪定量的特点决定了应当坚持处罚使用盗窃只是例外的原则,不应像日本判例那样,盗用汽车两小时,或者行为人出于搬运赃物等违法的目的盗用汽车,即便时间很短也要处罚。

偷骑他人自行车在人民广场兜一圈,由于时间很短,可以认为没有排除的意思,属于不可罚的使用盗窃,不构成盗窃罪。

另外,对于钥匙、存折、现金卡事例,一方面应该认为,由于行为人使用后返还了，针对这些财物本身没有排除意思，不成立盗窃罪，至于利用这些财物实施另外的犯罪则另当别论。正如盗用他人菜刀杀人后返还（假定对菜刀没有严重的损耗），应该评价的是杀人的行为，而不是针对菜刀的盗窃行为，不能因为用于违法目的，就将不值得处罚的使用盗窃作为盗窃罪处理。日本将盗用他人汽车搬运赃物，以及盗用汽车后无证驾驶，评价为盗窃罪。应该说，考虑违法的使用目的因素，是不妥当的。正如不能因为擅自使用同事桌上的钢笔伪造文书，而认定成立盗窃罪一样。另一方面，由于这些财物本身价值不大，即便承认针对这些财物具有排除意思，也很难达到“数额较大”的要求，我们所应评价的是使用这类财物所造成的法益侵害结果。钥匙、存折、现金卡其实都是侵害他人占有的工具，对于造成他人财产损失的结果，如房间财物被盗、存折和现金卡中的钱款被转走或取走，当然成立盗窃罪。

对于复印拷贝秘密资料事例，德国通说和判例否定盗窃罪的成立。而日本判例一向肯定盗窃罪的成立，理由就是侵害了他人的独占利用权，消耗了他人秘密资料的价值。日本理论通说也对判例立场表示支持。不过，也有学者批评地指出，如果具有泄露信息的意思，虽说很大程度上存在消耗其价值的危险，然而连这种被返还之后所发生的间接损害，也要纳入盗窃罪的保护对象之中，这究竟是否妥当，原本就有值得怀疑的余地。本书认为，复印拷贝后返还的，对于信息的载体本身不具有排除的意思，不成立盗窃罪。在我国，有两种解决的路径：一是若能评价为商业秘密的，可以认定为侵犯商业秘密罪；二是若可以将其评价为一种财产性利益，而财产性利益又可以成为我国盗窃罪的对象，对于非法获取信息的行为，可以评价为盗窃罪，同时成立侵犯商业秘密罪与盗窃罪的，从一重处罚即可。问题是，针对财产性利益，是否只有形成排他性占有，即是否限于零和关系，才能肯定盗窃罪的成立，的确是值得研究。本书初步认为，财产性利益不同于财物，可以形成利益共享的状态。例如，偷看一场电影，即便并不影响电影的正常播放，只要行为人实际上获得了这种财产性利益，就有必要作为盗窃罪处罚。

关于盗取宠物后骗领感谢费事例，与日本盗窃弹子换取奖品判例相似，日本判例针对弹子本身肯定不法领得意思而成立盗窃罪。德国刑法理论一般否定针对宠物本身的不法领得意思。本书认为，由于最终返还了宠物，因而对于宠物本身并不存在排除的意思，所得感谢费也不是宠物本身的价值，故应否定盗窃罪的成立；但隐瞒事实真相骗领感谢费的行为，应评价为针对感谢费的诈骗罪。对于盗窃铁矿石后假装卖给原物主事例，与日本假装退货判例相似。日本判例的理由是，假装退货的行为消耗了财物本身的价值，按照价值说或者综合说，均应肯定不法领得的意思。德国通说也肯定不法领得的意思。理由是，这种行为使得原所有权人只能通过支付对价的方式才能重新取得财物的支配权；行为人否认原物主的返还请求权，将自己作为所有权人对财物进行了处分；而且行为剥夺、侵害了财物的价值本身。本书认为，该事例不同于宠物事例的地方在于，行为人隐瞒了盗窃事实，让对方以财物本身的价值换取财物，这种情形与将赃物卖给第三者无异。因此，应肯定对于财物本身的排除意思，成立盗窃罪，同时因为隐瞒真相骗取对方支付了对价，成立诈骗罪；由于行为人实际上仅得到一个财产利益，两罪之间形成包括的一罪的关系，从一重处罚即可。

对于盗窃后告知真相勒索财物案件，德国理论与判例认为，行为人并没有假装是财物的所有者，没有否定对方的所有权，而且从价值说来看，以恐吓手段取得的钱款并非所盗财物本身的价值，故对于财物本身否定不法领得的意思，不成立盗窃罪。我国台湾地区学者黄惠婷也认为，抓住他人赛鸽后让物主汇款的行为，成立恐吓取财罪。

对于司法实践中的盗窃车牌勒索财物以及其他盗窃财物后进行勒索的案件，一般认为成立盗窃罪与敲诈勒索罪的牵连犯，最终以盗窃罪定罪处罚。本书认为，就盗窃车牌而言，由于只是让对方产生困惑，并没有让对方产生恐惧心理，所以不能成立敲诈勒索罪，只能成立针对车牌的盗窃罪。对于其他财物而言，除非是证件和重要文件资料，行为人以毁坏相威胁而可能构成敲诈勒索罪，否则只能成立针对财物的盗窃罪。

对于福利彩票投注站工作人员（通常与福利彩票主管部门存在承包合同关系），在未交纳投注金的情况下，幻想中大奖而"狂"打彩票的行为，实践中通常以挪用资金罪定罪。① 应该说，福利彩票的价值就体现在中奖的概率上，刮开彩

① 参见重庆市綦江县人民法院（2006）綦刑初字第25号刑事判决书。

票就已经实现、消耗了彩票的价值,甚至可以说只要打出了彩票,即便没有刮开,由于是否中奖已经“命中注定”,因而已经实现或者说消耗了彩票的价值。根据价值说,理当肯定排除意思和利用意思,利用职务便利实施的,成立职务侵占罪,而不是挪用资金罪。导致错误判决的原因,显然在于对价值说和排除意思概念的陌生。

4. 利用意思是区分取得罪与毁弃罪的关键性要素吗?

在日本,排除、利用意思必要说以及利用意思必要说坚持认为,利用意思是区分盗窃罪与毁弃罪的关键性要素,而且能够说明盗窃罪比毁弃罪法定刑重的原因。而不法领得意思不要说以及排除意思必要说反驳认为,无须通过不能被客观事实所证明的纯主观要素的利用意思,只需根据客观上是否存在占有的转移即可区分盗窃罪与毁弃罪;肯定说认为盗窃罪由于属于利欲犯,更值得非难因而法定刑重于毁弃罪,可是同属于利欲犯的占有脱离物侵占罪法定最高刑却只有1年惩役,低于损坏器物罪的3年惩役。

本书认为,从客观法益侵害性上看,盗窃罪并不重于毁弃罪,之所以各国刑法中盗窃罪的法定刑都重于毁弃罪,是因为盗窃罪是利欲犯,刺激人作案的动机更为强烈,非难可能性更高;事实上盗窃罪的发案率也远高于毁弃罪,因而一般预防的必要性比毁弃罪高;至于同为利欲犯的占有脱离物侵占罪法定刑却低于毁弃罪,是因为这种犯罪并不侵害占有,违法性相对较低,而且被害人一般也存在过错,侵占脱离占有物也符合人性的弱点,期待可能性较低;不法领得意思不要说与排除意思必要说认为,只要伴随占有的转移就不再成立毁弃罪,而是成立盗窃罪,这就使得毁弃罪的成立仅限于不伴随占有转移的所谓当场毁坏的情形。然而,根本看不出当场毁坏与移动一定距离后毁坏,在法益侵害性上有什么不同,因而使得毁弃罪成立范围过窄。刑法为了限制处罚范围,明确犯罪之间的界限,设立成文与不成文的构成要素,在刑法中并不少见。因此,为了区分盗窃罪与毁弃罪,说明两者的法定刑差异,在取得罪构成要件中添加不成文的利用意思要素,是有必要的。

排除、利用意思必要说及利用意思必要说(以下统称为“利用意思必要说”)

与不法领得意思不要说与排除意思必要说（以下统称为“利用意思不要说”）的分歧具体体现在，伴随有场所移动的占有侵害的处理，具体包括：移动一定距离后毁坏的（如从楼上搬到一楼平地上，以下简称“移动后毁坏”），移动后放置一边的（指难以被物主发现的情形，以下简称“移动后放置”），以及移动后产生利用的意思并加以利用的（以下简称“移动后利用”）三种情形。对于移动后毁坏的情形，利用意思必要说认为构成毁弃罪，而利用意思不要说认为因存在占有的转移而应成立盗窃罪；对于移动后放置的情形，利用意思必要说认为，放置在被害人难以发现的地方属于隐匿，而隐匿为毁弃所包含，故构成毁弃罪，而利用意思不要说仍然认为，因存在占有的转移而应成立盗窃罪；对于移动后利用的，利用意思必要说认为，由于行为人夺取占有时只有毁弃的意思而没有利用的意思，根据“行为与责任同在”的原则，不成立盗窃罪，由于事后没有毁坏，若认为只有实施毁坏时才是毁弃罪的着手，则仅属不可罚的毁弃预备，又由于不存在与原物主之间的委托信任关系，故仅成立脱离占有物侵占罪，而利用意思不要说则认为，因为存在占有的转移，故“一如既往”地成立盗窃罪。

利用意思不要说的立场是，只要伴随场所移动即占有转移的，就成立盗窃罪，毁弃罪仅限于当场毁坏财物的情形。这的确存在疑问。因为，是当场毁坏还是移动一定距离后毁坏，法益侵害性不会存在差异。不过，利用意思必要说认为，移动后加以利用的，仅成立法定刑比毁弃罪还要轻的脱离占有物侵占罪，也存在一些疑问。因为，移动后利用与移动后放置，在法益侵害性上完全相同，而且前者因产生利用的动机而非难可能性更高、责任更重，怎能比移动后放置的情形处罚还轻呢？我国侵占罪的5年法定刑也比故意毁坏财物罪的7年法定刑要轻，因此在我国，也不应得出移动后利用比移动后放置处罚更轻的结论。本书认为，移动后利用与移动后放置的，均应以故意毁坏财物罪定罪。本书的观点可能遭受的质疑是：行为人事实上没有毁坏财物，缺乏故意毁坏财物罪的客观要件，怎么能以故意毁坏财物罪论处呢？的确，传统观点将取得罪与毁弃罪看成一种对立关系，而没有看到毁弃罪的本质是妨碍他人对于财物的利用。对他人财物加以利用，还是对他人财物加以毁弃、隐匿，在妨碍他人对于财物的利用这一本质上，是完全相同的。因此，应将取得罪与毁弃罪之间理解为一种基本法与补充法的关系,即在没有以其他罪名处以更重刑罚时,就能以故意毁坏财物罪定罪处罚。《德国刑法典》第248条b款关于盗用交通工具罪条文中存在"如果该行为没有在其他的规定中被用更重的刑罚加以威吓的话"以及第246条侵占罪条文中"如果该行为没有在其他的规定中被用更重的刑罚加以威吓的话"的规定,都表明了犯罪之间的补充竞合关系。在我国,虽然刑法条文没有类似的规定,但完全可以根据需要对条文进行补正解释。

将毁弃罪与取得罪看成一种补充竞合关系,有利于处理共同犯罪及认识错误问题。例如,甲教唆乙故意毁坏他人财物,但乙不"忍"毁弃而占为己有。若认为盗窃罪与毁弃罪之间是排斥、对立关系,构成要件没有实质重合的部分,则根据共犯的实行从属性原理,不成立共犯,结果是甲不能被作为共犯追究责任。这显然不合理。因为假若乙按照教唆犯的意思毁坏了财物,甲成立故意毁坏财物罪的教唆犯,现在乙实施了更为严重的盗窃罪,甲反而无罪,这不能被接受。故甲、乙应当在故意毁坏财物罪范围内成立共犯。又如,甲本意是教唆乙实施故意毁坏他人财物的行为,但乙听成让他盗窃财物,结果实施了盗窃行为。甲、乙也应在故意毁坏财物罪的范围内成立共犯,乙单独构成盗窃罪。

关于债务人非法夺取借条后加以毁弃的行为,德国理论与判例认为,利用借条不等于利用借条所记载的内容,利用借条与利用借条所记载的内容,缺乏素材的同一性,因而,对于夺取借条后加以毁弃的行为,不具有利用的意思,只能成立毁弃罪(如毁弃文书罪),但对于借条内容的利用,可以评价为抢劫、诈骗、恐吓财产性犯罪。日本最高法院曾做出过一个重要的判例:被告人谎称叔叔欠其6000万日元,向法院提出虚假的支付督促令申请程序,然后派人假装其叔叔签收支付督促令异议文书后毁弃,致使被害人丧失了申请异议的机会,使得支付督促令发生强制执行的效力。一审、二审法院均肯定了不法领得的意思,但最高法院认为,被告人通过欺骗邮递员取得支付督促令正本等法律文书,除毁弃外别无使用、处分目的,不能认为被告人对于支付督促令正本等法律文书具有不法领得的意思,毁弃这类文书,仅仅是取得财产利益的手段而已,将两者等同是不合适的。因此,原判决能够认定被告人具有不法领得的意思,进而肯定诈骗罪的成立,不能不说该判决在解释和适用法律上存在错误。

实践中抢夺借条后加以毁弃的现象很普遍,但我国刑法理论界并未认真研究借条的法律性质。张明楷教授认为,有的债权凭证的丧失,并不意味着该凭证所记载的财产丧失,但一般来说也是值得刑法保护的。只有在骗取债权凭证的同时导致被害人财产损失的,才宜认定为诈骗罪。本书认为,借条是债权这种财产性利益的凭证,相对于存折而言,借条具有更为重要的证据功能(因为丢失存折还可能作挂失处理)。在国外,通过杀害债权人的方式以消除债务的,一般也是肯定抢劫杀人罪的成立。在我国,财产性利益可以成为财产罪的对象;虽然借条本身不同于借条所记载的内容,对于借条的毁弃,不能认为存在利用意思,仅成立毁弃罪,但是我国故意毁坏财物罪定罪起点通常很高,对于毁弃借条行为本身,很难以故意毁坏财物罪立案;为有效保护法益,若能证明借条是关键性证据,也就是说,借条的丧失几乎意味着债权人胜诉权的丧失,则可以认为夺取借条并加以毁坏或者藏匿的,已经获得了债权这种财产性利益,可以构成盗窃、抢夺、抢劫、诈骗等取得罪。

对于为了掩盖罪行而拿走被害人身上的财物丢弃或者藏匿的,以及为了掩盖强奸、报复性伤害等罪行,有意制造财产犯罪现场而取走被害人财物的,只要没有利用的可能性,就应否定利用的意思,不成立盗窃罪。在司法实践中,行为人杀害被害人后将被害人身上作为物证的传呼机扔掉,法院仍将传呼机的价值计入了盗窃罪数额。[①] 应该说,这种判决存在疑问。因为,行为人扔掉传呼机是出于毁灭罪证的目的,没有利用的意思,不应针对传呼机肯定取得罪的成立,应该成立的是故意毁坏财物罪。恋物癖者盗窃女性内衣,也可以认为是享受了女性内衣可能的效用,所以可以肯定具有利用的意思,而成立盗窃罪。

5. 成立侵占犯罪也需要非法占有目的吗?

国外侵占犯罪一般规定有占有脱离物侵占罪、委托物侵占罪、业务侵占罪3个罪名,法定刑依次加重。我国《刑法》第270条第1款对象是委托占有物,第2款的对象是遗忘物等脱离占有物。第271条规定的职务侵占罪,本来相当于国

① 参见黑龙江省大庆市中级人民法院(2001)庆刑一初字第71号刑事判决书。

外的业务侵占罪,但刑法理论通说认为,职务侵占罪与贪污罪一样,客观行为除将自己本来基于业务关系占有的财物据为己有的狭义侵占外,还包括窃取、骗取等形式,使得职务侵占罪有别于国外的业务侵占罪。侵占罪、职务侵占罪和贪污罪中的狭义侵占部分,可以统称为侵占犯罪。理论通说也都肯定侵占犯罪主观上须具有非法占有目的,有的学者更明确指出应具有不法所有的目的。

应该说,由于侵占犯罪并不侵害占有而仅侵害所有,显然不需要具备排除意思。行为人将已经占有的财物转为所有,虽然也可谓具有利用意思,但不同于侵害占有的盗窃罪等占有转移罪,利用意思只有通过外在行为表现出来,能够得以证明的,方可肯定利用意思。正因如此,《刑法》第 270 条侵占罪两款均规定"拒不退还""拒不交出"。国外侵占罪条文中从未像我国《刑法》这样规定"拒不退还"与"拒不交出"。但既然认为侵占犯罪是取得罪,通说认为,当然需要利用意思。我国职务侵占罪与贪污罪也没有类似规定。可以认为,无论条文是否规定"拒不退还"与"拒不交出",成立侵占犯罪均需要行为人具有利用意思(利用处分意思);"拒不退还"与"拒不交出"的作用就在于提醒司法人员注意,由于行为人本身已经占有财物,只有在能够证明行为人具有变占有为所有的利用意思时,才能定罪。可是,因为条文中的"拒不退还"与"拒不交出"可谓"画蛇添足"的规定,致使不少学者与实务人士"一口咬定",即便有充分的证据证明行为人已经具有利用意思,也须另外具备"拒不退还、拒不交出"的客观行为,否则无罪。笔者的一个课堂设例:邻居走远亲戚,得 3 个月后返回,特意委托行为人帮助照看家中鸡、鸭、猪、狗、牛、羊等动物。邻居刚出门,行为人就今天宰鸡,明天杀猪,后天俎牛。不到 1 个月,这些鲜活动物统统成为行为人的下酒菜。按照上述观点,要成立侵占罪还须等被害人回家后当面索还上述财物,而行为人宁可蹲监狱也"拒不归还"时,方成立侵占罪。这似乎不可思议。

关于侵占罪的本质,国外存在领得行为说与越权行为说的对立。领得行为说强调侵占罪财产罪的一面,具有妥当性,这也是通说的观点。而越权行为说强调侵占罪背信的一面,按照越权行为说,毁弃、隐匿占有的财物,因为属于越权行为,也成立侵占罪,这被认为不妥当。毁弃、隐匿占有财物的,应当成立毁弃罪。问题是,我国故意毁坏财物罪的法定刑高于侵占罪,毁弃占有物并没有比侵吞占有物(具有利用意思)受到更重处罚的理由。因此,本书认为,对于毁弃、隐匿占有物的,虽然认定为故意毁坏财物罪,但不得判处高于侵占罪法定最高刑5年有期徒刑的刑罚。

在违反委托人的意思而暂时使用委托占有物的场合,即所谓“使用侵占”,是否值得处罚,值得研究。本书认为,利用意思既体现于出售等一次性消耗全部价值的处分行为,也包括渐进性地消耗占有物价值的情形。根据价值理论,若违背委托人意思,对“使用侵占”造成占有物价值明显减少的,也可以肯定利用意思和侵占罪的成立。

当行为人受托保管的是金钱、大米等种类物,而且委托人并没有禁止使用占有物,行为人也具有填补亏空的意思和能力(如在银行有相应数额的存款)的,应否肯定利用意思和侵占罪的成立?理论上一般认为,在保管不特定物的场合,即便暂时挪用了该财物,如果另外持有同等数量的财物,可以视为仍然保管着不特定物,没有否定委托者的所有权,不构成侵占罪。

当行为人为了本人的意思处分占有物,但处分行为本身违反公司法或者其他法律时,应否承认利用意思,也是个问题。例如,行为人为了公司的利益,未经董事会会议通过,将占有的公司财物用于行贿,是否成立侵占罪?日本刑法理论曾经认为,因为出于违法的目的,即便是为了委托人的利益,仍应成立委托物侵占罪。但日本最近的最高法院判决指出,行为的客观性质与行为人主观问题,原本是不同的问题,即使违反了商法等相关法规,但行为人主观上完全是为了公司利益而实施行为,并非完全不可能,从而否定了二审的有罪判决。本书认为,如果行为人为了委托人的利益,或者主要是为了委托人利益,利用占有下的财物,即便违反公司法等相关法律法规的规定,也应否定利用意思,否定侵占犯罪的成立。

6. 成立盗伐林木罪、盗窃枪支罪、盗窃尸体罪,也需要非法占有目的吗?

案10:甲为了自己修路,而伐倒了属于邻居所有的林木,弃置路边不管。

虽然甲没有利用的意思,但其行为无疑侵害森林资源和邻居的林木所有权,所以成立盗伐林木罪。

案11:乙出于让警察丙丢掉工作的目的,隐匿警察丙的枪支。

虽然乙没有利用的意思,其隐匿警察枪支的行为无疑也危害了公共安全,所以不妨碍盗窃枪支罪的成立。

案12:A与其女友B感情很深,在其女友意外死亡后,偷偷从太平间将女友尸体背回家放在床上,每天晚上躺在B旁边安睡。

很难说躺在尸体旁边睡觉是享受了尸体某种可能的用法而具有利用的意思,但不妨碍盗窃尸体罪的成立。

我国《刑法》分则在侵犯财产罪章以外,还存在大量的盗窃、抢夺、抢劫犯罪的规定,如盗伐林木罪,盗窃尸体罪,盗窃、抢夺、抢劫枪支、弹药罪,抢夺、窃取国有档案罪等。这些犯罪是否也需要存在排除意思与利用意思,尤其是利用意思,值得研究。本书的基本看法是,如果不存在与毁弃罪的区分,也没有要说明取得罪法定刑重于毁弃罪的需要,就没有必要强调只有存在利用意思才成立上述犯罪,甚至可以认为,上述犯罪视情形基本上均包括毁弃、隐匿在内。

例如,盗窃尸体罪所保护的法益是生者对死者的虔诚感情,所规制的是行为人对尸体的非法控制,因而无须存在利用意思,只要行为人无权控制尸体却非法控制了尸体,无论是利用尸体(如用作标本),还是毁弃、藏匿,均侵害了盗窃尸体罪所保护的法益,均构成盗窃尸体罪。又如,盗伐林木罪所保护的主要法益是生态资源而非林木所有权,伐倒了他人林木就侵害了盗伐林木罪所保护的主要法益,即便不具有利用意思,如出于报复的目的,也能成立盗伐林木罪的既遂,而不是仅仅成立故意毁坏财物罪。再如,抢夺、窃取国有档案罪保护的法益是国有档案所涉及的国家秘密等利益,因此,即便行为人出于毁弃、隐匿的目的盗窃、抢夺国有档案,没有利用的意思,也侵害了该罪所保护的法益,故成立该罪,而不是故意毁坏财物罪。还如,盗窃、抢夺、抢劫枪支、弹药罪所保护的法益是公共安全,即便行为人出于报复的目的,非法获取枪支后藏匿,也同样威胁了公共安全,应成立该罪,但如果非法获取后立即加以毁弃的,由于对公共安全没有威胁,仅侵害了枪支的财产权,故不构成盗窃、抢夺、抢劫枪支、弹药罪,而构成故意毁坏财物罪。

第四节 财产犯的事后行为

·导 读·

关于事后行为的评价,日本有"不可罚"的事后行为论与"共罚"的事后行为论的分歧,德国存在构成要件论与竞合论的对立,殊途同归,都旨在说明事后行为是否具有构成要件该当性,意在解决前行为因为存在实体性的刑罚阻却事由或者诉讼法上的障碍时,能否以事后行为单独起诉、处罚的问题。除事后销赃等个别情形外,通常应肯定事后行为的构成要件该当性,与前行为作为包括的一罪进行评价,因此,共罚的事后行为论及竞合论具有相对的合理性。盗窃违禁品后持有、出售的,事后行为因期待可能性减弱,不宜数罪并罚,而应作为包括的一罪进行评价。意图盗窃后勒索财物的,不成立盗窃罪,而成立敲诈勒索罪或者故意毁坏财物罪。

实务疑难问题

1. 财产犯的事后行为真的不可罚吗?

案1:甲盗窃了总价值6000余元的茅台酒,打算存放几年后再慢慢品用。6年后(已超过5年追诉时效)打开准备饮用时发现味道不怎么样,一气之下全部倒掉。甲的行为是否符合故意毁坏财物罪构成要件,能否以故意毁坏财物罪定罪处罚?

案2:张某在其16岁生日当天,乘着酒兴盗窃了一辆价值数万元的摩托车,停放在自家院里。第二天酒醒后看到院子里停放着一辆豪华摩托车,方想起自己昨天盗窃了摩托车,于是骑上该摩托车到处兜风。张某"享用"其在未达刑事法定责任年龄时偷窃的摩托车,是否构成侵占罪?若张某觉得这摩托车骑起来不怎么舒服,一气之下将摩托车扔进江中,是否成立故意毁坏财物罪?

案3:乙将一辆崭新的摩托车以低价卖给他人,后被查获。乙一口咬定该摩托车系从别处以低价购买的,但没有足够的证据予以证明,同时侦查机关也没有足够的证据证明该辆摩托车是乙偷来的(不能排除合理怀疑)。乙是构成掩饰、隐瞒犯罪所得罪还是侵占罪,抑或无罪?

案4:丙盗窃10公斤海洛因后卖给他人,后被查获。若以盗窃罪定罪,最高可判处无期徒刑,若以贩卖毒品罪论处,最高可能判处死刑。对丙的行为是定盗窃罪还是贩卖毒品罪,抑或数罪并罚?

案5:国家工作人员李某巧设名目,向不明真相的纳税人征收了数10万元费用,未上缴单位而是占为己有。李某的行为是成立诈骗罪还是贪污罪(还可能触犯滥用职权罪),抑或数罪并罚?

案6:丁盗窃某单位生产机器上的重要零部件后,以此勒索5万元。被害单位为避免停产可能造成的每天数10万元损失,被迫满足丁的要求。丁的行为是成立盗窃罪还是敲诈勒索罪,抑或数罪并罚?

以上案例的核心问题是,如何评价财产犯的事后行为,是当然地不符合构成要件而不可罚,还是可以肯定符合构成要件而具有单独评价定罪的可能性?我国刑法理论通说只是“囫囵吞枣”地接受了所谓“不可罚的事后行为”概念,在面对具体问题时,要么直接以“这属于刑法理论上的不可罚的事后行为”为由宣告事后行为无罪,要么认为属于“犯罪掩盖行为”“掩护行为”“后续行为或称继续行为”,要么主张是财产犯罪行为的继续或者延续而作整体的评价。这是目前多数学者的逻辑。但是不得不说,这将复杂问题简单化了。财产犯事后行为的评价涉及事后行为是否符合构成要件,关系当前行为因为超过追诉时效、证据上不能证明、主体无责任能力等原因而不能处罚时,能否以事后行为单独起诉、定罪处罚,影响到是一罪还是数罪、是单独定罪还是数罪并罚,以及立法目的、法益保护、罪刑相适应等的实现问题。

最近,有学者认识到了财产犯事后行为评价问题的复杂性,并撰文指出,德国、日本的不可罚的事后行为理论的阐释进路因理论本身的模糊性、对特定的判例背景和犯罪成立理论的依赖性而不适于我国。因而,在解决我国刑法中盗窃后处置行为的刑事责任问题时，不可贸然借鉴德国、日本的不可罚的事后行为理论，而应根据我国的立法和司法情况，结合我国的犯罪成立理论来解决此类问题的归责原则，并对实践中的做法做出总结和评价，以形成我们自己的概念体系。这既是发展刑法信条学的要求，也有利于保障犯罪人权利。但是，德国、日本等国对不可罚事后行为的理论与判例的思路是相当清晰的，在我们本土化的研究中不能因为其存在理论争议就将其扣上“模糊性”的帽子，乃至抛弃。

日本刑法理论通说一般将盗窃后毁坏赃物这种典型的事后行为，称为不可罚的事后行为。这可谓“不可罚论”。不可罚论存在如下疑问：(1)若认为盗窃后毁坏赃物行为一概不可罚，则当本犯实施盗窃行为时未达刑事法定年龄(见案2)或因病理性醉酒等因素而丧失辨认、控制能力，以及盗窃行为因为证据上的原因不能证明时，既不能起诉前行为盗窃罪，也不能起诉事后行为侵占罪、故意毁坏财物罪，这可能不合理；(2)不参与盗窃仅事后参与毁坏赃物的，若认为事后毁坏赃物的行为本来就不可罚，则不能追究事后参与者故意毁坏财物罪共犯的责任，恐怕难言妥当；(3)若主张事后行为不可罚，则盗窃行为人将赃物出售给不知情的第三人，由于赃物随时可能被追回而使购买者遭受损失，除盗窃罪外，也不能追究诈骗罪刑事责任，或许也不能被接受；(4)虽然超过了盗窃罪的刑事追诉时效，但尚未超过民法上的取得时效时，被害人请求返还，盗窃犯以暴力、胁迫方式拒绝返还的，也不能成立抢劫罪，而是仅成立暴行、胁迫等人身犯罪，这可能不利于保护被害人的财产法益；等等。正因如此，日本平野龙一教授指出，事后行为并非不该当构成要件而当然地不可罚，而是因与前行为之间存在原因与结果的关系，前行为法定刑通常较重，以前行为定罪已经对行为的法益侵害事实进行了包括性的刑法评价，而成立包括的一罪中的吸收一罪，被吸收的后行为依然成立犯罪并且能被处罚，因此，通说将事后行为称为“不可罚”的事后行为不恰当，应系“共罚的事后行为”。这可谓“共罚论”。

本书认为，除本犯保管、搬运、销售赃物因不符合赃物犯罪主体要件而不该当构成要件这种个别情形外，不能否认事后行为也是完全符合构成要件的。而是否处罚，是作为包括的一罪进行评价，还是数罪并罚，则是另一层面的问题。这要结合立法目的、时效制度的宗旨、法益保护的要求、罪刑相适应的原则等因素,进行具体判断。因此本书赞成"共罚论",即将事后行为称为"共罚"的事后行为比称为"不可罚"的事后行为更妥当,这样就使事后行为也有被单独评价和定罪的可能性,从而能够更有效地保护法益。

关于不可罚(共罚)的事后行为的法律性质,日本刑法理论中有3种思路:(1)构成要件不该当说,事后行为原本就不符合犯罪构成要件,如盗窃罪本犯事后搬运、保管赃物;(2)法条竞合说,事后行为虽然在理论上符合犯罪构成要件,但因为优先适用主要犯罪的法条而排除事后行为法条的适用,即属于吸收关系的法条竞合,如盗窃罪本犯对赃物的利用虽然也满足侵占罪构成要件,但因为盗窃罪法条的优先适用而排除侵占罪法条的适用;(3)包括的一罪说,事后行为虽然满足构成要件,但由于前行为所触犯的罪名已经对行为的法益侵害事实进行了包括的、一体性的评价,故没有必要对事后行为再进行处罚,这种情形下事后行为不是不可罚,而是已经"共罚"了,因而属于包括的一罪;或者说,虽属于实际上的数罪但作为刑罚上的一罪对待,如盗窃犯事后毁坏赃物,毁坏赃物的行为虽然也符合故意毁坏财物罪构成要件并且值得处罚,但因为前行为所适用的盗窃罪已经对法益侵害事实进行了一体性、包括性评价,而无须以故意毁坏财物罪定罪处罚。

此外,日本有学者将不可罚(共罚)的事后行为产生的法律效果归纳为6个方面:(1)事后行为的参与者,如在他人盗窃后参与毁坏赃物的场合,是否成立共犯的问题。按照构成要件不该当说和法条竞合说,没有共犯成立的余地,但包括的一罪说认为可能成立共犯。(2)参与实施事后行为的物件如犯罪工具能否没收的问题。构成要件不该当说以及法条竞合说会得出不能没收的结论,但包括的一罪说则认为能够没收。(3)前行为追诉时效完成后,能否起诉、处罚事后行为的问题。例如,先前的盗窃行为超过盗窃罪的追诉时效后,盗窃犯对赃物加以毁坏的,以及在盗窃罪追诉时效期限到来之前毁坏财物,虽然盗窃罪最终超过了追诉时效,但故意毁坏财物罪尚未超过追诉时效时,能否以故意毁坏财物罪起诉并定罪处罚,构成要件不该当说以及法条竞合说仍然持否定态度,而包括的一罪说可能得出肯定的结论。(4)前行为在诉讼上难以证明,如行为人所毁坏的财物究竟是从被害人处偷来的,还是借来的,难以证明时,能否以故意毁坏财物罪起诉和定罪处罚,构成要件不该当说和法条竞合说本来主张只成立主罪,但既然不能起诉主罪,也不排除以事后行为起诉、定罪的可能性。(5)在前行为因为存在亲属关系而不能处罚时能否以事后行为如故意毁坏财物进行处罚,以及不满14周岁的人盗窃财物,满14周岁后毁坏赃物的,能否以故意毁坏财物罪定罪处罚,按照构成要件不该当说和法条竞合说,不存在以事后行为进行处罚的余地,但包括的一罪说认为有可能。(6)前行为所触犯的罪名法定刑低于事后行为的罪名时,如侵占遗失物事后加以毁坏的,脱离占有物侵占罪的法定刑低于故意毁坏财物罪,是以脱离占有物侵占罪定罪,还是以故意毁坏财物罪论处,构成要件不该当说及法条竞合说认为,应以脱离占有物侵占罪定罪处罚,而包括的一罪说可能倾向于以故意毁坏财物罪定罪处罚。

本书认为,相较而言,包括的一罪说具有合理性,得出的结论基本上能被接受,但个别情形不能完全按照包括的一罪说处理。具体而言,盗窃犯超过追诉时效后毁坏赃物的(见案1),若认为可以以故意毁坏财物罪起诉、处罚,则会导致追诉时效无限期地延长,淹没了规定追诉时效旨在"体现了刑罚目的,体现了宽严相济的刑事政策,体现了'历史从宽、现行从严'的政策,有利于司法机关集中精力追诉现行犯罪,有利于社会秩序的安定"的立法宗旨。再则,超过追诉时效后毁坏财物的,或者在盗窃罪追诉时效期间内毁坏财物而在盗窃罪追诉时效届满后再起诉的,难以认为这种毁坏行为,比盗窃犯在盗窃罪追诉时效期限内完全消费掉赃物的情形,法益侵害性更重,因此不宜以故意毁坏财物罪定罪处罚。此外,我国侵占罪的法定刑(法定最高刑为5年有期徒刑)之所以比故意毁坏财物罪(法定最高刑为7年有期徒刑)轻,是因为侵占行为不侵害占有,而且对自己占有下的财物占为己有具有较大的诱惑力,因而违法性与有责性相对较低。如果对侵占后毁坏赃物的以故意毁坏财物罪定罪处罚,就有违立法者对侵占罪规定较低法定刑的初衷。

2. 财产犯的事后行为当然地不符合构成要件吗?

关于不可罚的事后行为的处理,德国法院在1959年12月7日大法庭判决出来之前,立场摇摆不定。该案中,被告人作为公务员向不负有缴纳义务的商人征收费用,一审、二审法院都在否定诈骗罪成立的同时肯定了贪污罪的成立,德国大法庭判决则认为,被告人的行为并不符合贪污罪的构成要件,而是仅成立诈骗罪。这基本上是从构成要件解决的立场,可谓“构成要件论”。学说上既有支持1959年大法庭判决的构成要件论立场,也有批判构成要件论,认为关于事后行为的不可罚性应在犯罪竞合(罪数)阶段解决的所谓竞合论的有力主张。

关于构成要件论与竞合论在事后行为解决路径上的差异,具体而言:(1)在前行为如盗窃行为因为存在责任阻却事由而不能处罚时,彻底的构成要件论认为,行为人责任能力恢复后出售赃物的行为,仍然不符合侵占罪构成要件,因而不能以侵占罪定罪处罚;竞合论则认为,即使前行为不成立犯罪,后行为仍有成立侵占罪等罪的余地。(2)在前行为因为超过追诉时效而不能起诉时,构成要件论依然否定后行为的构成要件该当性,但竞合论往往肯定事后行为的构成要件该当性。(3)在第三者参与事后行为的问题处理上,构成要件论往往否定共犯的成立,而竞合论通常肯定共犯的成立。两种解决路径的最大差异在于,是否承认财物的再次取得、再次的法益侵害以及事后行为的构成要件该当性。

可见,在关于事后行为的处理上,德国的构成要件论与日本的不可罚论、构成要件不该当说以及法条竞合说相近,而竞合论与日本的共罚论、包括的一罪说相当。争论的焦点均在于,是否承认事后行为的构成要件该当性,在前行为因为存在实体上的处罚阻却事由或者诉讼上的障碍事由而不能处罚时,能否以事后行为起诉、处罚。本书的主张是,一般情况下不应否定事后行为的构成要件该当性,不能排除以事后行为单独进行起诉、处罚的可能性,但在超过追诉时效等个别情况下应排除事后行为规定的适用。

3.如何评价财产犯的事后行为?

财产犯的事后行为十分庞杂,对其进行类型性归纳分析,十分必要。日本有学者将不可罚的事后行为分为3类:(1)事后行为不该当构成要件的情形,如盗窃犯自身搬运赃物,或者单纯地占有赃物的状态;(2)虽然该当犯罪构成要件成立犯罪,但不能从构成要件上加以解决,只能进行体系性解释,并考虑立法者的意思,认为成立犯罪不妥当,属于真正的不可罚的事后行为,如毁坏自己占有下的遗失物;(3)伴随适法行为的期待可能性减弱、责任减少的一身性的刑罚阻却事由的不可罚的事后行为,如盗窃犯事后利用、消费赃物的情形。国内有学者认为,盗窃罪的行为人对赃款赃物的处置行为通常包括以下方式:持有、使用、出卖、毁损、变造。本书主要以盗窃罪为例,结合中国的现实问题将事后行为进行如下分类:

第一,盗窃犯利用赃物。国外刑法理论一般认为,本犯利用赃物的行为只要不伴随财物的毁损,就不存在作为新的处罚对象的法益侵害事实,不该当任何犯罪的构成要件。本书认为,取得型财产罪的本犯事后利用赃物的行为,可谓非法占有目的的实现,一般应否定侵占罪的成立,但是,当本犯因为存在未达刑事法定年龄等实体上的责任阻却事由,或者因为难以证明而存在诉讼上的障碍不能起诉时,对于事后利用行为,能够以侵占罪论处。案 2 中的张某,因为盗窃摩托车时未达刑事法定年龄,达到刑事法定年龄后利用或毁坏摩托车的,可以评价为侵占罪或故意毁坏财物罪。

第二,盗窃犯搬运、保管赃物。盗窃罪的本犯因为缺乏期待可能性而不符合赃物罪的主体构成要件,这没有什么疑问。对于参与本犯搬运、保管赃物的第三人,日本山口厚教授认为成立赃物罪的共犯。其实,本犯不符合赃物罪主体要件,参与搬运、保管赃物的人应成立的是赃物犯罪的单独正犯。

第三,盗窃犯事后毁坏赃物。虽然对于盗窃犯事后毁坏赃物的行为难以认为是其利用意思的实现,但从法益侵害性上考量,事后利用、消费赃物与毁坏赃物对于被害人法益的侵害没有实质性差异,虽然不能否认事后毁坏行为也符合故意毁坏财物罪构成要件,但以盗窃罪一罪就能对行为的法益侵害事实进行包括性、一体性的评价,故没有必要另行评价为故意毁坏财物罪。但是,当本犯存在实体性的处罚阻却事由或者存在诉讼上的障碍时,可以故意毁坏财物罪定罪处罚;当盗窃罪超过追诉时效而故意毁坏财物,且在故意毁坏财物罪追诉时效期限内时,考虑到追诉时效制度的维护社会安定性的本旨,不宜以故意毁坏财物罪定罪处罚;本犯以外的人参与毁坏赃物的,可以故意毁坏财物罪单独定罪处罚。案 1 中,因为甲的盗窃行为已经超过了追诉时效,虽然事后毁坏财物的行为也符合故意毁坏财物罪的构成要件,但考虑到追诉时效制度的目的,不宜追究其故意毁坏财物罪的刑事责任。

国内有学者认为,若行为人盗窃之时即意在毁损,则盗窃后的毁损行为与盗窃行为构成目的与手段的牵连,按照牵连犯的处理原则即可。若占有财物后另起毁损犯意,则按照数罪并罚处理并不生异议。其实,若本犯盗窃时即意在毁损的话,按照非法占有目的不要说,只要发生了场所的转移(移动一定距离后毁损)即成立盗窃罪;而非法占有目的必要说以及利用意思必要说均认为,由于盗窃时缺乏利用的意思而不成立盗窃罪,即便事后未加以毁损也是如此。不过,若单纯放置不管的,仍然成立故意毁坏财物罪,事后产生利用的意思的,成立脱离占有物侵占罪。这基本上没有疑问。至于"占有财物后另起毁损犯意",则因为没有侵害新的法益,而属于典型的不可罚的事后行为,怎会"按照数罪并罚处理并不生异议"呢?! 可见,上述学者基本不了解不可罚的事后行为理论。

第四,侵占他人财物后加以毁坏。日本刑法中的脱离占有物侵占罪(侵占遗失物罪)法定最高刑为1年有期惩役,而损坏器物罪的法定最高刑为3年有期惩役,因而,事后毁坏脱离占有物的,若以损坏器物罪定罪处罚,反而比行为人消费了脱离占有物的处罚要重得多。鉴于此,日本山口厚教授指出,毁弃所侵占的遗失物的,属于不可罚的事后行为,不成立损坏器物罪。对此,也有学说认为,属于包括的一罪,应肯定成立损坏器物罪,但那样处理的话,就淹没了刑法对侵占遗失物罪规定相对较轻法定刑的立法本意,并不妥当。本书认为,由于我国侵占罪的法定最高刑为5年有期徒刑,低于故意毁坏财物罪的法定最高刑7年有期徒刑,从侵占罪的立法本旨出发,事后毁坏所侵占的财物的,一般只能评价为侵占罪;当侵占罪因为存在实体性的处罚阻却事由或者诉讼上的障碍时(不包括超过追诉时效的情形)而不能以侵占罪起诉、定罪时,虽然可以故意毁坏财物罪定罪处罚,但不应判处高于侵占罪法定最高刑的刑罚;其他人参与毁坏财物的,可以故意毁坏财物罪定罪处罚。

第五,侵占他人财物后以欺骗手段掩盖犯罪事实。由于侵占罪法定刑低于诈骗罪,而且具有充分的立法理由,因此,侵占他人财物后以欺骗手段使他人放弃行使返还请求权的,不成立针对返还请求权(财产性利益)的诈骗罪,而是仅成立侵占罪。张明楷教授认为,这种情形应作为包括的一罪,从一重处罚。但是,作为诈骗罪论处有悖立法者特意将侵占罪设置较轻法定刑的本意,还是仅认定侵占罪为宜。

第六,捡拾车票后假装退票。行为人捡拾他人火车票后假装车票的所有人,到火车站售票窗口退票而获得退票款,是成立侵占罪还是诈骗罪,抑或数罪并罚?日本西田典之教授认为,这种情况下,因为存在不同的被害人而伴随有新的法益侵害,不能否认诈骗罪的成立。本书认为,虽然不能否认诈骗罪的构成要件该当性,但考虑到实际遭受财产损害的是原车票所有人,捡拾车票后退票的行为期待可能性减弱,因此不应数罪并罚,而宜以侵占罪定罪处罚。

第七,盗窃后隐瞒实情将赃物卖给善意第三人。这种情形因为善意第三人购买的赃物有被随时追回的可能性,因而存在财产上的损害。盗窃罪本犯实施了新的行为,侵犯了新的法益,一般应以盗窃罪与诈骗罪数罪并罚。

第八,超过追诉时效而未超过取得时效以暴力等方式拒绝返还。应该说,虽然盗窃罪超过追诉时效而不能以该罪起诉、处罚,但在取得时效到来之前,被害人仍享有返还请求权,行为人以暴力、胁迫方式阻止被害人追索财物的,不应排除(财产性利益)抢劫罪、敲诈勒索罪的成立;以欺骗的方式避免被害人行使返还请求权的,可以成立(财产性利益)诈骗罪。

第九,盗窃违禁品后持有、运输、出售。我国刑法规定,对于毒品、枪支、假币、伪造的发票等的持有、运输、出售,可能构成犯罪。问题是,盗窃违禁品之后持有、运输、出售的,是以前行为定罪,还是以后行为定罪,抑或数罪并罚(见案4)?2005年6月8日最高人民法院《关于审理抢劫、抢夺刑事案件适用法律若干问题的意见》(以下简称《两抢意见》)指出:"抢劫违禁品后又以违禁品实施其他犯罪的,应以抢劫罪与具体实施的其他犯罪实行数罪并罚。"有学者由此得到"启发"认为,盗窃特殊物品构成盗窃罪是《刑法》的特殊规定,因为其侵犯了非特定主体经法定程序不得没收的管理秩序。事后对其使用、出卖、毁损的行为在侵犯非经法定程序不得没收的占有之外另侵犯了其他管理秩序,因此另构成犯罪,数罪并罚。

上述司法解释应仅限于抢劫枪支后又使用所抢劫的枪支杀人这种具有两个以上的行为、侵害了两个以上的法益、符合了两个以上犯罪构成要件,且不缺乏期待可能性的情形,而不能认为,抢劫枪支后出售的,应以抢劫枪支罪与非法买卖枪支罪数罪并罚。因为,这种行为并没有侵犯新的法益,也缺乏期待可能性。我们也不能得出盗窃毒品后出售的(见案4),成立盗窃罪与贩卖毒品罪数罪并罚的结论。因为对于盗窃后销赃的行为而言,期待可能性较低;而且盗窃后销赃只是利用意思的实现,对于行为人而言,并没有因此得到两种财产利益;虽然盗窃罪与贩卖毒品罪的法益不同,盗窃毒品后出售也可谓具有两个行为、侵害了两个法益、符合两个犯罪的构成要件,但考虑到销赃行为期待可能性较低,行为人只得到了一种财产利益,故不宜数罪并罚,而应成立盗窃罪与贩卖毒品罪的包括的一罪,从一重处罚即可。

我们有必要反思一种通说观点:行为人并不明知是枪支、弹药,不能认定为盗窃枪支、弹药罪,只能认定为盗窃罪;如果盗窃后非法持有、私藏的,则另构成非法持有、私藏枪支、弹药罪。① 无论行为人实施盗窃行为时是否明知是枪支,都不能期待行为人发现是枪支后不持有、私藏而直接上缴给国家机关,同时,考虑到即使是捡拾的枪支,私人也不得持有、私藏,因此,我们不能否认成立非法持有、私藏枪支罪,但也要考虑到行为人盗窃后保管赃物的行为期待可能性减弱,不能以盗窃罪与非法持有、私藏枪支罪数罪并罚,更宜认为成立盗窃罪与非法持有、私藏枪支罪的包括的一罪,从一重处罚。②

综上所述,盗窃、抢劫枪支、毒品等违禁品后持有、出售的,不宜数罪并罚,而应作为包括的一罪,从一重处罚即可。

第十,国家工作人员骗征费用后占为己有。我国司法实践中与案5情形相近的并不少见。本书认为,行为人多征收费用,使缴纳费用的人遭受了财产损失,因而符合诈骗罪犯罪构成;同时,行为人征收的费用应当上交单位不上交而符合了贪污罪或者职务侵占罪犯罪构成,但对于事后占为己有的行为的期待可能性明显减弱,而且属于一种不作为,行为人事实上也仅得到一个利益,况且被

---

① 参见张明楷:《刑法学》(第6版),法律出版社2021年版,第915页。另参见周光权:《刑法各论》(第4版),中国人民大学出版社2021年版,第210页。

② 参见张明楷:《刑法学》(第6版),法律出版社2021年版,第915页。另参见周光权:《刑法各论》(第4版),中国人民大学出版社2021年版,第210页。

告人所在的单位原本就不应得到这种违法征收的款项而并不存在实际的财产损失，因此不宜数罪并罚，而应作为包括的一罪，以诈骗罪论处（因为实际遭受财产损失的是多缴纳费用的人）。故案5中的国家工作人员李某的行为成立诈骗罪与滥用职权罪的想象竞合，不成立贪污罪。

第十一，盗窃后假装退货、兑奖。如前所述，对于盗窃他人宠物后骗取感谢费的，由于最终返还了宠物，因而对于宠物本身并不存在排除的意思，所得感谢费也不是宠物本身的价值，故应否定盗窃罪的成立；但隐瞒事实真相骗领感谢费的行为，应评价为针对感谢费的诈骗罪。至于盗窃超市财物后假装退货、盗窃车票后假装退票以骗取退货款、退票款，以及盗窃弹子后兑奖，应肯定其对于财物本身的排除意思与利用意思，而成立盗窃罪，同时，因为隐瞒真相骗取对方支付了对价，成立诈骗罪；两罪之间形成包括的一罪的关系，从一重处罚即可。

第十二，盗窃后借机勒索财物。对于盗窃后告知真相勒索财物的案件（见案6），如前所述，如果行为人一开始就具有以所盗财物进行勒索的打算，由于存在返还的意图，对于所盗财物本身应否定存在排除意思，以所盗财物进行勒索，也不属于按照财物可能的用法进行利用，因而缺乏利用的意思，故不成立盗窃罪；以所盗财物进行勒索的，应该成立敲诈勒索罪；勒索财物未得逞的，成立敲诈勒索罪的未遂，若最终没有返还财物的或者之后加以利用的，还成立（隐匿型）故意毁坏财物罪或者（脱离占有物）侵占罪，数罪并罚完全能够做到罪刑相适应；勒索未得逞的，但返还了财物的，仅成立敲诈勒索罪的未遂；如果盗取财物时并无勒索财物的打算，成立盗窃罪与敲诈勒索罪的包括的一罪，从一重处罚即可。

第五节　财产犯罪之间界限与竞合

·导　读·

财产犯罪之间虽有明晰的界限，亦存在广泛的竞合：盗窃罪与侵占罪的区别在于对象是否为他人占有下的财物，但二罪构成要件在侵占罪范围内存在重合；盗窃罪与诈骗罪的界限在于处分行为的有无，但二罪之间亦存在竞合；取得罪与毁弃罪的区别在于利用意思的有无，但由于财物利用可能性的侵害是财产罪可罚性的共同基础，故盗窃罪与故意毁坏财物罪之间也存在竞合；区分抢劫罪与敲诈勒索罪仍应坚持传统的“两个当场”；抢劫罪与盗窃、抢夺、敲诈勒索、聚众哄抢罪构成要件存在竞合关系；职务侵占罪与挪用资金罪构成要件间存在竞合关系，当是否具有归还意图难以查明时，成立挪用资金罪；诈骗罪与敲诈勒索罪可以成立想象竞合。

实务疑难问题

1.财产犯罪如何分类？

财产犯罪之间的关系，一直是困扰刑法理论与司法实务的难题。各财产犯罪不仅法定刑轻重有别，而且行为类型殊异。认清财产犯罪之间的关系，厘清财产犯罪之间的界限，既是法益保护原则的要求，也是罪刑法定和人权保障原则的落实。

对事物进行合理的归类，有助于认识事物的本质及事物之间的关系。由于各个国家和地区财产犯罪罪名设置不同，对财产犯罪的分类也会存在一定差异。例如，日本刑法理论通说认为，根据财产犯罪的对象是财物还是财产性利益，财产犯罪可以分为财物罪与利益罪（背信罪以及二项抢劫、二项诈骗、二项恐吓）；根据是针对全体财产还是个别财产，可以分为针对全体财产的犯罪（背信罪）与针对个别财产的犯罪；根据有无按照财物可能的用法进行利用的意思即利用意思的有无，可以分为取得罪与毁弃罪（毁弃・隐匿罪）；根据是否伴有占有的转移即是否侵害他人对于财产的占有，取得罪可以进一步分为转移罪（也称夺取罪）与非转移罪（侵占罪）；根据占有的转移是否违反占有者的意思，夺取罪可以分为盗取罪（盗窃罪、侵夺不动产罪、抢劫罪）与交付罪（诈骗罪、敲诈勒索罪）。

我国台湾地区学者林山田根据台湾地区“刑法”的规定，将财产犯罪分为：取得罪（窃盗罪、抢夺罪、强盗罪、海盗罪、侵占罪）、损害罪（毁损罪章的各种毁损罪）、获利罪（窃占罪、诈欺罪、收费设备诈骗罪、自动付款设备诈骗罪、计算机诈骗罪、准诈欺罪、重利罪、恐吓取财或得利罪、掳人勒赎罪、赃物罪）、获利或损害的择一罪（背信罪）。

大陆刑法通说将财产犯罪分为：占有型、挪用型（挪用资金罪、挪用特定款物罪）与毁损型（故意毁坏财物罪、破坏生产经营罪）三类。其中，占有型财产犯罪又分为公然强取型（抢劫罪、抢夺罪、聚众哄抢罪、敲诈勒索罪）、秘密窃取型（盗窃罪）、骗取型（诈骗罪）、侵占型（侵占罪、职务侵占罪、拒不支付劳动报酬罪）。公然强取型又可称为强制占有型犯罪，后三种类型又可合并称为非强制占有型犯罪。另有学者将财产犯罪分为：夺取型犯罪（抢劫罪、抢夺罪、聚众哄抢罪、盗窃罪），交付型犯罪（诈骗罪、敲诈勒索罪），侵占型犯罪（侵占罪、职务侵占罪），挪用型犯罪（挪用资金罪、挪用特定款物罪），毁损、拒付型犯罪（故意毁坏财物罪、破坏生产经营罪、拒不支付劳动报酬罪）。还有学者将财产犯罪分为三大类：取得罪、毁弃罪与不履行债务的犯罪（拒不支付劳动报酬罪）等。①

现行《刑法》关于财产犯罪没有规定背信罪，而规定了抢夺罪、聚众哄抢罪、挪用资金罪、挪用特定款物罪、拒不支付劳动报酬罪，但是本书认为，不从各财产罪构成要件的本质特征出发，不考虑财产犯罪之间的关系，仅从论述的方便进行分类的做法，不利于认清各罪的本质特征，无助于厘清财产犯罪之间的关系，实不足取。

本书认为，根据利用意思的有无，我国财产犯罪可以分为取得型与毁弃型（故意毁坏财物罪、破坏生产经营罪）犯罪；根据是否侵害财产的占有，取得罪可以进一步分为转移罪（夺取罪）和非转移罪；根据占有的转移是否违反被害人的意志，夺取罪又可以进一步分为盗取罪（盗窃罪、抢夺罪、抢劫罪、聚众哄抢罪、拒不支付劳动报酬罪）与交付罪（诈骗罪、敲诈勒索罪）；根据是否具有侵害所有权的意思，非转移罪又可以大致分为侵占型犯罪（侵占罪、职务侵占罪）与挪用型犯罪（挪用资金罪、挪用特定款物罪）。

---

① 参见高铭暄、马克昌主编：《刑法学》（第 10 版），北京大学出版社、高等教育出版社 2022 年版，第 497 页；王作富主编：《刑法》（第 6 版），中国人民大学出版社 2016 年版，第 408～409 页。

2. 财产犯罪之间法定刑差异的原因是什么?

考量犯罪间关系的基础是犯罪的轻重,即违法性与有责性的轻重,而法定刑又是犯罪轻重的体现。因毁坏财物后没有再追缴返还原物的可能性,毁弃罪的违法性本来重于取得罪,但我国毁弃罪的法定刑(故意毁坏财物罪与破坏生产经营罪的法定最高刑为7年有期徒刑)却远低于取得罪(抢劫罪法定最高刑为死刑,盗窃罪法定最高刑为无期徒刑),原因何在?一般认为,毁弃罪的行为人没有利用的动机或者说缺乏非法占有的目的,非难可能性即有责性相对较低,而且,相对于盗窃罪等取得罪,毁弃罪发案率较低,一般预防的必要性较小。问题是,为何同为取得罪的侵占罪法定刑(最高刑为5年有期徒刑)比故意毁坏财物罪还要低呢?这是因为,侵占罪的对象是基于委托信任关系而已在行为人占有之下的财物(第270条第1款委托物侵占)或者脱离占有的财物(第270条第2款脱离占有物侵占),行为人没有侵害他人财产的占有,因而违法性较低;而且,将自己占有下的财物或者脱离占有的财物变为自己所有,具有一定的诱惑性,使得有责性较低。既然侵占罪法定刑轻于故意毁坏财物罪具有合理的根据,那么,行为人毁坏委托占有物或者脱离占有物的,虽然成立故意毁坏财物罪,但应在侵占罪法定刑幅度内处刑;在行为人将委托占有物或者脱离占有物变为自己所有之后又加以毁坏的,虽然之后的毁坏行为也符合故意毁坏财物罪的构成要件,但违法性并没有超出单纯占为已有的情形,毁坏行为应评价为不可罚的事后行为,故还是应以侵占罪,而不是故意毁坏财物罪定罪处罚。

我国的非转移罪中,普通侵占罪的法定最高刑为5年有期徒刑,职务侵占罪(业务侵占罪)的法定最高刑为无期徒刑[原为15年有期徒刑,《刑法修正案(十一)》将其提高到无期徒刑],之所以低于盗窃、诈骗、抢夺、抢劫等转移罪(夺取罪)的法定刑,是因为非转移罪不侵害财产的占有,只是将自己占有下的财物或者脱离占有的财物变为自己所有,违法性较低,而且因为具有一定诱惑性而使期待可能性降低,故而有责性相对较低。

在财产犯罪中,之所以抢劫罪的法定刑无论起点刑(3年有期徒刑)还是最高刑(死刑)都最高,是因为抢劫行为在侵害财产的同时,还侵害了生命、身体的安全。敲诈勒索罪的手段也包括暴力、胁迫,之所以法定刑(最高刑为15年有期徒刑)低于抢劫罪,是因为其手段并没有达到足以压制对方反抗的程度,对方尚存一定的意志自由,是屈服于恐吓还是报案,对方还有一定的选择余地;即便当场实施的暴力、胁迫手段达到了足以压制对方反抗的程度,只要不是要求对方当场交付财物,行为人就仍有寻求公力救济而拒绝交付财物的可能。也就是说,敲诈勒索罪的违法性低于抢劫罪。另外,之所以抢夺罪的法定刑(最高刑为无期徒刑)低于抢劫罪,是因为抢夺是对物暴力,而抢劫是对人暴力;抢夺罪中被害人是来不及抗拒,抢劫罪中被害人是不敢抗拒。换句话说,虽然抢夺行为也具有致人死伤的抽象危险性,但远不如抢劫行为对于他人生命、身体安全所形成的危险具体、现实与紧迫。

挪用型犯罪与职务侵占罪的对象均为自己基于业务、职务占有下的财物,之所以前者(挪用资金罪的法定最高刑为15年有期徒刑,挪用特定款物罪的法定最高刑为7年有期徒刑)的法定刑低于后者(职务侵占罪的法定最高刑为无期徒刑),是因为职务侵占罪行为人是将自己基于业务占有下的本单位财物变为自己所有,而挪用资金罪行为人只是一时性地侵害本单位资金的使用权,并没有侵害资金的所有权,故挪用资金罪的违法性低于职务侵占罪。挪用特定款物罪的行为人虽然改变了救灾、抢险等特定款物的专门用途,也可谓侵害了特定款物的所有权(因为往往只是受托代为发放特定款物,特定款物的所有权未必属于本单位),但行为人并没有将特定款物占为己有,也没有挪为己用,因而非难可能性较小,即有责性较低,这是挪用特定款物罪法定刑低于职务侵占罪与挪用资金罪的根本原因。由此,如果行为人将特定款物占为己有,则构成贪污罪、职务侵占罪;如果行为人将救灾等特定资金挪归个人使用或者借贷给他人,打算日后归还的,成立的是挪用公款罪、挪用资金罪,而不是挪用特定款物罪。

同为非转移罪,之所以职务侵占罪的法定刑(最高刑为无期徒刑)高于侵占罪(最高刑为5年有期徒刑),是因为职务侵占罪的对象是基于业务占有下的财物,职务侵占行为往往具有业务性、反复性、持续性,因而违法性、有责性及一般预防必要性均较大。源于此,职务侵占罪与侵占罪(指委托物侵占罪)的关键区别在于,对象是否为基于业务占有下的财物;所谓“利用职务上的便利”,其实就是指将自己基于业务占有下的财物占为己有。

聚众哄抢罪的法定刑(最高刑为10年有期徒刑)远低于盗窃、抢夺、抢劫罪的,原因在于:一是参加聚众哄抢的人多数是本着法不责众的侥幸心理参与,主观恶性不大,且往往事出有因;二是目前整体法治意识还较为薄弱,出于分化瓦解、惩办与宽大相结合、避免群众间矛盾激化的刑事政策考虑,宜以相对较轻的刑罚惩处;三是由于人数众多,即便被害人在场,往往也会选择听之任之的态度,不会积极阻止,因而对被害人生命、身体安全的威胁不大;四是由于此类案件多数是公然实施,事后容易查证和挽回损失。由此,如果聚众哄抢行为符合了抢夺罪或者抢劫罪构成要件,没有理由因为人数众多而以聚众哄抢罪从宽发落。换言之,聚众哄抢罪法定刑较低,不是因为系多人共同实施,而是因为行为本身不符合抢夺罪、抢劫罪构成要件。

敲诈勒索罪与诈骗罪同属交付罪,与盗窃、抢夺罪同属取得罪,法定刑(最高刑为15年有期徒刑)之所以轻于盗窃、诈骗、抢夺罪,是因为行为没有完全压制对方的反抗,对方尚有一定的意志和行动自由;即便当场压制住了对方的反抗,但并没有要求当场交付财物,是否交付财物,对方还有选择的余地,故而违法性相对较低。

拒不支付劳动报酬罪,属于一种逃避履行债务的利益盗窃行为,法定刑(最高刑为7年有期徒刑)远低于普通盗窃罪,其原因在于,逃债行为在民法上属于债务违约,而且因为债权债务关系明确,一般通过民事诉讼途径就能恢复权利。我国之所以将这种民事上逃避履行债务的行为上升为犯罪,是因为拒不支付劳动报酬罪所保护的对象主要是农民工这类社会弱势群体,不仅工资微薄,而且他们往往指望将工资带回老家给年迈的父母治病,给年幼的小孩上学等。正是基于这种国情,我国才在附加严格适用条件的基础上,将拒不支付劳动报酬的行为规定为犯罪。

3. 如何把握财产犯罪之间的界限?

第一,盗窃罪与侵占罪。

盗窃罪,是指以非法占有为目的(排除意思与利用意思),违反被害人的意志,将他人占有下的财物转移为自己或者第三人占有的行为。盗窃罪与侵占罪的关键区别在于对象是否为他人占有下的财物。盗窃罪是将他人占有下的财物占为己有,而侵占罪是将受委托占有下的财物或者脱离占有的财物占为己有。

第二,盗窃罪与诈骗罪。

诈骗罪的基本构造是:欺骗行为→错误认识→交付(处分)→财物/利益转移。诈骗罪是基于他人有瑕疵的意志交付(处分)财产而转移占有的犯罪。而盗窃罪是违反被害人的意志,将他人占有下的财物转移为自己或者第三者占有的犯罪。虽然二者同为夺取罪(占有转移罪),但诈骗罪属于表面上得到被害人同意的交付罪,盗窃罪则是未经被害人同意的盗取罪。虽然理论上均认为,处分行为的有无是区分盗窃罪与诈骗罪的关键,但对于处分行为人是否需要处分意思(意识),则存在处分意思必要说、处分意思不要说和处分意思缓和说的分歧。但这种对立只是表面上的,分歧的实质在于,是只要认识到财产外形上的占有转移,还是必须认识到所转移的财产的具体种类,也就是认识的内容与程度问题。

本书主张处分意思不要说,只要行为人认识到了财物外形上的占有转移,就应肯定存在处分行为。因为盗窃罪与诈骗罪同为取得罪,均为采用非法手段转移他人对于财产的占有,不同仅在于发生财产占有转移的原因:前者是采用窃取的手段转移占有;后者是采用欺骗的手段,使对方陷入认识错误,基于有瑕疵的意思做出处分行为而转移财产的占有。非难的根据在于行为人的手段,无论受骗者是否认识到占有转移的财产的具体种类,只要认识到发生了财产外形上的占有转移,就能肯定丧失财产占有的原因是受骗所致,所以,否定种类的认识错误的情形属于欺骗,并不符合一般人的观念,是将问题人为地复杂化。

此外,刑法理论一般认为,被骗人具有处分被害人财产的权限或者处于可以处分被害人财产的地位时,成立三角诈骗,否则,成立利用第三人的盗窃罪的间接正犯。为此,受骗者是否具有处分被害人财产的权限或地位,成为区分(三角)诈骗罪与盗窃罪间接正犯的关键。但是,如何认定受骗者具有处分他人财产的权限和地位,理论上存在事实的接近说、主观说、阵营说、授权说或权限说、审核义务说等多种学说。本书认为,应以阵营说为基础,结合社会的一般观念进行判断。

第三,盗窃罪与抢夺罪。

刑法理论通说认为,盗窃罪与抢夺罪的关键区别在于是秘密还是公开。陈兴良教授指出,在德国、日本刑法中,盗窃罪之所以不要求秘密性,主要是由于在德国、日本刑法中未设抢夺罪。值得注意的是,在我国台湾地区"刑法"中也分别设立了盗窃罪与抢夺罪,老一辈学者均认为,盗窃须具有秘密性。现在我国台湾地区的学者越来越多地主张盗窃行为须以和平之方法实施,但并不以秘密为必要,即使公开实施,也可以构成盗窃罪。因此,认为盗窃罪须具有秘密性的见解,颇为不当,亟有修正之必要。我国台湾地区学者之所以提出盗窃罪不以秘密实施为必要,主要是为解决一些特殊案例的定性问题。在所举案例中,虽然客观上不是秘密,但行为人主观上均认为是秘密。在这种情况下,如果将秘密界定为客观上的秘密,则盗窃罪当然不以秘密为必要;但如果将秘密界定为既包含客观上的秘密也包含主观上的秘密,则盗窃罪仍然以秘密为必要。①

诚如张明楷教授所言:"即使行为在客观上可以表现为公开盗窃时,行为人主观上也必须认识到秘密窃取。这便不可思议了!既然客观上可以表现为公开盗窃,主观上就可以表现为认识到自己是在公开盗窃。如果认为客观上公开盗窃时,主观上也必须认识到秘密窃取,那便意味着行为人不必认识到客观构成事实(不必认识到公开盗窃),但必须认识到客观构成事实之外的内容(必须认识到秘密窃取)。"②

抢夺罪其实处于盗窃罪与抢劫罪之间的缓冲地带。盗窃通常针对的是他人松懈持有的财物(扒窃除外),而抢夺针对的是他人紧密持有的财物。盗窃行为没有致人死伤的可能性,因而盗窃罪没有致人死伤的结果加重犯规定;而抢夺系针对他人紧密持有的财物"夺"而取之,因而具有致人死伤的抽象危险性。正因如此,我国台湾地区规定抢夺罪中有致人死伤的应加重处罚。我国《刑法》抢夺罪条文中的"有其他严重情节"及"有其他特别严重情节",实际上也包含了对致人死伤的加重结果的评价。因此,盗窃罪与抢夺罪的区别主要在于3点:(1)对

---

① 陈兴良:《利用柜员机故障恶意取款行为之定性研究》,载《中外法学》2009年第1期。

② 张明楷:《许霆案的刑法学分析》,载《中外法学》2009年第1期。

象是否紧密持有的财物？(2)是否采用对物暴力的方式？(3)对物暴力是否具有致人死伤的(抽象)危险性？

第四,盗窃罪与故意毁坏财物罪。

关于盗窃罪与故意毁坏财物罪的区分,利用意思必要说认为,是否存在利用的意思是二者的关键区别;利用意思不要说则认为,根据是否存在占有转移的事实,就能区分二者。例如,打算将他人的彩电从7楼搬到楼下砸毁的(7楼装有防盗窗,无法从窗口扔出去),按照利用意思不要说,无论行为人当初是否具有利用的意思,只要发生了财物占有的转移,就成立盗窃罪;利用意思必要说则认为,当初出于毁弃的目的转移占有之后放置一边的,成立隐匿型毁弃罪,若之后加以利用的,成立脱离占有物侵占罪。

本书赞成利用意思必要说。虽然故意毁坏财物罪的违法性并不轻于盗窃罪,但法定刑远轻于盗窃罪,原因就在于,盗窃罪的行为人一开始就具有利用的意思,更值得非难而使得有责性更重,一般预防的必要性也更大。如果仅仅根据是否存在客观上的占有转移事实,就会将故意毁坏财物罪限定于当场毁坏的情形,只要发生了占有的转移,哪怕只是为了更方便地毁坏而移动财物的(如将彩电从楼上搬到楼下砸毁),也只能成立盗窃罪。这无疑过于缩小了故意毁坏财物罪的成立范围,而不当扩大了盗窃罪的成立范围。

关于利用意思,不应限于按照财物的经济用途,也不应限于财物的本来用法,而是只要按照财物可能的用法、具有享受财物某种效用的意思,就应肯定存在利用处分的意思。例如,将他人的电线用来捆绑木材,盗取他人上等的钢材后当废品出售,为了满足自己变态的性欲而偷取女性内裤等,均能够肯定存在利用意思,成立盗窃罪。但是,强奸犯为了防止被害人呼救而夺走其手机,杀人犯为了毁灭证据而将被害人身上的贵重手表取走扔到别处的,不能认为行为人具有利用的意思,不成立盗窃罪,而是成立故意毁坏财物罪。

对于盗窃财物后进行勒索的,若窃取财物的目的在于勒索财物,不能认为行为人具有享有财物可能的用法的意思,不具有利用意思,不成立盗窃罪,只能根据情形成立敲诈勒索罪、故意毁坏财物罪。

实践中,对于购买大量的手机卡进行解码、复制,拨打国外的声讯台,以获得国外声讯台支付回扣款的案件,法院认定为盗窃罪。[①] 本书认为,虽然盗打电话可以构成盗窃罪,但前提是行为人具有利用的意思。如果行为人拨打电话的目的不是为了享受通话的过程,而是为了获得回扣款,就很难说是享受财物可能的用法;而且受害方损失的是话费,行为人所得到的是通话对方支付的回扣款,即行为人所得到的与被害人所损失的并不具有同一性,故而不应肯定存在利用的意思。正如行为人为了从第三人处得到报酬,而使用暴力毁坏被害人的财物,由于被害人所损失的与行为人所得到的不具有同一性,而不能肯定抢劫罪的成立一样。诈骗罪中交付行为认定中的素材的同一性,也是同样的道理。

第五,诈骗罪与敲诈勒索罪。

诈骗罪与敲诈勒索罪同属于基于对方有瑕疵的意思交付财产的犯罪。不同在于,前者的客观行为是欺骗,后者的客观行为是敲诈勒索即恐吓行为;前者是使对方陷于认识错误,后者是使对方陷入恐惧;前者是对方基于认识错误处分财产,后者是基于恐惧心理交付处分财产。二者的根本区别在于,转移财产或者说交付处分财物的原因不同。

第六,抢劫罪与敲诈勒索罪。

关于二罪之间的界限,我国传统观点和通说坚持"两个当场"作为二罪区分的标志,即当场使用暴力或者暴力性威胁,并且当场取得财物的,成立抢劫罪,反之,若日后兑现暴力威胁的内容或者日后取得财物的,仅成立敲诈勒索罪。但是,最近有力学说对传统的"两个当场"提出挑战。例如,张明楷教授指出,行为人对被害人实施了足以压制其反抗的暴力、胁迫后,迫使其日后交付财物的行为,宜认定为抢劫罪。也就是说,张明楷教授只要求足以压制他人反抗的暴力、胁迫的"当场",而不要求强取财物的"当场"。陈兴良教授也撰文指出:"两个当场"是以敲诈勒索罪的手段行为不包含暴力为前提的,在敲诈勒索罪的手段行为包含暴力的前提下,是否当场使用暴力并非敲诈勒索罪与抢劫罪的根本界分,其区分在于暴力的程度是否达到足以使被害人不能反抗或者不敢反抗。而且,

① 参见广东省高级人民法院(2009)粤高法刑一终字第325号刑事裁定书。

当场取得财物也不是敲诈勒索罪与抢劫罪的根本区分,关键在于是违反被害人的意思取得财物还是基于被害人的意思交付财物。由此可见,不能按照“两个当场”来简单地区分敲诈勒索罪与抢劫罪。也就是说,陈兴良教授不仅不要求强取财物的“当场”,而且不要求暴力、胁迫的“当场”,仅要求暴力、胁迫必须达到足以使被害人不能反抗或者不敢反抗的程度。

本书认为,虽然可以认为抢劫罪与敲诈勒索罪的区别之一在于暴力、胁迫是否达到了足以压制他人反抗的程度,但应看到,抢劫罪与敲诈勒索罪所侵害的主要法益为财产权,不同在于转移财产的原因。两者的法定刑之所以相差悬殊,是因为在抢劫的场合,行为人当场实施了足以压制对方反抗的暴力、胁迫,是否当场交出财物没有选择的余地。换言之,成立抢劫罪,必须是在暴力、胁迫的物理影响下直接夺取财物。暴力胁迫与财产侵害之间如果经过了较长的时间,或者后来的财产侵害是基于犯人的新的意思决定,抑或介入了外观合法的手续,等等,不再成立抢劫罪。而在敲诈勒索的场合,即便行为人当场实施了足以压制对方反抗程度的暴力、胁迫,只要不是要求对方当场交付财物,对于是否转移财产的占有,被害人仍有选择的余地,所以违法性相对较低。换言之,如果没有当场实施足以压制对方反抗程度的暴力、胁迫,或者虽然当场实施了足以压制对方反抗程度的暴力、胁迫,但不要求对方当场交出财物,而是要求日后交出财物的,均意味着是否交付处分财物,被害人仍有选择的余地,行为的违法性就还没有达到值得以抢劫罪科处刑罚的程度,宜评价为敲诈勒索罪。由此,为了限制抢劫罪的成立范围,还是应当坚持传统的“两个当场”的观点。认为只要当场实施了足以压制对方反抗程度的暴力、胁迫,即便要求对方日后交付财物,也成立抢劫罪的观点,不当扩大了抢劫罪的成立范围,并不可取。需要指出的是,行为人当场实施足以压制对方反抗的暴力、胁迫,本意是要求对方当场交出财物,但由于被害人当场无法兑现,而同意被害人日后交付财物的,应成立抢劫罪的未遂,若日后继续勒索财物的,还成立敲诈勒索罪的既遂或者未遂,与抢劫罪的未遂数罪并罚。

第七,抢劫罪与抢夺罪。

抢劫罪与抢夺罪的共同点在于,均为强行夺取财物;不同点在于,暴力行为针对的对象以及暴力的程度。在抢夺的场合,暴力针对的对象是财物,通常是

“趁被害人不备、出其不意,遽然使用不法腕力,使其不及抗拒,而强加夺取”[①]。诚如我国台湾地区林东茂教授所言,抢夺与强盗的关键区分在于,强盗手段的激烈使被害人失去抵抗能力或不敢抵抗。[②] 此外,抢夺行为属于对物暴力,虽然也具有致人死伤的可能性,但仅具有抽象危险性,一旦暴力的程度演变成对于被害人生命、身体的具体危险性,则不再是抢夺,而成为抢劫行为。例如,在飞车抢夺的场合,趁被害人不注意拿走自行车前面篮筐中的手提包,一般来说属于抢夺,但如果手提包的带子挂在自行车把手上,飞车抢夺行为人认识到这一点还强行拖拽的,对被害人的生命、身体的安全就已经形成了具体、现实、紧迫的危险性,行为性质不再是抢夺,而是抢劫了。

第八,聚众哄抢罪与盗窃、抢夺、抢劫罪。

如前所述,聚众哄抢罪法定刑较轻,是有原因的。聚众哄抢罪与盗窃、抢夺、抢劫罪等相关犯罪之间的关系,值得研究。“聚众哄抢并不是多人的共同抢劫,而是多人实施的使被害人难以阻止的公然盗窃。”换言之,“由于聚众哄抢是依仗人多势众,制造混乱局面的方式,在财物占有人难以控制的场合下取得财物,所以犯罪行为具有相对的平和性,最多是对物使用有形力而不对人使用暴力。在聚众哄抢中,行为人使用暴力、胁迫方法压制财物占有人的反抗并强取财物的,构成抢劫罪,而不构成本罪”。但司法实践中对于聚众哄抢罪构成要件存在认识偏差,认为只要是多人参与实施的,即便对看守的保安,甚至对前来阻止哄抢的警察实施暴力、伤害,也还是仅成立聚众哄抢罪或者妨害公务罪,而不是成立抢劫罪。[③] 应该说,倘若聚众哄抢中对物使用暴力而具有致人死伤的可能性,符合抢夺罪构成要件的,成立抢夺罪;对人使用足以压制对方反抗程度的暴力、胁迫的,成立抢劫罪。

第九,职务侵占罪与侵占、盗窃、诈骗罪。

职务侵占罪与侵占罪的区别在于,前者是基于业务关系占有着财物,如单位

① 林山田:《刑法各罪论》(修订五版)(上册),北京大学出版社2012年版,第257页。

② 林东茂:《刑法综览》(修订五版),中国人民大学出版社2009年版,第302页。

③ 参见河南省濮阳县人民法院(2009)濮刑初字第299号刑事判决书;河南省西峡县人民法院(2010)西刑初字第181号刑事判决书。

的部门经理、车间主任、业务员支配、管理、控制着本单位财物，而后者（仅就委托物侵占而言）不是基于业务，而是偶然接受委托而占有他人财物，并非本单位财物，如超市、车站的小件寄存处、失物招领处工作人员，接受他人偶然的委托暂时控制着他人财物。

关于职务侵占罪与盗窃、诈骗罪之间的关系，刑法理论通说认为，职务侵占罪与贪污罪区别仅在于主体的不同，客观行为完全一样，除狭义的侵占之外，还包括所谓窃取、骗取。换言之，利用所谓职务上的便利，如车间流水线上的工人、单位的保安，窃取、骗取本单位财物的，不是成立盗窃、诈骗罪，而是成立职务侵占罪。但是，通说存在明显的认识误区：一是职务侵占罪条文不同于贪污罪，条文中并未明文规定“窃取、骗取”两种行为类型，认为职务侵占罪的客观行为包括窃取、骗取，系画蛇添足，违反罪刑法定原则。二是贪污罪客观行为包括窃取、骗取，不仅存在法条上的明文规定，而且由于贪污罪的法定最高刑为死刑，高于盗窃、诈骗罪，将利用职务上的便利窃取、骗取本单位财物的行为，认定为贪污罪，不会重罪轻判。而职务侵占罪则不然，因为从司法实践来看，职务侵占罪实际处罚轻于盗窃、诈骗罪，将公司、企业工作人员利用所谓职务上的便利，窃取、骗取本不属于自己占有下的财物的行为，认定为职务侵占罪，明显属于重罪轻判，而且与非公司、企业工作人员窃取、骗取单位财物的行为成立盗窃、诈骗罪相比较，亦有违《刑法》第 4 条所规定的“平等适用刑法”原则。三是将窃取、骗取行为解释进职务侵占罪客观要件，也会凭空滋生关于何谓“利用职务上的便利”的解释论上的困扰。

由此可见，本书认为，职务侵占罪只能是一种将基于业务占有的本单位财物变为自己所有的犯罪行为，客观行为只有侵占一种，不包括窃取、骗取行为；所谓“利用职务上的便利”，就是指基于业务关系占有本单位财物；公司、企业中并不控制、支配、管理本单位财物的人员，如车间流水线上的工人、工厂的保安，至多属于单位财物的辅助占有者或者监视占有者，而非单位财物的占有者，其利用工作上的便利条件，将本单位财物占为己有的，属于侵害他人占有的窃取、骗取，应成立盗窃、诈骗罪，而非职务侵占罪。

4. 如何处理财产犯罪之间的竞合?

讨论财产犯罪的界限,是为了明晰财产犯罪的构成要件及各行为类型之间的差异,而探讨财产犯罪的竞合,是为了处理在行为同时符合两个以上犯罪构成要件,以及在出现认识错误、事实难以查明、共犯过剩时的法律适用难题。刑法理论一直以来都很重视犯罪界限的研究,刑法教科书亦孜孜不倦地讨论包括财产犯罪在内的此罪与彼罪的区别。但是,在绝大多数情况下,寻找犯罪之间的界限既非明智之举,也非有效之策。“与其重视犯罪之间的界限,莫如注重犯罪之间的竞合。”财产犯罪之间虽然很多时候存在清楚的界限,但更多时候存在竞合。

第一,毁弃罪与取得罪。

虽然从理论上讲,毁弃罪与取得罪之间的关键区别在于,是否具有利用的意思,因而二者之间似乎是一种排斥、对立关系,但其实不然。在财产罪法益问题上,无论是坚持本权说、占有说,还是中间说,都不可否认,对他人财物利用可能性的侵害,是财产犯可罚性的共同基础。由于取得罪最终也是对他人财物的利用可能性的侵害,例如,无论是将他人的苹果吃进肚里,还是扔进大海,实质上都是针对他人对于苹果的利用可能性的侵害,因而,取得罪也具有毁弃罪的实质,凡是符合取得罪构成要件的,都符合毁弃罪的构成要件,取得罪与毁弃罪构成要件之间不是排斥关系,而是存在竞合。只是因为取得罪行为人主观上具有利用的意思,使有责性相对较重,进而一般预防的必要性较大,在行为符合取得罪构成要件时,尽量以取得罪定罪处罚。

如前所述,在行为人当初出于毁弃的目的转移财物的占有(如从楼上搬到楼下),之后无论是放置一边,还是加以利用,在非法占有目的(不法领得的意思)问题上坚持利用意思不要说立场的学者认为,因为存在占有的转移,所以成立盗窃罪,而利用意思必要说认为,因为行为人转移占有时并没有利用的意思,故不成立盗窃罪,若转移占有后放置一边的,成立隐匿型毁弃罪,若转而加以利用的,成立脱离占有物侵占罪。本书虽然赞成利用意思必要说,但认为之后加以利用的情形成立法定刑比故意毁坏财物罪还要轻的侵占罪的结论,不够合理。因为,之后加以利用的,相对于单纯放置一边、弃之不用的情形,行为人不仅实质上侵害了他人对于财物的利用可能性,而且产生了利用的意思,更值得非难,如果以侵占罪处以更轻的刑罚,明显不协调。故而本书认为,出于毁弃的目的转移占有后,无论是放置一边,还是转而加以利用,均成立故意毁坏财物罪。

关于共犯的处理,假如甲、乙出于报复的目的打算毁坏丙的财物,乙在门外望风,甲入室毁坏财物,甲毁坏之前忽然觉得可惜,没有选择毁坏财物,而是将财物藏匿在身上带走。对于本案,若认为故意毁坏财物罪与盗窃罪之间是排斥、对立关系,构成要件之间不存在重合的部分,则甲、乙不成立共犯,根据共犯从属性原理,乙无罪。可问题是,正是因为乙的望风行为,使得甲实施了更为严重的盗窃行为,反而无罪,这显然不合理。故而,只有承认故意毁坏财物罪与盗窃罪之间存在竞合关系,才能肯定乙与甲在故意毁坏财物罪的范围内成立共犯;另外,因为甲转移占有时具有利用的意思,甲的行为还单独成立盗窃罪。最终,乙成立故意毁坏财物罪,甲成立盗窃罪。

第二,侵占罪与盗窃罪。

虽然刑法理论通说认为,在行为人误将他人占有下的财物当作遗忘物占为己有的,根据抽象的事实认识错误理论,构成(脱离占有物)侵占罪。但解释论上明显面临难题:盗窃罪的对象是他人占有下的财物,而侵占罪的对象是非他人占有下的财物,从构成要件来看,二罪似乎是一种对立关系。为此,张明楷教授提出的解决思路是:“遗忘”物、“埋藏”物这一构成要件要素,是表面的构成要件要素;也就是说,“遗忘”只是一种分界的要素,不为违法性与有责性提供根据,是不需要具备的要素;即便不是“遗忘”物,只要是他人的财物,也属于侵占罪的对象,误将他人占有下的财物当作遗忘物占为己有的,也符合侵占罪的构成要件。

本书基本赞成张明楷教授的思路。表面上看,侵占罪与盗窃罪因为在对象上存在对立关系,构成要件上不可能存在重合。可事实上,侵占罪的本质性要素在于侵害他人的财物所有权,而误将有人占有下的财物当作遗忘物占为己有,正是具备了侵害他人财物所有权这一侵占罪的本质性要素,因而,行为完全符合侵占罪构成要件。质言之,侵占罪与盗窃罪之间也存在竞合关系,符合盗窃罪客观构成要件的行为,也因为具备侵占罪的本质性要素而符合侵占罪构成要件。由此可见,误将遗忘物当作有人占有下的财物占为己有,行为人主观上具有盗窃罪的故意,客观上实现的是侵占罪的客观事实,由于盗窃罪故意的认识内容并不缺乏侵占罪故意的内容(侵害他人财产所有权的认识),因而,行为在侵占罪范围内主客观相统一,成立侵占罪的既遂。

第三,盗窃罪与诈骗罪。

盗窃罪与诈骗罪侵害的法益都是他人的财产权,都属于取得罪和夺取罪(占有转移罪),不同之处仅在于财产占有发生转移的原因。二者之间能否存在竞合,若存在竞合,是法条竞合还是想象竞合,抑或既是法条竞合又是想象竞合?德国刑法理论认为,诈骗罪的成立不要求被害人具有处分意思,承认盗窃罪与诈骗罪的竞合。我国台湾地区学者林东茂对竞合论质疑:德国不少刑法学者认为,车库案例的甲,同时成立窃盗罪的间接正犯与诈欺罪。不过,这个看法会陷入困境。因为,不在构成要件上清楚地区分窃盗或诈欺,必然要面对竞合论处理上的难局。如果认为同时是窃盗与诈欺,那么,究竟是法条竞合,还是想象竞合?假如认为是法条竞合,要用什么标准决定哪一个法条必须优先适用?倘若认为是想象竞合,又该如何圆说:被破坏的法益只有一个?张明楷教授也反对竞合论,指出:不应承认诈骗罪与盗窃罪的竞合,相反认为二者处于相互排斥的关系,所以,需要通过处分意识区分诈骗罪与盗窃罪。日本学者山口厚也认为,盗窃罪与诈骗罪的区别取决于“交付的有无”;如果承认两者的竞合,就不能决定究竟应适用何者;既然两罪的法定刑相同,就不能说盗窃罪重于诈骗罪,应优先适用盗窃罪,也不能在承认两罪竞合的基础上,认为无论适用哪一罪均可。

本书认为,反对竞合论的理由并不能成立。首先,刑法理论一般认为,盗卖他人财物的,成立盗窃罪的间接正犯。例如,被告人张某发现邻村王某家长期无人,而其房前屋后有零星杨树 15 棵已经成材,遂产生利用杨树骗取财物的念头。2006 年 5 月 8 日,张某对经常走村串户收购树木的宋某说自己有 15 棵杨树出售,并把宋某带到王某的树木处现场商谈价格,最终以价格 1.1 万元成交,宋某即按约定付给张某现金 1.1 万元。第二天,宋某带人将 15 棵杨树砍伐运走。对于本案,存在盗窃罪、诈骗罪以及盗窃罪与诈骗罪的牵连犯 3 种处理意见。该案中,对于杨树所有权人王某这一被害人(损失的是树木)而言,被告人张某的行为构成盗窃罪的间接正犯,但对于宋某这一被害人而言(损失的是购树款,因为赃物最终会被追缴返还)，被告人的行为成立诈骗罪。因而，本案中被告人的一个行为，同时成立盗窃罪的间接正犯与诈骗罪，形成想象竞合，应从一重处罚。可见，盗窃罪与诈骗罪之间至少不能排除成立想象竞合的可能。当然，在规范性意义上认为张某存在两个行为，对其进行数罪并罚也是可能的。

其次，盗窃罪与诈骗罪之间还存在法条竞合的可能。诈骗罪中的交付处分财物的行为表面上是自愿交付，实质上也是违反被骗人的真实意志的。因而，诈骗罪与盗窃罪具有违反被害人真实意志、侵害他人财产占有的共同本质。不同仅在于，盗窃罪是通过行为人本人的窃取行为转移财产的占有，而诈骗罪是借助被骗者这一工具转移财产的占有。正因如此，诈骗罪才被看作一种利用被害者的盗窃罪的间接正犯形态，是从盗窃罪分离出来的犯罪。

再次，否定想象竞合的理由并不能成立。虽然盗窃罪与诈骗罪侵害的主要法益均为财产权，但诈骗罪除侵害财产权以外，还存在对他人意思自由的侵犯。可以说，盗窃罪与诈骗罪所侵害的法益并不完全相同，肯定想象竞合犯的成立，并没有任何障碍。

最后，肯定盗窃罪与诈骗罪存在竞合关系，不会导致适用法律上的难题。在想象竞合时，从一重处罚即可。我国盗窃罪与诈骗罪虽然法定刑完全相同，但考虑到盗窃罪存在多次盗窃、入户盗窃、携带凶器盗窃、扒窃 4 种不要求数额较大的特殊行为类型，加之，盗窃罪相对于诈骗罪，无论立案起点还是法定刑升格标准均低得多。也就是说，我国盗窃罪的处罚实际上重于诈骗罪，故从一重处罚的结果当然是以盗窃罪定罪处罚。承认盗窃罪与诈骗罪存在法条竞合关系，是为了便于解决认识错误和共犯问题。由于可以将诈骗罪看作从盗窃罪中分离出来的，因而盗窃罪与诈骗罪构成要件在诈骗罪部分是重合的。例如，甲与乙共同对丙实施欺骗，骗取丙的财物，甲认识到丙是高度的精神病患者，乙误以为丙是精神正常的人，二者在诈骗罪的范围内成立共犯，但甲的行为完全符合盗窃罪(利用被害人的间接正犯)的构成要件，对甲应以盗窃罪定罪处罚。如果不承认盗窃罪与诈骗罪之间存在竞合关系，上述案件就难以处理。

第四，抢劫罪与盗窃罪、抢夺罪、敲诈勒索罪、聚众哄抢罪。

盗窃，是指违反被害人的意志，将他人占有下的财物转移为自己或者第三者占有。抢劫显然也是违反被害人的意志,将他人占有下的财物转移为自己或者第三者占有,因而抢劫罪与盗窃罪构成要件之间存在竞合,凡是符合抢劫罪构成要件的,必然符合盗窃罪构成要件。抢夺是采用对物暴力的方式,对他人生命、身体的安全造成抽象危险性的行为,而抢劫是采用暴力方式对他人生命、身体的安全造成具体危险性的行为。抢夺与抢劫之间相当于低度行为与高度行为,凡是符合抢劫罪构成要件的,必然符合抢夺罪构成要件。敲诈勒索罪的手段行为也包括暴力、胁迫,只是不需要达到足以压制被害人反抗的程度,而抢劫罪中的暴力、胁迫必须达到足以压制被害人反抗的程度。实施了没有达到足以压制被害人反抗程度的暴力、胁迫的行为尚能成立敲诈勒索罪,实施了足以压制被害人反抗程度的暴力、胁迫的,应该更能成立敲诈勒索罪。因此,抢劫罪与敲诈勒索罪构成要件间也存在竞合,凡是符合抢劫罪构成要件,也必然符合敲诈勒索罪构成要件。聚众哄抢罪实际上是多人实施的公然盗窃,没有采用暴力、胁迫手段的,尚能成立聚众哄抢罪,实施了暴力、胁迫手段的,应该更能成立聚众哄抢罪。因此,抢劫罪与聚众哄抢罪之间也存在竞合关系。

第五,诈骗罪与敲诈勒索罪。

有观点认为,诈骗罪与敲诈勒索罪之间不可能成立想象竞合,理由是只有一个法益侵害,不符合成立想象竞合必须侵犯两个以上法益的原理。其实,否认成立想象竞合并不符合客观事实。例如,2009 年 8 月 16 日,被告人李某因加入传销组织需要 2 万余元报名费而假装自己被“绑架”,让朋友张某向其家中打电话索要赎金。李某父亲接到陌生电话,误以为是诈骗电话遂挂断。李某为让家人相信,将红药水涂在自己身上做出受伤的假象,又让朋友张某将菜刀搁在他的脖子上,拍下了照片,通过手机彩信方式传至其兄,与此同时,张某打电话至李兄,要求将 2 万余元赎金打到指定账户,为使李兄彻底相信,李某在电话中喊了声“哥”后将电话挂断。李父和李兄相信李某被绑架后立即向警方报警。关于本案的定性,存在成立诈骗罪、敲诈勒索罪,以及成立诈骗罪与敲诈勒索罪的想象竞合犯从一重处罚的 3 种意见。不可否认,该案中被告人行为既符合诈骗罪的构成要件,也符合敲诈勒索罪的犯罪构成,应当从一重处罚,最终以重罪诈骗罪定罪处罚。有学者认为由于仅侵害了一个法益而不能成立想象竞合犯,只能成立狭义的包括的一罪,从一重论处。可是,日本学者认为,所谓狭义的包括的一罪,是指基于单一意思实施、具有关联性、侵害同一法益、该当同一构成要件的数个行为评价为一罪的情形。该案中被告人的行为只能评价为一个,因此并不属于狭义的包括的一罪。

本书认为,即便认为成立想象竞合必须侵犯两个以上的法益,也应肯定诈骗罪与敲诈勒索罪之间可以成立想象竞合。理由是,二罪虽然侵犯的主要法益相同,但侵害的次要法益仍然存在差异:敲诈勒索罪除侵害财产法益外,还侵害他人的意思决定和行动自由。

第六,职务侵占罪与挪用资金罪。

职务侵占罪是将自己基于业务占有的财物变为自己所有,是侵害所有权的犯罪。挪用资金罪是将自己基于业务占有的资金挪为己用,是侵害使用权的犯罪。侵害使用权尚且构成挪用资金罪,侵害所有权的应该更能构成挪用资金罪。因此,职务侵占罪与挪用资金罪之间存在竞合关系,并非对立关系。在行为人是否具有归还的意图难以查明时,可以挪用资金罪定罪处罚。甲教唆乙挪用资金,乙挪用后意图不归还的,甲与乙在挪用资金罪范围内成立共犯,乙单独成立职务侵占罪。

第二章　抢劫罪与抢夺罪

第一节　抢　劫　罪

·导　读·

抢劫罪,是指以非法占有为目的,以暴力、胁迫或者其他方法,强取公私财物的行为。抢劫罪所保护的法益是财产和意思活动自由。抢劫是通过暴力、胁迫或者其他方法压制被害人的反抗强取财物。强取财物意味着行为人以暴力、胁迫等强制手段压制被害人的反抗,强制手段与夺取财物之间必须存在因果关系。只有客观上压制了被害人的反抗进而取得财物,才成立抢劫罪的既遂。抢劫罪不能由不作为构成。行为人出于其他目的实施暴力、胁迫行为,使被害人丧失反抗能力后,产生非法占有财物的意图,进而取走财物的,只有存在可以评价为新的足以压制被害人反抗的暴力、胁迫行为,才能肯定抢劫罪的成立。单纯利用被害人不能反抗的状态取走财物的,不成立抢劫罪。

行为人对进入的是“户”存在认识,才能成立“入户抢劫”;在职工班车、校车、单位包车上抢劫的,不能认定为“在公共交通工具上抢劫”;抢劫运钞车本身,不成立“抢劫银行或者其他金融机构”;只有每次均既遂的,才能认定为“多次抢劫”;已经接近数额巨大的财物,因为意志以外的原因而未得逞的,成立“抢劫数额巨大”的未遂;抢劫杀人的,应定故意杀人罪;真正的军警人员显示军警人员的身份进行抢劫的，可以评价为“冒充军警人员抢劫”；持假枪抢劫的，不成立“持枪抢劫”；误以为是普通财物实际上是军用物资而抢劫的，不成立“抢劫军用物资”。

行为人客观上具有取得数额较大财物的危险性，主观上也具有盗窃、诈骗、抢夺数额较大财物的故意，才能成立事后抢劫；凡是可以评价为盗窃、诈骗、抢夺罪的行为，都可能成立事后抢劫；事后抢劫的刑事责任年龄应当和抢劫罪一样，也是已满14周岁；只有当暴力或者以暴力相威胁的行为与盗窃等行为具有时间和空间上的紧密性时，才能被认定为事后抢劫的“当场”；事后抢劫的着手始于暴力、胁迫行为实施时；即便盗窃既遂，但最终财物被夺回的，成立事后抢劫的未遂。

条 文

第二百六十三条 【抢劫罪】以暴力、胁迫或者其他方法抢劫公私财物的，处三年以上十年以下有期徒刑，并处罚金；有下列情形之一的，处十年以上有期徒刑、无期徒刑或者死刑，并处罚金或者没收财产：

(一)入户抢劫的；

(二)在公共交通工具上抢劫的；

(三)抢劫银行或者其他金融机构的；

(四)多次抢劫或者抢劫数额巨大的；

(五)抢劫致人重伤、死亡的；

(六)冒充军警人员抢劫的；

(七)持枪抢劫的；

(八)抢劫军用物资或者抢险、救灾、救济物资的。

第二百六十九条 【转化的抢劫罪】犯盗窃、诈骗、抢夺罪，为窝藏赃物、抗拒抓捕或者毁灭罪证而当场使用暴力或者以暴力相威胁的，依照本法第二百六十三条的规定定罪处罚。

实务疑难问题

1. 实施暴力且取得财物就一概成立抢劫罪的既遂吗？

案 1：甲、乙、丙 3 名被告人到某网吧窃取财物。趁被害人趴在台上睡觉，甲用刀片划开被害人的包，网管丁发现后上前制止，乙丙就拿刀威胁丁，甲将被害人手机拿走，然后 3 名被告人一起逃走。

本案涉及两个问题：一是对网管以暴力相威胁，获取被害人的财物，是否属于抢劫？二是本案是普通抢劫还是事后抢劫？

抢劫罪中暴力胁迫的对象，并不限于财物的所有者与占有者，而是包括“其他具有保护占有的意思的人”。也就是说，只要在场的人中，有人具有保护被害人财物的意思，而抢劫犯对之实施暴力或者胁迫的，就可以成立抢劫罪。本案中，网管丁显然是具有“保护占有的意思的人”，所以其作为暴力、胁迫的对象，是没有疑问的，因而本案成立抢劫罪没问题。至于成立的是普通抢劫还是事后抢劫，取决于甲扒窃被害人财物的行为是否已经既遂，如果没有既遂，乙、丙是为了确保取得财物而使用暴力相威胁的，就是普通抢劫，而不是事后抢劫。很显然，甲当时尚未既遂，所以本案只能认定为普通抢劫。

案 2：被害人乙将摩托车停在楼下，没有锁车就上楼取东西，被告人甲把站在车旁边的第三人丙当成车主，将丙打倒在地后将摩托车骑走。

抢劫中的暴力、胁迫手段当然可以针对第三人，但不应当是任何第三人。本案中，丙并不是具有保护占有意思的人，所以甲不构成抢劫罪。

案 3：被害人养了几头猪，养猪场边有个小屋子，被害人晚上就睡在小屋里。被告人半夜去偷猪，为防止被害人反抗，就将小屋子反锁起来，然后将猪偷走。被害人第二天早上醒来才发现自己被反锁在屋子里。

本案中，被告人虽然实施了暴力（锁门）行为，但取得财产与暴力手段之间没有因果关系，所以只能构成抢劫未遂和盗窃既遂。

案 4：A、B2 名被告人在火车上共谋扒窃，发现 C 旅客在睡觉，A 手持刀具站在车厢的过道上，盯着周围的旅客，B 用刀片划破 C 旅客口袋，取走

6000元。

本案中,A客观上实施了以暴力相威胁的行为,问题是,周围旅客中有没有人是“具有保护占有的意思的人”?如果有,两名被告人的行为当然构成抢劫罪,如果没有,就只能认定为盗窃罪。综合案情,将本案认定为盗窃罪比较合适。

案5:张三意图抢劫,持刀追赶李四。李四逃跑过程中不小心失落了钱包,张三捡起钱包后放弃追赶。

本案中,张三使用了暴力胁迫手段,也取得了财物,但不能认定为抢劫既遂。因为其不是通过使用暴力、胁迫手段压制被害人的反抗而取得财物,只能成立抢劫未遂和盗窃或者侵占罪。

暴力、胁迫和后面的取得财产之间必须具有什么样的关联,才能成立抢劫罪(既遂)?德国实务中采取主观的关联性说,认为只要行为人主观上把暴力、胁迫当成取得财物的手段,就构成抢劫既遂。按照主观的关联性说,上述案例都可能认定成立抢劫罪的既遂。日本的通说主张客观的关联性说,认为必须是使用暴力、胁迫手段压制被害人反抗进而取得财物,才能成立抢劫罪的既遂。也就是说,取得财物必须与压制被害人反抗之间具有因果关系,必须是通过压制被害人反抗而取得财物。

本书认为,客观的关联性说具有合理性。抢劫罪是侵害财产和意思活动自由的犯罪。从客观上说,行为人的暴力、胁迫必须足以压制被害人的反抗,压制反抗就是一个中间结果,这个结果与意思活动的自由相对应,也就是与抢劫罪保护法益中的一个法益相对应;压制反抗后取得财物,是另一个结果或者叫最终结果,这个结果与抢劫罪中的财产法益相对应。在解释其他犯罪时,也要注意这一点。如果说刑法保护的是双重法益或者复杂客体,那么,构成要件结果一定也是双重结果。否则,说双重法益就没有意义了。主观的关联性说导致抢劫既遂的范围过大,也不符合德国学者所提出的客观归责的原理。这是因为,只有压制了被害人反抗而取得财物时,才能将财产损失的结果归属于暴力、胁迫行为,从而使暴力、胁迫与取得财物产生机能性的关联。此外,上面的偷猪和摩托车案件,也未必能说被害人的意思活动自由受到了侵害。所以,德国的主观关联性说并不合适。而且,只要行为人认为对方是具有保管财物的意思的人就可以成为抢劫罪的被害人这一点,也令人难以接受。

2. 不作为,如压制反抗后才产生取财意思而取走财物的,能构成抢劫罪吗?

案6:甲男侵入某中学暑假留守女教师丙的房间,持刀相威胁,逼迫丙脱光了衣服。甲不顾丙的反抗强行摸了丙的乳房后对丙说:“你可以穿上衣服了。”在女教师丙背对着甲穿衣服时,甲趁机将丙放在桌上的手表拿走。

本案中,甲出于猥亵的意图压制女教师的反抗后才产生取得财物的意思,如果认为抢劫罪可以由不作为构成,甲就构成抢劫罪,否则应否定抢劫罪的成立。

案7:被告人在公路上想强吻18岁的女孩,女孩拼命反抗,被告人没有得逞,被告人在抓住被害人的手时,发现女孩左手戴着手表,于是就趁机把手表摘走。

这个案件被德国法院认定为抢劫罪,法院认为被告人摘下手表实际上是暴力行使的继续。本书认为,行为人产生取得财物的意思后没有实施新的暴力、胁迫行为,只能成立盗窃罪。

案8:几名被告人在宾馆住宿后不想交房费,就把宾馆的保安捆绑在房间里,离开宾馆经过一楼前台时,拿走了前台柜子里的现金。

对于该案,德国一审法院否认后面的行为成立抢劫罪,只认定后面的行为成立盗窃罪,德国联邦最高法院也认可这一判决。本书认为,被告人实施暴力压制被害人的反抗就是为了取得财物,所以还是可能对后面取走现金的行为认定成立抢劫罪。

案9:被告人与被害女青年同住在一栋出租的楼房里,某天晚上,被告人进入女青年房间,对其实施暴力,试图强奸女青年,女青年恳求其不要强奸自己,同时主动拿出400元现金给行为人,行为人拿到400元现金就放弃了强奸。

本案中,由于被告人在实施暴力行为的过程中,并没有产生取得财物的意思。被害人主动提出给400元现金后,被告人才产生拿走400元现金的意思,但此后不存在可以评价为新的暴力、胁迫的行为。所以,本案难以认定成立抢劫罪。

在国内外的司法实践中,都存在这样的案件,行为人出于其他目的对被害人实施暴力行为,在暴力行为压制被害人的反抗后,行为人产生了取得被害人财物的意思,进而取得了被害人财物。对于这样的案件应当怎么处理呢?这个问题既涉及抢劫罪的主观要素和行为与责任同时存在的责任主义原则,也涉及暴力、胁迫可否表现为不作为的问题;不作为能否构成抢劫罪,就是要解决这方面的问题。

本书认为,抢劫罪中的暴力、胁迫和其他方法,只能限定于作为,不作为不能构成抢劫罪。对于出于其他目的使用暴力、胁迫或者其他方法压制被害人反抗后产生取得财物的意思而取走财物的案件,大致可以按照以下规则进行处理[①]:

(1)为了取得财物实施了新的暴力、胁迫行为的,肯定要认定为抢劫罪。

(2)在共同实施强奸、强制猥亵的过程中,二人的暴力、胁迫行为压制被害人反抗后,一人正在实施奸淫、猥亵行为,另一人取走财物的,对后者取走财物的行为要认定为抢劫罪。

(3)在被害人被捆绑的过程中,产生犯意取走财物的,应当认定抢劫罪。

(4)在暴力行为已经压制反抗,且仍然能评价为暴力在持续中的状态下,取走财物的,能够认定为抢劫罪。

(5)行为人在持续实施暴力行为的过程中,被害人提出给钱,行为人才停止的,只要能够评价为存在"如果不给钱就继续实施暴力"的胁迫,就应该认定为抢劫罪。

(6)暴力行为已经压制反抗后,对被害人有任何可以评价为暴力的行为的,只要符合抢劫罪的构造,就应认定为抢劫罪。

(7)暴力行为已压制反抗后,产生取得财物的意思,然后有任何语言威胁的,都可以评价为抢劫罪中的胁迫,而成立抢劫罪。

(8)暴力行为已经压制反抗后,产生取得财物的意思,行为人要求被害人将

① 张明楷:《侵犯人身罪与侵犯财产罪》,北京大学出版社 2021 年版,第 246 ~253 页。

财物给自己的,一般也能评价为新的胁迫,因而应当认定为抢劫罪。

(9)暴力行为已经压制反抗后,产生取得财物的意思,被害人恳求不要取走财物,而行为人仍然取走的,能够认定为抢劫罪。

(10)暴力、胁迫行为已经压制反抗,但暴力、胁迫并没有持续时,被害人主动提出给钱,而行为人提出了数额要求的,可以评价为有新的胁迫行为,因而构成抢劫罪。

(11)暴力行为已经压制反抗,暴力威胁也并没有持续,被害人主动提出给钱,行为人单纯拿走被害人所提供的现金的,不宜认定为抢劫罪。

(12)暴力、胁迫行为已经压制反抗,然后产生取得财物的意思,单纯在被害人意识到的情况下取走了被害人的财物,不宜认定为抢劫罪。

(13)暴力、胁迫行为已经压制反抗后,产生取得财物的意思,在误以为被害人没有意识到的情况下,取走了被害人的财物,不应认定为抢劫罪。

(14)暴力、胁迫行为已经压制反抗后,产生取得财物的意思,在被害人没有意识到的情况下,取走了被害人的财物,不能认定为抢劫罪。

3. 司法解释有关抢劫罪的人身财产择一既遂标准,合理吗?

《两抢意见》规定:"抢劫罪侵犯的是复杂客体,既侵犯财产权利又侵犯人身权利,具备劫取财物或者造成他人轻伤以上后果两者之一的,均属于抢劫既遂;既未劫取财物,又未造成他人人身伤害后果的,属抢劫未遂。"这可谓"择一标准说"。

本书认为,上述"择一标准说"存在疑问。虽然抢劫罪所保护的法益是所谓人身和财产双重法益,但抢劫罪毕竟是侵犯财产的犯罪,其所保护的主要法益还是财产,理应以行为人取得(控制)被害人财物为既遂标准;仅造成轻伤但未取得财物的,依然属于抢劫未遂。

4. 抢劫罪的8种加重情节有未遂和中止吗?

案10:甲、乙、丙3人深夜意图抢劫杀人,上车后3人朝开夏利出租车(价值仅20000余元)的司机身上连捅数刀致其昏迷,3人误以为司机已死而将其埋在稻田的渣土中，第二天早晨司机苏醒后获救。法医鉴定被害司机的伤情仅为轻伤。

对于本案，按照结果加重犯未遂肯定说，应适用抢劫致人死亡的法定刑，同时适用未遂犯的处罚规定从轻减轻处罚。但按照结果加重犯未遂否定说，则可能仅成立抢劫罪基本犯的既遂，适用抢劫罪基本犯的法定刑。应该说，行为人明显具有杀人的故意，只是因为意志以外的原因没有导致死亡的结果，所以应成立“抢劫致人死亡”的未遂，适用抢劫罪的加重法定刑，同时适用未遂犯的处罚规定从轻减轻处罚。

《两抢意见》指出，抢劫罪的 8 种加重情节中除“抢劫致人重伤、死亡”外，其余 7 种情节存在既遂、未遂问题，其中属抢劫未遂的，应该根据《刑法》关于加重情节的法定刑规定，结合未遂犯的处理原则量刑。言外之意，“抢劫致人重伤、死亡”没有既未遂，只有成立不成立的问题。张明楷教授认为，除“抢劫数额巨大”因属于量刑规则而没有未遂外，抢劫罪的其他加重情节均存在未遂。多次抢劫中，一次既遂的，就不能再适用未遂的规定；全部未遂的，或者一次未遂其他均为中止与预备的，应当适用未遂犯的处罚规定。[①]

本书认为，抢劫罪的加重情节均存在未遂和中止。着手实施了入户抢劫，在公共交通工具上抢劫，抢劫金融机构，持枪抢劫，冒充军警人员抢劫，抢劫军用物资或者抢险、救灾、救济物资，而未抢得财物的，就成立相应的未遂，适用抢劫罪的加重法定刑，同时适用未遂犯从轻减轻处罚的规定。由于“多次抢劫”作为加重情节，起点刑就是 10 年以上，所以本书倾向于认为，多次抢劫没有未遂，只有每次均既遂，才能认定为多次抢劫。否则，将每次均未遂和其中有既遂、未遂、中止、预备的三次以上抢劫认定为“多次抢劫”的未遂，即便同时适用未遂犯从轻减轻处罚的规定，也可能导致处罚过重，而且，是从轻还是减轻处罚，难免流于恣意。

关于结果加重犯的既未遂类型，理论上认为包括 4 种：(1) 基本犯既遂 + 加重结果既遂；(2) 基本犯未遂 + 加重结果未遂；(3) 基本犯既遂 + 加重结果未遂；

---

① 张明楷：《刑法学》(第 6 版)，法律出版社 2021 年版，第 1287 页。

(4)基本犯未遂+加重结果既遂。第(1)种情形显然成立结果加重犯既遂并适用加重犯的法定刑,如抢劫取得财物并致人重伤或者死亡。第(2)种情形应限于故意的结果加重犯类型(因为如果对加重结果出于过失的就无所谓加重结果未遂),无疑成立结果加重犯的未遂,如意图抢劫杀人而既未劫得财物也未能致人死亡,问题仅在于是适用加重犯的法定刑还是基本犯的法定刑,是否需要同时适用未遂犯从轻减轻处罚规定。第(3)种情形也应限于故意的结果加重犯类型(因为倘若对加重结果出于过失就无所谓加重结果的未遂),不管人们是否将这种情形称为"结果加重犯未遂",都必须回答是适用加重犯的法定刑还是基本犯的法定刑,以及是否需要同时适用未遂犯从轻减轻处罚规定的问题。不管人们将第(4)种情形称为"结果加重犯未遂"还是"未遂的结果加重犯",问题的根本都在于,是适用加重犯的法定刑还是基本犯的法定刑,以及是否同时适用未遂犯从轻减轻处罚规定。

以抢劫杀人为例,行为人意图抢劫杀人,因为意志以外的原因,既未致人死亡又未取得财物的,无疑成立"抢劫致人死亡"的未遂,适用抢劫罪的加重法定刑,同时适用未遂犯从轻减轻处罚的规定;虽未致人死亡,但取得财物的,还是成立加重犯的未遂,可以考虑适用加重法定刑同时从轻处罚;致人死亡,但未取得财物的,成立加重犯的既遂,适用加重法定刑,考虑到未取得财物,可以从轻处罚,但同时考虑与单纯的故意杀人既遂的处罚相协调。

《刑法》第24条第2款规定:"对于中止犯,没有造成损害的,应当免除处罚;造成损害的,应当减轻处罚。"应当认为,对于加重犯而言,只有构成既遂的轻罪,才属于中止犯处罚中的"造成损害"而减轻处罚,否则只能免除处罚。例如,意图抢劫杀人,着手实行杀人后中止杀人,但已经造成轻伤结果的,应认为"造成损害"(故意伤害),而应在抢劫罪加重法定刑的基础上减轻处罚。对于仅中止基本犯结果的,由于我国法定刑偏重,还是应当考虑减轻处罚,但如果同时成立重罪既遂犯的,应从一重处罚。例如,抢劫过失致死后中止抢劫的,成立"抢劫致死"的中止,在抢劫罪加重法定刑的基础上减轻处罚。又如,抢劫杀人后中止抢劫的,成立"抢劫致死"的中止而减轻处罚,但应认为同时成立故意杀人罪既遂,从一重处罚。再如,意图入户抢劫,入户后着手实施暴力过程中中止抢劫,由于造成轻罪(非法侵入住宅罪)的既遂,就只能在抢劫罪加重法定刑的基础上减轻处罚。如果意图持枪抢劫,在使用枪支压制被害人反抗之前放弃抢劫的,就应免除处罚(非法持枪的行为本身构成犯罪另当别论);若改以普通手段完成抢劫行为的,虽成立"持枪抢劫"的中止,但同时成立抢劫罪基本犯的既遂,按照抢劫罪基本犯定罪量刑即可。

5. 成立抢劫罪的加重犯,需要认识到"户""金融机构""军用物资"吗?

根据责任主义的要求,只要是客观要素,原则上都是行为人主观上需要认识的对象或者内容。法定刑升格条件作为客观要素,也是需要行为人主观上认识的内容。因此,误以为是营业场所而闯入进行抢劫的,不能认定为"入户抢劫";没有认识到是金融机构而进行抢劫的,不成立"抢劫金融机构";误以为是普通财物而实际上是军用物资进行抢劫的,不能认定为"抢劫军用物资"。当然,误以为是抢险物资,而实际上是军用物资,或者相反,属于同一构成要件内的具体的事实认识错误,不影响加重犯既遂的认定。

6. 进入学生宿舍、宾馆房间抢劫,属于入户抢劫吗?

"户"系"家"之所在,而"家"是人们最基本、最为信赖的人身与财产权利的庇护所,也是人们安全、隐私的最后保障。家中进贼会致人心惶惶,而暴力、胁迫行为一旦发生在作为封闭空间的"户"内,被害人更是陷入孤立无援的境地,再是顾及有老弱病残家人的,即便家有壮丁,也只能任人"宰割"。加重处罚"入户抢劫"的立法目的,就在于突出对公民人身权的保护,增强公众的安全感。

2000年11月22日,最高人民法院《关于审理抢劫案件具体应用法律若干问题的解释》(以下简称《抢劫解释》)明确,入户抢劫是指进入他人生活的与外界相对隔离的住所,包括封闭的院落、牧民的帐篷、渔民作为家庭生活场所的渔船、为生活租用的房屋等,进行抢劫的行为。此外,《两抢意见》也明确,认定"入户抢劫"的,"户"是指住所,其特征表现为供他人家庭生活和与外界相对隔离两个方面,前者为功能特征,后者为场所特征。一般情况下,集体宿舍、旅店宾馆、临时搭建工棚等不应认定为"户",但在特定情况下,如果确实具有上述两个特征的,也可以认定为“户”。

张明楷教授指出,博士生甲在校外租了一个两居室,长期在里面学习、生活。如果行为人乙闯入其中抢劫,一般会被认定为入户抢劫。这没什么争议。但是,如果乙闯入校内的宿舍抢劫住校博士生丙的财物,又该怎么认定呢?如果把“户”严格限制为一般用于家庭生活的房屋,那学生宿舍就很难被认定为“户”。这样一来,乙侵入学生宿舍抢劫丙的财物的行为就不构成入户抢劫。可是,这样的结论很难让人觉得公平——不管是住校外还是校内,居住地的功能是一样的,也都跟外界隔离,为什么仅仅因为一个是租的两居室,另一个是宿舍,就导致其受刑法保护的程度不同呢?①

本书认为,上述观点存在疑问。与“户”相关的概念是“住宅”和“室”。“室”只是个空间概念,不具有社会生活属性,比“户”和“住宅”的范围要广得多,用之代替“户”会导致处罚范围过宽。而“户”比“室”具有更丰富的内涵,是一个规范性概念。对于“住宅”,我国《宪法》第 39 条第 1 句规定,中华人民共和国公民的住宅不受侵犯。《刑法》第 245 条也规定了非法侵入住宅罪。既然“住宅”是一个现存的法律概念,为何立法者视而不见而采用“户”这个概念呢?“户”与“住宅”均为规范性概念,二者的含义是否等同,值得考究。

有学者指出,需要从基本权利角度对“住宅”加以全面理解,即使不是通常的住宅,但是只要能够形成一定的长期居住的空间,就是《宪法》基本权利意义上所言的“住宅”以及《刑法》中所言的“户”。这种观点显然是将“户”与“住宅”在等同意义上理解。本书注意到,我国台湾地区“刑法”第 321 条规定,夜间侵入“住宅”盗窃构成加重窃盗罪。此外,其他国家和地区刑法,关于非法侵入住宅犯罪,均将住宅与建筑物、船舰、用于公共事务的场所等作并列规定,如《日本刑法典》第 130 条、《德国刑法典》第 123 条和我国台湾地区“刑法”第 306 条。而我国《刑法》规定,非法侵入住宅罪的对象仅限于“住宅”。这说明,相对于其他建筑物和场所,我国刑法对宪法意义上的“住宅”采取特殊保护的态度。如果从《宪法》保护住宅权的规定和《刑法》中非法侵入住宅罪的规定保持一致的角

① 张明楷:《张明楷刑法学讲义》,新星出版社 2021 年版,第 389 页。

度，规定为“入住宅盗窃”和“入住宅抢劫”更为准确。本书认为，立法者之所以弃“住宅”而采用“户”，是因为“住宅”是一个偏重保护隐私权等人身权的概念，而侵犯财产罪偏重保护的是财产，财产又是位于一定的空间内，而“户”兼具“住宅”与“室”两方面的特征，即规范性与自然空间性，因而是比“住宅”和“室”更准确、更全面的概念，相对于“住宅”也更简洁。另外，家庭是社会的细胞，“家家户户”这一概念也为公众所熟知，因而“户”更能得到社会公众的普遍认同。总之，“户”具有“住宅”的一面，即未经住居权人的许可不得入内，也具有“室”的一面，即属于一定的狭小空间。由此，本书基本赞同在“住宅”意义上把握“户”，其范围应与非法侵入住宅罪的对象具有一致性。

既然在“住宅”意义上理解“户”，则非营业时间的商住两用场所属于“户”。对于开设在家中、未经允许不得进入的赌场，仍是非法侵入住宅罪的保护的对象，属于《刑法》中的“户”。但浙江有一抢劫家中赌场的案件，一审认定为入户抢劫，再审否定了入户抢劫，理由是：“该案中的‘户’不仅仅是抢劫的场所，更是抢劫的对象，原审被告人有明确的抢劫赌场的故意，主观上指向的抢劫对象是赌场和参赌人员，不具有抢劫住户家庭成员的犯意。客观上也只抢劫参赌人员的财物，未对何某家庭成员及其财物进行侵犯。根据主客观要件相一致原则，该案应认定为普通抢劫。原审判决认定为‘入户抢劫’不当，适用法律错误，从而导致了轻罪重判现象的发生。”①本书认为，再审否定成立“入户抢劫”是正确的。家中赌场虽然也可谓“户”，能够成为入户抢劫中的“户”，但由于“入户抢劫”作为抢劫罪的加重情节，法定刑很高，所以闯入家中赌场进行抢劫的，不宜认定为“入户抢劫”。

集体宿舍、旅店宾馆、办公场所之所以不被称为“户”，是因为客观上存在多人出入的可能性，并有宿管阿姨、服务员等看守，一旦发生人身侵害，不至于陷入孤立无援的境地，不属于非法侵入住宅罪的对象，因而不宜作为“户”加以特殊保护。而人行天桥下乞丐用硬纸盒、木板等简单搭建的栖身之所，以及北京“井下人”的居所，虽然简陋，甚至属于“违章建筑”，但仍属于未经允许不得入内的

---

① 浙江省绍兴市中级人民法院(2008)绍中刑再字第4号刑事判决书。

受《宪法》保障的公民住宅,因而属于《刑法》中的“户”。总之,对于《刑法》中的“户”,应从《宪法》所保障的住宅权角度出发,与非法侵入住宅罪的对象在同一意义上进行把握。

需要指出的是,由于入户抢劫是加重处罚情节,法定刑很重,而入户盗窃不过是入罪的情节,法定刑要轻得多,因而相对于入户抢劫,入户盗窃中“户”的范围可以适当放宽。同租一套三居室的住户,窜到另一个房客房间盗窃的,可以认定为“入户盗窃”,但闯入另一个房客房间抢劫的,不宜认定为“入户抢劫”。进入家中赌场盗窃的,可以认定为“入户盗窃”,但闯入进行抢劫的,不宜认定为“入户抢劫”。

7. 如何限制“入户抢劫”的成立范围?

案11:被告人呼某、肖某伙同齐某(在逃)窜至辽源市电机厂舞厅内,由齐某将被害人展某骗出,呼某、肖某尾随其后,齐某进入展某家中,呼某、肖某在外等候。齐某用呼某提供的事先准备好的溶有“三唑仑”药物的巧克力糖将展某麻醉后,抢走皮夹克1件、BP机1个、电话机1个、半导体1个、香烟、身份证及人民币90元。法院认定,被告人的行为构成入户抢劫的既遂,判处呼某有期徒刑12年,剥夺政治权利2年,并处罚金人民币2000元;判处肖某有期徒刑10年,剥夺政治权利1年,并处罚金人民币1000元。

应该说,从形式上看,上述判决并不违反罪刑法定原则。但是,如果根据《刑法》第5条规定的罪责刑相适应原则评判上述判决,不能不认为法院量刑畸重。如果认为上述量刑畸重的判决不符合罪刑相适应原则,就需要通过对“入户抢劫”限制解释,达到量刑合理化。根据对入户方式的限制,本案中的被告人宜认定为普通抢劫,从而实现量刑合理化。

《两抢意见》认为,以抢劫等犯罪目的进入他人住所进行抢劫的,均可成立入户抢劫。很显然,没有明确限制入户抢劫的成立范围。

入户抢劫作为抢劫罪的加重情节,处10年以上有期徒刑、无期徒刑或者死刑,法定刑重,因此应严格限制入户抢劫的成立范围。具体而言,可从以下五个方面进行限制。

第一,对家庭成员不宜认定为“入户抢劫”的犯罪主体。

案12:甲与父亲分开居住,二人感情一直不好,甲每次向父亲要钱都被拒绝,他很生气。某天晚上,甲伙同乙、丙等人持凶器闯入父亲的住宅,用暴力、胁迫的手段取得了财物。

在司法实践中,经常发生户内成员与外人共同抢劫户内其他成员财物的案件,对外人的行为以入户抢劫论处,或许没有疑问,但对于户内成员能否认定为入户抢劫,就值得讨论。本书认为,同居一室的子女抢劫父母财物的行为,不属于入户抢劫。

应该说,对法条的解释不能脱离社会生活经验。父母与子女的关系是骨肉血亲关系,即使子女已经不与父母住在一起,我们还是会认为子女可以随时回到父母的住宅。而且,在实践中,也不存在将子女强行进入父母的住宅,或者父母强行进入子女住宅的行为认定为非法侵入住宅罪。由于“入户抢劫”是抢劫罪的加重构成要件,法定刑特别重,应当对“入户”进行限制解释。所以本案中,虽然乙、丙的行为可以认定为“入户抢劫”,但不能认定甲的行为构成“入户抢劫”。

案13:被告人张某芬与被害人张某新系朋友关系,张某新到北京鉴定文物,受邀暂住张某芬位于北京市西城区某地房间的家中。张某芬伙同被告人张某、崔某达、崔某忠,经预谋,在张某新所住房间内,对张某新进行殴打并抢走其藏传佛教唐卡一轴(经鉴定价值人民币6500元)。判决指出:“被告人张某芬与被告人张某、崔某达、崔某忠内外勾结,以抢劫为目的进入共同居住在被告人张某芬家中的被害人张某新所住房屋内,实施暴力殴打、强行劫取财物的行为,构成入户抢劫。‘户’表现为供他人家庭生活和与外界相对隔离两个方面,位于本市西城区某地房间系供被告人张某芬家庭生活的且与外界相隔离的场所,故对被告人张某芬、张某提出自己不构成入户抢劫的辩解,本院均不予采纳;对各辩护人提出的关于四被告人不构成入户抢劫的辩护意见,本院亦不予采纳。”

该判决没有说明张某芬是否一人生活在该房间。假定如此,则张某、崔某达、崔某忠等人的行为并不成立入户抢劫。因为当张某芬同意乃至邀约张某等人“入户”时，张某芬对“入户”的同意是有效的，因而，张某等人的行为不具备“入户”的违法性。所以，即使抢劫了被害人张某新的财物，也只是具备普通抢劫的违法性，而不具备入户抢劫的违法性。

第二，行为人必须认识到自己侵入的是“户”。

案14：被告人徐某甲与马某中、宋某东、徐某乙、葛某旭等人酒后途经某村王某国大院时，听到院内有狗叫，徐某甲即建议将狗偷走。在砸门以为无人后，徐某甲与携带砍刀的马某中、携带铁棍的宋某东翻入院内，在先药狗未成的情况下，徐某甲提议将狗打死。徐某甲与马某中等人打狗惊醒了被害人王某国，王某国遂起床持铁锹站在门口吆喝不准打狗。徐某甲即上前夺锹并谎称狗咬人。此时，马某中持刀砍向被害人并对被害人辱骂，不准王某国反抗。在三人与王某国纠缠之际，徐某乙和葛某旭翻入院内将狗扔到墙外，后徐某甲等被告相继翻出墙外，将狗拖走卖掉。另查明，被害人的院落原为废旧工厂，面积约两亩，被害人王某国于1994年买下，作为夫妻共同生活居住的场所。法院认定被告人的行为构成入户抢劫，裁判要旨如下：“当行为人实际进入的是‘户’时，对于入户的评价是否仅限于纯客观的评价，还是同时包含主观的评价在内，《刑法》立法上没有明确规定。应该认为入户抢劫中的‘户’是客观存在的，行为人对‘户’的主观评价，不影响对‘户’的确认。本案中，被告人入户的目的即偷狗具有非法占有的故意，不管被告人是否承认其对‘户’具有明知的意识，已不影响其行为构成入户抢劫。”

应该说，上述裁判要旨违反了责任主义原则。换言之，由于被告人没有认识到进入的场所属于“户”，故被告人不应承担入户抢劫的刑事责任，只能承担普通抢劫的刑事责任。

由于“户”是客观要素，无论是从责任主义角度还是从刑罚目的角度，不管入户抢劫是加重构成要件还是量刑规则，只有当行为人对入“户”具有认识时，才能适用入户抢劫的法定刑。行为虽然客观上符合入户抢劫的条件，但行为人对入“户”没有认识的，只能适用普通抢劫的法定刑。

第三，入户时必须有抢劫的故意或者目的。

案15：甲为了强奸乙女而进入乙女的住宅，但当天乙女去了朋友家，只有乙女的父母在家。甲见乙女不在家,就对乙女的父母实施了抢劫行为。

若不对入户抢劫的目的进行限制,本案就成立入户抢劫。但如果主张对入户抢劫的目的应进行限制,就可能否认入户抢劫的成立。

本书认为,只有以抢劫的故意入户后实施抢劫的,才能认定为入户抢劫。

首先,“入户抢劫”的法条表述,就意味着行为人入户是为了抢劫。入户是一个动态过程,表明入户就是为了抢劫,入户后立即实施抢劫行为。例如,根据“入户抢劫”的表述,为了强奸而入户后改为实施抢劫的,明显不属于“入户抢劫”。换言之,“入户抢劫”与“入户后抢劫”不是等同的表述。如果说从“入户后抢劫”的表述读不出入户就是为了抢劫的意思,那么,我们完全可以从“入户抢劫”的表述中读出入户就是为了抢劫的含义。

其次,以抢劫为目的入户进而实施抢劫,使入户的违法性与抢劫的违法性不是简单的相加,而是有机的结合。这种有机的结合,使行为人在入户前就做好抢劫的各种准备,如准备了抢劫工具、共犯人之间有明确的分工、抢劫行为按周密的计划进行等,由此使入户抢劫的违法性明显增大。

最后,以抢劫为目的入户进而实施抢劫,说明行为人主观上预谋抢劫。这种预谋表明行为人特殊预防的必要性更大。

以抢劫为目的入户,主要包括三种情形:其一,入户的目的就是实施《刑法》第263条规定的抢劫罪。其二,入户时具有能盗窃就盗窃、不能盗窃就抢劫的目的。具有这种目的时,如果入户后实施抢劫的,应当认定为入户抢劫。其三,入户时具有事后抢劫的目的,即入户时打算实施盗窃、诈骗、抢夺行为,同时具有被人发现时为窝藏赃物、抗拒抓捕或者毁灭罪证的目的而使用暴力或者以暴力相威胁的意思,进而成立事后抢劫的,也应认定为入户抢劫。概言之,入户时具有实施准抢劫罪的目的,也属于以抢劫为目的入户。

由此,以下几种情况都不应当认定为入户抢劫,只需认定为普通抢劫:(1)单纯尾随被害人入户后抢劫;(2)因为被害人没锁门而偷溜入户后抢劫;(3)利用偷配的钥匙或“万能钥匙”入户后抢劫;(4)通过欺骗方式入户后抢劫。

第四,必须以暴力、胁迫方式和携带凶器入户。

案16:被告人向某行至某市雪松路458弄288号2楼,见204室房门未锁遂溜进室内,在该室厨房的灶台上拿了一把菜刀后进入卧室,向坐在床上的被害人马某索取钱财遭拒绝后,被告人向某强行拉开被害人马某的床头柜抽屉翻找财物未果,后从卧室内的柜子上劫得一只内有现金人民币50元等物的零钱包后逃走。法院认为,被告人向某以非法占有为目的,采用威胁的方法,入户劫取他人财物,其行为已构成抢劫罪,判处有期徒刑10年,剥夺政治权利1年,并处罚金人民币1万元。

应该说,上述量刑明显过重。由于向某没有携带凶器入户,也没有使用暴力、胁迫手段入户,只能认定为普通抢劫,适用“3年以上10年以下有期徒刑”的法定刑。

案17:被告人张某顺、梁某红、杨某琴经合谋,携带由梁某红提供的迷药,到广州市黄埔大道“单行道”酒吧内,主动搭讪被害人刘某忠,然后由张某顺吸引刘某忠将其带到刘某忠位于广州市东晓南路爱都小区C1栋703房的住处。再由张某顺秘密将迷药混入红酒中让被害人刘某忠饮用,致刘某忠昏睡。张某顺则趁机取走刘某忠的笔记本电脑1台(价值人民币7489元)、无线移动电话1台、交通银行信用卡1张、现金人民币300元。原审法院认为,被告人张某顺、梁某红、杨某琴以非法占有为目的,入户使用药物麻醉的方法,使被害人不知抗拒,当场劫取被害人财物,其行为属于入户抢劫,构成抢劫罪。判处被告人张某顺有期徒刑10年,剥夺政治权利3年,并处罚金人民币1万元。

这一量刑也明显过重,但不可能通过对“户”、入户的认识与入户的目的否认其行为属于入户抢劫。只有通过对入户方式的限定,才能对张某顺等人的行为以普通抢劫论处,从而贯彻罪刑相适应原则。

入户抢劫是违法加重类型。“户”是户内成员最安全的场所,只有提升入户行为的违法性,才可能使入户抢劫的违法性与其法定刑相当。据此,只有具备以下情形的,才能认定为入户:

其一,违反被害人的意志,携带凶器入户的。在《刑法修正案(八)》颁布后,携带凶器盗窃与入户盗窃,分别成为盗窃罪的特殊类型,这意味着二者的违法性分别达到了值得科处刑罚的程度。当行为人以抢劫的故意携带凶器入户时,可以认为其抢劫行为的违法性、有责性达到了与入户抢劫的法定刑相适应的程度。

其二,违反被害人的意志,以暴力、胁迫方式入户的。以暴力、胁迫方式入户包括两种情形:一是以对物暴力方式入户,典型的是砸坏门窗进入户内;二是以对人暴力或胁迫方式入户,亦即在户内成员不允许行为人入户时,行为人对户内成员实施暴力或者胁迫进而入户。由于行为人以破坏门窗的方式入户,或者入户时就对被害人实施了暴力或者胁迫行为,所以,这种入户后的抢劫行为,可以与入户抢劫的法定刑相适应。根据本书的观点,单纯尾随被害人入户后抢劫的,趁门未锁溜入户内后抢劫的,利用偷配的钥匙或者“万能钥匙”入户后抢劫的,通过欺骗方式入户后抢劫的,不宜认定为入户抢劫。

第五,暴力、胁迫等行为必须发生在户内。

以抢劫的目的入户,之后使用暴力迫使被害人离开户内,进而强取财物的,成立入户抢劫。但如果没有采用暴力,而是用欺骗的方式使被害人到户外去,然后才实施抢劫的,就不成立入户抢劫。如果行为人出于事后抢劫的目的而入户盗窃、诈骗、抢夺后,为了窝藏赃物、抗拒抓捕或者毁灭罪证,在户内当场使用暴力或者以暴力相威胁的,也应当成立入户抢劫。但如果是在户外使用暴力或者以暴力相威胁,则不成立入户抢劫。

综上,由于“入户抢劫”的法定刑很重,应对其成立范围进行限制。具体可从“户”的范围、入“户”的认识、犯罪主体、入户的目的、入户的方式、暴力胁迫的地点等方面进行限制。

8. 在职工班车、校车、包车上抢劫,成立“在公共交通工具上抢劫”吗?

2016年1月6日最高人民法院《关于审理抢劫刑事案件适用法律若干问题的指导意见》(以下简称《抢劫意见》)指出,在接送职工的单位班车、接送师生的校车等大、中型交通工具上抢劫的,属于“在公共交通工具上抢劫”。张明楷教授也认为,接送职工的单位班车、接送师生的校车等大中型交通工具,应认定为公共交通工具。[①]

---

① 张明楷:《刑法学》(第6版),法律出版社2021年版,第1292页。

应该说,之所以加重处罚"在公共交通工具上抢劫"的行为,是因为公共交通工具上的乘客是临时聚集起来的陌生、冷漠的群体。如今,"聪明"的人们往往会选择多一事不如少一事,但接送职工的单位班车、接送师生的校车,以及学校等单位春游、秋游的包车上的人员并非陌生群体;即便相互未必认识,但因为是一个单位的,可谓一个共同体,人员组成和关系与长途大巴、城市公交车、地铁、高铁上的乘客完全不同。因此,在职工班车、校车、单位包车上抢劫的,不宜评价为"在公共交通工具上抢劫"。此外,之所以加重处罚"在公共交通工具上抢劫",是为了保护公共交通工具上的旅客、乘客的人身财产安全,而非《抢劫解释》《抢劫意见》所声称的还保护"司售""乘务人员"的人身财产安全。因此,凌晨两点在没有其他乘客的无人售票的城市夜班车上抢劫司机财物的,不宜评价为"在公共交通工具上抢劫"。

9. 抢劫运钞车本身,属于"抢劫银行或者其他金融机构"吗?

很显然,立法之所以加重处罚"抢劫银行或者其他金融机构"的行为,是因为抢劫银行的经营资金、有价证券和客户的资金会危及国家金融系统的安全。虽然抢劫运钞车上的现金,可以评价为"抢劫金融机构",但抢劫运钞车本身不会危及国家的金融安全,所以不能评价为"抢劫银行或者其他金融机构"。

10. 多次抢劫价值微薄的财物,能评价为"多次抢劫"吗?

之所以加重处罚"多次抢劫",应该是基于两点原因:一是多次抢劫相当于连续犯,比单次抢劫的违法性即法益侵害性重;二是多次实施表明行为人的特殊预防必要性大。多次抢劫作为抢劫罪的加重情节,处 10 年以上有期徒刑、无期徒刑或者死刑,处刑很重,因此应严格限制多次抢劫的成立范围。本书考虑从如下 3 个方面进行限制:(1)必须每次均以数额较大的财物为抢劫目标,对于以价值微薄的财物为抢劫目标的中小学生霸凌等行为,即便实施多次,也不宜认定为多次抢劫;(2)必须每次均既遂,只有每次均既遂,才值得科处 10 年以上有期徒刑,若认为包括未遂、中止和预备,即便从轻处罚也很重,而且到底是从轻、减轻还是免除处罚,裁量难免流于恣意;(3)必须实际上抢劫了 3 次以上,才能认定为多次抢劫。

11.“抢劫数额巨大”，有未遂和中止吗？

张明楷教授认为，“抢劫数额巨大”属于量刑规则，没有未遂，更没有中止。[①]

应该说，根据客观的未遂犯论，只要行为人主观上以数额巨大的财物为抢劫目标，客观上也已接近数额巨大的财物，由于已经对数额巨大的财物形成了具体、现实、紧迫的威胁，没有理由不评价为“抢劫数额巨大”的未遂，适用抢劫罪的加重法定刑，同时适用未遂犯从轻减轻处罚的规定。已经接近数额巨大的财物，自动放弃抢劫的，应当认定为“抢劫数额巨大”的中止。

12.何谓抢劫“致人重伤、死亡”？

案18：甲盗窃后被紧追不舍，为了摆脱紧追其后的被害人，就跨越很高的栏杆，结果栏杆倒塌，刚好碰到后面的被害人，导致被害人死亡。

案19：乙犯盗窃罪，在逃跑的时候踩中一块不稳固的石头，导致边上的一块小石头弹起来砸中了追赶的被害人的太阳穴致其当场死亡。

上述两个案件中，甲、乙均是逃跑过程中过失行为导致被害人死亡，不是暴力、胁迫手段致人死亡，所以不成立抢劫致人死亡。

抢劫罪，作为暴力性财产犯，其行为本身往往具有致人死伤的高度危险性，因而各国刑法都有抢劫致人死伤的相关规定。例如，《德国刑法典》第251条抢劫致死罪规定：“如果行为人由其抢劫至少轻率地造成他人死亡的，那么，处终身自由刑或者不低于十年的自由刑。”《日本刑法典》第240条抢劫（原文为“强盗”）致死伤罪规定：“抢劫致人负伤的，处无期或者六年以上惩役；致人死亡的，处死刑或者无期惩役。”由于抢劫致死伤罪的法定刑通常比抢劫罪与故意伤害罪、过失致人死亡罪、伤害致死罪数罪并罚的处罚还要重，因而，各国理论与实务都严格限制抢劫致死伤罪的成立范围。

在德国，并非只要是抢劫行为引起死亡结果，就成立抢劫致死罪。理论界从

---

① 张明楷：《刑法学》（第6版），法律出版社2021年版，第1287页。

对象与行为两方面限制抢劫致死罪成立范围,具体而言:(1)抢劫致死罪的对象限于他人,不包括抢劫行为的参与者(抢劫的共犯),抢劫行为导致同伙死亡的,不能认定为抢劫致死罪。但这里的"他人",不限于抢劫行为的被害者。例如,抢劫犯向追赶的被害人开枪,流弹导致无关的第三人死亡的,也能成立抢劫致死罪。(2)抢劫致死罪中的死亡结果,必须是由抢劫行为(包括抢劫财物的未遂行为)引起。强取财物的行为引起死亡结果的,例如,强取被害人维持生命所必要的药丸,或者强夺被害人赖以抵御严寒的衣物而冻死被害人的,只是成立谋杀罪(《德国刑法典》第211条)与过失致死罪(《德国刑法典》第222条),不成立抢劫致死罪。(3)并非所有由抢劫引起的死亡结果,都属于抢劫致死,而必须是由作为抢劫手段的强要行为,即暴力、胁迫行为直接引起的结果,但不必限于直接、故意的身体伤害行为所引起的结果;由于受到抢劫犯及其同伙的攻击而逃跑的被害人跌倒致死的,也成立抢劫致死罪;因受胁迫而引起的死亡结果,如被害人受到行为人胁迫后休克死亡,亦成立抢劫致死罪;但是,抢劫犯及其同伙的暴力、胁迫对被害人或者第三者的死亡没有直接影响的,不成立抢劫致死罪。例如,追赶抢劫犯的警察向抢劫犯开枪,流弹导致第三人死亡的,不成立抢劫致死罪。(4)抢劫致死罪,一般发生于抢劫着手至既遂期间;事后抢劫中暴力、胁迫引起死亡结果的,也成立抢劫致死罪,而且由于事后抢劫的主体包括抢劫犯,因而抢劫既遂后,抢劫犯为了逃脱抓捕而向追踪者开枪,以及银行抢劫犯为了逃跑而与警察展开枪战,抢劫犯射出的流弹导致路人死亡的,也成立抢劫致死罪。但是,抢劫犯搬运赃物的车辆发生交通事故致无关的行人死亡的,由于抢劫行为与死亡结果之间没有特别的关联,仅成立抢劫罪与过失致死罪,数罪并罚。(5)只有行为人对具体被害人死亡结果发生的可能性存在预见,才符合抢劫致死罪主观方面的轻率要件。例如,行为人虽然没有杀人的故意,但用棍棒猛敲被害人头部,致其头盖骨破裂而死的,成立抢劫致死罪。但是,放任因抢劫行为受重伤的被害人不管致其死亡的,不能评价为轻率,不成立抢劫致死罪,而是构成不作为的谋杀罪。

由于日本刑法规定的抢劫致死伤罪的法定刑极重,尤其是抢劫致死罪的起点刑就是无期徒刑,比故意杀人罪的法定刑还要重,因而日本刑法理论与判例也严格限制抢劫致死伤罪的成立范围，主要有 4 种观点：(1)“手段说”认为，抢劫致死伤罪的成立，限于由作为抢劫手段的暴行、胁迫而引起死伤结果的场合。手段说的优势在于标准的明确性，不足在于可能导致抢劫致死伤罪的处罚范围过于狭窄。例如，盗窃犯在逃跑中为抗拒抓捕、隐灭罪迹而使用暴力致人死伤，虽然不能说是作为抢劫手段（作为强取财物的手段）的暴力、胁迫引起死伤结果，但根据《日本刑法典》第 238 条事后抢劫罪的规定，还是应该认定为抢劫致死伤罪。又如，抢劫犯在抢劫既遂后的逃跑过程中为抗拒抓捕，使用暴力致人死伤，虽然也不能说是作为抢劫手段的暴行、胁迫引起死伤结果，但判例一般认为这种情况下成立抢劫致死伤罪。(2)判例采取的是“机会说”，认为只要是在“抢劫的机会”之下，发生了死伤结果即可。机会说的实质性根据在于，将抢劫致死伤罪的成立直接限定于作为抢劫手段的暴力、胁迫以及类似情况下所实施的暴力、胁迫。不过，多数学者认为机会说会导致抢劫致死伤罪的处罚范围过宽。例如，按照机会说，在抢劫过程中为了发泄对被害人的日常私怨，利用抢劫的机会将其杀害，或者在抢劫过程中碰巧遇到以前的仇人而乘机杀死仇人的，或者抢劫犯在抢劫过程中发生内讧而相互残杀的，又或者抢劫犯在抢劫过程中不小心踩死了地上的婴儿等，都因为发生于“抢劫的机会”中，而可能成立抢劫致死伤罪，从而不当扩大了其成立范围。(3)“密切关联性说”认为，抢劫致死伤罪的成立，虽然不能仅限于由作为夺取财物之手段的暴行、胁迫而造成死伤结果的场合，而应包括由“抢劫的机会”下所实施的原因行为所造成的死伤结果；根据《日本刑法典》第 240 条抢劫致死伤罪的立法宗旨，死伤结果应限于该原因行为在性质上通常是伴随抢劫所实施的，即和抢劫行为具有密切关联性的场合。这就是多数学者所主张的密切关联性说。不过，也有学者认为，对机会说进行限定而主张密切关联性说并没有必要，况且密切关联性说的标准依然模糊。(4)“扩张手段说”认为，由作为抢劫手段的暴行、胁迫，或者与事后抢劫相类似状况下的暴行、胁迫，造成了死伤结果的，就应肯定抢劫致死伤罪的成立。

本书认为，既然事后抢劫也以抢劫罪论处，则事后抢劫中的暴力、胁迫行为，当然属于作为抢劫手段的行为，这种行为导致他人死伤的，理当成立抢劫致死伤罪。故没有必要迁就事后抢劫，而将作为抢劫手段的暴力、胁迫行为进行扩张。

至于抢劫犯在逃跑过程中为防止财物的夺还抗拒抓捕、毁灭罪证而致人死伤的，当然属于与抢劫行为具有密切关联性的、抢劫犯罪中通常伴随的行为所引起的结果。因而，采取密切关联性说，可以使抢劫致死伤罪处罚范围适中。至于密切关联性说仍具有模糊性，会导致处罚与否界限不明确的问题，应该说，任何一种学说都不可能做到绝对精确，都少不了根据情况进行具体判断、斟酌。由此，本书倾向于密切关联性说。

我国刑法通说认为，抢劫致人重伤、死亡，是指行为人为劫取公私财物而使用暴力或其他强制方法，故意或过失造成被害人重伤、死亡。这相当于日本刑法理论中的“手段说”，但该说会导致抢劫致死伤成立范围过窄。另有观点指出，抢劫致人重伤、死亡的，是指犯罪分子在抢劫公私财物过程中，使用暴力、胁迫或者其他方法所引起的被害人重伤或者死亡。这种观点相当于日本刑法理论中的“机会说”，但这可能导致抢劫致死伤处罚范围过宽，也不具有合理性。

还有学者指出，认定抢劫致人重伤、死亡，特别要求抢劫行为与重伤、死亡之间具备直接性要件，且行为人对重伤、死亡具有预见可能性。例如，为了抢劫捆绑被害人，逃走时忘了为被害人松绑，导致被害人停止血液循环或者饿死的，应认定为抢劫致人死亡。但是，对于抢劫行为引起被害人自杀的，追赶抢劫犯的被害人自己摔地身亡的，抢劫犯离开现场后被害人不小心从阳台摔下身亡的，都不能认定为抢劫致人死亡。另有学者提出，死伤结果与抢劫行为之间应当有一定联系，这种联系意味着死伤结果是由与抢劫相关联的行为所引起，但不能要求死伤结果必须由作为抢劫手段的暴力、胁迫行为所直接产生。这基本上是密切关联性说的观点。本书认为，这两种观点基本上是合理的。

有观点认为，被害人因行为人在抢劫过程中的威吓、殴打导致疾病发作死亡的，应当认定实施抢劫的行为人对死亡结果缺乏预见可能性，不成立抢劫致人死亡。另外，如果抢劫是发生在车水马龙的大街上，被害人因害怕而后退以致被车撞死，此种情形下的威吓、追赶只是被害人被车撞死的一个必要条件，死亡结果只是在这一条件基础上，又结合了当时的交通状况以及驾车人的反应能力和是否遵守了交通规则等情形才发生的。就抢劫的行为人而言，对这些情形显然既无法预见，更无法控制。因此，对这种死亡结果，不应直接认定为“抢劫致人死亡”。本书不赞成上述观点。即使被害人身患疾病，若不遭受行为人的威吓、殴打，也不会导致疾病发作，除非是特异体质，一般不能否认抢劫行为与被害人死亡结果之间的因果关系，行为人应对死亡结果承担责任。此外，既然抢劫发生在车水马龙的大街上，就不难预见被害人因车祸死亡的结果，即使肇事司机存在违反交通规则的过失，也不能否认抢劫行为与被害人死亡结果之间的客观归责。因此，抢劫行为人应对被害人死亡结果承担责任。

从我国司法实践看，有判例认为，追赶抢夺犯人的警察发生车祸死亡的，抢夺犯人不成立抢劫致人死亡。① 本书认为，这种判决是正确的。因为追赶的警察发生车祸死亡，并不是社会一般观念上所认为的抢劫行为所通常伴随的情况，行为人缺乏预见可能性，不应对死亡结果承担责任。同样，若追赶的警察开枪致路人死亡，一般也不能让行为人对死亡结果负责。不过，倘若抢劫犯与警察发生枪战，警察在没有重大过失的情况下导致路人死亡时，行为人有可能对路人的死亡结果负责。

总之，“抢劫致人重伤、死亡”，必须是与抢劫行为具有密切关联性的、按照社会的一般观念系抢劫过程中所通常伴随发生的死伤结果。

13. 抢劫杀人的，应定抢劫罪还是故意杀人罪？

各国刑法一般都规定了抢劫致死伤罪，而以故意杀人的方式抢劫的，是成立抢劫致死伤罪还是杀人罪，抑或成立想象竞合犯而从一重处罚，是各国刑法理论与实务面临的问题。综观各国刑法理论与实务，对于抢劫故意杀人的如何定罪处罚，完全取决于抢劫致死伤罪与杀人罪法定刑轻重的比较，从罪刑均衡立场进行判断。

例如，《德国刑法典》第 251 条抢劫致死罪的法定刑为终身自由刑或者不低于 10 年的自由刑，而第 212 条故意杀人罪规定的法定刑，为不低于 5 年的自由刑，特别严重的情形，处终身自由刑；第 211 条谋杀罪的法定刑，为终身自由刑。

---

① 参见广东省广州市中级人民法院(2007)穗中法刑二初字第 195 号刑事判决书；广东省高级人民法院(2008)刑一终字第 13 号刑事裁定书。

可以看出,在德国,抢劫致死罪的法定刑并不低于故意杀人罪与谋杀罪,即使按照想象竞合犯从一重处罚,也有可能以故意杀人罪或者谋杀罪定罪处罚。因而,德国刑法理论通说与判例认为,抢劫故意杀人的,成立抢劫致死罪与故意杀人罪或者谋杀罪的想象竞合犯;出于杀人故意抢劫的,如果死亡结果没有发生,也成立抢劫致死罪的未遂与故意杀人罪或者谋杀罪的未遂的想象竞合犯,因为抢劫杀人或者抢劫谋杀,是应当比抢劫致死罪处罚更重的犯罪。

又如,《日本刑法典》第 240 条抢劫致死罪规定,抢劫致人死亡的,处死刑或者无期惩役,而第 199 条杀人罪规定,杀人的,处死刑、无期或者 5 年以上惩役。可见,日本刑法规定的抢劫致死罪比杀人罪的法定刑还要重,因为前者起点刑是无期惩役,后者起点刑仅为 5 年惩役。关于抢劫故意杀人的定性,日本刑法理论曾经存在成立抢劫罪与杀人罪的想象竞合犯和抢劫致死罪与杀人罪的想象竞合犯两种主张。日本以前的判例认为,属于杀人罪与抢劫致死罪的想象竞合犯,但后来判例态度发生转变,认为抢劫故意杀人的仅适用《刑法典》第 240 条后段即抢劫致死罪定罪处罚。现在刑法理论的通说也支持判例立场的转变,即抢劫故意杀人的,仅适用抢劫致死罪定罪处罚。判例和学说立场之所以发生变化,是因为如果肯定成立杀人罪与抢劫致死罪的想象竞合犯,显然是对“死亡”结果进行了重复评价;而如果认为仅成立杀人罪与抢劫罪的想象竞合犯,那么,与仅对死亡结果存在过失的场合(以抢劫致死罪定罪处罚,最低判处无期惩役)相比,刑罚反而更轻(因为最低可能判处 5 年惩役),处刑有失均衡。这样,《日本刑法典》第 240 条抢劫致死伤罪条文,其实包含了抢劫杀人罪(存在杀人故意)、抢劫致死罪(对死亡结果仅存在过失)、抢劫伤害罪(存在伤害的故意)、抢劫致伤罪(不存在伤害的故意)4 个罪名。

在我国,抢劫故意杀人的,是定抢劫罪还是故意杀人罪,在理论上曾经有过探讨。但自从 2001 年 5 月 23 日最高人民法院《关于抢劫过程中故意杀人案件如何定罪问题的批复》(以下简称《抢劫杀人批复》)出台后,通说亦步亦趋,认为抢劫故意杀人的,应以抢劫罪定罪处罚。不过,还是有个别学者认识到,在抢劫故意杀人未遂的情况下,若以抢劫罪论处,则适用的法定刑幅度是 3 年以上 10 年以下,可能比以故意杀人罪未遂处罚还要轻(因为即便是未遂,也明显不属于情节较轻的杀人）。因而，按照现行《刑法》规定，为了避免出现轻纵故意杀人犯的弊端，对于抢劫故意杀人未遂的，以故意杀人罪论处，是必要的和适当的。

与此相关的是，关于抢劫罪中的暴力行为是否包括故意杀人行为，在理论上存在肯定和否定两种观点。张明楷教授指出，抢劫致人死亡包括抢劫故意杀人的情形。因为：(1)《刑法》第263条并没有明文将“致人死亡”限定为过失；认为只能是过失与间接故意的观点，不符合犯罪构成原理。既然过失致人死亡的，属于抢劫致人死亡，故意致人死亡的，当然也属于抢劫致人死亡。(2)当场杀死他人取得财物的行为虽然同时触犯了故意杀人罪，但以抢劫罪论处（抢劫罪与故意杀人罪的主刑相同，但附加刑高于故意杀人罪的），完全可以做到罪刑相适应，不会轻纵抢劫犯。(3)将当场杀害他人取得财物的行为以抢劫罪论处，可以避免定罪的混乱；将当场杀害他人取得财物认定为抢劫罪，与故意致人重伤后当场取走财物的认定为抢劫罪，也是协调一致的。①

本书认为，抢劫罪的手段行为能否包括故意杀人，与抢劫故意杀人的是定抢劫罪还是故意杀人罪，不是同一个问题，不应混为一谈。既然一般的暴力可以成为抢劫罪的手段行为，就没有理由否认杀人这种最极端的暴力手段也能成为抢劫罪的手段行为。问题在于，以故意杀人的方式抢劫的，是认定为抢劫罪合理，还是认定为故意杀人罪更有道理。本书认为，抢劫故意杀人的，成立抢劫罪与故意杀人罪的想象竞合犯，一般情况下应当以故意杀人罪论处，尤其是在抢劫杀人未遂（未发生死亡结果）的情形，应当以故意杀人罪未遂论处。

首先，虽然抢劫致人死亡法定刑的主刑最高刑与故意杀人罪的一样，同为死刑，但前者还有并处罚金或者没收财产的附加刑，因此不能认为抢劫致人死亡的法定刑与故意杀人罪的持平，甚至高于故意杀人罪的。因为刑法理论公认，即便刑种相同，刑种的排列顺序不同时法定刑轻重也有差别。故意杀人罪之所以是《刑法》分则中唯一以死刑为首选刑种的罪名，是因为故意杀人罪在《刑法》分则中被公认为违法性与有责性最重。事实上，在保留个别死刑罪名的国家，也是仅保留了故意杀人罪的死刑。因此，我们不能简单得出抢劫致人死亡的法定刑并

---

① 张明楷：《刑法学》（第6版），法律出版社2021年版，第1293页。

不轻于故意杀人罪的结论。尤其是出于杀人的故意进行抢劫,而未致人死亡时,若以抢劫罪定罪,又根据抢劫致人重伤、死亡无未遂的司法解释的立场,最终只能以抢劫罪的基本犯,即3年以上10年以下有期徒刑处罚。相反,若承认抢劫故意杀人的,成立抢劫罪与故意杀人罪的想象竞合犯,从一重处罚的结果是以故意杀人罪定罪处罚,则抢劫故意杀人未遂的,成立故意杀人罪的未遂,显然比按照抢劫罪定罪处罚,更能实现罪刑相适应。因为抢劫杀人未遂的,不会属于情节较轻的杀人,按照故意杀人罪未遂论处,完全可能判处10年以上的有期徒刑或者无期徒刑。

其次,《刑法》中可能包含故意杀人情形的罪名,当符合故意杀人罪构成要件时,应尽量以故意杀人罪定罪处罚,这样,符合死刑配置的原理。

再次,抢劫故意杀人的,以故意杀人罪论处符合人们"杀人偿命"的基本观念。在国外,抢劫杀人也会以抢劫致死罪或者抢劫杀人罪定罪处罚,但毕竟从其罪名中不难明白,行为人是因为剥夺了他人生命而被判处死刑。但从我国"抢劫罪"的罪名中,难以解读出非法剥夺他人生命的信息。或许,对抢劫杀人的,直接认定为抢劫致人死亡罪或者抢劫杀人罪,也能"名实相符"。

复次,认为对抢劫杀人的定抢劫罪有利于定罪统一的观点,其实不足为信。因为对于抢劫杀人的,都以故意杀人罪定罪,也是一种统一,笔者认为是一种更合理的统一。

最后,对于抢劫故意杀人的以故意杀人罪定罪处罚,可以实现在抢劫罪条文中保留死刑,而实际上废止死刑的效果。我国死刑罪名较多,虽然目前国人尚难接受大规模废除死刑,但逐渐将死刑适用控制在故意杀人罪和受贿罪,变相废除其他罪名的死刑是完全应该,也是能够做到的。因此,对抢劫故意杀人的定故意杀人罪,符合废除死刑的国际趋势。

14."抢劫致人重伤、死亡"有未遂吗?

按照《两抢意见》的规定,抢劫致人重伤、死亡没有未遂的问题,但这种观点显然有悖未遂犯原理:一是因为抢劫致人重伤、死亡不过是抢劫罪的一种情形,而抢劫罪作为故意的财产犯,当未劫取到财物时,当然属于财产性质犯罪的未遂;二是理论通说认为,抢劫致人重伤、死亡包括抢劫杀人与抢劫伤人的情形,而故意杀人与故意伤害,在未发生死伤结果时,当然属于人身性质犯罪的未遂。司法解释将抢劫致人重伤、死亡的未遂与抢劫致人重伤、死亡的处罚混为一谈。是否存在未遂,与之后如何处刑,是相关却又不同的问题。

德国刑法理论仍将抢劫致死罪作为抢劫罪的一种,因而只有抢劫部分与致死部分均完成时,方成立抢劫致死罪的既遂。这样,德国抢劫致死罪的未遂就包括两种情形:一是未夺取到财物,但死亡结果发生的场合(取财未遂型);二是意图以杀人的方式取财,但死亡结果未发生的情形(杀人未遂型)。对于取财未遂型,因为作为基本犯的抢劫罪未遂,故也成立抢劫致死罪的未遂,只是由于发生了死亡结果而成立伤害致死罪,所以属于抢劫致死罪的未遂与伤害致死罪的想象竞合犯。此外,假如行为人本意只是拿枪胁迫被害人,由于失误导致被害人死亡,行为人震惊之余放弃了夺取财物的,还能成立抢劫致死罪未遂的中止犯,抢劫部分不受处罚,仅就死亡结果成立伤害致死罪。就杀人未遂型而言,德国刑法理论认为,不管夺取财物完成与否,均成立抢劫致死罪的未遂,与谋杀罪的未遂形成想象竞合犯。

日本通说与判例重视抢劫致死伤罪对生命、身体安全的保护,因而只要发生了致人死伤的结果,不问是否取得财物,均成立抢劫致死伤罪的既遂;甚至于杀害被害人后放弃夺取财物而逃走的,也不妨碍本罪既遂的成立。这与德国即便发生死亡结果,只要未取得财物仍成立抢劫致死罪未遂的观点不同。此外,由于日本通说认为,伤害的未遂仅成立暴行罪,而暴行为抢劫罪的手段所包含,因而,出于伤害的故意进行抢劫而伤害结果未发生时,仅成立抢劫罪。最终结论是,抢劫致死伤罪的未遂仅限于杀人未遂的场合。不过,有力学说认为,抢劫致死伤罪的未遂,并不限于杀人未遂的场合,取财未遂时也构成抢劫致死伤罪的未遂。对此,通说批评地指出,若是因为考虑到本罪是一种财产犯,在杀人达到既遂,仅仅因为取财未遂就认定为抢劫致死罪未遂,对于杀人已经达到既遂这一点,未免过于忽视。因此,还是通说、判例的立场更为妥当。

在我国,关于抢劫致人重伤、死亡的既未遂,除司法解释所持的无未遂的立场外,还有几种观点:(1)在抢劫致人重伤、死亡的情况下,由于犯罪主要客体是财产法益，所以仍以被害人是否失去对财物的控制为标准。这可谓取财标准说。(2)主张以出现重伤、死亡的结果作为加重构成的既遂标准。这可谓死伤结果发生说，与日本的通说立场相似。(3)张明楷教授认为，一方面，行为人原本打算故意造成被害人重伤、死亡后强取财物，并已着手实行重伤、杀害行为，但由于意志以外的原因而未能致人重伤、死亡的，即使强取了数额较大的财物，也应适用加重法定刑，并适用总则关于未遂犯的处罚规定。另一方面，行为人致人重伤、死亡后未能强取财物的，严格地说，属于基本犯未遂，结果加重犯既遂。剩下的问题只是是否适用刑法总则关于未遂犯的处罚规定的问题。由于我国的法定刑较重，法官量刑也偏重，故倾向于适用未遂犯的规定。①

本书认为，理论上之所以“纠结”于抢劫致人重伤、死亡有无未遂，原因无他，即“把对结果加重犯的抢劫罪应当如何处罚与结果加重犯的抢劫罪有无既遂、未遂的状态混为一谈”。抢劫罪侵害的是财产权与人身权双重法益，一方面，作为故意的财产犯罪，未取得财物当然是财产犯罪的未遂(基本犯的未遂犯)；另一方面，作为故意的人身犯罪，因意志以外的原因未发生死亡、伤害结果时，就结果加重犯而言，当然成立未遂犯(加重结果的未遂)。正如德国通说与判例的立场，只有同时取得财物与发生加重结果，才算抢劫致人重伤、死亡的既遂；二者缺其一的，仅成立抢劫致人重伤、死亡的未遂。日本通说之所以认为，抢劫致死伤未遂取决于死伤结果发生与否，而与取财完成与否无关，原因可能在于，抢劫致死伤罪的法定刑比伤害罪、杀人罪还要高；显然，关于抢劫致死伤罪立法的价值取向偏重对人身权的保护，如果发生了死伤的结果，还认为成立未遂，不仅在观念上难以接受，而且与伤害罪、杀人罪的既遂也不协调。而德国，之所以承认在取财未遂而致死既遂时，仍成立抢劫致死罪未遂，是因为其理论通说认为，抢劫故意杀人的，成立抢劫致死罪与故意杀人罪或者谋杀罪的想象竞合犯，在出于伤害的故意而导致死亡结果时，即便因为取财未遂而成立抢劫致死罪的未遂，也能与伤害致死罪之间形成想象竞合犯。而日本，由于抢劫致死伤罪法定刑高于伤害罪、杀人罪法定刑，理论通说与判例均认为，抢劫杀人的，仅成立抢劫

① 张明楷:《刑法学》(第6版)，法律出版社2021年版，第1287页。

致死罪，否认抢劫致死罪与杀人罪之间想象竞合犯的成立，而伤害未遂仅成立暴行罪，最终导致抢劫致死罪未遂仅限于杀人未遂的情形。

我国《刑法》关于抢劫致人重伤、死亡的法定刑，并不高于故意杀人罪，也不高于故意伤害罪（因伤害致死及残忍伤害的，可判处10年以上有期徒刑、无期徒刑或者死刑），而且抢劫致人重伤、死亡与入户抢劫等其他7种纯粹财产性质的加重犯，适用同样幅度的法定刑，也说明我国《刑法》中抢劫致人重伤、死亡的规定并非偏重人身权的保护。本书认为，可以承认抢劫杀人、伤人的，成立抢劫罪与故意杀人罪、故意伤害罪之间的想象竞合犯。尤其是在抢劫杀人而未发生死亡结果时，成立抢劫致人死亡的未遂与故意杀人罪的未遂；抢劫伤人而发生死亡结果时，成立抢劫罪的既遂或者未遂（未取得财物）与故意伤害致死的想象竞合犯，从一重处罚。如此，便不会出现罪刑不相适应的局面。而且，我国未遂犯处罚规定采取的是“得减而非必减”的立场，即便认定为抢劫致人重伤、死亡的未遂犯而适用10年以上有期徒刑、无期徒刑或者死刑，也不会轻纵罪犯。

总而言之，我们之所以承认抢劫致人重伤、死亡存在基本犯未遂与加重犯未遂两种未遂犯情形，一方面是为了遵循故意犯的既未遂原理，另一方面也是为了使司法更精细化，将基本犯与加重犯均既遂的情形，与基本犯或者加重犯未遂的情形相比较，在量刑上尽量区别对待。

15. 抢劫共犯均应对重伤、死亡结果承担责任吗？

《德国刑法典》规定成立抢劫致死罪，要求行为人主观上至少抱着轻率的心态。在数人共同实施抢劫行为时，其中一人的行为直接引起被害人死亡结果的，其他共犯人对于死亡结果，在主观上也必须至少具有轻率的态度。换言之，只要对于死亡结果至少存在轻率的主观心态，其中一人引起的死亡结果，其他共犯人也应承担抢劫致死罪的刑事责任。而且，不管直接引起死亡结果的人自身对于死亡结果是否出于轻率的态度，对于其他共犯人刑责的承担不产生影响，也就是说，即便被教唆者对于死亡结果连过失都没有，只要教唆者对被教唆者所引起的死亡结果存在轻率的态度，教唆者自身也应因自己的轻率而承担抢劫致死罪的刑事责任。

日本判例认为,结果加重犯的基本犯与加重的结果之间只要具有条件的因果关系即可,不要求行为人存在过失。从这种立场出发有一个判例:A 和 B 共谋实施抢劫,抢劫过程中因被害人大声叫嚷,引来警察抓捕,二人仓皇逃窜。B 为了避免逮捕而攻击警察,导致警察死亡。判决认为,B 的伤害致死行为发生在抢劫的机会中,抢劫共谋者 A 应当对其他共犯人在抢劫机会中造成的死伤结果负责。因而,A 也应承担抢劫致死加重结果的责任。关于结果加重犯,通说不同于判例的立场,要求行为人对加重结果的发生具有预见可能性。据此,行为人故意实施蕴含发生加重结果危险性的犯罪行为的,没有理由不将加重结果归责于他。故而在实际结论上,日本通说与判例立场之间没有大的差异。

本书认为,密切关联性说同样适用于抢劫共同犯罪的认定。部分共犯人在与抢劫行为具有关联性的场合,若其中一人在逃跑中为抗拒抓捕致他人死亡,只要其他共犯人对死伤结果具有预见可能性,就应当承担责任。而对于作为暴力性犯罪的抢劫罪而言,其行为本身就蕴含致人死伤的高度危险性,因而否定行为人对死伤结果具有预见可能性,往往是很困难的,由此,抢劫共犯中一人引起被害人死伤结果的,其他共犯人通常都应承担抢劫致死伤的责任。

不过,根据因果共犯论,行为人仅对与自己的行为具有物理或者心理因果性的行为及其结果承担刑事责任,而且,原因只能出现在结果之前。因而,共犯人只能对其参与之后的行为及其结果负责。这是我们在处理抢劫致人重伤、死亡的共同犯罪案件中应当注意的。例如,甲正在对丙实施暴力进行抢劫,恰逢甲的朋友乙路过,甲与乙经过意思沟通,共同对丙实施暴力,最终导致丙重伤、死亡。但因为不能查明死伤结果是否发生在乙参与暴力之后,即不能排除关键性致死伤的行为发生在乙参与之前的可能性,乙与甲虽然成立抢劫罪共犯,但只能由甲单独对被害人丙死伤结果负责,即甲单独成立抢劫致人重伤、死亡。又如,王某对被害人实施暴力进行抢劫,已经压制住被害人的反抗,这时王某的朋友张某参与进来共同取走被害人的财物。后经鉴定,被害人身受重伤。由于张某在参与进来之前,王某已经抑制住被害人的反抗,重伤结果也是发生在抑制被害人反抗过程中,张某仅仅参与了取财行为,不仅与被害人受重伤的结果没有因果关系,而且与被害人遭受暴力而被压制反抗也没有因果关系。这与参与前被害人已经死亡或者昏迷，或者已被捆绑的情况没有不同。由于张某只与被害人遭受财产损失的结果具有因果关系，因而张某仅在盗窃罪范围内与王某成立共犯，王某单独承担抢劫致人重伤的刑事责任。

日本曾有一个经典判例：丈夫告知妻子自己已经出于抢劫的目的杀害了被害人，并要求妻子帮助寻找财物。妻子迫不得已答应了丈夫的要求，手举蜡烛帮助丈夫顺利找到了被害人的财物并取走。判例认为，由于抢劫杀人罪是单纯一罪，在加担、帮助属于该抢劫杀人罪的部分行为中的夺取财物行为时，成立抢劫杀人罪的帮助犯，而不只是成立单纯的抢劫罪或者盗窃罪的帮助犯。对该判例，虽然学界持肯定立场的不在少数，但仍遭到有力学者的批判。例如，平野龙一教授指出，因为认识到了丈夫的杀人事实这一人格态度，就认为是抢劫杀人罪的共犯，与之前单独实施了杀人行为的丈夫承担相同的刑责，这不过是要求共犯的罪名必须同一的完全犯罪共同说的立场的体现罢了。不管有什么样的人格态度值得非难，都不应让行为人对与自己的行为没有因果关系的行为和结果负责。日本大谷实教授也批判指出，妻子没有与丈夫共同引起杀人的结果，即妻子中途参与后的行为与杀人结果没有因果关系，故应当否定抢劫杀人罪的承继共犯的成立，只是成立抢劫罪的帮助犯。

对于上述日本判例，本书认为，既然妻子在参与取财之前，丈夫已经杀死被害人，妻子的参与行为不仅与被害人的死亡结果没有因果关系，不成立抢劫致人死亡的共犯，而且由于没有参与实施暴力行为，因而与被害人遭受暴力被压制反抗的结果之间也没有因果关系，其只是利用了被害人丧失控制财物能力的状态，所以妻子的行为仅与被害人丧失财物占有的结果之间存在因果关系。若是发生在荒郊野外，妻子的行为仅承担侵占罪（侵占脱离占有物）的刑事责任，若是发生在某个空间内而且存在其他的空间管理人，则承担盗窃罪的责任。总之，利用被害人已死的状态参与取财的，既不能成立抢劫致人死亡的共犯，也不成立抢劫罪的共犯，只应承担侵占罪或者盗窃罪共犯的责任。

16. 对抢劫罪的 8 种加重情节都能适用死刑吗？

《刑法》中的死刑只应配置给最严重的故意剥夺他人生命的犯罪。抢劫罪是公认的主要侵害财产的犯罪,从立法论上讲是不应配置死刑的。很多国家都规定了抢劫致死伤罪,但大多单独设置了构成要件和法定刑。我国《刑法》将抢劫致死伤杂糅在抢劫罪的加重情节中,未设置单独的法定刑。但是,从死刑配置原理和控制死刑适用的趋势来看,抢劫罪中的死刑,只能适用于"抢劫(故意)致人死亡"的情形。因为结果加重犯本来就是结果责任的参与,抢劫致人死亡比抢劫罪与过失致人死亡罪数罪并罚的法定刑还要重。另外,抢劫罪的其他7种加重情节都是侵犯财产,而不严重侵害他人的生命健康,所以,从罪刑相适应的角度讲,判处10年以上有期徒刑和无期徒刑就足够。相反,若适用死刑就明显不符合"报应"刑理念,有失罪刑均衡。

虽然抢劫罪规定有死刑,但将死刑限定于抢劫故意杀人的情形,就可以在事实上对抢劫罪不再适用死刑;将抢劫杀人的认定为故意杀人罪,可以顺应一般人杀人偿命的观念,也为将来废除财产犯罪的死刑提供路径。

17. 真正的军警人员抢劫,属于"冒充军警人员抢劫"吗?

案20:某县派出所的民警王某与无业青年苏某关系很好。某日,两人商议以"抓嫖"为名,到幸福旅社抢劫旅客财物。两人进入旅社大门后,王某声称自己是警察,要例行查房,并用警棍威胁、逼迫旅社员工面向墙壁蹲下,然后从服务台抽屉内取出500元放入自己的口袋。苏某则冲上2楼,也声称自己是警察,并拿出手铐相威胁,强行拿走旅客的财物。

本案中,苏某的行为肯定成立冒充军警人员抢劫。由于王某是真正的军警人员,如果认为王某的行为不属于"冒充军警人员抢劫",则其仅成立普通的抢劫罪。这样处理,肯定不公平。因为从案情来看,王某罪行更重,如果轻判,就不符合罪刑均衡的原则。应该认为,王某和苏某都成立抢劫罪,并且都应该适用加重的法定刑。

《抢劫意见》指出,军警人员利用自身的真实身份实施抢劫的,不认定为"冒充军警人员抢劫",应依法从重处罚。所谓"依法从重处罚",也只能按照抢劫罪的基本犯定罪处刑。应该说,与冒充军警人员抢劫相比,真正的军警人员显示自己的真实身份进行抢劫的,更应当提升法定刑,判处更重的刑罚。具体来说,有以下几个方面的原因：第一，军警人员受过特殊训练，制服他人的能力肯定高于一般人。第二，冒充军警人员抢劫肯定会严重损害国家机关的形象，但如果被害人或其他人事后知道是伪装的，其实是可以挽回国家机关形象的，但如果是真正的军警人员实施抢劫，则很难挽回。这两点说明，真正的军警人员抢劫比冒充军警人员抢劫的法益侵害的危险性更高，所以应该受到更重的处罚。第三，需要考虑共同犯罪中各个共犯人的罪刑均衡问题。

问题是，如何能使“冒充军警人员抢劫”这一表述，在语义上涵盖真正的军警人员？张明楷教授提出一个解决问题的思路：将“冒充军警人员抢劫”中的“冒充”解释为假冒与充任，而不只是假冒。也就是说，一般人冒充军警人员属于“假冒”，而真的军警人员显示身份属于“充任”。①

本书赞成上述解释思路。从实质上讲，只要让被害人认识到是被军警人员抢劫，就值得评价为“冒充军警人员抢劫”，而处以抢劫罪的加重法定刑。

18. 持假枪抢劫，构成“持枪抢劫”吗？

有观点认为，持假枪抢劫也能构成持枪抢劫。理由是，持假枪抢劫也能让人误以为是真枪而感到恐惧。如果这种观点成立，则持树枝、手指，乃至空气抢劫，都能评价为“持枪抢劫”，因为也能让被害人相信受到真枪威胁。应该说，刑法中的概念都具有定型性，除虚开发票犯罪和买卖国家机关公文、证件、印章罪外，都应该限于真实的而不包括伪造的、假的。贩卖假毒品、枪杀稻草人等，都不能评价为贩卖毒品罪和故意杀人罪，包括未遂。

“持枪抢劫”中的“枪”，应该限于能发射子弹的真枪，不包括不能发射子弹的仿真手枪与其他假枪，但不要求枪中装有子弹。

19. 如何认定抢劫罪加重犯的着手？

从理论上讲，加重犯的着手不同于基本犯的着手。所谓加重犯的着手，也必须是已经对加重犯所保护的法益形成了具体、现实、紧迫的危险性的行为。抢劫

① 张明楷：《张明楷刑法学讲义》，新星出版社 2021 年版，第 398 页。

罪是典型的复行为犯、复法益犯。具体而言,入户不是抢劫罪的实行行为,只有入户后开始对人实施暴力、胁迫,才是入户抢劫的着手;只有开始对公共交通工具上的人实施暴力、胁迫,才是在公共交通工具上抢劫的着手;只有开始对保护银行或者其他金融机构的经营资金、有价证券和客户资金的人实施暴力、胁迫行为时,才是抢劫银行或者其他金融机构的着手;只有冒充军警人员实施暴力、胁迫行为时,才是冒充军警人员抢劫的着手;只有使用枪支或显示枪支进行胁迫时,才是持枪抢劫的着手;等等。

20. 当场胁迫被害人的,是成立抢劫罪还是绑架罪?

案21:李某准备了仿真手枪、口罩等工具后,在一个路口趁着王某女儿上车时,尾随进入王某的轿车。李某用仿真手枪威胁王某,并在后座上劫持王某的女儿,意图劫取王某的财物。在得知王某身上没有现金之后,李某便逼迫王某将车开到附近的银行提取现金。王某在下车取款途中向周围群众求助。李某察觉后,丢下王某女儿离开作案现场。

本案中,李某通过控制王某的女儿胁迫王某交付财物,无疑成立抢劫罪。又因为存在绑匪、人质和关心人质安危的第三人这种三面关系,而符合了绑架罪的构造,构成绑架罪。李某的行为成立抢劫罪与绑架罪的想象竞合,从一重处罚。

绑架罪与抢劫罪的区别在于是存在三面关系还是两面关系。抢劫罪是直接从被害人身上劫取财物,没有自决权受到侵害的第三人,因而仅存在行为人与被害人两面关系,或者说只有单一受害人;而绑架罪存在行为人、人质及忧虑人质安危的第三人,存在三面关系、两面受害人。本书认为,从人质身上劫取财物,只要在绑架行为之外还存在作为抢劫罪手段的暴力、胁迫行为,如控制人质过程中继续实施殴打或胁迫,从被害人身上搜刮财物,成立绑架罪与抢劫罪数罪并罚;若控制人质之后,因为完全抑制住了被害人的反抗,如被捆得结结实实或被害人已处于昏迷状态,因为没有继续实施暴力、胁迫行为,即便是利用了先前绑架行为所形成的被害人不能反抗状态,从被害人身上取得财物的,也只能评价为盗窃罪,与绑架罪数罪并罚;控制人质后,在第三人不知人质被控制实情的情况下,如让被害人打电话给亲属谎称生病住院急需要钱而让其亲属汇钱，即使事实上是从第三人处取得财物，也因为只存在两面关系，而仅成立抢劫罪。

值得讨论的是，当着第三人的面挟持人质勒索财物，是定绑架罪还是抢劫罪？一种观点认为，关键是根据被控制人与其利害关系人的紧密程度来判断被勒索的利害关系人有没有选择的余地，即如果被劫持的人与被勒索的利害关系人的关系相当密切，如父母子女关系、夫妻关系等，那么，行为人对被劫持者使用暴力，正如对其利害关系人使用暴力一样，可以视为直接对其利害关系人本人当场进行的胁迫，行为人并未给利害关系人留下选择的余地，这种情况应认定为抢劫罪。但是，如果被劫持人与被勒索的利害关系人的关系并不那么紧密，比如，某歹徒劫持了一名职员到其老板家中，声称老板若不付赎金就把该职员杀死，那么，在这种情况下，被勒索的利害关系人尚有一定的选择余地，并不能视为对该利害关系人自身直接的暴力胁迫，因而不符合抢劫罪的构成要件，只符合绑架罪的犯罪构成。这种观点的确具有一定的新意，但是关系的紧密程度如何把握，并不明确，而且即便在一般人看来关系比较疏远，在个案中也可能并没有选择的余地，所以标准不具有可操作性。另一种观点认为，在实施暴力或以暴力相威胁的对象即被害人与被迫交出财物的人不是同一个人时，由于暴力或以暴力相威胁的行为不仅侵害了被害人的人身权利，还侵害了第三人对财物的处分权，如果认定抢劫罪则不能对该行为的社会危害性进行完整的评价，因而认定绑架罪更为科学。因此，对绑架罪并不要求控制被害人与向被害人以外的第三人索要财物必须在空间上予以分离。

本书认为，必须回到两罪的罪质或者法益上进行考虑。抢劫罪虽然也是既侵害财产权又侵害人身权的犯罪，但抢劫罪毕竟被置于“侵犯财产罪”一章，因而抢劫罪侵犯的主要法益是财产权，而且仅涉及两面关系，只有单一受害人；而绑架罪所保护的法益是人质在本来的生活状态下的人身自由和生命、身体的安全，涉及三面关系，存在两面受害人，因此违法性重于抢劫罪，这也是绑架罪的法定刑（基本法定刑就是10年以上有期徒刑或者无期徒刑）重于抢劫罪（基本法定刑为3年以上10年以下有期徒刑）的原因，所以，两罪的实质差别还是在于违法性的程度。当着第三人的面挟持人质，被害人往往没有选择的余地（而且来不及报警),比非当着第三人的面进行挟持的违法性更重,也对人质的生命、身体安全的威胁更具有现实性,因而认定为绑架罪更能准确评价行为的违法性,故本书倾向于定绑架罪而不是抢劫罪。

21. 事后抢劫的主体包括抢劫犯吗?

德国刑法与日本刑法规定的事后抢劫的前提罪名仅为盗窃罪,抢劫行为人能否成为事后抢劫的主体,是个问题。德国刑法理论通说认为,由于抢劫罪完全包含了盗窃罪的要素,因而事后抢劫的主体不仅包括盗窃行为人,而且包括抢劫行为人。而日本刑法理论通说与判例认为,事后抢劫的主体不包括抢劫犯,因而抢劫犯出于逃避逮捕等目的,实施暴力致人伤害的,不成立抢劫致伤罪,而是在抢劫罪之外另成立伤害罪。不过,也有日本学者认为,一方面,由于抢劫罪中也包括盗窃罪;另一方面,若认为事后抢劫的主体不包括抢劫犯,则抢劫犯逃跑中出于防止赃物的返还等目的,实施暴行致他人伤害的,除成立抢劫罪外,另成立伤害罪,就比盗窃犯出于同样的目的致人伤害而成立抢劫致伤罪的处罚还要轻,这种结论显然不合理。因而,不必限定性地认为事后抢劫的主体不能是抢劫犯。

国内有学者指出,若不将部分抢劫评价为盗窃,进而认定为事后抢劫,会出现处罚不协调的结果。例如,甲盗窃 5000 元后被发现,为抗拒抓捕使用暴力致他人重伤的,属于事后抢劫,适用抢劫致人重伤的法定刑(10 年以上有期徒刑、无期徒刑或者死刑)。而乙抢劫 5000 元致人轻伤后企图逃跑,为抗拒抓捕使用暴力致人重伤,若认为其不成立事后抢劫,就只能以抢劫罪的基本犯(法定刑为 3 年以上 10 年以下有期徒刑)与故意伤害致人重伤(法定刑为 3 年以上 10 年以下有期徒刑)定罪处罚,数罪并罚的结果是处 3 年以上 20 年以下有期徒刑。虽然乙的行为的法益侵害性与有责性均重于甲的行为,但处刑却比甲轻。要避免这种不协调的结论,就应将乙先前的抢劫行为评价为盗窃行为,进而认定为事后抢劫,适用抢劫致人重伤的法定刑。[①]

---

① 张明楷:《刑法学》(第 6 版),法律出版社 2021 年版,第 1278、1279 页。

本书认为,抢劫罪完全具备盗窃罪的要素,抢劫犯在出于窝藏赃物、抗拒抓捕、毁灭罪证的目的,而当场使用暴力或者以暴力相威胁时,将抢劫行为评价为盗窃行为,认定为事后抢劫,进而适用抢劫罪(包括加重犯)的法定刑,并不违反罪刑法定原则。

22. 事后抢劫中的"犯盗窃、诈骗、抢夺罪",包括犯罪预备吗?

刑法理论通说认为,所谓犯盗窃罪,是指已经着手实施盗窃行为。盗窃预备阶段被发现而为抗拒抓捕、毁灭罪证使用暴力的,不成立事后抢劫。例如,企图行窃而破坏门锁,尚未进入屋内,遭人发觉而发生打斗的,由于盗窃尚处在预备阶段,只成立故意毁坏财物罪与故意伤害罪,不成立事后抢劫。

值得研究的是,如果携带凶器盗窃者一开始就打算,行窃时若被发现就使用暴力,以防止赃物的返还或者抗拒抓捕,然而,在盗窃着手之前即被发现或者盗窃着手之后即被发现,尚未来得及使用暴力即被制服,能否成立(事后)抢劫的预备?《日本刑法典》第 237 条专门规定了以犯抢劫罪为目的进行预备的成立抢劫预备罪,为此,出于事后抢劫的意思,尚未着手事后抢劫的实行行为(尚未为防止赃物的返还等目的开始实施暴行、胁迫)的,能否成立事后抢劫的预备,这在日本存在赞成与反对两种观点。反对说的主要理由是,从实质上看,处罚事后抢劫的预备,正如处罚不具有可罚性的盗窃预备一样,不具有妥当性;而赞成说的理由是,在具有事后抢劫意思的场合,已不能说这仅属于盗窃的预备。

在本书看来,出于事后抢劫的意思,与出于抢劫的意思准备工具、制造条件的不同在于,前者只是具有使用暴力的可能性,而后者一旦着手实施就必然使用暴力,因而前者对被害人人身安全的危险更为抽象,若处罚事后抢劫的预备,就变相处罚了盗窃预备(在盗窃着手之前被发现),或者对盗窃未遂或者既遂行为进行了重复评价(在着手盗窃之后被发现)。前者不值得作为犯罪处罚,后者认定为盗窃未遂(情节严重时可以作为犯罪处罚)或者盗窃既遂即可,无须评价为抢劫预备。

总之,即使一开始就具有事后抢劫的意思进行盗窃,只要还未着手实施暴力、胁迫行为,就不宜认定为(事后)抢劫的预备。

23. 事后抢劫的主体包括盗窃、诈骗、抢夺罪的教唆、帮助犯吗?

《刑法》第269条中“犯盗窃、诈骗、抢夺罪”,是指盗窃、诈骗、抢夺罪的实行犯,还是包括盗窃、诈骗、抢夺罪的教唆、帮助犯?换句话说,盗窃、诈骗、抢夺的教唆、帮助犯为防止赃物的返还等目的单独使用暴力的,能否成立事后抢劫?例如,甲受邀为乙入室盗窃在门外望风,恰巧房东回家,甲在乙不知情的情况下实施暴力致房东昏迷。又如,丙教唆丁实施盗窃,丁盗窃被发现后逃跑,恰巧被路过的丙发现,丙在丁不知情的情况下,使用暴力阻止被害人追赶丁。甲是盗窃的帮助犯,丙为盗窃的教唆犯,若认为事后抢劫的主体限于盗窃的实行犯,不包括教唆、帮助犯,则二人的行为不能认定为事后抢劫,只能认定为盗窃罪(教唆、帮助犯)与故意伤害罪(若导致轻伤以上结果)或者窝藏罪(帮助犯罪分子逃跑)。

德国刑法理论通说与判例认为,盗窃与抢劫的共犯(教唆、帮助犯)均能单独成为事后抢劫的主体,且能成立事后抢劫的正犯。而日本刑法理论一般不承认盗窃的教唆、帮助犯可以是事后抢劫的主体;即使与盗窃实行犯共同实施暴力的,也仅成立事后抢劫的共犯即教唆、帮助犯,而不能成立事后抢劫的正犯。国内有学者指出,应从广义上理解《刑法》第269条中的“犯盗窃、诈骗、抢夺罪”。换言之,“犯盗窃、诈骗、抢夺罪”并不限于实施盗窃、诈骗、抢夺的实行行为,而是包括实施盗窃、诈骗、抢夺的教唆行为与帮助行为。因此,盗窃罪的教唆、帮助犯符合“犯盗窃罪”的条件,其出于抗拒抓捕等目的当场实施暴力的,完全符合事后抢劫的成立条件。

本书认为,《刑法》分则所规定的行为未必都是实行行为。例如,《刑法》第198条保险诈骗罪条文中“投保人、被保险人故意造成财产损失的保险事故”“投保人、受益人故意造成被保险人死亡”的行为;对于保险诈骗罪而言,由于该行为对于保险公司的财产并未形成具体、现实、紧迫的危险,因而尚属于保险诈骗的预备行为,而不是保险诈骗的实行行为。换言之,故意造成财产损失或者杀死被保险人的行为,虽然对于故意毁坏财物罪、放火罪、故意杀人罪等罪而言,属于实行行为,但只要尚未向保险公司提出理赔要求,就仅属于保险诈骗罪的预备行为。又如,《刑法》第292条聚众斗殴罪的条文表述是“聚众斗殴”,但仅聚众(如聚集斗殴者一起商议斗殴计划)而未着手斗殴的,仅属于聚众斗殴罪的预备。换言之,聚众斗殴罪的实行行为仅为斗殴行为,“聚众”不过是该罪的预备行为。就事后抢劫而言,无论是盗窃的实行犯,还是盗窃的教唆、帮助犯,单独实施暴力、胁迫行为,都会侵害到他人的人身权。而且,虽然盗窃行为与暴力行为共同为事后抢劫提供不法要素,但刑法理论一般认为,事后抢劫的实行行为是暴力、胁迫行为,事后抢劫的着手始于暴力、胁迫行为的实施。此外,从法益保护角度而言,也不应将事后抢劫的主体限于盗窃的实行犯。因此,盗窃、诈骗、抢夺的教唆、帮助犯单独实施暴力、胁迫行为的,也能成立事后抢劫。

24. 事后抢劫中的“犯盗窃、诈骗、抢夺罪”,是否包括特殊的盗窃、诈骗、抢夺罪?

除个别学者的观点外,刑法理论一般认为特殊盗窃、诈骗、抢夺罪也能够转化成事后抢劫,但论证路径不同。

第一种观点认为,《刑法》中(尤其是第 269 条中)的“犯罪”并不一定是指符合一个基本模式、一种基本形态的普通之罪,也可能是指具备特殊身份、特殊方式、特殊对象或者根据对法益造成的较轻或较重效果订定的变化模式、变化形态的特殊之罪。质言之,《刑法》第 269 条中“犯盗窃、诈骗、抢夺罪”并不限于第 264 条的盗窃罪、第 266 条的诈骗罪和第 267 条的抢夺罪,而是包括特殊盗窃、诈骗、抢夺罪。

第二种观点认为,盗窃正在使用中的属于危害公共安全犯罪中的对象物,例如,交通工具上的设备装置、交通设施、电力动力设施、易燃易爆设施、广播电视设施、公用电信设施的行为,只是一种外在表现形式,就法律性质而言,它们已属于破坏行为,属于危害公共安全的行为,它们和盗窃财物的行为在法律的评价上不具有同一性。这些行为与盗窃犯罪不属于法条竞合现象,所以这种行为当然不发生转化的问题(转化为事后抢劫)。同样的道理,骗取出口退税的行为、骗取出境证件的行为在法律性质的评价上已不属于诈骗犯罪,而属于走私犯罪和妨害社会管理秩序犯罪。所以这些行为不能成立转化型的抢劫罪的前提条件。

第三种观点认为,《刑法》第 269 条所规定的“犯盗窃、诈骗、抢夺罪”应当限定为犯第264条的盗窃罪、第266条的诈骗罪、第267条的抢夺罪，这样解释不存在违反罪刑法定原则的问题。之所以承认盗伐林木的行为可以转化为抢劫（事后抢劫），是因为盗伐林木的行为完全符合《刑法》第264条盗窃罪的构成要件，因此可以将其评价为盗窃罪。在盗伐林木的行为人为窝藏赃物等目的而当场使用暴力时，司法机关可以将事实评价为行为人在实施盗窃罪时，为了窝藏赃物、抗拒抓捕或毁灭罪证而当场使用暴力或以暴力相威胁，因而应当适用《刑法》第269条的规定，以抢劫罪论处。这样解释，既得出了合理结论，也不违反罪刑法定原则。

本书赞成第三种观点。最明显的理由是，事后抢劫规定在盗窃罪、诈骗罪和抢夺罪之后，而且先后顺序也与条文顺序一致。立法者之所以没有表述为“犯第264条盗窃罪、第266条诈骗罪和第267条抢夺罪”，是立法者追求条文表述简洁的结果。而且，只要有一定汉语言常识的人，都能够明白这种省略。第一种观点为了得出合理的结论，费尽心机地解释该条包括特殊盗窃、诈骗、抢夺罪。其实，只要将盗窃罪、诈骗罪、抢夺罪的构成要件作为大前提，以特殊盗窃、诈骗、抢夺的犯罪事实作为小前提，进行三段论推理即可。例如，以抢夺罪构成要件作为大前提，将抢夺枪支的事实作为小前提，就不难得出抢夺枪支也完全符合抢夺罪构成要件，因而符合事后抢劫的前提罪名条件的结论。又如，只要将诈骗罪构成要件作为大前提，以骗取出口退税的犯罪事实作为小前提，就可以认为骗取出口退税的行为，也完全符合诈骗罪构成要件，进而符合事后抢劫的前提条件。第二种观点明显是将案件事实固定化。殊不知，“横看成岭侧成峰，远近高低各不同”。盗窃正在使用中的危及公共安全的电力设施或交通工具上的关键零部件，既具有危害公共安全的行为性质，也具有侵害他人财产权的行为性质；既可能构成危害公共安全罪，也可能构成盗窃罪。只要将盗窃罪构成要件作为大前提，将上述盗窃犯罪事实作为小前提，就不难得出该行为符合盗窃罪构成要件的结论，又有什么理由认为这不能转化为事后抢劫呢？同样，骗取出口退税的行为，虽然具有妨害税收征管行为的性质的一面，但也可能符合诈骗罪构成要件，又有什么道理不“允许”这种行为转化为事后抢劫呢？

25. 事后抢劫中“犯盗窃、诈骗、抢夺罪”，是否以取得数额较大财物为前提？

案22：甲路过乙开的卖手机的小店时，窃取了乙放在柜台上的手机。乙发现后就开始追，甲为抗拒抓捕就对乙实施了暴力，且足以压制乙的反抗。后来甲才知道，自己偷的是个山寨机，值不了多少钱，根本达不到成立盗窃罪的标准。

本案中，甲的前行为连盗窃未遂都不能成立，所以不符合“犯盗窃罪”的前提条件，不能成立事后抢劫。

案23：被告人李某在湖南省靖州县“湘客隆”超市2楼百货货柜上盗窃一把“选夫人”牌菜刀藏匿身上，到超市1楼通过防盗门准备离开时发出报警声，值班的保安毛某对其进行询问，李某遂往2楼跑，毛某将其拖住，并将李某从身上拿出来的菜刀夺下，李某趁机往超市外跑，毛某跟着追上去，到门口时将其抓住，但是被其挣脱，李某又跑出20来米后，毛某抓住李某，并将其按倒在地，李某为了逃走，朝毛某脖子处进行抓打，并扭到一起，毛某的同事到来后，与毛某一同将李某制服。经鉴定，毛某的损伤程度已构成轻微伤。法院认为，被告人李某以非法占有为目的，偷盗菜刀一把，被发现后为抗拒抓捕当场使用暴力，致人轻微伤，其行为已构成抢劫罪，但由于意志以外的原因未得逞，系抢劫未遂。

应该说，这一判决并不妥当。李某的盗窃行为，既不可能属于盗窃数额较大的既遂，也不可能属于盗窃数额较大的未遂，李某主观上也没有盗窃数额较大财物的故意，其行为只是《治安管理处罚法》规定的一般违法行为，不符合《刑法》第269条规定的“犯盗窃罪”的要件。既然如此，就不能认定为转化型抢劫罪。

《两抢意见》认为，行为人实施盗窃、诈骗、抢夺行为，未达到“数额较大”，为窝藏赃物、抗拒抓捕或者毁灭罪证当场使用暴力或者以暴力相威胁，情节较轻、危害不大的，一般不以犯罪论处；但具有下列情节之一的，可依照《刑法》第269条的规定，以抢劫罪定罪处罚：(1)盗窃、诈骗、抢夺接近“数额较大”标准的；(2)入户或在公共交通工具上盗窃、诈骗、抢夺后在户外或交通工具外实施上述行为；(3)使用暴力致人轻微伤以上后果的；(4)使用凶器或以凶器相威胁的；

(5)具有其他严重情节的。司法解释的立场似乎是,行为人实施盗窃、诈骗、抢夺行为,未达到“数额较大”,为窝藏赃物、抗拒抓捕或者毁灭罪证当场使用暴力或者以暴力相威胁,情节严重的,可以成立事后抢劫。

应该说,这里的“罪”,既包括犯罪既遂,也包括犯罪未遂。也就是说,即使盗窃、诈骗、抢夺的财物数额较小,但只要客观上具有取得数额较大财物的危险性,主观上也具有盗窃、诈骗、抢夺数额较大财物的故意,就有可能成立事后抢劫。如果客观上不可能盗窃、诈骗、抢夺数额较大的财物,即连犯罪未遂都不可能成立,事后行为也就不可能成立事后抢劫。

需要说明的是,在现行《刑法》之下,虽然诈骗、抢夺罪的成立以数额较大为前提,但多次盗窃、入户盗窃、携带凶器盗窃与扒窃 4 种类型的行为成立盗窃罪,不以盗窃数额较大财物为前提。所以,只要行为人实施上述 4 种特别类型的盗窃行为,原则上就符合了犯盗窃罪的条件。当然,根据我国的立法与司法实践,也只有上述 4 种盗窃行为值得以犯罪论处时,才能成立转化型抢劫罪。

26.“犯盗窃、诈骗、抢夺罪”的行为主体应否必须已满 16 周岁?

2006 年 1 月 11 日最高人民法院《关于审理未成年人刑事案件具体应用法律若干问题的解释》规定,已满 14 周岁不满 16 周岁的人盗窃、诈骗、抢夺他人财物,为窝藏赃物、抗拒抓捕或者毁灭罪证,当场使用暴力,故意伤害致人重伤或者死亡,或者故意杀人的,应当分别以故意伤害罪或者故意杀人罪定罪处罚。很显然,司法解释的立场是未满 16 周岁的人不成立事后抢劫。

上述司法解释存在疑问。本书认为,事后抢劫的刑事责任年龄应当和抢劫罪一样,也是已满 14 周岁。一方面,是因为事后抢劫和普通抢劫的法益侵害程度相当。另一方面,是因为事后抢劫本身就属于抢劫罪,既然《刑法》第 17 条规定了已满 14 周岁不满 16 周岁的人应当对抢劫罪负责,那这个年龄段的人当然也应该对事后抢劫负责。

27. 何谓“当场使用暴力或者以暴力相威胁”?

应从以下三方面把握“当场使用暴力或者以暴力相威胁”:

第一，暴力、胁迫的程度。由于事后抢劫适用抢劫罪的法定刑，应当认为只有暴力、胁迫的程度达到了足以压制对方反抗的程度，行为才与普通抢劫罪具有同等的法益侵害性。故而，使用轻微的暴力挣脱他人的抓捕，以及以自杀、自伤相威胁的，都难以认为达到与普通抢劫罪相当的足以压制他人反抗的程度。

另外，我国司法实践中存在一种倾向，只要行为人实施了一定的反击或者挣脱抓捕的行为，或者当被害人或其他人的行为明显超过正当防卫限度，以致对盗窃行为人的人身安全构成严重威胁时，行为人为保护自己的人身安全免受不必要的侵害，而实施了具有自我保护性质的必要反击行为时，就认为该行为符合了事后抢劫的暴力、胁迫要求，进而认定为事后抢劫，从而不当扩大了事后抢劫的成立范围。这是我们应当警惕的。

第二，暴力、胁迫的对象。

案24：李某到一农家小院行窃，窃得价值2000元的财物，在离开时惊动了护院的狼狗。狼狗叫唤后，女主人出来，因家中无人不敢上前抓捕，即高叫"抓坏人"，同时将系狼狗的铁链解开。狼狗蹿向李某，李某逃跑心切，在与狼狗搏斗中，身强力壮的李某将狼狗踢死并逃跑，但不久被闻讯赶来的警察抓获。

本书认为，立法者设立事后抢劫的规定，旨在突出对公民人身权的保护，因此，暴力的对象应限于人。行为人为了逃跑踢死狼狗，可以评价为故意毁坏财物罪或者紧急避险，而不能认为属于事后抢劫。当然，暴力、胁迫的对象不限于财产的被害人，只要是阻止其顺利取走赃物、逃走、毁灭罪证的"人"即可。

还有一个问题值得研究，即暴力的对象是否仅限于已经发现盗窃犯罪事实的人？换言之，行为人由于做贼心虚而如惊弓之鸟，误把未发现其犯罪事实的人当作财物的主人或是见义勇为对其进行抓捕的人，而实施暴力，能否认定为事后抢劫？在德国，虽然《刑法典》第252条关于事后抢劫（有译为"抢劫性盗窃"）的条文中有行为人盗窃时被当场"发现"的表述，但德国文献一般认为，成立事后抢劫并不必以被害人已经察觉行为人或其犯罪行为前提，争议的焦点仅在于，如何理解"发现"（有译为"察觉"）的文义，以符合罪刑法定原则。

案25：曹某、丁某与胡某在某小区2号楼405室，采用撬防盗门、踢木门的方式入室盗窃。住在该楼505室的史某买菜回家经过405室时,被曹某等三人误当成405室的主人,被强行拖入房中摁在客厅沙发上,用电线将手脚捆住,用菜刀撬开嘴后将毛巾和袜子塞入口中。后因楼梯口有人走动,曹某等三人将从房间盗得的一条玉溪牌香烟扔在客厅的柜子上后逃离现场。经鉴定,史某伤势属轻微伤。

关于本案,存在是否成立事后抢劫的意见分歧。本案中,史某并未发现行为人的犯罪事实,不宜评价为事后抢劫的对象,因而本案不宜认定为事后抢劫;另外,本案由于盗窃财物未遂,也不宜作为犯罪处理,因为若将造成史某轻微伤的事实评价为情节严重的盗窃未遂,就是将盗窃罪的规范所不阻止的人身伤害结果,作为盗窃犯罪事实进行了评价,从而形成了不当的间接处罚。

一方面,事后抢劫的立法目的在于,在盗窃的现场或者在盗窃现场的延伸中,被害人或者他人通常会采取措施夺回财物或者制服行为人以扭送公安机关,此时,穷途末路的行为人为了防止赃物的返还或者为了抗拒抓捕,通常会采用暴力、胁迫手段,从而危及财产被害人或者见义勇为者的人身安全。另一方面,事后抢劫是将原本属于盗窃的行为与暴力、胁迫的行为拟制为抢劫罪,而拟制的基础是两者的法益侵害性与有责性相当。如果对盗窃现场外未发现或未怀疑其犯罪事实的无关的人使用暴力,很难说其与普通抢劫罪的违法性与有责性相当。正如行为人将站在某件财物旁边的无关的人当作财物的被害人,实施足以压制其反抗的暴力行为,难以被评价为抢劫罪一样。由此,为了保证事后抢劫行为与普通抢劫罪具有等质的法益侵害性与有责性,应将暴力的对象限于处于盗窃现场(入户盗窃的,限于室内)以及位于盗窃现场的延伸场所的,已经发现或者对犯罪事实有所怀疑的人。

第三,"当场"的认定。对于事后抢劫发生的时空条件,日本学者西田典之教授认为,应限于盗窃行为与暴行、胁迫行为之间具有时间、场所的接近性的,盗窃犯人与被害人之间处于对立、抵抗状态的,盗窃现场或者盗窃机会持续中的状况。日本学者山口厚教授提出,法定目的行为与盗窃行为之间的联结度较低时,应根据行为现场或者紧接在行为发生之后看待的紧迫的对立状态是否持续来进行判断。

日本肯定事后抢劫罪成立的典型判例有：

(1)被告人进入他人住宅盗窃后,出于待会继续实施盗窃的意思,躲在天花板上。被害人约1小时后回到家,察觉到家里被盗且盗窃犯就躲在天花板上,于是伺机报警。约3小时后警察赶到,因被警察发现,被告人为抗拒抓捕,用随身携带的刀具刺向警察面部,致警察负伤。对于该案,日本最高裁判所认为,被告人在实施了上述盗窃的犯行后,继续待在距离犯行现场非常近的场所之中,处于容易被被害人发现并夺回财物,以及可能被逮捕的状态中,因而应该说上述暴行是在盗窃的机会中实施的,所以认定被告人成立事后抢劫致伤罪。

(2)学校教官在盗窃的现场,用汽车追赶乘坐小汽车逃走的行为人,未发现行为人而又回到了盗窃现场。就在此时,在实施盗窃犯行约20分钟后,因迷路而再次出现在犯罪现场的行为人,为避免逮捕而施加暴行,判决肯定了事后抢劫的成立。

(3)在工厂区域实施盗窃行为的被告人,将盗窃物品从盗窃地点搬运到13米以外的场所,因为准备用来搬运赃物的两轮拖车破损,只好盗窃其他的拖车后返回存放赃物的场所搬运赃物,其间已经过25分钟到35分钟,正在搬运赃物时被门卫发现后追赶,行为人使用了暴力抗拒逮捕,判决也肯定了事后抢劫罪的成立。

日本否定事后抢劫罪成立的典型判例有：

(1)被告人潜入他人住宅,盗得装有现金的钱包和信封,离开时没有被任何人发现,也没有被任何人追踪,在离现场约1千米的公园内打发时间,数钱时感觉3万日元太少,打算再去一次,约30分钟后折回到同一地点时,刚要进门即被已经回家的被害人发现,为了抗拒逮捕而持刀威胁,乘对方胆怯退后时逃走。关于本案,控诉审判决认定,被告人的行为成立事后抢劫罪。日本最高裁判所撤销原判决,发回重审。理由是:“被告人在窃取钱包后,无人发现,无人跟踪,一旦离开了犯行现场,在一定程度的时间经过以后,就应该认为,在此期间,已不存在被告人容易被被害人等发现并取回财物或者是被逮捕的状况。这样看来,即便被告人其后出于再度盗窃的目的返回犯罪现场,被告人此时所实施的胁迫行为,也不能认为是在盗窃机会的持续中实施的。”

(2)在距离盗窃现场约200米的路上,行为人被与犯行无关的出警中的警察招呼站住,当进行职务性盘问时,行为人对警察施加暴行,判决否定了事后抢劫的成立。

(3)被告人在实施盗窃未遂后,没有被追赶,从盗窃现场一直逃离到约100米外的悬崖下,在该处休息约1小时后的回家途中,路过距离悬崖约一百几十米的地点,遇到了接警赶来正在搜查的警察,行为人被盘问后逃跑,逃跑过程中杀害了该警察,判决否定事后抢劫杀人的成立。

我国台湾地区理论与实务观点认为,“当场”是指犯罪行为的现场或其附近,行为人虽已离开盗窃或者抢夺的现场,但仍在他人的跟踪中,即尚未脱离追捕者的视线以前,在解释上仍旧认为是当场;故若行为人业已离开犯罪现场,或已脱离追捕者的视线之后,始被失主或追捕者撞遇,若于此时始施以强暴胁迫,甚而杀害失主或追捕者,则均无由构成本罪。

我国学者关于事后抢劫的“当场”,有3种典型表述:(1)“当场”是指实施盗窃、诈骗、抢夺罪的现场,或者刚一逃离现场即被人发现和追捕的过程中。(2)所谓当场,要结合行为的场所、时间的间隔长短、对财产犯罪人追捕的可能性等作具体判断。尤其需要注意,只有暴力、胁迫行为与先前的窃取、诈骗、抢夺在时间上、空间上相隔较短的,先行财产犯罪在一般社会观念上能被认为还在继续,在这种状态下实施暴力、胁迫行为的,才能与普通抢劫罪作同等评价。(3)“当场”是指行为人实施盗窃、诈骗、抢夺行为的现场以及被人抓捕的整个过程与现场。行为人实施盗窃等行为后,离开现场的时间短暂而被警察、被害人等发现的,也应认定为当场。但是,实施盗窃等行为后,离开现场一定距离,基于其他原因偶然被警察或者被害人等发现的,不宜认定为“当场”。

司法实践中有如下典型案例:

案26:被告人刘某初与陈某汉预谋后,窜到被害人朱某强住处,翻墙入院盗走3只鸡,以及上衣和下衣各1件(价值168元)。二人躲在距朱家南侧约40米路边一炕烟房内整理赃物时发现有人骑自行车路过,并在朱家院外停留,便弃鸡逃往村西。约1小时后,二人返回欲取鸡,行至炕烟房附近时，被正在寻找偷鸡人的彭某奋、朱某凯发现，于是向村外逃跑。彭某奋、朱某凯二人随即追撵，彭某奋抓住了跑在后边的陈某汉，二人扭打在一起。刘某初见陈某汉不能脱身，持铁锨转回身夯打彭某奋，被村内及时赶来的群众当场抓获。法院认为："被告人刘某初伙同他人实施盗窃后，在转移赃物时，被他人发现追撵的过程，应视为盗窃现场的延伸。继而，又对抓获人员施以暴力抗拒，其行为已构成抢劫罪（未遂）。"①

本书认为，虽然距离盗窃现场只有 40 米，但时间已经过约 1 小时，已经摆脱了追捕，故不应认定为"当场"，不成立事后抢劫。

案 27：被告人刘某携带剪刀、手套等作案工具，翻院墙进入邵某家中，在厨房内行窃但未窃得财物，后在厨房内睡觉至上午 7 时许，被户主邵某发现。被告人刘某为抗拒抓捕，在厨房内用砖头打击邵某头部，致邵某轻微伤。被告人刘某被邵某及其家人当场抓获。

本书认为，虽然距离盗窃犯行已经过 7 小时，但被告人一直滞留在盗窃现场，这与前述盗窃后躲在被害人住宅天花板上的日本判例很相似，应认为属于"当场"，成立事后抢劫。

案 28：犯罪嫌疑人李某翻墙进入某区移动公司，撬开防盗门，扯断基站内的备用电源连接电缆线 23 米，携带电缆线铜芯离开现场，走到山下马路边离基站约 3 千米处，被正在外出办案的民警发现，即对其进行盘问并欲抓捕。李某强烈反抗，并从裤兜抽出一把匕首威胁民警，后逃离现场。关于本案的定性，存在是构成转化型抢劫罪还是构成破坏公用电信设施罪的意见分歧。

本书认为，行为人已经离开盗窃现场 3 千米，摆脱了财物夺还和被抓捕的可能性，不应认定为"当场"，不成立事后抢劫。

综上，关于事后抢劫的"当场"，应当限于盗窃的现场，以及存在夺回赃物或者抓捕可能性、处于紧迫冲突状态下的盗窃、诈骗、抢夺现场的延伸场所。诚如我国台湾地区学者薛智仁所言，所谓的当场系以行为人对于所盗得之物尚未达

① 河南省汝南县人民法院（1997）汝刑初字第 103 号刑事判决书。

到稳固持有之终了阶段为限。

28. 赃物最终被夺回的,还成立事后抢劫的既遂吗?

事后抢劫的既遂标准既与各国关于事后抢劫的立法有关,也与对事后抢劫的实行行为及着手实行时期的理解相关,还与事后抢劫与普通抢劫违法等价性的评价相关联。

囿于《德国刑法典》第252条“盗窃时当场被人发现,为占有所窃之物,对他人实施暴力或者以身体、生命受到现实危险相威胁的,以抢劫罪论处”的事后抢劫规定,德国判例与理论通说认为,成立事后抢劫的前提是盗窃行为必须既遂,因而事后抢劫的既未遂不取决于盗窃的既未遂;事后抢劫的既遂时期为盗窃后的暴行、胁迫行为完成之时;暴行、胁迫行为终于未遂的场合,成立盗窃罪既遂与事后抢劫未遂的想象竞合。这可谓“暴力既未遂说”。

日本、韩国等关于事后抢劫的规定,与我国刑法类似,均规定除窝藏赃物的目的外,还包括抗拒抓捕与毁灭罪证;因而理论与实务均认为,在窝藏赃物的场合,盗窃行为必须已达既遂,而在抗拒抓捕和毁灭罪证时,则包括盗窃未遂的情形。但在事后抢劫的既未遂标准问题上,争论仍然激烈。

日本刑法理论通说与实务观点认为,事后抢劫的既未遂取决于盗窃的既未遂,也就是说,盗窃既遂后即便最终赃物被夺回,仍然成立事后抢劫的既遂,先前盗窃未遂的,始终只成立事后抢劫的未遂。这可谓“盗窃既未遂说”。此外,有力观点认为,盗窃罪的既遂不等于事后抢劫的既遂,即便盗窃既遂,如果赃物最终被夺回,仍然只是事后抢劫的未遂。质言之,只有最终取得了财物,才成立事后抢劫的既遂。这可谓“最终取财说”。另有个别学者认为,不管盗窃既遂与否,只要行为人出于特定目的实施了暴力、胁迫,就成立事后抢劫既遂。这类似于德国通说所持的“暴力既未遂说”。

我国关于事后抢劫既遂标准的代表性观点有:(1)赞成盗窃既未遂说。理由是,事后抢劫属于侵犯财产罪,而且属于取得罪;在行为人没有取得财物的情形下,不能认定为犯罪既遂。但是,将行为人最终取得财物作为既遂标准的观点,过于推迟了事后抢劫的既遂时间。(2)主张最终取财说。理由是,以暴力、胁迫行为之后，最终是否得到了财物作为既未遂的划分标准，一方面不违反既未遂只能发生在实行行为之后的理论；另一方面注重了事后抢劫的保护法益，同时，也能与认定普通抢劫罪既未遂的标准相协调。再则，因为事后抢劫是身份犯，暴力、胁迫行为才是其实行行为，未遂、既遂的成立只能以行为人着手之后是否取得财物作为问题的起点。(3)二者择一既遂说，主张按照普通抢劫罪的既未遂标准进行认定，即中国司法解释所“开创”的轻伤、取财择一既遂说。(4)四者择一既遂说，认为只要转化行为致使轻伤以上后果、窝藏赃物完毕、继续占有财物、毁灭罪证四者之一成功，转化型抢劫罪就应认定为既遂；四者均为否定的，宜认定为未遂。(5)事后抢劫无未遂说，认为事后抢劫只有罪与非罪区别，没有未遂与既遂的区别。事后抢劫属于举动犯，不要求出现一定的侵害后果，只要行为人实施了《刑法》规定的行为，转化为事后抢劫，就成立既遂，事后抢劫无未遂。我国司法实践中，有采取最终取财说的判例，[①]也有坚持盗窃既未遂说立场的判例。[②]

本书赞成最终取财说，即不管盗窃、诈骗、抢夺行为是否既遂，只要赃物最终被夺回，就仍属于事后抢劫的未遂。

首先，既未遂只能从着手后开始判断，而不能根据着手之前的行为状况进行判断。事后抢劫的实行行为只有暴力、胁迫行为。事后抢劫犯罪构成要件的特殊性在于，“准抢劫(事后抢劫)的不法内涵虽然由先后两个独立犯罪行为所组成，类似于实质结合犯的强盗罪，窃盗行为却又只被视为前行为，而不是本罪的构成要件行为”。或者说，盗窃行为不过是适用事后抢劫的前提条件或者情状。既然事后抢劫的构成要件行为或者实行行为只有暴力、胁迫行为，则既未遂的判断就与先前盗窃行为既遂与否无关。

其次，事后抢劫只有与普通抢劫罪具有等质的法益侵害性，才能适用抢劫罪的刑罚；同样，事后抢劫的既遂只有与普通抢劫罪的既遂具有相似的违法性，才能适用普通抢劫罪既遂的法律效果。一方面，事后抢劫实行行为的着手始于暴

---

① 参见河南省汝南县人民法院(1997)汝刑初字第103号刑事判决书。

② 参见福建省南平市中级人民法院(2002)南刑终字第78号刑事裁定书。

力、胁迫；另一方面，事后抢劫仍属于财产犯罪，与普通抢劫的差别仅在于盗窃行为与暴力、胁迫行为实施顺序不同。正如实施普通抢劫时财产被最终夺回（当然限于抢劫的现场和处于追踪状态的延伸场所）不会被认定为抢劫既遂一样，事后抢劫实施暴力、胁迫行为之后，若财物最终被夺回，由于并未现实地侵害到被害人的财产法益，不值得科处抢劫罪既遂的刑罚；若认为财物最终被夺回也成立抢劫既遂，则使得事后抢劫完全“沦陷”为人身犯罪，而丧失作为财产犯罪的实质。

再次，若认为赃物最终被夺回也成立事后抢劫的既遂的话，按照规定，财产犯罪既遂后是需要追缴、退赔、返还财产的，既然财物已经被夺回，还要求追缴、退赔、返还什么呢？

最后，若将财物被最终夺回、最终未侵害被害人财产法益的行为认定为抢劫既遂，就是使本来单独不构成犯罪的行为——暴力、胁迫行为，直接承受了抢劫罪既遂的刑罚，从而形成了不当的间接处罚，严重侵犯了被告人的人权。

29. 他人盗窃后，参与阻止被害人追赶的，成立事后抢劫的共犯吗？

案29：刘某在逛一服装店时发现柜台上放一女士皮包（内有3000元左右现金以及手机等贵重物品），趁店主李某招呼其他客人之际，将皮包拿走，刚出店门即被李某发现。李某一边大喊“抓小偷”，一边奋力追赶刘某。这一场面恰巧被经常与刘某一同作案的孙某看到，孙某看到刘某被人追赶，便知道刘某一定又在行窃，为使刘某逃避抓捕，他跑过去猛撞了李某一下，导致李某摔倒在地，刘某逃离，孙某也随后逃离现场。经鉴定，李某被摔成重伤。事后查明，刘某并不知道孙某使用暴力伤害行为帮助了自己。

对于该案，第一种意见认为，孙某构成片面共犯，对孙某应当以抢劫罪定性；第二种意见认为，孙某的行为构成想象竞合犯，其行为分别符合故意伤害罪和窝藏罪的构成要件，对其应择一重罪定罪处罚，即以故意伤害罪定罪处罚。本书同意第二种意见。

事后抢劫共犯问题的争论焦点在于，未实施盗窃行为的人参与实施暴力、胁迫行为的，是与盗窃行为人成立事后抢劫的共犯，还是仅成立暴行、胁迫犯罪的正犯或共犯？由于我国《刑法》未规定暴行、胁迫罪，是否成立事后抢劫的共犯，不是此罪与彼罪的问题，而是关系到罪与非罪的认定，因而，是否成立事后抢劫的共犯，是需要认真对待的问题。

关于事后抢劫的共犯，日本刑法理论与判例主要有如下观点：(1)构成的身份犯说认为，盗窃犯是一种构成的身份，暴力、胁迫参与者成立事后抢劫的共犯；(2)加减的身份犯说认为，盗窃犯是一种加减的身份，暴力、胁迫的参与者成立暴行、胁迫罪的共犯；(3)复合身份犯说认为，在防止赃物返还的场合，盗窃犯是一种构成的身份，暴力、胁迫的参与者成立事后抢劫的共犯，在逃避逮捕、隐灭罪迹的场合，盗窃犯属于一种加减的身份，暴力、胁迫的参与者成立暴行、胁迫罪的共犯；(4)结合犯说认为，事后抢劫罪是盗窃罪与暴行、胁迫罪的结合犯，按照承继共犯肯定说，暴力、胁迫的参与者成立事后抢劫的共犯，按照承继共犯否定说，暴力、胁迫的参与者成立暴行、胁迫罪的共犯。

张明楷教授反对事后抢劫属于身份犯的身份犯说，同时指出，在我国，暴行、胁迫本身并不成立犯罪，故不能认为事后抢劫属于结合犯。所以，难以从结合犯的角度展开讨论。但是，一方面，事后抢劫由盗窃等前行为与暴力等后行为构成，其构造与结合犯相似；另一方面，承继的共犯并非仅存在于结合犯，只要犯罪行为具有一定的过程，就可能存在承继的共犯。由此可见，张明楷教授得出如下结论：(1)甲盗窃了被害人A的财物，A当场发现并抓捕甲以便夺回被盗财物。甲为了窝藏赃物，在逃跑的过程中对A实施暴力。没有参与盗窃行为的乙知情后，与甲共同对A实施暴力。由于事后抢劫完全可能存在承继的现象，按照承继共犯肯定说，可以得出乙构成事后抢劫的共犯的合理结论。(2)甲盗窃被被害人A发现，在甲逃跑和A抓捕的途中，甲遇到朋友乙，向乙说明真相，并唆使乙对A实施暴力或暴力相威胁，以便自己逃避抓捕，于是乙对A实施了暴力。由于甲、乙对后行为具有共同故意与行为，后行为又是事后抢劫一部分，故甲与乙成立事后抢劫的共犯。(3)在甲犯盗窃罪而没有打算当场对被害人A实施暴力的情况下，乙唆使甲实施暴力的，实际上是唆使甲实施较盗窃罪更重的事后抢劫，因而乙成立事后抢劫的共犯。[1]

---

[1] 张明楷：《刑法学》(第6版)，法律出版社2021年版，第1288页。

根据因果共犯论,行为人不应对与自己的行为没有因果关系的行为及结果负责,而未参与盗窃的行为人,对于先前的盗窃行为和被害人财物被盗的结果,不可能存在因果关系,即便知情也是如此。例如,未参与绑架的行为人乙,无论是唆使绑架犯甲杀害人质,还是与绑架犯甲共同杀害人质,乙都与绑架行为及其结果之间没有因果关系。根据因果共犯论,不可能让乙对绑架行为及其结果负责,乙只能在故意杀人罪的范围内与甲成立共犯,而不能让乙承担绑架杀人的刑事责任。又如,未参与拐卖妇女的行为人丁,唆使拐卖妇女的行为人丙强奸被拐卖的妇女,或者与丙共同强奸被拐卖的妇女,丁的行为都与拐卖妇女的行为及其结果之间没有因果关系,根据因果共犯论,不可能让其对拐卖妇女的行为及结果承担责任,丁与丙仅在强奸罪范围内成立共犯,而不能让其承担作为拐卖妇女罪加重情节的"奸淫被拐卖的妇女"的刑事责任。再如,我国司法解释规定,国家机关工作人员利用职务上的便利非法剥夺他人人身自由24小时以上,可以以非法拘禁罪立案。[①] 假定国家机关工作人员甲利用职务上的便利非法拘禁"上访户"丙12小时后,感觉很疲累,叫来国家机关工作人员乙继续非法拘禁12小时。对甲,以非法拘禁罪定罪自然没有问题,但乙的行为只与被害人丙被非法拘禁12小时的结果具有因果关系,根据因果共犯论,不能对乙以非法拘禁罪立案并追究刑事责任。

此外,不管盗窃行为是否属于事后抢劫的实行行为,其都为事后抢劫提供了不法要素;未参与盗窃行为的人,即便参与了暴力、胁迫的后行为,也不会溯及性地具备盗窃行为的不法要素;正如未参与绑架仅参与杀害人质行为的人,不具备绑架行为的不法要素一样。然而,张明楷教授的3个结论,都是让仅参与暴力、胁迫行为的人,承担了本不具有因果性的盗窃不法要素的刑事责任。应该说,是有违因果共犯论原理的。不过,未参与盗窃行为的人,若使用暴力阻止被害人夺回财物,由于侵害了被害人的财物返还请求权,可以单独承担抢劫财产性利益的刑事责任;使用暴力阻止他人抓捕盗窃行为人的,承担窝藏罪的刑事责任;帮助毁灭罪证的,成立帮助毁灭证据罪。

---

① 参见2006年7月26日最高人民检察院《关于渎职侵权犯罪案件立案标准的规定》。

总之,未参与盗窃行为的人,因为缺乏盗窃行为的不法要素,不符合事后抢劫的构成要件,不应承担事后抢劫共犯的刑事责任。

30. 绑架过程中又当场劫取人质随身携带财物,是想象竞合还是数罪并罚?

《两抢意见》指出,绑架过程中又当场劫取被害人随身携带财物的,同时触犯绑架罪和抢劫罪两罪名,应择一重罪定罪处罚。

上述司法解释规定存在疑问。控制人质后绑架罪就已既遂,之后又使用暴力劫取人质随身携带的财物,另外构成抢劫罪,绑架和抢劫行为主要部分并不重合。正如绑架后强奸妇女、非法拘禁后强奸妇女应当数罪并罚一样,绑架过程中又当场劫取被害人随身携带财物的,存在两个行为,符合两个犯罪构成,行为的主要部分并不重合,因此应当以绑架罪与抢劫罪数罪并罚。

31. 抢劫信用卡后使用、消费数额为抢劫数额的司法解释规定,有无疑问?

《两抢意见》认为,抢劫信用卡后使用、消费的,其实际使用、消费的数额为抢劫数额。《抢劫意见》也指出,抢劫信用卡后通过银行转账或者电子支付、手机银行等支付平台获取抢劫财物的,以行为人实际获取的财物为抢劫数额。

上述司法解释规定存在疑问。只有使用暴力、胁迫等强制手段压制被害人反抗进而取得财物的,才成立抢劫罪。抢劫罪存在特殊的构造和因果流程。只有抢劫信用卡逼问出密码后,在控制被害人的情况下,使用、消费的数额才能评价为抢劫数额。在释放被害人后,利用信用卡和知悉的密码,在柜员机上取款、网上银行转账、电子支付、手机银行等支付平台获取财物的,只能评价为盗窃罪(没有被骗的自然人),在银行柜台或者商场刷卡消费的,因为存在被骗的自然人,故成立冒用信用卡的信用卡诈骗罪。与前面抢劫信用卡有体物(信用卡工本费)的行为数罪并罚。

32. 抢劫罪与强迫交易罪的区别是否在于与合理价钱、费用相差悬殊?

《两抢意见》指出,从事正常商品买卖、交易或者劳动服务的人,以暴力、胁迫手段迫使他人交出与合理价钱、费用相差不大钱物,情节严重的,以强迫交易罪定罪处罚;以非法占有为目的,以买卖、交易、服务为幌子采用暴力、胁迫手段迫使他人交出与合理价钱、费用相差悬殊的钱物的,以抢劫罪定罪处刑。在具体认定时,既要考虑超出合理价钱、费用的绝对数额,还要考虑超过合理价钱、费用的比例,加以综合判断。

很显然,上述司法解释规定是把抢劫罪与强迫交易罪构成要件之间看成是一种对立、互斥的关系,认为二者的区别在于迫使他人交出的财物是否与所谓的合理价钱、费用相差悬殊。其实,抢劫罪与强迫交易罪构成要件之间不是一种对立互斥关系,而是一种包容竞合的关系。二者的区别不在于迫使交出的财物是否与合理价钱、费用相差悬殊,而是在于所实施的暴力、胁迫手段是否足以压制对方的反抗。也就是说,抢劫罪是对个别财产而非整体财产的犯罪,即便迫使对方交出的财物与所谓合理价钱、费用相当,只要暴力、胁迫手段压制了对方的反抗,就应当以抢劫罪论处。若手段行为不足以压制对方的反抗,不管是否相差悬殊,都只能成立强迫交易罪或者敲诈勒索罪。

33. 抢劫罪与寻衅滋事罪的区别是否在于动机不同?

《两抢意见》指出,强拿硬要型寻衅滋事罪与抢劫罪的区别在于:前者行为人主观上还具有逞强好胜和通过强拿硬要来填补其精神空虚等目的,后者行为人一般只具有非法占有他人财物的目的;前者行为人客观上一般不以严重侵犯他人人身权的方法强拿硬要财物,而后者行为人则以暴力、胁迫等方式作为劫取他人财物的手段。司法实践中,对于未成年人使用或威胁使用轻微暴力强抢少量财物的行为,一般不以抢劫罪定罪处罚。其行为符合寻衅滋事罪特征的,可以寻衅滋事罪定罪处罚。

上述司法解释规定显然是认为抢劫罪与寻衅滋事罪构成要件之间是一种对立、排斥的关系,二者的区别在于动机是否卑鄙。其实,二者构成要件之间是一种竞合的关系。没有理由认为,寻衅滋事罪必须出于所谓流氓动机(现在已没有流氓罪),抢劫罪必须出于高尚的动机。出于所谓高尚动机的都能构成抢劫罪,出于流氓动机的更能构成抢劫罪。出于非法占有目的的强拿硬要他人财物,只要暴力、胁迫手段足以压制对方的反抗,不管行为人出于什么动机,都能构成抢劫罪。若不足以压制对方的反抗，不管出于什么动机，都不能构成抢劫罪，只可能构成寻衅滋事罪或者敲诈勒索罪。

34. 使用轻微暴力胁迫就不能成立“冒充军警人员抢劫”与“持枪抢劫”吗？

张明楷教授认为，行为人的轻微暴力、胁迫不足以压制被害人反抗，但由于同时冒充军警人员才压制被害人反抗进而取得财物的，只能将冒充军警人员抢劫这一加重情节变更评价为基本犯的构成事实，亦即只能认定为普通抢劫罪，适用基本犯的法定刑。同样，行为人的轻微暴力、胁迫不足以压制被害人反抗，但由于持枪才压制被害人反抗进而取得财物的，只能将持枪抢劫这一加重情节变更评价为基本犯的构成事实，亦即只能认定为普通抢劫罪，适用基本犯的法定刑。①

本书不同意上述看法。若认为只有在通过冒充军警人员和持枪手段压制被害人反抗之外，又“多此一举”地另外使用了足以压制被害人反抗的暴力、胁迫行为，才能成立作为抢劫罪加重情节的“冒充军警人员抢劫”与“持枪抢劫”，就几乎等于取消了这两个加重处罚情节的规定。所以，上述看法根本不符合事实，也不利于保护法益。应该认为，只要通过冒充军警人员和使用（包括显示）枪支压制了被害人的反抗，就应成立“冒充军警人员抢劫”和“持枪抢劫”，适用抢劫罪的加重法定刑。

第二节 抢 夺 罪

·导 读·

抢夺罪构成要件的内容为，当场直接夺取他人紧密占有的数额较大的财物。抢夺罪与抢劫罪之间不是对立关系，而是竞合关系。抢夺罪与盗窃

① 张明楷：《刑法学》（第6版），法律出版社2021年版，第1294、1295页。

罪的区别不在于是秘密还是公开。成立抢夺罪必须满足3个条件:(1)所夺取的财物必须是被害人紧密占有的财物;(2)必须采取了对物暴力的方式;(3)这种对物暴力的方式必须具有致人伤亡的可能性。如果仅具备上述条件之一,宜认定为盗窃罪。携带凶器抢夺定抢劫罪的规定是法律拟制,不需要使用和显示凶器。对于"飞车抢夺案",一般应评价为抢劫罪。对于"冲卡逃费案",可以通过对财产性利益的占有转移做出不同于狭义财物对象的解释,认定为财产性利益盗窃罪。只有抢夺数额较大或者多次抢夺的,才能将致人重伤、死亡评价为"严重情节""特别严重情节",而且只能在数额所对应的法定刑幅度基础上提升一个法定刑幅度。

条 文

第二百六十七条 【抢夺罪】抢夺公私财物,数额较大的,或者多次抢夺的,处三年以下有期徒刑、拘役或者管制,并处或者单处罚金;数额巨大或者有其他严重情节的,处三年以上十年以下有期徒刑,并处罚金;数额特别巨大或者有其他特别严重情节的,处十年以上有期徒刑或者无期徒刑,并处罚金或者没收财产。

【抢劫罪】携带凶器抢夺的,依照本法第二百六十三条的规定定罪处罚。

实务疑难问题

1. 盗窃罪与抢夺罪的区别在于秘密还是公开?

案1:甲女在商场购买金项链,正在她准备付钱时,乙男冲过来朝她扇了一个耳光,并大声说:"你这个女人就知道花钱,少花点钱不行吗?"话音刚落,乙男将甲女的钱包一把夺走,转身离开。甲女非常吃惊,当时没有反应过来,大约过了1分钟,她才喊"抓贼,我不认识这个人"。此时,乙男已经跑出了商场。乙的行为构成何罪?

本案中,乙男从甲女手上夺走钱包的行为属于对物暴力,其行为构成抢夺罪。

案2:甲乙丙三人按照事先商量的作案方式,一同去彩票店购买彩票。三人在未付钱的情况下,抓起打印好的彩票就跑,如此作案多起。

对甲乙丙三人拿走彩票的行为是应该评价为盗窃罪还是抢夺罪,取决于具体的案情。如果当时拿走彩票的行为可能对彩票店的主人造成人身伤害,就可以认定为抢夺罪;如果不可能对彩票店主人造成人身伤害,就只能认定为盗窃罪。

案3:某公司出纳从银行取款回单位的路上,一不小心高跟鞋鞋跟卡在下水道盖子上致脚踝扭伤动弹不得,惯性作用致装钱的包包飞到10米开外的地方。这时王某碰巧路过,看了李某一眼后捡起钱包从容离去。

本案中,王某并没有"夺",而是捡起钱包后从容地离去,不可能成立抢夺罪,只能成立盗窃罪。

传统观点认为,盗窃罪是指秘密窃取公私财物的行为;抢夺罪是指乘人不备公然夺取公私财物的行为。也就是说,盗窃罪与抢夺罪的关键区别在于,是秘密还是公开。其实按照这种传统观点基本不可能区分盗窃罪与抢夺罪。因为"秘密窃取"意味着"乘人不备";反过来说,"乘人不备"也具有秘密性。传统观点又认为,抢夺罪是乘人不备、夺了就跑的行为。其实通常也是"盗了就跑",也有"夺了不跑"的。所以,根据得逞后跑与不跑也是无法区分盗窃罪与抢夺罪的。

其实,盗窃罪与抢夺罪之间并不是A与非A的关系。盗窃罪是以非法占有为目的,违反了被害人的意志,将他人占有下的财物转移为自己或者第三者占有的行为。抢夺罪也完全符合盗窃罪的构成要件。抢夺罪与盗窃罪的区别,或者说成立抢夺罪必须具备以下三个条件:一是行为人所夺取的财物必须是被害人紧密占有着的财物。直截了当地说,必须是被害人提在手上、背在肩上、装在口袋里等与人的身体紧密联结在一起的财物。二是行为人必须对财物使用了非平和的手段,即可以评价为对物暴力的强夺行为。三是这种对物暴力的行为必须具有致人伤亡的危险性。例如,在他人手提或肩背提包时,行为人突然使用强力夺取提包的,由于可能导致他人摔倒进而造成伤亡,故应认定为抢夺罪。又如,行为人使用强力夺取他人佩戴的耳环、项链等首饰的,可能致人伤亡,得认定为抢夺罪。再如,在被害人将财物安放在自行车后架或者前面车筐中骑车行走时,行为人突然使用强力夺取财物的,因为可能导致骑车人摔倒进而造成伤亡,宜认定为抢夺罪。还如,行为人用绳子等套住被害人自行车后轮,趁被害人下车查看时,迅速拿走其放在自行车车筐中的提包的,从整体上具有致人伤亡的可能性,可认定为抢夺罪。单纯转移他人视线,趁机取得财物的,宜认定为盗窃罪。

反之,如果仅具备上述条件之一,宜认定为盗窃罪。具体而言:

首先,对离开被害人身体的财物实施非法取得行为的,宜认定为盗窃罪。

其次,虽然对被害人紧密占有的财物实施非法取得行为,但行为本身平和、平稳,而不能评价为对物暴力,因而不可能致人伤亡的,也宜认定为盗窃罪。例如,在扒窃等场合,虽然行为人针对的是被害人紧密占有的财物,但由于其行为十分平和,而不是瞬间性的对物暴力,所以也不可能致人伤亡,只能认定为盗窃罪,而不能评价为抢夺罪。

最后,如果行为人所取得的并非被害人紧密占有的财物,也没有使用强力夺取财物,即使被害人在场,也不能认定为抢夺罪,而宜认定为盗窃罪。

2. 携带凶器抢夺定抢劫罪的规定,是注意规定还是法律拟制?

案4:李某站在地铁门边的位置,等车门快要关闭的时候,突然夺走刚上车的乘客的手机后下车,由于车门关闭,乘客在车内无法下车。但李某在站台上被保安抓住了,当时发现李某衣服里还藏有一把匕首。

携带凶器抢夺成立抢劫罪,要求客观上有随时使用凶器的可能性,同时行为人也有随时使用凶器的打算。本案中,李某虽然也可谓"携带"了凶器,但从李某选择的时间与环境来看,基本上没有随时使用凶器的可能性,他主要是利用被害人不能下车的情形实现自己的抢夺行为,所以,本案认定为抢夺罪更为合适。

如果认为《刑法》第267条第2款"携带凶器抢夺的,依照本法第二百六十三条的规定定罪处罚"的规定是注意规定,则意味着只有行为人对被害人现实地使用了凶器(暴力)或者显示了凶器(胁迫)才成立抢劫罪。但注意规定说存在疑问:一方面,《刑法》完全没有必要设置这样的注意规定。虽然《刑法》同时规定了抢劫罪和抢夺罪，但两个罪的区别相当明显，也就不需要特别提醒司法工作人员的注意。另一方面，是因为这款规定符合法律拟制的原理。这里规定的是“携带”凶器抢夺，而不是“使用”凶器。按照《刑法》第263条的规定，以暴力、胁迫或者其他方法抢劫公私财物的，成立抢劫罪。如果没有使用暴力、胁迫或者其他方法，只是携带凶器抢夺的，就不符合抢劫罪的客观构成要件。如果没有这款特殊规定，携带凶器抢夺的行为就只能被认定为抢夺罪了，也就是说，这款规定是把原本不符合抢劫罪构成要件的行为特别规定成了抢劫罪。

之所以做出这种特殊规定，是因为抢夺罪的特点决定了在携带凶器抢夺中使用凶器的可能性很大，对被害人的危险性很高，而与抢劫罪相当，因而具有进行法律拟制的实质基础。之所以不规定携带凶器盗窃的定抢劫罪，就是因为盗窃时携带凶器使用凶器的可能性不大，与抢劫罪的法益侵害性不相当。

为了限制处罚范围，应当认为不仅行为人抢夺时客观上携带了凶器，还要求行为人意识到自己带有凶器，主观上具有使用凶器的意识。

3. 如何认定“携带”“凶器”抢夺？

案5：屠夫甲背着杀猪刀走在回家的路上，看到一个体面人提着包走在前面。甲趁其不备，夺包就跑。

屠夫背着杀猪刀，系“职业佩带”。其在抢夺时通常意识不到自己携带有凶器，所以也不会有使用凶器的打算，因而不属于携带凶器抢夺，不构成抢劫罪，仅构成抢夺罪。

案6：甲经常在路边摆摊卖水果，为了方便顾客品尝，就在摊位上放了一把水果刀。某天，有个路过水果摊的路人露了财，甲顿起歹意，实施了抢夺行为。

甲实施抢夺行为时并没有意识到自己带着水果刀，也没有使用它的打算。所以，不能将甲的行为评价为“携带”凶器抢夺，不成立抢劫罪，仅成立抢夺罪。

“携带凶器抢夺”中的“携带”，是指在从事日常生活的住宅或居室以外的场所，将某个物品带在身上或置于身体附近。换句话说，携带的核心在于将凶器置于行为人现实的支配之下,可以随时使用。所以,手持凶器、怀中藏着凶器、将凶器置于衣服口袋等行为,都属于携带凶器。没有亲自携带,而是让随从或同伴携带的,也属于携带凶器。

可以说,携带凶器抢夺中的“携带”,既要求行为人客观上可以随时使用凶器,也要求行为人主观上具有随时使用的意思。如果行为人携带某个物品并不是为了违法犯罪,实施抢夺时也没有使用该物品的意思,就不能认定为携带凶器。

需要指出的是,由于携带凶器抢夺定抢劫罪的规定是法律拟制,“携带”并不要求行为人显示凶器,即不要求将凶器暴露在身体外部,也不要求行为人向被害人暗示自己携带有凶器。

《抢劫解释》规定,“携带凶器抢夺”是指行为人随身携带枪支、爆炸物、管制刀具等国家禁止个人携带的器械进行抢夺或者为了实施犯罪而携带其他器械进行抢夺的行为。该司法解释将“凶器”限定于“器械”,可能存在疑问。为了实施抢夺,而随地捡起路边的一块砖头,也因为具有随时使用的可能性,而有必要评价为携带“凶器”抢夺。

一般来说,刑法上的凶器是指在性质或用法上足以杀伤他人的器物。所以,如果一个物品只有毁坏其他物品的特性,没有杀伤他人的机能,那他就不属于凶器。比如可以划破他人衣服口袋,但不足以杀伤他人的微型刀片,就不应该被评价为凶器。

是否属于携带“凶器”抢夺,需要综合考虑以下几个因素:一是物品杀伤机能的高低。各种仿制品,比如用塑料制成的手枪、匕首等,虽然在外观上与真实的凶器一样,但由于杀伤机能较低,就不能被认定为凶器。二是物品供杀伤他人使用的盖然性程度。三是根据社会一般理论,物品使人感到危险的程度,比如领带。四是物品被携带的可能性。比如,菜刀、杀猪刀、铁棒等物品被携带的可能性很小,所以携带这些物品抢夺的,一般就要被认定为携带凶器抢夺。又如,汽车虽然可以撞死人,但一般人外出开车的可能性很大,所以开着汽车抢夺的行为不会被评价为携带凶器抢夺。

总之,之所以要将携带凶器抢夺的行为拟制为抢劫罪,是因为携带凶器抢夺的行为和抢劫行为的法益侵害程度在实质上是相当的。因此，在判断什么是凶器，以及什么是携带时，一定要按照上述标准谨慎认定，以免扩大携带凶器抢夺成立抢劫罪的范围。此外，因为该规定是法律拟制，所以不能类推适用。携带凶器盗窃的依然成立盗窃罪，不能认定为抢劫罪。

4. 如何定性“飞车抢夺案”？

案7：甲乙夫妇二人带着自己的孩子坐摩的，丙看到乙手上拿着一个价值不菲的包，就骑着摩托车追甲乙夫妇乘坐的摩的。丙追上以后，抓住乙手上的包用力拉扯，虽然没有将包从乙的手上夺走，却导致摩的因驾驶不稳而倾覆，最终分别造成甲乙夫妇轻微伤、孩子轻伤的结果；同时，丙也摔倒在地。

应该说，只有当行为人为了压制财物占有人的反抗而使用暴力或者以暴力相胁迫强取财物的，才能构成抢劫罪。本案中，只有能够将丙强取乙的包的行为认定为对财物占有人使用了暴力强取财物，才能将丙的行为认定为抢劫罪。丙虽然只是拉扯乙的包，但考虑到乙手握包坐在快速行驶的摩的上，可以认为丙的扯包动作对乙的身体形成了强制，是对乙的暴力行为，所以，对丙的行为宜认定为抢劫罪。

德国、日本刑法中没有规定抢夺罪，对抢夺行为部分认定为抢劫罪，部分认定为盗窃罪。在我国，对于“飞车抢夺案”，除极少数情况外，通常要认定为抢劫罪。因为当行为人骑着摩托车或者开着汽车抢夺他人尤其是行人身上或者手中的财物时，不仅属于对他人的暴力，而且这种暴力相当危险。只有当飞车抢夺所夺取的是他人自行车、电动车的前面或者后面的车筐里的财物，而且财物与自行车、电动车没有系在一起时，也就是说，抢夺财物不会直接导致自行车、电动车翻倒时，才可能认定为抢夺罪。如果被害人的包系在自行车或者电动车上，对于飞车抢夺的行为也必须认定为抢劫罪。另外，行为人为了让被害人放手，用力猛敲被害人的胳膊或者其他部位；行为人为了让被害人放弃财物，用车逼挤被害人所驾驶的车辆；行为人骑着摩托车抢走路人手提包时，路人不松手，行为人骑摩托车拖拉路人的，都可以被评价为抢劫罪中的暴力行为。

我们不能将暴力理解得过于狭窄，也不能将对物暴力与对人暴力完全对立起来，对物暴力完全可能同时也是对人暴力。对人暴力分为直接暴力与间接暴力，飞车抢夺属于直接暴力。例如，行为人骑着摩托车夺取被害人手提包时，由于被害人紧抓着手提包，行为人将被害人拖行了十几米乃至几十米后，被害人才松手。这肯定是抢劫，而不能认定为抢夺罪。

5. "冲卡逃费案"，构成抢夺罪吗？

案8：甲不想付高额过路费，开着卡车冲破高速路出口关卡逃走。

本案中，虽然甲事实上享受了不交过路费这种利益，但很难说高速公司已经将收取过路费这种财产性利益转移给了甲，也就是说债权债务关系还是存在的，高速公司还可以继续向甲主张债权，所以从严格意义上讲，难以评价为财产性利益转移的抢夺罪。

案9：被告人王某在北京市海淀区京藏高速清河收费站进京出口等地，为逃避缴纳高速公路通行费，多次驾驶小型轿车，采用跟车尾随过杆的方式强行闯卡。一审法院认定王某的行为构成寻衅滋事罪，二审法院改判为抢夺罪。[①] 二审法院承办法官指出："在行为特征上，本案行为符合乘人不备、公然夺取的特征。所谓乘人不备、公然夺取，一般指行为人当着公私财物所有人、管理人或者其他人的面，乘其不防备，将公私财物夺了就跑，据为己有或者给第三人所有；也有的采取可以使被害人立即发现的方式，公开把财物抢走，但不使用暴力或者以暴力相威胁。就本案而言……该行为虽然并非直接夺走高速公司现有的财物，但客观上导致高速公司失去应该收取的车辆通行费，导致高速公司消极利益的增加。此行为与直接夺走高速公司现有的财物，导致高速公司积极利益的减少，在本质上完全一致，均是导致高速公司失去对车辆通行费这一财产性利益的控制。"[②]

上述判决和法官观点存在疑问。既然抢夺是指夺取他人占有的财物，本案行为就完全不符合"抢夺"这一行为特征。因为行为人没有从收费站

---

① 参见北京市海淀区人民法院(2018)京0108刑初1088号刑事判决书；北京市第一中级人民法院(2019)京01刑终183号刑事判决书。

② 周维平、廖清顺：《跟车尾随过杆偷逃车辆通行费的性质》，载《人民司法》2020年第32期。

夺取任何狭义财物，也没有夺取收费站享有的债权（即使行为人逃走，收费站也依然对其享有债权）。在行为特征并不符合抢夺的场合，仅以收费站的积极利益减少这一结果与通常抢夺的结果实质相同为由认定为抢夺罪，显然不当。财产罪中的各种取得罪的结果并无区别，都是行为人取得财产、被害人丧失财产。就此罪与彼罪的关系而言，关键在于行为人取得财产与被害人丧失财产的结果由什么行为造成；就罪与非罪的区别而言，《刑法》分则第五章并没有穷尽所有侵犯财产的行为，并不是导致被害人丧失财产或者利益减少的任何行为都构成财产罪，只有当行为符合《刑法》规定的构成要件行为时，才可能成立财产罪。上述观点只是以结果为根据认定王某的行为构成抢夺罪，但在财产罪中，结果不可能决定行为构成何罪。或许有人认为，王某的行为符合“乘人不备”和“公然”的特征，然而，只要不符合“夺取”的特征，就不可能属于抢夺。

如果认为成立（财产性利益）盗窃罪也必须存在财产（财产性利益）的占有转移，则上述行为也不构成盗窃罪，因为行为人没有将收费站的任何财物（包括债权）转移为自己或者第三者占有。

张明楷教授认为，如果承认财产性利益可以成为故意毁坏财物罪的对象，并认为毁坏是指使他人财物的价值减少或者丧失的一切行为（但不附加任何限制也可能存在疑问），或许可以对上述行为以故意毁坏财物罪论处。如果认为骗取财产性利益时不需要对方具有处分意识，则上述行为能认定构成诈骗罪。因为在这样的场合，行为人的举止表明其将要交付通行费（举动的虚假表示），收费员也误以为其会交费，而不是乘机逃杆，因而没有阻止（不作为的处分行为）。如果行为人明确告诉收费员自己将不交费，收费员就会阻止。①

应该说，冲卡逃费的行为不能构成故意毁坏财物罪和诈骗罪。因为理论公认作为毁弃罪的典型的故意毁坏财物罪，没有利用的意思。本案中被告人王某显然具有利用的意思、获益的意思。无论直接闯卡逃费还是跟车尾随过杆逃费，都没有实施使他人陷入处分财产的认识错误的行为，收费员也没有处分行为，而

① 张明楷：《刑法学》（第6版），法律出版社2021年版，第1301页。

是发现有人冲卡和跟车尾随过杆后第一时间追上去,何来处分行为一说?

本书认为,要解决“冲卡逃费案”,只能重新阐释财产性利益犯罪的占有转移。对于有体物而言,的确存在财产的占有转移,行为人就是通过夺取被害人的占有来建立自己的占有,行为人获得的财物就是被害人所丧失的财物。但债权、劳务、服务、戏剧观赏、旅游、健身等财产性利益,行为人获得了某种财产性利益,并不意味着被害人就最终丧失了某种财产性利益;或者说并非是将被害人所独自占有的财产性利益转移给自己占有,而是通常表现为行为人事实上取得或者享受某种财产性利益,而被害人某种应得的财产性利益没有得到或者享有,或者说给被害人事实上造成了某种利益上的损害。也就是说,只要行为人所取得或者享受的财产性利益与被害人所遭受的财产性利益的损害之间具有对应关系即可。就冲卡逃费而言,行为人事实上获得了未付通行费却享受了高速路通行服务这种财产性利益,而高速公司因为事实上很难再向行为人追索通行费而存在显而易见的财产性利益的损失。所以可以认为,构成取得型财产犯罪。相比较而言,评价为盗窃罪更合适。因为盗窃罪可谓夺取罪的兜底性犯罪,只要具有利用的意思并实际享受了某种利益,就符合了盗窃罪的构成要件。

综上,可以通过对财产性利益的占有转移做出不同于狭义财物对象的解释,解决“冲卡逃费案”的定性问题。相比较而言,评价为盗窃罪更为合适。

6. 抢夺致人重伤死亡就认定为“严重情节”的司法解释规定,有无疑问?

2013 年出台的最高人民法院、最高人民检察院《关于办理抢夺刑事案件适用法律若干问题的解释》(以下简称《抢夺解释》)规定,抢夺公私财物导致他人重伤、自杀的,应当认定为“其他严重情节”,导致他人死亡的,应当认定为“其他特别严重情节”。

应该说,上述司法解释肯定抢夺致人重伤、死亡可以评价为“严重情节”,比以前仅作为想象竞合处理有明显进步。但还是存在问题:(1)因为如果连基本犯都不构成,如抢夺没有达到数额较大,也不是多次抢夺,仅因为致人重伤就能认定为“其他严重情节”,而判处 3 年以上 10 年以下有期徒刑,而明显高于过失致人重伤罪的刑罚(3 年以下有期徒刑或者拘役),或者仅因为致人死亡就能认定为“其他特别严重情节”，而判处10年以上有期徒刑或者无期徒刑，而明显高于过失致人死亡罪的刑罚（3年以上7年以下有期徒刑），有违罪刑相适应原则；（2）被害人自杀的结果并不符合缓和的结果归属的要求，不是财产犯罪规范所阻止的结果，将抢夺导致被害人自杀认定为“其他严重情节”而判处3年以上10年以下有期徒刑，明显处罚太重，而形成不当的间接处罚。

本书认为，应该遵守以下规则：（1）不应将导致他人自杀评价为“严重情节”；（2）将导致他人重伤、死亡评价为“严重情节”“特别严重情节”的前提是行为已经构成抢夺罪的基本犯，即达到数额较大或者属于多次抢夺；（3）无论致人重伤还是死亡，均只能在数额所对应的法定刑幅度的基础上提升一个法定刑幅度，如抢夺数额较大或者多次抢夺，无论导致重伤还是死亡，均只能适用第二档法定刑，抢夺数额巨大又导致重伤或者死亡的，适用第三档法定刑。

7. 对受过刑事处罚、行政处罚的降低数额标准的司法解释规定，有无疑问？

《抢夺解释》规定，抢夺公私财物，具有“曾因抢劫、抢夺或者聚众哄抢受过刑事处罚”或者“1年内曾因抢夺或者哄抢受过行政处罚”情形的，数额较大的标准按照前条规定标准的50%确定。

上述司法解释规定存在疑问。因为曾经受过刑事处罚和行政处罚只是表明行为人再犯罪可能性较大的预防要素，而不是反映不法程度的要素，这种做法明显是混淆了预防要素（情节）与责任要素（情节），将再犯罪可能性较大作为不法内容看待，明显不当。[①]

8. 携带凶器抢夺后为窝藏赃物等使用暴力致人重伤、死亡的，如何处理？

携带凶器抢夺后，为窝藏赃物、抗拒抓捕或者毁灭罪证，而当场使用凶器致人重伤、死亡的，既可能评价为一个加重的事后抢劫（对携带凶器抢夺行为仅评价为抢夺），也可能评价为抢劫罪（携带凶器抢夺）与故意杀人罪或者故意伤害罪，因为存在两个行为，符合了两个犯罪构成，而应数罪并罚。

---

① 张明楷：《刑法学》（第6版），法律出版社2021年版，第1296页。

第三节 聚众哄抢罪

·导 读·

聚众哄抢罪，是指以非法占有为目的，聚众哄抢公私财物，数额较大或者有其他严重情节的行为。聚众哄抢的特点是，聚集多人夺取公私财物，参与哄抢的人员处于随时可能增加或者减少的状态。哄抢人不必使用暴力、胁迫等强制手段，而是依靠人多势众取得财物。聚众哄抢并不是多人的共同抢劫与共同抢夺，而是多人实施的使被害人难以阻止的公然盗窃。

“聚众哄抢”是一种行为方式，并不要求存在所谓“聚众”与“哄抢”两个行为，聚众哄抢罪的实行行为只有“哄抢”。聚众哄抢罪与盗窃、抢夺、抢劫罪之间不是对立关系，而是竞合关系。个人聚众哄抢财物数额特别巨大的，能以盗窃罪判处10年以上有期徒刑或者无期徒刑。聚众哄抢行为人为窝藏赃物、抗拒抓捕、毁灭罪证而当场使用暴力或者以暴力相威胁的，成立事后抢劫。

条 文

第二百六十八条 【聚众哄抢罪】聚众哄抢公私财物，数额较大或者有其他严重情节的，对首要分子和积极参加的，处三年以下有期徒刑、拘役或者管制，并处罚金；数额巨大或者有其他特别严重情节的，处三年以上十年以下有期徒刑，并处罚金。

实务疑难问题

1. 为何聚众哄抢罪主刑的法定最高刑只有10年有期徒刑？

案1：1辆满载黄金的车侧翻在公路上，司机受伤不能动弹，一群人一哄而上，每人抢走几十公斤金条。

本案中，这群人的行为既构成聚众哄抢罪，又构成盗窃罪，因为数额特别巨大，应以盗窃罪判处10年以上有期徒刑或者无期徒刑。

聚众哄抢，其实就是一种公然盗窃行为，不是所谓共同抢劫或者抢夺。考虑到人数众多，每个人实际抢得的财物数额通常不会很大，所以配置10年有期徒刑通常就能做到罪刑相适应。正如招摇撞骗罪最高刑也只有10年有期徒刑，当招摇撞骗财物数额特别巨大时，可以认为成立招摇撞骗罪与诈骗罪之间的竞合，从一重以诈骗罪定罪处罚，就能做到罪刑相适应。当首要分子和其他个人聚众哄抢财物数额特别巨大时，完全可以盗窃罪判处10年以上有期徒刑或者无期徒刑。

2. 聚众哄抢罪与盗窃、抢夺、抢劫罪之间是对立关系吗？

案2：一群人半夜冲进一个堆满钢筋的建筑工地哄抢钢筋，运走时被看守人张某发现，张某拼命拽住跑在最后面的王某不让走，王某三拳两脚将张某打倒在地逃走。

本案中，该群人的行为无疑构成聚众哄抢罪。王某为抗拒抓捕对被害人使用暴力，成立事后抢劫。

聚众哄抢罪通常就是一种公然盗窃行为，若是从他人手上夺走财物，还是一种抢夺行为。若实施的暴力、胁迫行为压制了被害人的反抗，成立抢劫罪。所以，聚众哄抢罪与盗窃、抢夺、抢劫罪构成要件之间不是一种对立关系，而完全可能发生竞合。聚众哄抢时，行为人为窝藏赃物、抗拒抓捕、毁灭罪证而当场使用暴力或者以暴力相威胁的，还能成立事后抢劫。

3. 聚众哄抢罪的实行行为是"聚众"+"哄抢"吗？

"聚众哄抢"是一种行为方式，并不意味着存在"聚众"与"哄抢"两个行为。也就是说，聚众哄抢罪是单行为犯，而不是复行为犯，实行行为只有"哄抢"，"聚众"是状语，是修饰"哄抢"的。考虑到该罪法定刑不重，也没有必要将聚众评价为预备行为，仅聚众而不哄抢的，没有必要作为犯罪处理。

第三章　盗窃罪与侵占罪

第一节　盗　窃　罪

·导　读·

盗窃罪,是指以非法占有为目的,违反被害人的意志,将他人占有下的财物转移为自己或者第三者占有的行为。盗窃行为表现为转移占有,即排除他人对财物的支配,建立新的支配关系。就狭义的财物即有体物而言,转移占有表现为零和关系,即将原本由被害人占有支配的财物转移为行为人占有支配。就财产性利益而言,只要行为人取得或者享受了财产性利益,被害人遭受了财产损失,就成立盗窃罪。非法占有目的由“排除意思”与“利用意思”构成,前者的功能在于区分盗窃罪与不可罚的使用盗窃行为,后者的功能在于区分盗窃罪与毁弃罪。非法占有目的,既包括使行为人自己非法占有,也包括使第三者非法占有。

特殊盗窃的对象可以是客观价值不大但主观价值较大的财物。欠条可以成为盗窃的对象,多次盗窃、入户盗窃、携带凶器盗窃、扒窃欠条的,对欠条本身构成盗窃罪。盗窃作为唯一债权凭证的欠条的,成立盗窃数额为欠条所记载的欠款数额的盗窃罪。只有盗窃行为具有使他人丧失财产的紧迫危险时,才是盗窃罪的着手。只要行为人取得(控制)了财物,就是盗窃既遂。特殊盗窃也是以取得(控制)了值得刑法保护的财物为既遂标准。如果行为人主观上以数额（特别）巨大的财物为盗窃目标，客观上已经对数额（特别）巨大的财物形成了具体、现实、紧迫的危险，则可以成立盗窃数额（特别）巨大的未遂，适用盗窃罪的加重法定刑，同时适用《刑法》总则关于未遂犯从轻减轻处罚的规定。《刑法》第265条是注意规定。

条　文

第二百六十四条　【盗窃罪】盗窃公私财物，数额较大的，或者多次盗窃、入户盗窃、携带凶器盗窃、扒窃的，处三年以下有期徒刑、拘役或者管制，并处或者单处罚金；数额巨大或者有其他严重情节的，处三年以上十年以下有期徒刑，并处罚金；数额特别巨大或者有其他特别严重情节的，处十年以上有期徒刑或者无期徒刑，并处罚金或者没收财产。

第二百六十五条　【盗窃罪】以牟利为目的，盗接他人通信线路、复制他人电信码号或者明知是盗接、复制的电信设备、设施而使用的，依照本法第二百六十四条的规定定罪处罚。

实务疑难问题

1. 何谓“盗窃”？盗窃必须具有“秘密”性吗？

案1：某天夜里，独居的90岁的张老太洗漱完就早早上床休息了。王某看到张老太房间的灯熄灭后，又等了一会儿才进入张老太的房间，准备行窃。可实际上，张老太这时还没有睡着，但她不敢吱声，就盯着王某的一举一动。王某其实也发现了张老太正在盯着自己，但他并没有放弃，而是在张老太的注视下把屋里值钱的东西都拿走了。

对于本案，按照主流关于盗窃必须限于秘密窃取的观点，王某的行为就不可能成立盗窃罪。因为王某是在张老太眼皮底下取走财物的，这显然不是秘密窃取。主流观点会认为这种行为构成抢夺罪。但抢夺罪的成立，要求行为人采取具有致人死伤可能性的对物暴力的方式夺取他人紧密占有的财物,本案并非如此;而且,如果认为是抢夺,那么若取得的财物数额没有达到较大的要求,就不能定财产罪。本案也不能成立侵占罪,因为王某与张老太之间也没有委托信任关系,王某获取的也不是遗忘物或者埋藏物。所以,本案只能评价为(公开)盗窃,属于入户盗窃。即便数额没有达到较大,也能成立盗窃罪。

案2:甲男是乙女以前的男朋友。某日,甲经过乙的宿舍时,发现乙不在宿舍,而乙的室友丙又是一个新来的员工。于是甲走进乙的宿舍对丙说:"我是乙的男朋友,她电脑坏了,我要帮她去修电脑。"丙并没有接甲的话,一直在做自己的事情。甲就趁机将乙的手提电脑拿走了。

本案属于典型的公然盗窃。在集体宿舍或者合住的房间中,一般每个人都会将自己的财物放在固定的位置上,并且只占有自己的财物;即使有人外出,室友也不会因此而占有其财物,因而不具有处分其财物的权限。本案中,乙的电脑仍旧归乙占有,丙既不占有乙的电脑,也没有处分乙电脑的权限。构成诈骗罪要求行为人的欺骗行为使财产处分人陷入认识错误而处分财物,由于丙不具有处分乙电脑的权限,故甲的行为应构成盗窃罪,而不是诈骗罪。

我国刑法理论几乎没有争议地将盗窃罪定义为:"以非法占有为目的,秘密窃取公私财物,数额较大,或者多次盗窃、入户盗窃、携带凶器盗窃、扒窃公私财物的行为。"很显然,这一定义只是将"盗窃"解释为"秘密窃取"。但是,要求盗窃必须具有"秘密"性,是存在疑问的;这一定义也没有说明窃取对象的属性(财物由谁占有),更没有回答何谓"窃取"。

第一,要求盗窃具有秘密性,是为了区分盗窃与抢夺(盗窃是秘密的,抢夺是公开的),但是,这种区分难以成立。

根据通说,"'秘密'是指行为人自认为没有被所有人、保管人发现。如果行为人已经明知被被害人发觉,公然将财物取走,不构成本罪(指盗窃罪),而应认定为抢夺罪"。[①] 据此,只要行为人认识到自己是在秘密窃取他人财物,就属于

① 赵秉志主编:《刑法新教程》,中国人民大学出版社2009年版,第560页。

盗窃;如果认识到自己是在公开取得他人财物,就成立了抢夺;至于客观行为本身是秘密还是公开,则无关紧要。但通说存在以下问题:

(1)通说在犯罪客观要件中论述盗窃罪必须表现为秘密窃取,但同时提出,只要行为人主观上"自认为"没有被所有人、占有人发觉即可,不必客观上具有秘密性,这便混淆了主观要素与客观要素。

(2)根据通说,在客观上同样是公开取得他人财物的行为,当行为人自认为所有人、占有人没有发觉时成立盗窃罪;当行为人认识到所有人、占有人发觉时成立抢夺罪。这种观点颠倒了认定犯罪的顺序,形成了"客观行为类型完全相同,主观认识内容不同,就构成不同犯罪"的不合理局面。

(3)实践中经常发生行为人在非法取得他人财物时,根本不考虑自己的行为是否被他人发觉的案件。根据通说,便无法确定该行为的性质;或者不得不以客观行为是否秘密为标准区分盗窃与抢夺,但这与通说定义的秘密窃取相冲突。

(4)由于盗窃行为客观上完全可能具有公开性,所以,通说只好将"秘密"解释为行为人"自认为"秘密。可是,通说不能说明故意的认识内容。众所周知,客观构成要件规制着故意的认识内容。一方面,凡属于构成要件客观要素的事实,都是故意的认识内容(客观的超过要素除外)。另一方面,凡不属于构成要件客观要素的事实,就不可能成为故意的认识内容。但是,通说一方面认为,客观的盗窃行为既可以是公开的,也可以是秘密的。另一方面又要求行为人必须以"自认为没有被所有人、保管人发现"。换言之,即使行为在客观上表现为公开盗窃时,行为人主观上也必须认识到秘密窃取。这便不可思议了!既然客观上可以表现为公开盗窃,主观上就可以表现为认识到自己是在公开盗窃。如果认为客观上公开盗窃时,主观上也必须认识到秘密窃取,那便意味着:行为人不必认识到客观构成事实(不必认识到公开盗窃),但必须认识到客观构成事实之外的内容(必须认识到秘密窃取)。

综上,要求盗窃行为具有秘密性,或许符合一般人的观念,但并不符合客观事实,且违背刑法的基本原理,因而不妥当。

第二,不说明盗窃对象的属性,就不可能区分盗窃罪与侵占罪。根据我国《刑法》的有关规定,盗窃与侵占是一种对立关系。虽然《刑法》仅将盗窃罪的对象规定为“公私财物”,但是,联系侵占罪考察盗窃罪的对象时,必然认为盗窃罪的对象只能是他人占有的财物。因为盗窃意味着将他人占有的财物转移为自己或者第三者占有,对于自己占有的他人财物不可能成立盗窃罪。侵占罪包括两种类型:一是将自己占有的他人财物据为己有;二是将脱离他人占有的财物(遗忘物、埋藏物)据为己有。所以,一方面,对于《刑法》第270条第1款规定的“代为保管”,必须理解为受委托而占有他人财物(一般这样认为,但本书不赞成);另一方面,对于第2款规定的“遗忘物”“埋藏物”必须理解为不是基于他人本意,脱离了他人占有的物。特别是就“代为保管”中的事实上的占有而言,只有这样解释,才能使盗窃罪与侵占罪之间既不重叠,又无漏洞:对他人占有的财物成立盗窃罪;对自己占有的财物成立侵占罪。如果将代为保管解释得比占有宽泛,就意味着一部分代为保管与他人的占有相重叠,导致侵占罪与盗窃罪重叠,造成定罪的困难;如若将代为保管解释得比占有狭窄,就意味着侵占罪与盗窃罪之间存在漏洞,导致一部分财物既不是行为人代为保管的财物,也不是他人占有的财物,而不能成为财产罪的对象。更为重要的是,侵占罪是侵害所有、未侵害占有的犯罪,故应当将代为保管解释为占有,从而与盗窃罪相区别。概言之,盗窃罪的对象只能是他人占有的财物,而侵占罪的对象必须是自己占有或者脱离占有的他人财物。所以,一个行为不可能既成立盗窃罪,也成立侵占罪。

不难看出,仅指出窃取的对象是公私财物,而不说明是他人占有的财物,便不可能准确认定盗窃罪。司法实践中常常难以区分盗窃罪与侵占罪,重要原因之一是没有注重两种犯罪之间在行为对象属性上的差异。

第三,不说明“窃取”行为的具体内容,就不可能区分盗窃罪与诈骗罪。盗窃罪与诈骗罪一样,都是转移占有的犯罪。但是,盗窃罪是违反被害人意志取得财物的行为,被害人不存在处分财产的认识错误与处分行为;而诈骗罪是基于被害人有瑕疵的意志取得财物的行为,被害人存在处分财产的认识错误与处分行为。人们习惯于简单地认为,盗窃罪是秘密窃取公私财物的行为;诈骗罪是虚构事实、隐瞒真相骗取公私财物的行为。于是,只要行为人实施了“骗”的行为,并取得了财物,便触犯了诈骗罪;诈骗罪与盗窃罪就产生了交叉。然而,为了合理地认定犯罪,刑法理论上提出了一些并不合理的区分标准。如主要手段是“骗”

的,成立诈骗罪;主要手段是“偷”的,成立盗窃罪。或者说,根据起决定性作用的是偷还是骗,来区分盗窃与诈骗。但类似的说法,并没有为合理区分盗窃罪与诈骗罪提供标准。因为行为人为了盗窃,也可能对被害人实施欺骗行为。例如,A为了非法占有商店的西服,而假装试穿西服,然后向营业员声称照镜子,待营业员接待其他顾客时,逃之夭夭。A取得西服的手段主要是“骗”还是“偷”呢?这是难以回答的问题。

其实,针对一个财产损失而言,一个行为不可能同时既是盗窃,又是诈骗。易言之,在面对行为人企图非法取得某财物的行为时,占有该财物的被害人不可能既作出财产处分决定,又不作出财产处分决定。在行为人已经取得财产的情况下,诈骗与盗窃的区别关键在于被害人是否基于认识错误而处分财产。显然,上述A的行为不成立诈骗罪,因为营业员并没有基于认识错误处分财产。基于同样的理由,在行为人未取得财产(未遂)的情况下,诈骗与盗窃的区别关键在于,行为是否属于足以使对方产生处分财产的认识错误的欺骗行为。

显而易见,不说明窃取行为的具体内容,也不利于准确认定盗窃罪。换言之,为了合理区分盗窃罪与诈骗罪,必须说明窃取行为的具体含义。

第四,盗窃是指以非法占有为目的,违反被害人的意志,将他人占有的财物转移给自己或者第三者占有的行为。

“以非法占有为目的”使盗窃罪与挪用资金罪、故意毁坏财物罪相区别,后者不具有刑法意义上的非法占有目的;“违反被害人的意志”使盗窃罪与诈骗罪、敲诈勒索罪相区别,因为诈骗罪与敲诈勒索罪是基于被害人有瑕疵的意志而取得财物的;“将他人占有的财物转移”使盗窃罪与侵占罪、职务侵占罪相区别,因为侵占罪是将自己占有的财物或者将脱离他人占有的财物据为己有;“转移给自己或者第三者占有”使盗窃罪与故意毁坏财物罪、破坏生产经营罪相区别,后两种犯罪并不是转移财产的占有,而是毁弃财产。“将他人占有的财物转移给自己或者第三者占有”,表明了两个方面的内容:一是破坏或者排除了他人对财物的占有;二是建立了新的占有,使行为人或第三者具有类似所有人的地位。

行为是否具有秘密性,并不直接决定是否存在排除占有与建立占有的事实,故不应作为盗窃行为的要素。换言之,客观上的公开窃取行为,仍然可能实现排除他人对财物的占有和建立新的占有的效果。

2. 盗窃罪的成立是否以行为人"采取非暴力平和手段"为前提?

案3:乙手里拿着手机在公园长椅上睡觉,甲用长竹竿轻轻拍打乙拿手机的手,手机掉在地上,乙未醒来,甲趁机捡走手机。

本案中,甲也可谓使用了暴力。但这种暴力显然没有达到压制被害人反抗的程度,所以甲的行为不成立抢劫罪。用长竹竿拍打手机,也难以评价为具有致人死伤可能性的对物暴力行为,所以甲的行为也难以认定为抢夺罪。无罪显然不可能。可行的是,将这种使用了轻微暴力取得财物的行为评价为盗窃罪。

盗窃罪的成立是否以行为人"采取非暴力平和手段"为前提?本书持否定回答。就盗窃罪与抢劫罪的关系而言:一方面,盗窃罪与抢劫罪具有竞合关系,当行为符合较重犯罪构成要件时,当然应认定为重罪;而且,盗窃与抢劫行为能够在重合的限度内成立共同犯罪。在此意义上说,抢劫罪同时符合盗窃罪的构成要件,但这并没有增添认定犯罪的难度。因为即使承认抢劫行为同时符合了盗窃罪的构成要件,也只能将其认定为抢劫罪。另一方面,盗窃案件中也可能存在暴力、胁迫等行为,见案3,倘若将盗窃限定为"非暴力平和手段",对这种行为就无法处理,显然不当。就盗窃罪与抢夺罪的关系而言:抢夺罪的成立需要对物暴力,需要有致人伤亡的可能性;但盗窃罪并无这种要求。概言之,构成要件所要求的是成立犯罪的最低限度,要求盗窃必须"采取非暴力平和手段"的做法,则在最低限度的基础上附加了不应有的要素,可能形成连轻罪也不能构成的处罚漏洞,所以不妥当。

3. 需要认识到所盗财物数额较大、巨大、特别巨大吗?

案4:没上过学的卖淫女甲与乙男发生性关系后,将乙男事先放在桌上压着400元嫖宿费的手表一并拿走。事后查明,这块手表价值50万元。卖淫女辩称以为手表就值几百元。

本案中，虽然卖淫女顺走的手表客观价值特别巨大，但其本人以为就是一块普通手表。根据责任主义的要求，对卖淫女只能认定为盗窃罪的基本犯。

案5：几个农民夏天口渴，翻越农科院的院墙采摘了十几斤葡萄。事后查明，这些不是普通的葡萄，而是农科院用于科研试验的葡萄。农民的采摘行为给农科院造成了数万元的经济损失。

本案中，几个文化水平不高的农民，很难认识到被他们采摘的葡萄居然是"天价葡萄"。由于他们没有认识到盗窃的对象是数额较大（巨大）的财物，根据责任主义的要求，不能认定成立盗窃罪。

根据《刑法》第264条的规定，除多次盗窃、入户盗窃、携带凶器盗窃、扒窃外，只有盗窃公私财物数额较大的才成立盗窃罪。于是存在这样的问题：是否要求行为人认识到所盗窃的财物数额较大？

这个问题在其他国家完全不存在。因为其他国家的司法实践上虽然并不处罚盗窃价值微薄的财物的行为，但由于刑法并不要求盗窃"数额较大"，所以，尽管只有盗窃价值较小财物的故意，但客观上盗窃了数额较大的财物时，无疑成立盗窃罪。我国《刑法》要求盗窃"数额较大"，"数额较大"又属于客观要素。于是，盗窃故意是否包含对数额较大的认识，直接影响行为人刑事责任的有无。

本书认为，只有认识到所盗财物数额较大时，才可能成立盗窃罪。

首先，构成要件的客观要素，原则上是故意的认识内容。数额较大是盗窃罪的重要客观要素，也是区别罪与非罪的关键因素，行为人对此必须有认识，否则不符合主客观相统一的原则。或许有观点认为，在有些主观上只是小偷小摸，但客观上财物价值较大的案件中，行为人具有盗窃的故意，客观上盗窃的财物数额较大，完全符合主客观相统一的原则。但是，这种主客观相统一，并不是刑法意义上的主客观相统一。因为小偷小摸在我国不构成犯罪，所以，小偷小摸的故意是违反治安管理的一般违法故意，不等于刑法上的盗窃罪的故意。如果不要求行为人主观上对数额较大有认识，就意味着主观上违反治安管理的小偷小摸的一般违法"故意"，与客观上窃取了数额较大财物的行为相统一。但这是不妥当的。果真如此，则会使违反治安管理的行为与刑法上的犯罪丧失明确界限。小偷小摸的"故意"与客观上盗窃数额较大财物的行为也不能在刑法意义上相统一。

其次,行为人明知所盗财物价值微薄,与行为人明知所盗财物数额较大,明显反映出其可谴责性不同:前者的可谴责性小;后者的可谴责性大。后者明知是犯罪而实施,前者是明知违反治安管理而实施。因此,如果将明知所盗财物价值微薄而客观上盗窃了数额较大财物的行为,与明知所盗财物数额较大而客观上盗窃了数额较大财物的行为相提并论,就有违反刑法的公平正义之嫌。

再次,如果不要求行为人明知所盗财物数额较大,就会导致由行为人不能预见的事由或某种机遇决定盗窃罪的成立与否的结果,这也不合适。例如,A 明知所盗财物价值微薄(一床破棉絮)而盗窃,因为其中没有其他数额较大的财物,所以不成立盗窃罪。反之,B 明知所盗财物价值微薄(一床破棉絮)而盗窃,但由于其中藏有其不能认识到的 3000 元人民币,所以成立盗窃罪。显然,决定行为是否成立犯罪的是行为人不能预见的事由或者某种机遇,这是不能被人们接受的。只有要求行为人明知所盗财物数额较大,才能克服这种不合理现象。

最后,或许有观点认为,如果要求行为人明知所盗财物数额较大,那么,盗窃犯人都会声称不明知所盗财物数额较大,因而不能以盗窃罪论处,导致放纵盗窃罪。其实并非如此。行为人是否明知所盗财物数额较大,除了根据证据能判断外,需要根据事实进行推定。推定是根据客观事实推导行为人的心理状态,客观事实正是检验行为人心理状态的根据;"通过运用证据而得出结论与通过推定而得出结论这种手段之间的区别仅仅是一种程度上的区别";推定作为一种思维方式,是一个三段论推理的逻辑结构,符合三段论的公理;我国最高司法机关所作的司法解释,事实上也承认了推定是证明行为人主观心理状态的方法。因此,推定不是主观臆断,司法机关可以运用推定方法证明行为人有无故意心理状态,如根据行为人接受物品的时间、地点、品种、数量、价格等,推定行为人是否"明知"是赃物。同样,一般来说,除非行为人盗窃明知是价值微薄的财物,否则根据行为的时间、地点、对象等因素,就可以推定行为人明知是数额较大的财物,而不致放纵盗窃犯罪。

基于上述理由,司法实务中发生的"天价葡萄案"(见案 5)和"太空豆角案"

等案例中的行为人不成立盗窃罪,因为行为人缺乏盗窃故意的认识要素。

但是,对于数额较大的认识不能作机械的理解与认定。

第一,盗窃故意中对所盗财物数额较大的认识,不要求绝对肯定的认识;换言之,只要行为人认识到所盗财物价值可能数额较大,便具备了盗窃故意的认识因素。例如,刘某出差外地时与不相识的陈某同住一个房间,刘某了解到陈某是科研人员。刘某退房前,见陈某将一个"圆形金属玩具"放在桌上后外出,便想将该"玩具"拿回家给小孩玩。但刘某同时也意识到,该物品也可能不是玩具而是某种机器零件,但仍然将"玩具"拿走。事后查明,该物品确实系机械零件,价值3000余元。由于刘某已经认识到了该物品可能是机械零件,所以应当认定,刘某已经认识所盗物品可能数额较大,具备了盗窃罪的故意。

第二,盗窃故意中对所盗财物数额较大的认识,不必是相当精确的认识,即不要求行为人认识到所盗窃的财物价值达到司法解释确定的数额较大标准,只要行为人认识到所盗窃的财物不是价值微薄的财物,或者说认识到所盗财物在社会意义上是数额较大的财物即可。

第三,在许多情况下,只要行为人认识到物品的特殊性,就可以认定其认识到所盗物品的价值数额较大。

第四,行为人抱着"能偷多少偷多少,偷到多少算多少"心态盗窃财物时,应认定其认识到所盗财物数额较大。因此,只要客观上窃取的财物数额较大,便应认定为盗窃罪。这并不违反主客观相统一的原则,因为所盗财物的价值都没有超出行为人认识的内容。

最后需要说明的是,虽然行为人认识到所盗财物数额较大,但如果财物的真实价值为数额巨大甚至特别巨大,而行为人根本没有认识到数额巨大与特别巨大时,只能选择数额较大的法定刑,而不能选择数额巨大与特别巨大的法定刑。责任主义要求行为人主观上具有刑法所规定的责任能力、故意或过失以及期待可能性。

责任主义的实际机能表现在两个方面:一是归责中的责任主义,即只有行为人对符合构成要件的违法行为具有主观责任时,其行为才成立犯罪;二是量刑中的责任主义,即刑罚的程度必须控制在责任的范围内,或者说,刑罚的程度不能超出责任的上限。归责中的责任主义,决定了超出主观责任范围的结果,是不可归责的结果,不属于刑法评价的对象。因此,行为人不能预见的结果既不能在定罪中起作用,也不能在量刑中起作用。如果在量刑时将一切结果作为从重处罚的情节,就意味着将行为人没有罪过的结果也作为从重量刑的依据,进而意味着行为人对自己没有罪过的结果承担刑事责任,这便违反了责任主义原则。所以,影响量刑的结果,只能是可以归责的结果。由于责任错误或者认识错误所导致的结果,如果行为人没有相应的罪过,就不能作为从重量刑的情节,更不能适用加重的法定刑。例如,行为人以为是一幅普通的绘画(假定达到了数额较大的起点)而实施了窃取行为,但事实上该幅绘画为世界名画价值连城(达到了数额特别巨大的起点)。即使行为人应当认识到绘画的真实价值,但由于盗窃罪只能由故意构成,因此,对行为人主观上没有认识到的价值(被害人的财产损害数额)不能作为量刑情节考虑,也不能作为法定刑升格的条件。

行为人事前、事中一般不可能准确判断所盗财物的数额,只要行为人认识到自己所盗的数额很大、特别大、非常多,就可以认定行为人对数额巨大、特别巨大具有认识。这也是"外行人领域的平行评价"理论在盗窃罪的故意内容中的运用。

综上,财产犯罪的对象不包括价值微薄的财物。根据责任主义的要求,没有认识到所盗财物数额较大时,不成立盗窃罪;没有认识到所盗财物数额巨大甚至特别巨大时,不能适用盗窃罪的加重法定刑。

4. 能否成立盗窃数额(特别)巨大的未遂?

案6(碰碎国宝案):甲企图在故宫博物院窃取某价值连城的国宝级文物,正欲拿起时不小心碰碎该文物。

按照数额加重犯未遂否定说,会得出无罪或者仅成立盗窃罪基本犯未遂的结论,而根据数额加重犯未遂肯定说,会得出成立盗窃数额特别巨大的未遂,适用10年以上有期徒刑或者无期徒刑的法定刑幅度,同时适用《刑法》总则关于未遂犯从轻减轻处罚规定的结论。

我国传统刑法理论与实务的主流观点认为,包括数额加重犯在内的加重犯存在未遂形态,在适用加重犯的法定刑的同时适用未遂犯从轻减轻处罚规定。而以张明楷教授为代表的部分学者提出质疑,认为对加重犯应区分加重的犯罪构成与量刑规则,前者存在未遂,而后者不存在未遂。

张明楷教授认为,刑法分则条文中关于法定刑升格条件情节(特别)严重、情节(特别)恶劣、数额或者数量(特别)巨大、首要分子、多次、违法所得数额巨大(如侵犯著作权违法所得数额巨大)、犯罪行为孳生之物数量/数额(特别)巨大(如伪造货币数额特别巨大)的规定,只能视为量刑规则;而因为行为、对象等构成要件要素的特殊性使行为类型发生变化,进而导致违法性增加并加重法定刑的,才属于加重的犯罪构成(构成要件)。区分加重的犯罪构成与量刑规则的意义"突出地表现在如何处理犯罪形态以及如何适用法定刑的问题上",即"加重的犯罪构成存在未遂犯,量刑规则不存在未遂犯"①。这可谓"量刑规则说"。

"量刑规则说"的核心理由之一是,由于数额(特别)巨大实际上只是情节(特别)严重的一种表现形式,既然情节(特别)严重的未遂的说法不能成立,数额(特别)巨大的未遂的说法也不能成立,因此数额(特别)巨大与情节(特别)严重同样属于量刑规则而不存在未遂。

应该说,张明楷教授混淆了情节"严重"与严重"情节",前者是一种评价,而后者是一种事实,在事实本来可能发生却因为意志以外的原因没有发生时,当然可能成立未遂。也就是说,这种理由有偷换概念之嫌,而且,仅以不存在情节(特别)严重的未遂为由,就认为数额(特别)巨大是量刑规则,恐怕会陷入自相矛盾的境地。事实上,以数额特别巨大的财物为盗窃目标而未得逞的事例并不罕见。例如,行为人意图盗窃价值百万的奔驰轿车,因意志以外的原因而未得逞,显然成立盗窃数额特别巨大财物的未遂,至于如何处罚则另当别论。因此,上述理由不能成立。

"量刑规则说"的核心理由之二是,若认为"盗窃数额(特别)巨大"规定的是加重的犯罪构成,进而认为可以成立盗窃数额(特别)巨大的未遂,则会导致诸多矛盾冲突和罪刑不相适应。例如,甲一次盗窃价值4000元财物既遂,一次

---

① 张明楷:《加重构成与量刑规则的区分》,载《清华法学》2011年第1期。

盗窃价值30万元财物未遂,若认为《刑法》第264条中"盗窃数额特别巨大"规定的是加重犯罪构成,就会认为本案成立盗窃数额特别巨大的未遂和盗窃数额较大财物的既遂,既要适用"数额特别巨大"的法定刑同时适用《刑法》总则关于未遂犯的从轻减轻处罚规定,又要将盗窃4000元财物的事实作为从重处罚的情节。可是这种做法明显不当:一则明明存在盗窃4000元财物既遂的事实,却要认定为盗窃未遂,有违事实和常理;二则一方面认为"盗窃数额特别巨大"属于加重犯罪构成,另一方面又不将甲的行为认定为盗窃既遂与盗窃未遂两个罪,而与罪数原理相冲突;三则在适用未遂犯处罚规定的同时又将盗窃4000元财物作为从重处罚的情节,致使对甲判处的刑罚明显过重,因而不符合罪刑相适应原则。但若认为"盗窃数额特别巨大"及其法定刑的规定只是量刑规则,就会认定本案成立盗窃罪基本犯的既遂,同时将盗窃30万元未遂的事实作为盗窃罪基本犯法定刑幅度内量刑的从重情节,就能避免上述矛盾并能做到罪刑相适应。又如,A盗窃9万元既遂,B意图盗窃11万元未遂,倘若认为盗窃数额(特别)巨大属于加重构成,虽然B的盗窃未遂行为的违法程度肯定轻于A的盗窃既遂行为的违法程度,但对B处罚仍然会重于对A的处罚,而明显罪刑不相适应。再如,C盗窃29万元财物既遂,D意图盗窃31万元财物未遂,虽然D的盗窃未遂行为的不法程度肯定轻于C的盗窃既遂行为的不法程度,但若认为盗窃数额(特别)巨大属于加重构成,对D处罚仍然会重于对C的处罚,而有违罪刑相适应原则。

其实,上述理由并不成立。首先,在行为多次实施同一种犯罪而既有既遂也有未遂的情形,因为存在数个行为,数次符合同一种犯罪构成,原本就应当以同种数罪实行并罚。上述案件中,对甲应以盗窃4000元财物的既遂与盗窃30万元财物的未遂同种数罪实行并罚。当然,如果行为人实施的多次行为针对的是同一对象,则由于具有法益侵害的实质同一性而应成立包括的一罪。

需要指出的是,多次实施同一构成要件的行为而既有既遂也有未遂,不同于实施一个行为而部分既遂的情形,前者可谓"既未遂并存",后者可谓"部分既遂"。对于相关司法解释中类似"盗窃既有既遂,又有未遂,分别达到不同量刑幅度的,依照处罚较重的规定处罚;达到同一量刑幅度的,以盗窃罪既遂处罚"

的规定，[①]虽然不排除有人将其理解为有关“既未遂并存”的处罚规定，但由于是“依照处罚较重的规定处罚”，而与想象竞合的“从一重处断”原理相契合，因而应将其理解为“部分既遂”时想象竞合从一重处罚的规定。

其次，认为犯罪未遂的违法程度肯定低于犯罪既遂的违法程度，也存在疑问。张明楷教授所举的都是既遂与未遂数额十分接近的事例（9 万元与 11 万元、29 万元与 31 万元），而对于这些事例的确可能得出“犯罪未遂的不法程度肯定轻于犯罪既遂的不法程度”的结论。然而，一则如果犯罪未遂的数额只是刚刚超过数额（特别）巨大的标准，通常应选择减轻处罚，而减轻处罚的结果就未必重于犯罪既遂时的刑罚。所以说，脱离具体案件，抽象地讨论法院对 A 或 B 的量刑孰轻孰重是没有意义的。二则按照“犯罪未遂的不法程度肯定轻于犯罪既遂的不法程度”的逻辑，可能得出“盗窃价值数百万财物未遂的行为的不法程度轻于盗窃价值 3000 元财物既遂的行为的不法程度”以及“杀人未遂行为的不法程度轻于故意轻伤既遂行为的不法程度”的结论。这显然也不能被人接受。

最后，不是“加重构成说”，反而是“量刑规则说”，容易得出明显罪刑不相适应的结论。按照张明楷教授的“量刑规则说”，以数额特别巨大的财物（如价值连城的名画国宝）为盗窃目标，因为意志以外的原因而未得逞的（未取得任何财物或者仅取得数额较小的财物），不成立盗窃数额特别巨大的财物的未遂，而仅成立盗窃罪基本犯的未遂，适用基本犯的法定刑，同时适用未遂犯从轻减轻处罚规定；如果实际仅取得数额较大的财物（如仅取得价值 3000 元的赝品），同样不成立盗窃数额特别巨大的财物的未遂，而仅成立盗窃罪基本犯的既遂，适用基本犯的法定刑。按照“量刑规则说”的逻辑，试图诈骗 100 万元财物的未遂和试图诈骗 5000 元财物的未遂的行为人，都处在同一个最低的量刑幅度。这恐怕难言妥当。

质言之，按照“量刑规则说”，无论是以数额巨大还是特别巨大的财物为盗窃目标，即便事实上已经接近数额（特别）巨大的财物而形成具体、现实、紧迫的

---

① 参见 2013 年 4 月 2 日最高人民法院、最高人民检察院《关于办理盗窃刑事案件适用法律若干问题的解释》（以下简称《盗窃解释》）第 12 条；2011 年 4 月 8 日最高人民法院、最高人民检察院《关于办理诈骗刑事案件具体应用法律若干问题的解释》第 6 条；等等。

危险,也与以价值3000元的彩电为盗窃目标而未得逞的情形,同样成立盗窃罪基本犯的未遂而处以同样的刑罚,正如出于杀人的目的因为意志以外的原因未造成轻伤结果,与出于轻伤的故意因为意志以外的原因未造成轻伤结果的同样成立故意伤害(轻伤)未遂,而明显罪刑不相适应。

不仅如此,在以数额特别巨大的财物(如价值连城的国宝)为盗窃目标被"人赃俱获"案件中,是认定既遂还是未遂,以及在接近国宝后不小心碰触国宝致掉地摔碎案件中,会形成截然不同的判罚结果。对于案6"碰碎国宝案",张明楷教授也意识到仅认定成立盗窃罪基本犯的未遂会有失均衡,于是提出,"这种情形适用情节严重或情节特别严重的法定刑,然后再适用未遂犯的规定。但这个未遂犯,不是指情节严重或者特别严重本身的未遂,而是由于盗窃罪是转移占有的犯罪,虽然盗窃行为已经属于情节严重或者特别严重,但由于没有转移占有,只能认定为盗窃罪的未遂犯"。[①] 但这种"辩解"还是存在疑问:不认定为盗窃数额特别巨大的未遂而认定为盗窃"情节特别严重"的未遂,有违其主张的"情节特别严重"同样属于量刑规则而无未遂成立的一贯立场,而且,既然可以将"由于意志以外的原因没有取得财物"的情形认定为盗窃"情节特别严重"的未遂,为何不能直接认定为盗窃"数额特别巨大"的未遂呢?可以看出,"量刑规则说"既要否认成立盗窃数额(特别)巨大的未遂,又要顾及罪刑相适应,而难免陷入左支右绌的境地。

"量刑规则说"的核心理由之三是,德国刑法与理论明确区分构成要件的变异与不具有构成要件特点的单纯量刑规则的通例的做法,可以为我国所借鉴。其实,德国所谓单纯的量刑规则与加重构成要件,"二者的区分标准是构成要件的强制适用效力,而不是构成要件的定型性或者违法性",也就是说,德国刑法理论中的"量刑规则与我国刑法中的加重数额不论在立法结构还是理论语境上都存在重大差异,不宜将二者直接对接起来,更不能借此理论推导出我国刑法中的加重数额犯不存在未遂的结论"。

综上,坚持将我国刑法中的加重犯区分为加重的犯罪构成与量刑规则,进而

---

① 张明楷:《侵犯人身罪与侵犯财产罪》,北京大学出版社2021年版,第223页。

认为前者存在未遂,后者不存在未遂的各种理由均不能成立。应该说,张明楷教授的“量刑规则说”与其所一贯主张的客观未遂论相冲突。根据客观的未遂论,未遂犯的处罚根据在于发生了法益侵害的客观危险性。本书也赞成客观的未遂论。是否成立未遂,应根据客观的未遂论进行判断,就加重犯而言,只要行为人主观上以侵害加重犯的法益为目标,客观上也对加重犯的法益形成了具体、现实、紧迫的危险,就应肯定加重犯未遂的成立。

所谓数额加重犯,是指行为人实施一定行为所涉及的犯罪数额明显超过基本犯数额因而加重法定刑的情形。数额可以分为单次数额与累计数额。由于累计数额是由多次单独既遂的数额累计而成,故不存在未遂问题。本书所界定的数额加重犯,仅限于单次数额加重的情形。张明楷教授将数额加重犯均视为量刑规则,认为量刑规则不存在未遂。这种看法过于绝对。我国《刑法》中的数额加重犯,存在财产数额加重犯(如盗窃罪、诈骗罪)、违法所得数额加重犯(如侵犯著作权罪、受贿罪)、行为规模数额加重犯(如销售伪劣产品罪、妨害信用卡管理罪)、犯罪孳生之物数额加重犯(如伪造货币罪)等各种类型。对于财产数额加重犯而言,完全可能成立数额加重犯未遂。具体而言,当行为人主观上以数额(特别)巨大的财物为目标,客观上接近数额(特别)巨大的财物,即已经对他人数额(特别)巨大的财物形成具体、现实、紧迫的危险,只是因为意志以外的原因未得逞的,成立盗窃、诈骗等财产犯罪加重犯的未遂,适用加重法定刑,同时适用未遂犯从轻减轻处罚规定。对于案6(“碰碎国宝案”),应当认定为盗窃数额特别巨大的未遂,适用数额特别巨大所对应的法定刑,同时适用未遂犯从轻减轻处罚规定。需要强调的是,成立财产犯罪数额加重犯未遂的前提必须是,行为人已经对他人数额(特别)巨大的财物形成了具体、现实、紧迫的危险,而不仅仅因为行为人主观上以数额(特别)巨大的财物为目标,否则就成为学者所诟病的“心有多恶,刑就有多重”。例如,对于砸坏银行柜员机、撬银行保险柜的案件,虽然行为人通常都以数额巨大甚至特别巨大的财物为盗窃目标,但根据客观的未遂论,除非行为时银行柜员机、保险柜中存在数额巨大甚至特别巨大的财物,而且所采取的手段具有得逞的可能性,否则不能成立盗窃数额(特别)巨大财物的未遂,而只能成立盗窃罪基本犯的未遂,甚至不能犯。

5.特殊盗窃对象可以是客观价值不大但主观价值较大的身份证之类财物吗?

案7:甲在公交车上扒窃了一个钱包。回家打开发现钱包里只有一张身份证。

众所周知,身份证的客观价值即交换价值不大,但主观价值即使用价值较大。倘若认为特殊盗窃的对象也必须是客观价值较大的财物,则甲因盗窃的财物数额不大而不构成盗窃罪。既然《刑法》没有规定成立扒窃等特殊盗窃要求财物数额较大,就可以认为即使扒窃的是客观价值不大但主观价值较大的财物,也值得以盗窃罪科处刑罚。

案8:甲入户盗窃了乙的信用卡。但乙的信用卡里不仅没有存款,还因为透支而欠了银行几万元,已经不能再用该卡支付。

本案中,应该将信用卡本身认定为盗窃的对象。信用卡本身就是财物,与信用卡里面存款多少、欠款多少是没有直接关系的。信用卡在我们的日常生活中具有较为重要的作用,经常会在购物的环节中被使用。本案中,虽然被盗的信用卡已经不具有支付功能,但是在被害人还款等环节,还是会被使用。虽然不能认为入户盗窃任何东西都能成立盗窃罪,但是入户盗窃了他人需要经常使用的财物或者说对他人具有重要使用价值的财物时,即使交换价值很小,也应认定为盗窃罪。如入户盗窃护照、重要照片、房门钥匙等,就应该认定为盗窃罪。因此,本案中甲入户盗窃他人信用卡的行为应该构成盗窃罪。

作为盗窃罪对象的财物,当然要求具有财产性价值,而财产性价值可以分为客观价值(经济价值、交换价值)与主观价值(使用价值)。国外刑法理论通说认为,财物即便没有客观的交换价值,只要具有主观的使用价值即可。因为只要对所有者、持有者具有效用,即便对他人并无效用而不能成为交换的对象,仍值得保护。刑法保护的是每个个体的财产法益,而财产对于每个个体来说,未必具有同样的价值,只有承认具有主观价值的财物也是盗窃罪的对象,才能真正体现人本主义和刑法的人性化。1979年《刑法》第151条仅将盗窃罪的罪状表述为"盗窃……公私财物数额较大"时,大体意味着数额较大的财物才是盗窃罪的对象,数额较小的财物不值得刑法保护。而且,对其中的“数额较大”都是以财物的交换价值或者经济价值进行计算或判断的。1997 年《刑法》增加了“多次盗窃”之后,刑法理论也并未重视“多次盗窃”的规定是否意味着盗窃行为对象的变化。显然,在《刑法修正案(八)》中增加了“入户盗窃、携带凶器盗窃、扒窃”等行为类型后,对盗窃罪的行为对象范围及其价值必须重新思考。也就是说,《刑法修正案(八)》增加的几种盗窃行为类型已经表明,只要对所有人、占有人具有主观价值,即使客观上没有经济价值,也可能成为盗窃罪的对象。因为一般来说,纪念品、身份证、出入境证件、信用卡、存折等物品,要么存放在住宅,要么随身携带,而入户盗窃、扒窃正表现为侵入住宅盗窃或者在公共场所窃取他人随身携带的财物,如果将这些物品排除在盗窃罪行为对象之外,《刑法修正案(八)》就丧失了增加盗窃行为类型的意义。

其实,即使是普通盗窃中的“数额较大”,也未必只能解释为客观价值较大,将其解释为“数量”较大,从而包括主观价值较大的财物,也未尝不可。事实上,2013 年 4 月 2 日《盗窃解释》第 1 条第 4 款也指出:“盗窃毒品等违禁品,应当按照盗窃罪处理的,根据情节轻重量刑。”这里“情节轻重”也表明,不具有客观的交换价值,但具有主观的使用价值的财物,可以成为普通盗窃的对象。因为盗窃毒品等违禁品未必就成立盗窃罪的加重犯,如盗窃几克海洛因、几十张淫秽光盘,还是只能认定成立盗窃罪的基本犯,而盗窃罪的基本犯是要求“数额较大”的。所以说,盗窃罪的对象是否包括客观价值不大而主观价值较大的财物,取决于人们对现代社会中财物价值的认识,与成罪是否要求“数额较大”无关。

6. 特殊盗窃属于行为犯、举动犯吗?

在《刑法修正案(八)》新增 3 种特殊盗窃行为类型后,有不少学者认为,盗窃罪不再是纯粹的结果犯,而部分演变成行为犯、举动犯、危险犯,只要一实施相应行为,就构成盗窃罪,即只有成立不成立的问题,而没有既未遂问题。例如,有观点认为,携带凶器盗窃属于行为犯,其行为必须实施到一定程度才成立既遂,这个程度应当是着手实施了盗窃行为并对人身造成侵害危险,二者缺一不可;《刑法修正案(八)》首次将“入户盗窃”、“携带凶器盗窃”与“扒窃”从普通盗窃中分离出来,使之上升为行为犯;对于入户盗窃、携带凶器盗窃、扒窃等特殊盗窃行为来说,只要行为人实施了这些行为,不论其最终是否占有他人财物,也不论其所非法占有财物数额的大小,都直接构成盗窃罪;"携带凶器扒窃"是举动犯,着手实施实行行为即构成犯罪既遂,因而不存在犯罪未遂形态,但存在犯罪预备和犯罪中止;与普通盗窃相比,携带凶器盗窃除了属于行为犯外,更具有抽象危险犯的特征,二者并行不悖。

成立抢劫罪也没有数额的要求,但从来没有观点认为,抢劫罪不是结果犯而是行为犯。本书认为,之所以在《刑法修正案(八)》增设3种特殊盗窃行为类型后出现了上述有关特殊盗窃犯罪类型匪夷所思的看法,是因为一直以来我国刑法理论界对行为犯、结果犯、抽象危险犯、具体危险犯和举动犯这些分类的功能与意义缺乏正确的认识。

行为犯(举动犯)与结果犯、危险犯(包括抽象危险犯与具体危险犯)与实害犯(亦称侵害犯)相对应。区分行为犯与结果犯,对于既遂和因果关系的认定有一定的意义;区分危险犯与实害犯,旨在说明成立犯罪的条件或者处罚根据。其中抽象危险犯与具体危险犯的区分,只具有立法论上的处罚根据的意义。由此可见,我们可以大致认为,不管属于上述何种犯罪类型,都旨在解决犯罪成立条件和犯罪既遂标准判断的问题。

特殊盗窃不过是在普通盗窃的基础上增添了行为情状的要求。如多次盗窃,增加了行为次数的要求;入户盗窃强调了犯罪的空间是"户"内;携带凶器盗窃突出了盗窃行为伴随状况是"携带凶器";而扒窃,强调盗窃的空间是公共场所,对象是他人随身携带的财物。因而,所谓特殊盗窃,实行行为仍是盗窃行为,侵害的法益还是他人的财产权;虽然没有数额的要求,但根据《刑法》第13条"情节显著轻微危害不大的,不认为是犯罪"的但书规定,不可能将多次盗窃几支铅笔、入户盗窃1块肥皂、携带凶器盗窃1个苹果、扒窃几张餐巾纸作为盗窃罪处理。这说明,与普通盗窃相比,特殊盗窃不是不要求盗得财物,而是不要求盗得数额较大的财物;没有盗得财物的,仍然属于盗窃未遂,而不是盗窃既遂;盗得的财物客观价值和主观价值均极为低廉的,不成立盗窃罪;若以盗窃一定数额的财物为目标,因意志以外的原因而未盗得财物的,仍然只是成立盗窃未遂。因此，特殊盗窃并没有改变盗窃罪的犯罪类型，特殊盗窃不是行为犯、举动犯，也不是危险犯（抽象危险犯），仍属于结果犯范畴。

7. 如何认定盗窃罪的着手？如何认定特殊盗窃的着手与既遂？

"着手"是一个规范的概念，只有当行为产生了侵害法益的具体、现实、紧迫的危险时，才是着手。对盗窃罪的着手只能提出一个实质性的判断标准，那就是，行为具有转移财物占有的紧迫危险时就是着手。因此，需要就不同的盗窃行为类型进行不同的判断，常常是被害人占有越紧密，着手的认定越晚；被害人的占有越松懈，着手的认定就越早。当然，这一点也不绝对。比如，进入无人看守的仓库盗窃的，最晚是进入仓库时就要认定为着手，甚至可能认为开始撬门开窗时就是着手。因为行为人进入仓库后，不存在转移占有的任何障碍。

特殊盗窃的实行行为仍是"盗窃"行为，因而大致可以认为，其着手及既遂按照一般的盗窃行为进行判断即可。主张特殊盗窃属于行为犯或者举动犯的学者，一般会认为一实施特殊盗窃行为，即成立盗窃罪，甚至是盗窃罪的既遂。例如，有学者认为，扒窃行为作为盗窃罪的一种单独成罪的较重的行为类型，立法者重在惩罚扒窃行为而非扒窃数额。因而只要行为人实施扒窃行为，就符合了盗窃罪的既遂条件，不以对财物的控制为必要。本书不赞成这种观点。特殊盗窃不过是盗窃罪的一种行为类型，仍属于结果犯，故应以财物的取得作为犯罪既遂的标准，只是不要求取得数额较大的财物。

入户盗窃的着手，通常采取物色说，即行为人开始物色财物时就是着手，而不是进入户内就是着手。从刑事诉讼法角度讲，在行为人没有开始物色财物时，我们没有办法判断行为人就是入户盗窃。扒窃他人口袋里的财物的，一般认为接触口袋外侧时，就是着手。一些顺手牵羊式的盗窃（扒窃），只有接触财物本身时，才是着手。例如，被害人与朋友聊天时将行李箱放在身边，行为人想趁被害人不注意而拿走。不管行为人如何物色，都还不能叫着手，只有当行为人接触行李箱时，才能认定为着手。盗窃他人放在高铁行李架或者飞机行李架里的财物时，也要以接触财物为着手。携带凶器盗窃的着手，不是带上凶器时，而是跟普通盗窃一样，开始物色或者接触财物时。

盗窃罪着手的认定，清楚地说明着手可以存在于实行行为之前，而不是实行行为的起点。这是因为，如果说着手是实行行为的起点，而盗窃的实行行为是转移财物的占有，只有在开始转移占有时才是盗窃的着手，这显然导致着手的不当推后。

8. 如何认定特殊盗窃的共犯？

案9：张三曾经盗窃过两次，某日又与李四一同去盗窃自行车，李四也知道张三之前盗窃过两次。

应该说，"多次盗窃"的立法根据不只是行为人具有多次盗窃的危险性，还必须客观上有多次盗窃的行为，有窃取数额较大财物的危险。本案中，由于李四并没有参与张三之前的两次盗窃行为，也就没有窃取数额较大财物的危险，所以，李四不成立多次盗窃的共犯。"多次抢劫"也是一样，不是说只要参与了他人的第三次抢劫，就能够成立"多次抢劫"的共犯。只有当行为人多次参与了盗窃或者抢劫，例如第一次借给他人盗窃所用的工具，第二次为帮助他人实施盗窃行为望风，第三次直接与他人一同实施盗窃行为，才能够认定为多次盗窃。

案10：甲盗窃两次后，因担心构成犯罪，打算不再盗窃了。乙得知后唆使甲第三次实施盗窃。

应该说，既然乙与甲共同实施第三次盗窃的实行行为都不成立多次盗窃的共犯，教唆他人第三次盗窃的，也不能认定为多次盗窃的教唆犯。也就是说，乙教唆的不是多次盗窃，只是教唆甲第三次盗窃，前两次盗窃并不是乙教唆的。如果某人教唆他人多次盗窃，他人因此而多次盗窃，才属于多次盗窃的教唆犯。

特殊盗窃的共犯问题，按照共犯的一般原理进行认定即可。例如，关于入户盗窃，在户外为入户盗窃的正犯望风的，是入户盗窃的共犯。关于携带凶器盗窃，只要在犯罪现场的其中一位参与者携带凶器，而其他参与者对此有认识的，也要认定为携带凶器盗窃。关于多次盗窃，仅一次教唆或者帮助他人盗窃，而被教唆、被帮助者实施了3次盗窃的，教唆、帮助者的行为不能认定为多次盗窃，仅被教唆、被帮助者成立多次盗窃。若教唆、帮助他人多次盗窃的，则成立多次盗窃的共犯。

总之，只要行为人与特殊盗窃的行为及其结果之间具有物理或者心理的因果性，就应承担特殊盗窃的共犯的责任。

9. 多个盗窃行为类型竞合及并存时如何处理？

实践中可能存在这样的情况，即盗窃行为中既有普通盗窃行为又有特殊盗窃行为，或是同时存在几种特殊盗窃行为，又或是特殊盗窃行为达到数额较大或者巨大，此时，是以盗窃罪的基本刑（3 年以下有期徒刑、拘役或者管制，并处或者单处罚金）处罚，还是认定为盗窃罪的“其他严重情节”甚至“其他特别严重情节”，从而适用加重法定刑（3 年以上 10 年以下有期徒刑，10 年以上有期徒刑或者无期徒刑），就成为定罪量刑时必须认真对待的问题。

有观点认为，行为人一次携带凶器入户盗窃数额较大财物的，只成立一个盗窃罪，但可能评价为“有其他严重情节”；行为人一次携带凶器盗窃，一次入户盗窃的，属于同种数罪，如果不属于“有其他严重情节”，则并不排除并罚的可能性。有人指出，对于具有数额较大或者多次盗窃以达到定罪标准的情况，或者数额较大又多次盗窃，同时又具有“入户盗窃、携带凶器盗窃、扒窃”情形之一的行为的，应该双重评价，明文列入“从重处罚”情节条款，从严打击；对于符合三重构罪行为的，列入“情节特别严重”条款，加重处罚。有观点主张，如果入户盗窃、携带凶器盗窃、扒窃同时达到了“盗窃数额较大”或者“盗窃数额巨大”的标准，那么应当在“有其他严重情节”（处 3 年以上 10 年以下有期徒刑，并处罚金）或者“有其他特别严重情节”（处 10 年以上有期徒刑或者无期徒刑，并处罚金）的量刑幅度内予以处罚。有人声称，只要行为人实施了盗窃数额较大、多次盗窃、携带凶器盗窃、扒窃、入户盗窃，上述 5 种情形任意 3 种组合，或 1 种类型的盗窃实施 3 次以上，均属于量刑层面的多次盗窃，从而在量刑时可以从重处罚。

《盗窃解释》第 2 条规定：“盗窃公私财物，具有下列情形之一的，‘数额较大’的标准可以按照前条规定标准的百分之五十确定：（一）曾因盗窃受过刑事处罚的；（二）一年内曾因盗窃受过行政处罚的；（三）组织、控制未成年人盗窃的;(四)自然灾害、事故灾害、社会安全事件等突发事件期间,在事件发生地盗窃的;(五)盗窃残疾人、孤寡老人、丧失劳动能力人的财物的;(六)在医院盗窃病人或者其亲友财物的;(七)盗窃救灾、抢险、防汛、优抚、扶贫、移民、救济款物的;(八)因盗窃造成严重后果的。"第6条规定:"盗窃公私财物,具有本解释第二条第三项至第八项规定情形之一,或者入户盗窃、携带凶器盗窃,数额达到本解释第一条规定的'数额巨大'、'数额特别巨大'百分之五十的,可以分别认定为刑法第二百六十四条规定的'其他严重情节'或者'其他特别严重情节'。"

本书认为,在多种盗窃行为类型竞合(如携带凶器入户盗窃)或者并存(如一次入户盗窃、一次扒窃)时,由于我国盗窃罪的法定刑过高(其他国家盗窃罪的法定最高刑一般只有10年或者5年有期徒刑),而且法官习惯于适用重刑,所以总的原则是,在选择升格法定刑时必须达到数额较大或者巨大,或者符合《盗窃解释》第6条规定的条件,否则,原则上应在(累计)数额所对应的法定刑幅度内从重处罚,或者作为同种数罪,予以并罚处理。例如,入户盗窃数额较大的,可以将"数额较大"和"入户"分别看作定罪情节和量刑情节,只能在盗窃罪的基本刑幅度内适当从重处罚。又如,既实施普通盗窃数额较大,又实施入户盗窃、扒窃等特殊盗窃行为类型,只要盗窃数额累计没有达到"数额巨大",也不符合《盗窃解释》第6条规定的适用条件,就只能在基本刑幅度内从重处罚,或者认定为数个盗窃罪,适用同种数罪实行并罚。再如,入户盗窃财物数额巨大,另外实施了携带凶器盗窃或者扒窃行为,只要累计数额未达数额特别巨大,也不符合《盗窃解释》第6条的适用条件,就只能在3年以上10年以下法定刑幅度内从重处罚,或者适用同种数罪实行并罚。还如,行为人实施了4次普通盗窃行为,其中一次达到数额较大,只要数额累计未达数额巨大,也不符合《盗窃解释》第6条的适用条件,就只能在盗窃罪的基本刑幅度内从重处罚,或者作为普通盗窃(达到数额较大的盗窃)与特殊盗窃(剩余3次构成的多次盗窃)的同种数罪,予以并罚。

总之,由于我国盗窃罪法定刑偏重,法官又习惯于判处重刑,在普通盗窃与特殊盗窃竞合时(如扒窃数额较大),只要不符合《盗窃解释》第6条的适用条件,就不能适用升格法定刑,只能在盗窃累计数额所对应的法定刑幅度内适当从重处罚；在普通盗窃与特殊盗窃并存（而非竞合），或者多种特殊盗窃并存时，只要累计数额未达数额巨大或者特别巨大，也不符合《盗窃解释》第6条的适用条件，法定刑就不能升格，只能在累计数额所对应的法定刑幅度内从重处罚，或者作为同种数罪实行并罚。

10.如何认定"多次盗窃"？受过行政处罚的盗窃行为能计入"多次"吗？

案11：甲在2年之内盗窃4次，没有达到数额较大的要求，并且前面的2次盗窃行为已经受到行政处罚。

案12：乙在2年之内盗窃3次，没有达到数额较大的要求。后被抓获。

如果认为受过行政处罚的次数不应计入"多次"盗窃之内，则甲不构成盗窃罪，而乙显然构成盗窃罪。但很明显，甲无论从违法性上（4次盗窃），还是从再犯罪的可能性上（受到行政处罚后还继续盗窃），都比乙严重。所以甲无罪而乙有罪的结论不合理。应该认为，受过行政处罚的盗窃行为也计入"多次"盗窃，甲的行为属于多次盗窃，构成盗窃罪。所谓禁止双重处罚，只是意味着就同一事实不得进行两次性质相同的处罚。行政处罚与刑事处罚属于性质不同的处罚。为避免不应有的双重处罚，应将行为人受过的罚款处罚折抵罚金、行政拘留折抵拘役或者有期徒刑，甚至还可以撤销之前的行政处罚决定。

关于多次盗窃，有学者指出，"多次盗窃"中的"多次"作为犯罪成立条件，属于一种从严的规定，从严的根据来自两个方面，即客观方面的违法性增加和主观方面的有责性增加，其中，有责性的增加是"多次"从严的首要根据，而违法性的增加仅为其次要根据。本书认为，在每次盗窃的数额没有达到较大，累计数额也没有达到较大的情况下，如果没有"多次盗窃"的规定，不会构成盗窃罪，因而"多次盗窃"是一种犯罪成立条件，可谓是一种从严的规定。从违法性方面看，多次盗窃虽然每次数额没有达到较大，但多次实施使财产法益多次陷入被侵害的危险之中，因而比一两次盗窃的违法性要重。多次反复实施，说明行为人多次突破自己的规范意识，多次放弃反对动机形成的机会，意味着行为人的非难可能性较高，人身危险性与特殊预防必要性较大。总之，相对于偶尔一两次的盗窃行为,多次盗窃行为的违法性和有责性达到了值得科处刑罚的程度。

不过,因为“多次盗窃”只是盗窃入罪的条件,适用的是盗窃罪的基本刑,而“多次抢劫”是抢劫罪的加重情节,适用的是加重法定刑,因而,相对于“多次抢劫”,“多次盗窃”中“多次”的认定,可以适当放宽。也就是说,对于“多次盗窃”,不能像多次抢劫那样作过于严格的解释。因为刑法原则上将盗窃罪的成立限定为数额较大的情形时,明显过于缩小了刑罚的处罚范围。反过来说,《刑法》第264条规定“多次盗窃”是为了扩大盗窃罪的处罚范围。既然如此,对“多次盗窃”就不能再作过于严格的限制解释。为此,(1)在同一地点盗窃3位被害人财物的,应认定为多次盗窃;(2)在不同时间、不同地点盗窃同一被害人的财物的,也是多次盗窃;(3)对于基于一个概括的犯意,连续在一定场所三次盗窃不同被害人财物的认定为多次盗窃;(4)对一栋办公楼中的几个办公室连续实施盗窃的,应当按客观行为认定为多次盗窃,而不能按照主观心理状态认定为一次盗窃。由于财产法益并非个人专属法益,通常根据持有者的个数认定侵害法益的个数,这意味着,在同一地点盗窃三个人的财物,若是归一人持有或保管,如盗窃某个小件寄存处的多人寄存的财物,则只能认定为一次盗窃。即便是多人所有、多人持有,若行为人只实施了一个盗窃行为(如一把抓、一肩挑),也只能认定为一次盗窃。

本书注意到,《刑法修正案(八)》通过后,关于多次盗窃的间隔或持续时间,所见到的论著均认为应限于1年以内。本书认为,限于1年以内显得过于机械。多次盗窃本就是一种扩张盗窃罪处罚范围的规定,多次实施比偶尔一两次实施,违法性和有责性明显更重,而且世界上其他国家成立盗窃罪都没有数额的要求,没有理由认为,超过1年的多次盗窃行为的违法性与有责性,就一定比1年内实施多次盗窃的违法性与有责性要轻;相反,超过1年仍然实施盗窃,恰好说明行为人不思悔改,特殊预防的必要性更大。但为了适当限制处罚范围,也为了便于调查取证,《盗窃解释》规定多次盗窃限于2年以内,应该说是较为合理的。

关于多次盗窃中的每次是否必须达到既遂的程度,或者说,何种形态的盗窃可以计入“多次”盗窃,值得研究。有学者认为,多次盗窃不以每次盗窃既遂为前提;有学者指出,如果行为人的盗窃预备情节不能免除处罚的,可以认定为一次盗窃,三次盗窃预备行为所指向的盗窃总额即使没有达到“数额较大”的标准,也不至于差距太大的,可以认定为多次盗窃;有学者主张,行为人主观上有非法占有他人财物的故意,客观上实施了多次盗窃的行为,虽然有一次盗窃未遂,应当作为对行为人量刑时考虑的情节,不影响对行为人盗窃罪的认定。

本书认为,多次盗窃之所以入刑,是因为,虽然原则上故意犯罪的未遂都应受处罚,但我国司法实践中并不处罚盗窃数额较大的未遂,而形成了明显的处罚漏洞。为了保护公民的合法财产,扩大盗窃罪的处罚范围,明确处罚根据,立法者将多次盗窃未遂,即每次均以数额较大的财物为盗窃目标,客观上也有盗窃数额较大财物的可能性,因为意志以外的原因而未得逞的,纳入刑罚处罚的范畴。因此,只有每次至少是未遂的,才能成立多次盗窃。如果每次均未取得一定价值的财物,可以认定为多次盗窃的未遂,适用盗窃罪的基本法定刑,同时适用未遂犯的处罚规定从轻减轻处罚。如果以价值微薄的财物为盗窃目标,不能计入“多次”。多次盗窃中的“次”不能包括盗窃中止与盗窃预备,也不包括盗窃数额较大的既遂,因为盗窃既遂可以单独定罪量刑,无须评价为多次盗窃。多次盗窃的既遂,仅限于每次都盗得具有一定客观价值或者主观价值的财物。若有一次未盗得一定价值的财物,就应认定为多次盗窃的未遂,适用盗窃罪的基本法定刑,同时适用未遂犯从轻减轻处罚规定。

总之,因盗窃受过行政处罚的次数,仍然应当计入“多次”盗窃。多次盗窃入刑,就是为了弥补司法实践中不处罚盗窃数额较大的未遂而形成的处罚漏洞。只有每次都盗得具有一定客观价值或者主观价值的财物,才能认定为多次盗窃的既遂。其中有一次未遂的,都应认定为多次盗窃的未遂。每次都未遂的,亦成立多次盗窃的未遂。盗窃中止和预备,不应计入“多次”盗窃。多次盗窃未遂的,适用盗窃罪的基本法定刑,同时适用未遂犯从轻减轻处罚的规定。

11. 吃完农村酒席后躲在主人家里半夜行窃的,属于“入户盗窃”吗?

案 13:甲窜到乙女的租房外,谎称手机内存有乙女洗澡时的裸照,以此为由胁迫乙女开门并与之发生性关系。事后,甲发现乙女放在枕头底下的人民币 1000 元,乘机将其秘密窃走。

《刑法》增加入户盗窃就是为了扩大盗窃罪的处罚范围，如果严格限制入户盗窃的适用范围，就违背了立法宗旨。只要不是合法入户，不管出于什么目的入户，然后在户内盗窃的，都是入户盗窃。比如，为了强奸而入户，但同时窃取财物的，如本案中的甲，就要认定为入户盗窃。因为我国对非法侵入住宅的处罚范围较窄，在行为人非法入户的场合，比如没有经过被害人的同意入户，或者以欺骗、胁迫的手段入户后实施盗窃的，以入户盗窃追究刑事责任，还是比较合适的。

案14：张三去农村朋友李四家吃酒席（婚宴），吃完晚饭后躲在李四家，等半夜李四全家熟睡后，把李四客厅里一部价值1500元的手机顺走。

如果认为只有出于非法目的，即没有得到被害人同意入户的，才能认定为入户盗窃，则本案中的张三不属于入户盗窃，又因为盗窃数额没有达到较大，而不构成盗窃罪。但如果认为，所谓入户盗窃其实就是“户”内盗窃，则张三的行为属于入户盗窃，构成盗窃罪。

与入户抢劫的立法目的相同，入户盗窃亦旨在突出对公民人身权的保护，增强公众的安全感。

如前所述，对于《刑法》中的“户”，应从宪法所保障的住宅权角度出发，与非法侵入住宅罪的对象在同一意义上进行把握。而既然将“户”与住宅在同一意义上把握，只要是违反居住权人的真实意思（如掩盖犯罪目的进入）以及未经允许而进入他人住宅，进而实施盗窃行为的，均可认定为入户盗窃；不应限定于出于财产犯罪的目的，更不应限定为出于盗窃的目的而入户。

现实中，不具有家庭关系的人合租居住，是很正常的现象，若将户内成员限定为必须具有家庭关系的人，显然过于缩小了“户”的范围。另外，当合租者相互有独立的房间时，合租成员未经其他成员允许，进入他人房间内盗窃的，是否属于入户盗窃存在争议。有观点认为，同住者进入对方独居的房间盗窃，不构成入户盗窃，只能属于一般盗窃行为。本书以为，即便是合租者，只要有自己独立的空间，未经允许不得进入，这种房间中的“一室”也不失为非法侵入住宅罪的对象，应评价为刑法中的“户”。至于所谓的群租房，如若功能与集体宿舍、宾馆相似，可以不认为是“户”。

需要说明的是,隐瞒犯罪意图,如热情地对主人打招呼说“晚上好”,主人说“请进”,这种情形属于法益关系的错误,此时允许进入住宅的承诺是无效的,仍可能成立非法侵入住宅罪,相应地也能成立入户盗窃。

值得讨论的是,能否认为入户盗窃就是指“户”内盗窃?如案14,能否认定为入户盗窃呢?本书认为,这种情形同样侵害了公民住宅的安宁,值得科处刑罚。所以说,虽然一般而言需要将入户盗窃的目的限定为非法目的入户,即入户没有得到住宅主人的同意,但除此之外,即便得到住宅主人同意入户,在该离去的时候不离去,而躲在主人家里行窃的,还是有可能评价为入户盗窃。事实上,传统观点一致认为,“非法侵入住宅罪,是指未经允许非法进入他人住宅或经要求退出无故拒不退出的行为”。也就是说,经允许进入后躲在别人家里不离开,实际上也是违背主人的意志的,所以将这种情形认定为入户盗窃,也与非法侵入住宅罪的认定保持一致。

12. 携带溜门撬锁的工具属于“携带凶器盗窃”吗?

案15:甲乙丙丁4人携带砍刀驾车来到某饭店外,欲盗窃在路边的牵引车桥皮,停车地点离盗窃地点约20米。因桥皮太重盗窃未得逞,4人返回车上商量办法,就在此时被巡逻至此的派出所民警当场抓获。经查,甲乙丙丁4人乘坐的汽车内放置的砍刀属于管制刀具,牵引车桥皮价值人民币9090元。

“携带凶器盗窃”只是入罪的条件,法定刑较轻,而携带凶器抢夺的定抢劫罪,法定刑很重,所以不能在认定“携带凶器盗窃”与“携带凶器抢夺”上采取相同的标准。相对而言,对“携带凶器抢夺”要进行一定的限制解释。本案中,甲乙丙丁4人在20米之外实施盗窃的实行行为,最终盗窃未遂,而离他们20米之外的车内放置了管制刀具,应该可以将这种情形认定为“携带凶器盗窃”。因为携带并不要求行为人将凶器带在身上,将凶器置于身边附近的,也属于携带。如果甲乙丙丁4人在20米之外的地方实施抢夺行为,这20米之内是人来人往的,即使4人乘坐的停在20米之外的汽车内放置了管制刀具,也不能将这种情形认定为“携带凶器抢夺”。

案16：甲深夜从窗户爬入乙家后，先到厨房拿了一把菜刀，搁在厨房门口，然后在客厅物色财物。主人醒来后喊"是谁"，甲拿走茶几上的一部价值900余元的手机后逃走。事后甲供述，没有打算使用菜刀抢劫，但如果被主人发现，逃跑时可以抵挡一下。

"携带"，是指行为人在盗窃他人财物的时候，随身或者身边附近有凶器，而不是说行为人必须先带着凶器，然后再盗窃。换言之，携带凶器盗窃是一个行为，而不能分解成两个行为。本案中，甲将菜刀搁在厨房门口，属于身边附近，所以应评价为携带凶器盗窃。

何谓携带凶器盗窃中的"凶器"？有学者认为，应与关于"携带凶器抢夺"的相关司法解释做同样的理解。有学者主张，携带凶器盗窃与携带凶器抢夺有本质的区别，而且由于刑法用语的相对性，同一个刑法用语，可能具有不同的含义。有学者指出，从字面含义来说，《刑法》第264条中的"携带凶器"与第267条第2款中的"携带凶器"似乎相同，因为使用的用语完全相同。但是二者实际上存在重大区别。《刑法》第267条第2款的规定属于法律拟制，对携带凶器抢夺的以抢劫罪论处；携带凶器盗窃的，依然成立盗窃罪，而不是成立抢劫罪。所以，对携带凶器盗窃的解释，就不应当像解释携带凶器抢夺那样严格。携带凶器盗窃中的"凶器"，虽然也包括性质上的凶器与用法上的凶器，却只需要器物可能使人产生危险感、可能攻击他人即可，而不需要具有明显的杀伤力，盗窃所用的一些工具（如起子、老虎钳、刀片等），也应当评价为凶器。有人则认为，作为盗窃犯罪工具使用的螺丝起子、绳索、刀片、老虎钳等，不属于携带凶器盗窃中的"凶器"。《盗窃解释》第3条第3款指出："携带枪支、爆炸物、管制刀具等国家禁止个人携带的器械盗窃，或者为了实施违法犯罪携带其他足以危害他人人身安全的器械盗窃的，应当认定为'携带凶器盗窃'。"

本书认为，携带凶器盗窃入刑，是因为考虑到这种行为情状存在侵害被害人人身权的潜在危险，从这个意义上讲，是扩张盗窃罪处罚范围的规定。但是，盗窃罪的对象一般为他人松懈持有的财物（扒窃除外），而抢夺针对的是他人紧密持有的财物，故相对于携带凶器抢夺，携带凶器盗窃中使用凶器的可能性较小，而携带作为盗窃犯罪工具使用的、杀伤力不大的器具，如螺丝刀、老虎钳、绳索、刀片等，对被害人人身权的潜在威胁较小，因而不值得将携带这类物品盗窃的行为纳入刑罚处罚的范畴。诚如我国台湾地区学者所言，持螺丝起子、钳子、万能钥匙行窃，无论如何不能视为持械行窃。这些器具是窃盗必备物品，不能因其可供行凶之用，即视之为凶器。否则，携带绳索行窃、持棍击破车窗行窃、扶拐杖的伤患顺手牵羊、戴眼镜的人行窃，都可认为加重窃盗，这样，携械行窃将成不知所止的犯罪类型。若非如此，恐须行为人行窃时赤身裸体，否则，均有成立携带凶器窃盗罪之可能。虽然携带作为盗窃所用的工具，原则上不能认定为携带凶器盗窃，但如果工具本身具有一定的杀伤力，如三棱刮刀，而且行为人携带时还具有较为明确的若遇到反抗就使用的意识，还是可能评价为携带凶器盗窃的。也就是说，关键不是看是否作为犯罪工具使用，而是看工具本身杀伤力的大小，以及行为人是否具有明确的用之对付被害人反抗的意识。

何谓“携带”？有学者认为，所谓携带，是指在从事日常生活的住宅或者居室以外的场所，将某种物品带在身上或者置于身边附近，将其置于现实的支配之下的行为。因此，将凶器放在车内，下车后步行一段距离盗窃的，也可以认定为携带凶器盗窃；有学者指出，保安人员基于职业佩戴电警棍的，即便行为人没有明确的使用意识，只要客观上存在抽象性危险，也是“携带”。本书认为，由于携带凶器盗窃入罪，是考虑到携带凶器盗窃的行为对被害人人身权存在潜在的危险，一旦被害人进行反抗，行为人可能使用随身携带的凶器给被害人以重创，因而，“携带”应限于置于被害人身上或身边附近随时可以支配的范围内，而且需行为人实施盗窃前认识到自己带有凶器；若是出于职业性佩戴（如保安人员、木匠），或者为生活所用的目的购买的带在身上的具有一定杀伤力的器具（如菜刀），行为人盗窃前浑然不觉自己身上带有凶器的，均由于行为人盗窃时没有认识到自己带有凶器而不能认定为“携带”凶器盗窃。总而言之，必须是盗窃时在随时可以支配的范围内带有凶器，并且主观上认识到自己带有凶器（不要求具有使用的意思），才可认定为携带凶器盗窃。

13. 趁他人上厕所拿走电动车车筐中的手提包，属于“扒窃”吗？

案17：甲乙丙3人窜至某银行门口附近路段，由乙丙故意阻挡驾驶摩托车的A,甲趁机窃走A放在车筐中的一个手提包,内有一部手机及现金人民币196元(价值共900多元)。

应该说,只要是带在身上或者置于身边附近的财物,就属于随身携带的财物。比如,在公共汽车上窃取他人口袋内、提包内的财物,在飞机、火车、地铁上窃取他人置于货架上、床底下的财物,以及放在高铁两节车厢之间的远离被害人的行李箱,均属于扒窃。将被害人的整个手提包拿走,也叫扒窃,本案中,3名被告人的行为当然属于扒窃。

《刑法修正案(八)》通过后,有观点认为,由于"携带凶器盗窃"与"扒窃"之间是顿号,加之单纯扒窃行为的危害性不值得科处刑罚,因而"携带凶器"不仅修饰"盗窃",而且修饰"扒窃"。质言之,只有"携带凶器"进行扒窃才成立特殊盗窃。但是,如果因为"携带凶器盗窃"与"扒窃"之间用的是顿号,就认为"携带凶器"也修饰"扒窃"的话,为何"多次盗窃"与随后的三种特殊盗窃行为之间同样是顿号,上述论者却没有得出"多次盗窃"中的"多次"也修饰"入户盗窃""携带凶器盗窃"甚至"扒窃"的结论呢?而且,扒窃就是以"扒"的方式"窃",可谓"偷扒盗窃",是指在公共场所窃取他人随身携带的财物。"公共场所"这一空间特征,表明任由这种行为蔓延会严重危及民众的安全感。而"随身携带的财物"这一对象特征,说明这种盗窃行为对公民的人身安全存在潜在的危险,而且一般人出门在外随身携带的都是生活或工作上的必需品,如身份证、工作证、出入境证件、银行卡、少量现金、乘车卡、车票、房门钥匙等,一旦遭窃,往往会给被害人生活或者工作上带来极大的不便。也就是说,扒窃行为本身的社会危险性不容低估,已然达到了值得科处刑罚的程度,在"扒窃"前还加上"携带凶器"进行限制,无疑是多此一举、画蛇添足。因此,"扒窃"是一种与"多次盗窃"、"入户盗窃"及"携带凶器盗窃"相并列的特殊盗窃行为类型。

何谓"扒窃"?有观点认为,扒窃,是指在公共场所窃取他人随身携带的财物的行为;有观点指出,扒窃是指行为人以非法占有为目的,在公共场所秘密窃取他人随身携带财物的行为。《盗窃解释》第3条第4款指出:"在公共场所或者公共交通工具上盗窃他人随身携带的财物的,应当认定为'扒窃'。"应该说,只要是"窃取",自然是以非法占有为目的,违反被害人的意志,将他人占有下的财物转移为自己或者第三人占有，因而，在扒窃的定义中强调“以非法占有为目的”，显得多余。另外，窃取可能在被害人注目下进行，如小偷夜间入室行窃，被害人卧在床上不敢声张，目视小偷得手离开，小偷不会因此成为抢劫或抢夺犯。《盗窃解释》关于扒窃的场所除“公共场所”外，还加上“公共交通工具上”。其实，“公共交通工具上”也是一种公共场所，只是为了突出这一特殊公共场所。因而，所谓扒窃，就是在公共场所窃取他人随身携带的财物的行为，其与一般盗窃行为的核心区别在于两点：一是发生的空间为公共场所，相较于住宅及不对外办公的办公室而言，为不特定或者多数人可以自由出入的场所；二是窃取的对象为他人随身携带的财物。

何谓随身携带的财物？握在手上、装在兜里、穿在身上、背在肩上、系在脖颈上、戴在手腕上等紧贴于人身的财物，均属于随身携带的财物，自然不存在争议。争议在于：乘坐公共汽车、火车时放在行李架上的财物，乘坐飞机时放在头顶货架上的财物，乘坐长途公共汽车时放在车体下行李箱内的财物，以及就餐时因上厕所而暂时留在椅背上的财物等与人身有一定时空分离的财物，是否属于随身携带的财物？本书认为，相对于其他盗窃，扒窃入刑并非是考虑到所谓的“贴身禁忌”，而是着眼于空间上的公共场所，对象上的他人出门在外携带供随身使用的少量物品。也就是说，物品是抱在胸前、背在肩上，还是暂时置放于行李架上、车体下的专门行李箱内、飞机中的头顶货架上，抑或是就餐期间上厕所而暂时留在椅背上，这都不是影响随身财物判断的实质性要素。若这些情形下的财物被窃，同样会降低民众的安全感，亦会给出门在外的被害人的生活与工作带来极大的不便。换个角度说，立法者正是通过入户盗窃与扒窃的入罪（前者发生于户内，后者发生于户外的公共场所），来共同编织维护民众财产权益的相互衔接的严密法网。

14. 因受过刑事、行政处罚数额标准按50%确定的解释规定，合理吗？

《盗窃解释》第2条和第6条规定，曾因盗窃受过刑事处罚以及1年内曾因盗窃受过行政处罚的，数额较大、数额巨大、数额特别巨大的标准可以按照规定标准的50%确定。

上述司法解释规定显然不合理。一则行为人曾经受过刑事处罚、行政处罚，只是表明行为人再犯罪可能性较大的要素，将其再犯罪可能性较大作为不法内容看待，明显不当。因为数额较大、巨大、特别巨大，是客观方面的反映不法程度的要素。二则曾因盗窃受过刑事处罚、行政处罚的数额标准按照50%确定，而曾因抢劫、杀人等其他更为严重的犯罪受过刑事处罚的，数额较大、巨大、特别巨大的标准还是按照通常的标准确定，这也明显不协调。

15. 如何认定盗窃罪的既遂？

案18：电信公司的工人甲，在检修电缆线的时候，发现某根电缆线已经不被使用，但仍然架在电线杆上。甲意欲将这根不被使用的电缆线据为己有，就叫其他4名参加检修，但不知情的工作人员帮忙拆电缆线，甲负责将这根电缆线剪断。甲在剪废旧电缆线的时候，一不小心将旁边一根正在使用中的电缆线也剪断了。甲急忙让其他工作人员开车去甲的家里拿电缆线的接头，但此时通信已经中断，电信公司遂报案。经鉴定，甲意欲据为己有的电缆线长150米，价值3360元，其中30米还没有装上车；已经装在车上的120米电缆线先被运到了甲的家中，工作人员从甲家中取了电缆线后，随车又将该120米电缆线同时运回了案发现场。

按照控制说，只有行为人已经控制了财物，才能认为行为人的盗窃行为既遂。因为盗窃是指将他人占有的财物转移给自己或者第三者占有的行为。如果只是使财物脱离了他人的占有但还没有转移给自己占有，就表明盗窃行为还没有完成，既然盗窃行为还没有完成，就不能认定为盗窃既遂。本案中，甲盗窃电缆线的行为，不仅使电信公司脱离了对电缆线的占有，而且事实上甲已经占有了所盗窃的电缆线，所以成立盗窃既遂。

案19：卡车司机夏天在运送铝锭的过程中，口渴难耐，将车停在路上，去路边小卖部买冷饮。甲看到司机下车之后，就将卡车上装载的部分铝锭搬下来藏在路边的水沟里，准备晚上再捞上来搬回家。司机喝完冷饮后并没有发现异常，直接开车走掉了。由于当时天降暴雨，雨水将铝锭冲走了，甲没能将这些铝锭捞起来据为己有。

对于本案，有观点认为，甲的盗窃行为没有既遂，理由是甲没有最终取得铝锭。应该说，当甲将铝锭藏入水沟的时候，就已经控制了这些铝锭，这些铝锭确实也已经脱离了司机的控制。所以，即使甲没能打捞到铝锭，也可以将他的行为认定为盗窃罪的既遂。

案20：日本法院在审理一起盗伐林木的案件时，认为当被告人将林木砍倒之后，即使还没有来得及装车，也已经构成了盗窃林木罪的既遂。这起案件发生在人迹罕至的森林中，当被告人已经将林木伐倒，周围又没有相关管理者时，伐倒的林木显然已经归被告人支配、控制了。所以，即使根据控制说，也可以认为在这个案件中，被告人在伐倒林木的时候盗窃罪已经既遂。

应该说，上述日本法院对于盗伐林木案既遂的处理值得我们借鉴。发生在日本的类似案件还有一起。日本法院认为，当行为人将无人看管的仓库中的东西扛在肩上的时候，盗窃行为已经既遂，因为在此时，仓库无人看管，被告人将财物扛在肩膀时，就已经控制了财物。只要可以认定被告人已经毫无障碍地控制了财物，或者说被害人已经很难毫无障碍地行使对占有的支配控制时，就可以肯定盗窃既遂的成立。

一般认为，盗窃是打破占有后建立新占有的犯罪，所以，当行为人建立了新的占有，就成立盗窃罪的既遂。问题是什么时候建立了新的占有？这当然要根据社会的一般观念进行判断。在判断行为人是否建立了新的占有时，要经常反过来判断。也就是说，在当时的情况下，被害人是不是没有任何障碍地仍然可以占有、利用自己的财物？如果没有任何障碍，就表明行为人还没有建立新的占有；反之，则行为人建立了新的占有。

首先，如果被害人想继续占有存在物理障碍的，当然可以认为行为人建立了新的占有。例如，行为人将财物转移到自己汽车后备箱里了。从行为人的角度来说，肯定已经建立新的占有了；从被害人的角度来说，要继续占有就存在明显的物理障碍。

其次，虽然难以判断行为人是否建立了新的占有，但只有行为人知道财物在何处，被害人不知道的，被害人想继续占有的障碍就很明显了。例如，保姆、钟点工将主人家的戒指藏到天花板上面,因为只有行为人知道,主人很难发现,所以可以认为是既遂。张明楷教授认为,行为人到被害人甲家做客时,将被害人的戒指藏在浴缸下面,想等下次来时再拿走。从被害人根本不知道戒指在何处这个角度来说,被害人继续占有的障碍很大,事实上也只有行为人知道戒指在何处,应当认定行为人建立了新的占有,成立盗窃既遂。[①] 本书认为,客人将主人的戒指藏到主人的浴缸下面,虽然只有客人知道,但毕竟还是主人所绝对支配的空间,而且不同于上述保姆、钟点工藏戒指的地方在于,客人并不能自由地进出主人的房间,所以还是认为主人并未失去控制、客人并未完全控制戒指,成立盗窃未遂更为妥当。

最后,还有人格领域的障碍。例如,在超市里,行为人将体积很小的财物装进自己兜里,即使还没有过收银台,也应认定为盗窃既遂。因为存在人格领域的障碍,即便超市人员知道财物在行为人兜里,超市人员也不可能随便没有障碍地把手伸进行为人的口袋里,所以,要认定为盗窃既遂。

16."盗窃既有既遂又有未遂的从一重处罚"的司法解释规定,有无疑问?

《盗窃解释》第 12 条第 2 款规定:"盗窃既有既遂,又有未遂,分别达到不同量刑幅度的,依照处罚较重的规定处罚;达到同一量刑幅度的,以盗窃罪既遂处罚。"

如前所述,如果将这种规定理解为行为人仅实施了一个行为,或者说一次盗窃,既有既遂又有未遂,即部分既遂的情形,例如行为人费了九牛二虎之力撬开银行保险柜发现其中只有 3000 元现金而取走(保险柜原本存放有 50 万元巨款刚被提走)的,就盗窃 3000 元现金而言是盗窃既遂,就可能盗窃的 50 万元巨款而言属于盗窃数额特别巨大财物的未遂,由于只有一个盗窃行为,成立盗窃既遂与未遂的想象竞合,从一重处罚是可以的。但如果认为行为人今天盗窃 3000 元财物既遂,明天盗窃 50 万元财物未遂,也要从一重,可能就存在疑问。因为行为人实施了两个行为,两次符合盗窃罪的犯罪构成。没有理由不以盗窃罪同种数

---

① 张明楷:《刑法学》(第 6 版),法律出版社 2021 年版,第 1257 页。

罪实行并罚。这样做也能与行为人今天盗窃既遂、明天诈骗未遂,以盗窃既遂与诈骗未遂数罪并罚相协调,还能与行为人今天杀张三既遂、明天杀李四未遂而应以故意杀人既遂与故意杀人未遂数罪并罚相一致。

因此,上述司法解释只能在实施了一次盗窃行为而部分既遂的意义上理解适用。对于多次实施盗窃行为,既有既遂又有未遂,即"既未遂并存"的,为了与今天盗窃既遂明天诈骗未遂、今天杀张三既遂明天杀李四未遂的处理相协调,应当实行同种数罪,予以并罚。当然,如果行为人旨在盗窃某人的电脑,昨天未遂今天终于既遂,应该成立盗窃既遂的包括的一罪。正如行为人昨天杀张三未遂今天终于杀死张三,应当成立故意杀人既遂的包括的一罪。

17. 如何处理上下、主从、共同占有的问题?

案21:甲乙二人同住一个宿舍,共同购买了一台电脑,约定奇数日归甲用,偶数日归乙用。在电脑归甲使用的某日,甲将电脑私下变卖,所得款项据为己有。

盗窃罪的保护法益是占有,如果能够认为甲变卖电脑时电脑归甲乙共同占有,就可以认为甲的行为构成盗窃罪;如果不能认为当时甲乙共同占有,而仅归甲一人占有,那么其行为就构成侵占罪。本案中,可以认为甲和乙共同占有了整台电脑,而不能认为谁使用了谁占有。既然是共同占有,甲的行为就侵害了乙对电脑的占有,所以,应当将甲的行为认定为盗窃罪。当然盗窃的金额只有半台电脑的价值。刑法中的共同占有和民法中的共同共有、共同占有并不一样,刑法中的占有往往更需要根据社会的一般观念认定。例如,丙丁因为困难独自买不起一双像样的皮鞋,于是合买一双皮鞋穿,周一、周三、周五丙穿,周二、周四、周六丁穿,周日让皮鞋休息。不管鞋穿在谁的脚上,按照社会的一般观念,皮鞋都归二人共同占有,其中一方变卖皮鞋的,都成立盗窃罪。盗窃的金额就是皮鞋的一半价值。

关于上下、主从占有,刑法理论一般认为,占有属于上位者、主位者,因而,店员、家中保姆拿走财物的,构成盗窃罪而不是侵占罪;但如果存在高度的信赖关系,也有可能承认下位者、从位者占有财物,其拿走财物的,构成侵占罪。实践中,关于保安利用看守财物的便利将财物占为己有的,有观点认为成立侵占罪或者职务侵占罪。受雇司机拿走雇主放在车内的财物,有的法院以侵占罪定罪处罚。[①] 此外,还有观点认为,如果雇主与保姆约定,如主人不在家时保姆有看护家庭财产责任的,保姆取走财物,不成立盗窃罪,而是侵占罪。

本书认为,这些看法和做法,都没有正确把握上下、主从占有的法理,未明了下位者及从位者一般仅为财物的占有辅助者或者监视者的角色,他们并不占有财物;除非他们之间存在高度的信赖关系,如职员单独外出送货,按照社会的一般观念,财物已经转移为他们占有,此时才有可能肯定财物由下位者、从位者占有。

关于共同占有,理论通说认为,侵害共同占有的财物,成立盗窃罪,因为行为同时侵害了他人的占有。但是,必须分清共同占有与非共同占有,即仅为共同所有的情形。若是后者,则可能成立侵占罪。也就是说,虽为共同所有的财物,但在他人的单独占有保管之下,应成立侵占罪,而不是盗窃罪。例如,甲乙丙三人以前同住一个四合院,门前有一个三人共有的石狮。后乙丙搬出另住,甲私自出售石狮将钱款全部占为己有。由于石狮事实上在甲一人看管之下,因而不属于共同占有的财物,甲的行为成立侵占罪。又如,共同保管保险箱钥匙的两人,其中一人盗走另一人的钥匙打开保险箱,或者砸开保险箱取走财物的,属于侵害共同占有下的财物,构成盗窃罪。

18. 快递小哥擅取包裹中的手机,构成盗窃还是侵占?

封缄物的特点在于,委托人为了防止受托人利用财物,而特意进行了包装、加锁。虽然受托人事实上占有了封缄物的全部,但对于内容物是否因采取了包装措施而属于委托人占有、受托人取走内容物是否成立盗窃罪的问题,学界有不同的观点。国外关于封缄物的占有,主要有外包装及内容物均属于受托人占有的受托人占有说、外包装及内容物均归委托人占有的委托人占有说,以及外包装属于受托人占有但内容物属于委托人占有的所谓区别说之间的对立,判例及理论多数主张区别说。国内也存在受托人占有说、委托人占有说、区别说的分歧。

---

① 参见福建省罗源县人民法院(2006)罗刑初字第92号刑事判决书。

区别说遭受的质疑是:将整体占为己有的,成立法定刑要轻得多的侵占罪,而仅取其中内容物的,却成立法定刑要重得多的盗窃罪;而且,认为受托人仅持有外包装这个空壳,而不持有内容物,似乎也不符合生活常识。诚如我国台湾地区学者林东茂所言:试想,邮差已经管领支配了整个邮袋,何以邮袋内的各个包裹却又属于托运人持有?持有是一种管理支配状态,包裹既已托运,除非托运人随车而行,否则就不可能管领支配包裹。事实上的持有者只有邮差一人,而不是众多寄件者与邮差共同持有。邮差既然已经持有邮袋以及包裹,就不可能入侵自己的持有。否则,语意上就成了"邮差持有邮袋,而且邮差未持有邮袋",这是逻辑上的矛盾。

为此,持区别说的前田雅英教授的回应是:在有意识放置的场合肯定占有的范围很广,如店主对店内商品的占有、旅馆业主对提供给旅客使用的睡衣的占有;在加封、加锁保管的场合,内容物的占有还是应承认由委托人保持占有,假如受托人拿走了整个包裹,成立委托物侵占罪,而且可能成立法定最高刑与盗窃罪持平的业务侵占罪。所以,考虑到现实适用的情况,一般不会导出不合理的结论;若行为人打开包裹取走内容物,因为破坏了包装及锁等导致内容物的占有侵害,当然应该成立盗窃罪。国内有学者指出,受托人占有说重视对封缄物物理占有的一面,委托人占有说重视观念占有的一面,而区别说是对两者的调和。还有学者主张,应将封缄物分为易于打开的与不易打开的,侵吞前者的成立侵占罪,侵吞后者的则成立盗窃罪。

本书认为,刑法中的占有虽然相对于民法更重视事实的支配,但在一定范围内,根据社会的一般观念应承认观念的占有,而且观念的占有还有逐渐扩大的趋势,例如承认存款、不动产、提单的法律上的占有,就是明证。其一,肯定内容物由委托人占有,正是重视规范、强调观念上占有的一面。而且,委托人之所以加以包装甚至上锁,本意就是不愿赋予受托人对于内容物的支配权,只想运输保管者发挥一个传送带、保险箱的作用。其二,之所以区别说大行其道,说到底是因为侵吞内容物之行为的违法性与有责性,与侵害他人占有的盗窃罪相当,超出了侵占罪所能评价的范畴。其三,在日本,业务侵占罪与盗窃罪的法定最高刑持平,而在我国,即便《刑法修正案(十一)》将职务侵占罪的法定最高刑提高到与盗窃罪持平,具体定罪量刑标准却还是相差悬殊,因而更有必要以盗窃罪加强对委托人财产权的保护。其四,应对封缄物的范围加以适当限制,因为现实生活中几乎所有的财物都有包装(大概只有被运送的轿车之类的庞然大物才没有外包装,其实也有可能加上一层帆布),如烟、酒、冰箱,甚至水果都有外包装,若将有包装的物品都认定为封缄物,则几乎没有成立侵占罪与职务侵占罪的余地。因此,封缄物应限于有较高的行业自律要求、关系到社会公共服务的特定行业,如邮局、快递公司、集装箱运输等,以及行为人特意加上牢固的包装甚至加锁的,也能认定为封缄物。至于存在一定包装的一般生活用品,则不宜纳入封缄物范畴,运输者、保管者侵吞内容物的,宜评价为侵占罪或者职务侵占罪,而不是盗窃罪。其五,生活常识告诉我们,封缄物的侵吞者意在侵吞内容物,因此委托人占有说与区别说并没有实质性的差别:区别说无非是给受托人一点"安慰"而已,因为要不是外包装归受托人占有,则受托人就仅持有空气了。

要言之,本书认为区别说与委托人占有说均可接受,只是要对封缄物的范围进行限制。

19. 取走死者身上的财物,是构成盗窃还是侵占?

关于死者的占有,主要集中于以下三种情况:(1)起初便出于夺取财物的意思,杀害被害人之后夺取财物的;(2)出于其他动机杀人,之后才产生夺取财物的意思,进而夺取财物的;(3)与杀人者无关的第三者,从死者身上夺取财物的。国外刑法理论对于第一种情形,一般肯定抢劫杀人罪的成立;对于第二种情形,则存在盗窃罪、脱离占有物侵占罪与抢劫罪的分歧;对于第三种情形,一般认为成立脱离占有物侵占罪。

国内学者对于第一种情形成立抢劫罪没有分歧,争议在第二、三种情形。代表性观点有:(1)周光权教授所提倡的"死者生前占有的有限延续说"认为,由于被害人的死亡由行为人引起,从行为人与被害人之间存在特定的侵害和被侵害关系出发,承认死者生前的占有,在其死亡后的短时间内还值得继续受到刑法保护,不应当受到行为人侵害,由此,直接导致被害人死亡的行为人取得被害人财物的,才有可能构成盗窃罪,第三人取得被害人财物的场合,不应该承认死者生前占有的延续;(2)刘明祥教授指出,在死者家中、旅馆等有特定管理人的场所取走死者财物的,成立盗窃罪,在荒郊野外取走死者财物的,属于取得脱离占有物,在我国无罪;(3)“死者占有肯定说”认为,无论被害人死于室内还是室外,取走死者财物的,均成立盗窃罪;(4)“继承人所有权说”认为,无关的第三人从死者身上或身边取财,侵犯了继承人的财产所有权,构成盗窃罪;(5)“继承人占有说”认为,取走死者身上财物,侵害继承人的占有,成立盗窃罪;(6)张明楷教授否定死者的占有,反对成立盗窃罪,而主张成立侵占罪。

本书认为,刑法不承认占有继承,人一旦死亡,就不可能还具有继续支配财物的意思与能力,因而无论对于杀人者还是第三者,只要死者财物不是处于其他人的支配范围内,均属于脱离占有物;在我国,既可以将脱离占有物解释为遗忘物,也可以解释为“代为保管的他人财物”(可以认为对于脱离占有物存在推定的承诺,第三人具有保管占有权),因而,取走死者身上的财物成立侵占罪,而不是盗窃罪;即便杀死被害人在其家里,如果没有其他的空间管理人(如独居的老人),也可能属于脱离占有物,即便存在继承人也不受影响,所以,不能认为死在家中,就当然属于他人占有下的财物。

20. 盗窃存折按兑现部分的财物价值计算盗窃数额的解释规定,有无疑问?

《盗窃解释》第5条规定,盗窃不记名、不挂失的有价支付凭证、有价证券、有价票证的,应当按照票面数额和盗窃时应得的孳息、奖金或者奖品等可得收益一并计算盗窃数额。盗窃记名的有价支付凭证、有价证券、有价票证,已经兑现的,按照兑现部分的财物价值计算盗窃数额;没有兑现的,但失主无法通过挂失、补领、补办手续等方式避免损失的,按照给失主造成的实际损失计算盗窃数额。

根据上述解释规定,可以得出以下结论:(1)盗窃不记名、不挂失的债权凭证的,认定为盗窃罪。(2)盗窃记名的债权凭证后骗取现金的,仍然认定为盗窃罪。(3)盗窃记名的债权凭证,虽没有兑现,但债权凭证已被行为人销毁、丢弃,且失主无法通过挂失、补领、补办手续等方式避免实际损失的案件,定盗窃罪。

应该说,对于盗窃记名债权凭证后并使用的行为,仅认定为盗窃罪的做法并不妥当。对于这类案件,首先要肯定后面的行为成立诈骗罪(包括票据诈骗罪),然后再判断前行为是否成立盗窃罪,进而决定是否实行数罪并罚。

首先,盗窃记名的债权凭证后骗领现金的行为,完全符合诈骗罪的犯罪构成。其次,盗窃债权凭证的前行为是否成立盗窃罪,需要具体判断。如果多次盗窃、入户盗窃、携带凶器盗窃与扒窃的对象是债权凭证,不管能否即时兑现,均应认定盗窃罪的成立。此时,盗窃的对象是存折本身,而不是存折所记载的债权。也就是说,不能按存折记载的金额认定盗窃数额。因为只要行为人不取款,被害人的债权就不会受损失,银行的现金也不会受损失。既然如此,就不能将存折所记载的金额认定为行为人的盗窃数额。否则,会使盗窃罪成为类似于"无被害人的犯罪"的奇怪现象。例如,被害人的可以即时兑现的存折内存有10万元,行为人盗窃存折后并不使用,被害人挂失后仍然持有10万元债权。按前述有关盗窃罪的司法解释的观点,应认定行为人盗窃了10万元的财物。可是,没有人损失10万元。于是,这一盗窃成为"无被害人的犯罪"(存折本身除外),这难以被人接受。最后,多次盗窃、入户盗窃、携带凶器盗窃、扒窃债权凭证后,向银行工作人员等自然人骗领现金的,应将盗窃罪与诈骗罪(或金融诈骗罪)实行并罚。

行为人盗窃记名的债权凭证后,并不骗领现金的,不存在诈骗行为,所以,不可能认定为诈骗罪。在通常情况下,被害人也可以通过办理挂失等手段使自己免受财产损失。但问题是,行为人盗窃记名的债权凭证,虽没有兑现,但债权凭证已被行为人销毁、丢弃,且失主无法通过挂失、补领、补办手续等方式避免实际损失的,应当如何处理?在这种场合,行为人没有实施骗领行为,被害人又遭受了财产损失(债权的丧失)。于是,被害人的财产损害应当归属于哪一个行为,就成为值得研究的问题。

一个简单的方案是对上述行为以盗窃罪论处,而且按照票面数额计算盗窃数额。但是,在本书看来,这个方案缺乏根据。

首先,盗窃是指将他人占有的财物转给自己或者第三者占有。在上述案件中,行为人只是盗窃了作为有体物的债权凭证,并没有窃取、占有债权。所以,被害人债权的丧失,与行为人窃取作为有体物的债权凭证的行为,没有法律上的因果关系。其次,司法实践对行为人盗窃记名的债权凭证后骗领现金的行为仅认定为盗窃罪,一个重要原因是将骗领现金的行为视为盗窃行为的继续或者延伸,可是,如前所述,事后销毁、丢弃凭证的行为,根本不具备盗窃的特征,不可能成为盗窃行为的继续或者延伸。最后,不能认为盗窃是主行为,销毁、丢弃债权凭证是从行为。因为导致被害人丧失债权的主要是销毁、丢弃债权凭证的行为。然而,如果不将被害人的财产损失归属于行为人的行为,也是不合理的。问题在于,被害人的财产损失应当归属于被害人的哪一行为,如何认定该行为的性质?

在本书看来,认定财产犯罪的最基本方法应当是先确定被害人及其财产损失的内容,然后确定造成被害人财产损失的原因(什么行为),再判断该行为符合何种犯罪构成。

首先,如果多次盗窃、入户盗窃、携带凶器盗窃、扒窃他人的记名债权凭证,即使后来没有骗领现金,也没有销毁、丢弃债权凭证,也应当认定为盗窃罪。盗窃的对象只是作为有体物的债权凭证,而不包括票面数额。

其次,需要判断被害人丧失债权、遭受实际财产损失的原因。在被害人丧失债权是由于行为人销毁、丢弃债权凭证所造成的情形下,本书倾向于认定为故意毁坏财物罪。一是在我国,财物实际上包括财产性利益,因而包括债权,债权可以成为故意毁坏财物罪的对象。二是按照一般的效用侵害说,毁坏是指有损财物的效用的一切行为;根据本来的用法侵害说,毁坏是指物质性地损害财物的全体或者一部,或者使财物达到不能遵从其本来的用法进行使用的状态的行为。使被害人丧失债权、不能行使债权的行为,可以评价为毁坏行为。

最后,将后行为认定为故意毁坏财物罪,并不是指行为人毁坏了作为有体物的债权凭证,而是指行为人通过销毁、丢弃债权凭证使他人丧失债权,毁损了他人的财产性利益。所以,即使认为销毁、丢弃作为有体物的债权凭证,是不可罚的事后行为,也不能将盗窃有体物后毁损他人财产性利益的行为认定为不可罚的事后行为。所以,无论先前的盗窃行为是否独立构成盗窃罪,对后行为均应认定为故意毁坏财物罪。如果先前的行为构成盗窃罪,则应与后面的故意毁坏财物罪实行并罚。

总之,盗窃不记名、不挂失的债权凭证的行为,成立盗窃罪,按票面金额认定盗窃数额。盗窃记名的债权凭证后向自然人使用骗取现金的,后行为成立诈骗罪(或金融诈骗罪);如果多次盗窃、入户盗窃、携带凶器盗窃、扒窃债权凭证后向自然人使用骗领现金的,应将盗窃罪与诈骗罪(或金融诈骗罪)实行并罚。盗窃记名的债权凭证销毁、丢弃债权凭证，没有骗领现金，且失主无法通过挂失、补领、补办手续等方式避免实际损失的，对后行为可认定为故意毁坏财物罪；如果前行为属于多次盗窃、入户盗窃、携带凶器盗窃或者扒窃，则应将盗窃罪与故意毁坏财物罪实行并罚。

21. 如何处理盗窃欠条的行为？

案22：甲以为乙很有钱，于是潜入乙家行窃，结果只找到一叠总金额近百万的欠条。甲拿走这叠欠条后一一找到债务人，承诺只需按照欠条记载的欠款金额的一半偿债即当面销毁欠条。

应该说，虽然甲窃取欠条的行为并不会导致债权的转移，但如果欠条是乙主张债权的唯一凭证，欠条的丧失意味着胜诉权的丧失，则可以认为乙丢失欠条就意味着丧失了实现债权的利益。而甲获得并利用欠条，可以认为其取得了或者享受了实现债权的利益，可以认定存在财产性利益的占有转移，因而甲的行为成立盗窃罪。所以，本案中就入户盗窃欠条而言，属于入户盗窃（对象是欠条本身）。之后利用欠条的行为又成立财产性利益的盗窃。由于被害人仅遭受一个财产损失，可以认为成立包括的一罪，仅以财产性利益盗窃论处。盗窃数额就是欠条所记载的欠款金额。

张明楷教授认为，可以按照如下方法计算盗窃欠条行为的犯罪数额：(1)入户盗窃、扒窃、携带凶器盗窃以及多次盗窃欠条，但被害人的财产没有遭受损失的，应认定为盗窃罪，适用最低档法定刑。(2)以普通方法窃取欠条，并且导致被害人没有实现债权因而造成财产损失的，应认定为对欠条本身的盗窃罪，并且按欠条本身的经济价值（欠条记载的欠款数额）计算盗窃数额。非法占有目的的对象既包括财物本身，也包括财物的经济价值。既然欠条是唯一的债权凭证，而且盗窃欠条的行为事实上给被害人造成了财产损失，行为人的主观目的不只是占有欠条本身，而是为了占有欠条所体现的经济价值，就可以按欠条本身的经济价值（行为人取得的经济价值和被害人丧失的经济价值）计算盗窃数额。例如，行为人向他人出具的欠条写明自己欠他人10万元。行为人窃回欠条导致他人的10万元债权不能实现的，就应当认定为行为人的盗窃数额为10万元。这与盗窃汽车的盗窃数额的计算方法完全相同,都是承认对有体物的盗窃,并按行为人所取得的、被害人所损失的经济价值计算盗窃数额。①

传统观点认为,由于欠条本身的价值不大,不能成立盗窃罪的对象。但在特殊盗窃入刑之后,由于欠条的主观价值较大,所以多次盗窃、入户盗窃、携带凶器盗窃、扒窃欠条的,可以成立盗窃罪,盗窃的对象是欠条本身。如果欠条是唯一的债权凭证,欠条的丧失意味着胜诉权的丧失。丢失欠条意味着丧失了实现债权这种财产性利益,获得欠条意味着取得实现债权这种财产性利益。因此,盗窃欠条并加以利用的,可以认定为财产性利益的盗窃罪。由于被害人实际仅遭受一个财产损失,故可以认定成立一个财产性利益盗窃罪,盗窃的数额就是欠条记载的欠款数额。

这样处理也与盗窃存折后使用成立盗窃罪与诈骗罪相协调。可以说,当欠条是唯一的债权凭证时,欠条比存折还重要。同为债权凭证,丢失存折,被害人还可以通过办理挂失手续挽回损失,而一旦丧失作为唯一债权凭证的欠条,往往意味着债权成为自然债权而几乎无法实现。所以,欠条作为债权凭证,值得刑法保护。盗窃、诈骗、抢劫、毁坏欠条的行为,值得以盗窃、诈骗、抢劫、故意毁坏财物罪进行评价,犯罪数额就是欠条所记载的欠款数额。

22. 盗窃油气、盗割电线从一重处罚的司法解释规定,有无疑问?

盗割电线以及在输油管道上打孔盗油、倒卖他人山上的树木、割下秦始皇的兵马俑头颅拿走、破坏价值昂贵的防盗门入户盗窃,是一个行为还是数个行为,是想象竞合还是数罪并罚?无论司法解释还是刑法理论通说,均认为盗割正在使用中的电线并取走,成立破坏电力设备罪与盗窃罪的想象竞合犯;在输油管道上打孔并盗油,成立破坏易燃易爆设备罪与盗窃罪的想象竞合犯。②

---

① 张明楷:《刑法学》(第6版),法律出版社2021年版,第1255页。

② 参见2007年最高人民法院《关于审理破坏电力设备刑事案件具体应用法律若干问题的解释》第3条;2018年最高人民法院、最高人民检察院、公安部《关于办理盗窃油气、破坏油气设备等刑事案件适用法律若干问题的意见》;张明楷:《法条竞合中特别关系的确定与处理》,载《法学家》2011年第1期。

行为之间可能存在重合的部分,但达到何种程度的重合,才是一个行为,刑法理论上存在主要部分重合说、部分重合说、着手重合说与分割不能说之间的对立。部分重合说、着手重合说以及分割不能说,要么导致一个行为的范围过小或者过大,要么标准不明而不具有可操作性。主要部分重合说认为,符合构成要件的各自然行为至少其主要部分重合时,才是一个行为。相对而言,主要部分重合说对一个行为范围的确定较为适度,因而具有合理性。

长期以来,无论刑法理论还是司法实务,对行为个数的判断显得过于粗疏,未能在对行为进行细分的基础上考量行为的主要部分是否重合,难免将本来的数个行为粗放地认定为一个行为,而不利于保护法益,也导致罪刑不相适应。例如,有学者一方面认为,如果行为人仅仅毁坏电力设备(盗割电线),在触犯破坏电力设备罪时,不可能同时触犯盗窃罪;另一方面又认为,只有当行为人将电力设备转移给自己或者第三者占有,才能同时触犯破坏电力设备罪与盗窃罪,成立想象竞合。这明显前后矛盾,因为该学者事实上承认在破坏电力设备的场合存在破坏电力设备(剪断电线)和转移被剪断的电线两个行为,原本应以破坏电力设备罪与盗窃罪数罪并罚。这与破坏他人价值昂贵的防盗门后窃取室内的财物,或者敲碎豪车的窗玻璃窃取车内的财物,应认为存在数个行为进而以故意毁坏财物罪与盗窃罪数罪并罚,是一个道理。同样,在输油管道上打孔盗油,也存在打孔与盗油两个行为,理应以破坏易燃易爆设备罪与盗窃罪数罪并罚,而不应认为只有一个行为而成立想象竞合犯,因为打孔行为与盗油行为的主要部分并不重合。

倒卖他人山上的林木其实在规范意义上也存在盗窃与诈骗两个行为,不同的对象,不同的财产损失结果,所以应当以盗窃罪与诈骗罪数罪并罚。割下秦始皇的兵马俑头颅拿走,也存在故意损毁文物与盗窃两个行为,应当数罪并罚。破坏价值昂贵的防盗门入户盗窃,以及砸坏豪车门玻璃盗窃车内财物,也存在故意毁坏财物和盗窃两个行为,应当数罪并罚。

23. 卡车从高速公路收费站附近的缺口开出而逃费的,如何处理?

案23:甲将某高速公路围栏砸出一个车辆可以平稳驶出的缺口,向由此缺口驶走的车辆收取费用,但所收费用明显低于正规收费处的费用。一个晚上,甲收取了驶出车辆2万多元的费用(这些车原本应当向正规收费处缴纳20多万元的费用)。

应该说,虽然高速公路管理者对于逃费的司机还享有收取过路费的债权,但因为甲的行为,高速公路管理者事实上丧失了向司机收取过路费的利益,或者说,甲的行为导致高速公路实现债权的实际利益被转移给了甲而造成了财产损失,甲因此取得了或者享受了向过往司机收取过路费的利益,甲的行为构成盗窃罪。

张明楷教授指出:行为人驾驶大卡车在高速公路上行驶了上千公里,不管是在收费站突然冲出去,还是在收费站附近找个出口逃出去,都不可能构成诈骗罪,所以,有学者主张认定为盗窃罪,甚至有人认为,对突然冲出收费站的要认定为抢夺罪。抢夺罪只不过是盗窃罪的特别法条,我觉得,这种行为既不构成盗窃罪,也不构成抢夺罪。因为盗窃罪的转移占有,是指将狭义财物或者财产性利益,从被害人那里转移到自己或者第三者这里。逃费行为虽然使行为人获得了利益,也就是事实上没有缴纳过路费,但不存在一个具体利益的转移。也就是说,高速公路管理者依然对行为人享有债权,即便不知道行为人逃到哪里去了,但从现在的高速公路的监控摄像可以知道什么车逃费了,即使不知道是什么车,也还是要承认高速公路管理者对行为人享有债权。如果说行为人转移了利益,那么,转移了什么利益呢?我觉得没有转移利益。这不是财产性利益能否成为盗窃罪对象的问题,而是行为是否属于盗窃的问题。[①]

本书认为,强调必须存在占有的转移,是就狭义的财物即有体物而言的。只要认为财产性利益可以成为盗窃罪的对象,对于财产性利益的取得,就不应也不必像要求盗窃有体物那样,必须存在从被害人向行为人的占有转移。国外之所以强调成立盗窃、诈骗等夺取罪必须存在占有的转移,是因为国外普遍认为盗窃罪的对象不包括财产性利益,财产性利益只能是抢劫、诈骗、敲诈勒索罪的对象。而抢劫、诈骗、敲诈勒索罪存在人的配合,存在对方对于财物的交付或者处分行

① 张明楷:《侵犯人身罪与侵犯财产罪》,北京大学出版社2021年版,第190页。

为;而盗窃罪的对象之所以限于狭义的财物,是因为不存在配合的对方,财物的取得由行为人单方完成。所以在国外可以认为成立夺取罪必须存在占有的转移。但我们国家,包括张明楷教授在内的主流观点认为,盗窃罪的对象可以包括财产性利益,既然如此,就不应照搬国外的理论,强调成立包括财产性利益在内的夺取罪也必须存在占有的转移,而是应该认为,就盗窃而言,只要能够证明行为人实际取得了或者享受了某种财产性利益,就可以肯定财产性利益盗窃的成立。例如,偷看电影、盗打电话、无钱食宿、无钱旅游、盗窃欠条等。就高速逃费而言,一旦行为人从高速缺口开出,即便高速公路管理者还享有债权,但事实上债权很难实现或者实现债权的成本高昂,而行为人无疑事实上享受了免付过路费这种利益,或者免费使用高速公路的利益,所以应当肯定盗窃罪的成立。

24.《刑法》第265条的规定,是注意规定还是法律拟制?

案24:2011年11月,河南农民张某在山西某建筑工地维修中联重科牌塔吊机时,意外捡到一张手机SIM卡,此卡原本是中联重科公司从山西移动公司购买的专门用来定位塔吊机的GPS卡。张某将卡带回家,搁置1个月后,将该卡插在自家的电脑无线网卡盒里使用。2012年7月4日,中联重科公司发现账户里被山西移动公司划扣一笔不明用途的巨款后,立即报案。直到被捕之后,张某才知道自己捡到的SIM卡已经产生了25万多元的上网费用。

最高人民法院《关于审理扰乱电信市场管理秩序案件具体应用法律若干问题的解释》第8条规定,盗用他人公共信息网络上网账号、密码上网,造成他人电信资费损失数额巨大的,依照盗窃罪定罪处罚。显然,依照这一解释规定,本案中张某的行为构成盗窃罪。

案25:大学生甲毕业前四处投简历求职,某日接到一个电话仅响了一下就挂断了。甲担心是招聘单位拨来的电话,马上回拨了过去,对方传来"销售部请按1,市场部请按2,人工服务请按3"的录音。甲马上按了3,但并没有人接听,对方只是不断地播放音乐,一段音乐听完后,甲查看话费发现少了2000元。

应该说，拨号虽然有处分话费的意思，但是其一，这个时候处分话费是处分给联通、移动或者中国电信，而不是处分给这个被告人。其二，一般人拨号时处分的只是应当支付的话费，而不可能处分额外的话费。本案中，甲根本没有意识到自己将额外的话费处分给了对方。甲听音乐的过程，实际上是对方获取话费的过程，甲当时并没有意识到。甲没有处分行为和处分意思，被告人的行为不能认定为诈骗罪。由于我们承认财产性利益可以成为盗窃罪的对象，所以对被告人的行为完全可以认定为盗窃罪。实践中还存在一些公司在手机中植入某种软件，偷取用户话费的，也应当认定为盗窃罪。

《刑法》第265条规定："以牟利为目的，盗接他人通信线路、复制他人电信码号或者明知是盗接、复制的电信设备、设施而使用的，依照本法第二百六十四条的规定定罪处罚。"

关于该条规定的性质，张明楷教授指出：一方面，就盗窃罪的对象而言，本条属于注意规定，即财产性利益（电信码号、电信设备等的使用）是侵犯财产罪的行为对象；另一方面，就盗窃罪的行为而言，本条属于特别规定（法律拟制），亦即，将不符合盗窃行为特征的行为拟制为盗窃行为，并以盗窃罪论处。盗用他人电话之类的行为，并没有使任何对象发生转移，只是应当付电话费而没有付费而已，并不符合盗窃的行为特征。尽管如此，刑法仍然将其拟制为盗窃行为，然而，拟制规定是不能类比适用的，只能适用于有此规定的情形。①

本书认为，《刑法》第265条的规定只是注意规定。一是盗打电话享受的是电信服务这种财产性利益，而财产性利益本来就能成为盗窃罪的对象；二是财产性利益不同于有体物，成立财产性利益夺取罪并不需要存在财产性利益的占有转移，只要行为人事实上取得或者享受了财产性利益，对方事实上遭受了财产损失，二者之间具有对应关系，就能肯定财产性利益盗窃罪的成立；三是对于存在自然人对方的抢劫、诈骗、敲诈勒索财产性利益的犯罪，因为存在对方的交付处分行为，而可以肯定财产性利益的占有转移，我国既然肯定不存在自然人对方的

---

① 张明楷：《刑法学》（第6版），法律出版社2021年版，第1239页。

财产性利益盗窃罪,就不应像要求夺取有体物那样,必须存在占有的转移,而是应该肯定只要行为人取得或者享受了财产性利益,就能肯定财产性利益盗窃罪的成立。

25. 盗窃他人手机后使用他人微信、支付宝购物、转账的,如何处理?

对于利用他人微信、支付宝购物消费、转账的案件,可以分以下几种情形讨论:

第一,盗窃他人手机后使用他人微信或者支付宝在机器上购物,或者将他人微信、支付宝中的"钱"转到自己的微信、支付宝中的,存在两个盗窃行为,前一行为是盗窃手机,后一行为是盗窃微信、支付宝中的财产。由于不存在对自然人的欺骗行为,所以,只能认定为盗窃罪。虽然有两个盗窃行为,原本是两个盗窃罪,但合并计算盗窃数额,认定为一个盗窃罪即可。

第二,行为人盗窃他人手机后,发现他人手机上的微信、支付宝本身没有余额,但微信、支付宝绑定了储蓄卡,于是通过他人的微信、支付宝,直接将"钱"转入自己的微信、支付宝的,应当认定为盗窃罪,而不是认定为信用卡诈骗罪。因为行为人没有直接使用他人的储蓄卡,只是使用了微信与支付宝。

第三,行为人盗窃他人手机后,发现他人手机上的微信、支付宝里没有余额,但微信、支付宝绑定了储蓄卡,于是先将他人储蓄卡里的"钱"转入他人的微信、支付宝中,然后再将他人微信、支付宝中的"钱"转入自己的微信、支付宝的,同样只成立盗窃罪。因为使被害人遭受财产损失的行为,不是将被害人储蓄卡中的"钱"转入被害人微信、支付宝的行为(相当于从被害人的左口袋转移到右口袋),而是从被害人微信、支付宝转出"钱"的行为,这个行为正是盗窃行为。

第四,行为人盗窃他人手机后,发现他人微信、支付宝里没有余额,也没有绑定储蓄卡,于是,将被害人的储蓄卡与微信、支付宝绑定,再通过他人的微信、支付宝将"钱"转入自己的微信、支付宝中的,也不构成信用卡诈骗罪,仍然构成盗窃罪。因为绑定储蓄卡的行为本身也没有导致转移被害人的财产,被害人的财产法益没有受到损害。使被害人遭受财产损失的,是行为人将被害人微信、支付宝里的"钱"转到自己微信、支付宝中的行为,这才是一个盗窃行为。但这个行为并没有使用被害人储蓄卡的账号与密码,而是典型的盗窃行为,所以不能成立信用卡诈骗罪,而是成立盗窃罪。

第五,行为人窃取他人信用卡信息后,将他人的信用卡与自己的微信或者支付宝绑定,然后使用微信或者支付宝付款的,也应该认定为盗窃罪。这是因为,单纯绑定银行卡的行为不可能使持卡人的财产法益受到损害,因而不可能成为信用卡诈骗罪与财产罪的构成要件行为。只有使用微信或者支付宝付款的行为,侵害了被害人的财产法益,但使用微信或者支付宝时,并没有再使用信用卡的账号与密码,因而不构成信用卡诈骗罪,只能认定为盗窃罪。

第六,行为人盗窃他人手机后,利用他人手机在商场购物消费付款时,由于微信或者支付宝没有余额或者余额不足,需要选择微信或者支付宝绑定的银行卡支付货款时,行为人选定了其中的银行卡的,则可以认定为行为人冒用了他人信用卡,进而认定为信用卡诈骗罪。但如果不是针对自然人使用,而是针对机器使用,也仅成立盗窃罪。

总之,认定财产犯罪的基本步骤应当是:第一步确定谁是被害人(who);第二步确定被害的结果或者说财产损失的具体内容(what),是商品、货款、现金还是债权等;第三步确定造成被害人财产损失的是哪一个行为或者环节(how);第四步确定该行为符合何种犯罪构成(which)。对于盗用他人微信、支付宝之类的案件,只要清楚不是盗窃就是诈骗;只要没有被骗的自然人,就不能构成诈骗犯罪,只能成立盗窃罪;构成诈骗犯罪的,就要进一步考虑是构成贷款诈骗罪、骗取贷款罪、信用卡诈骗罪、合同诈骗罪还是诈骗罪;只要不是直接利用他人的银行卡号和密码的,就不能成立信用卡诈骗罪;即便直接利用他人的银行卡号和密码,没有针对自然人使用,而是对机器使用,也仅成立盗窃罪。

第二节 侵 占 罪

·导 读·

侵占罪,是指将代为保管的他人财物非法占为己有,数额较大,拒不退还的,或者将他人的遗忘物或者埋藏物非法占为己有,数额较大,拒不交出的行为。成立侵占罪,以行为人已经占有他人财物或者他人丧失财物的占有为前提;侵占行为,是将自己占有下的他人财物非法转变为所有或者将脱离他人占有的财物非法转变为所有的行为。质言之,侵占罪的本质是"易占有为所有",故侵占罪所保护的法益是财产的所有,而不包括财产的占有。

侵占罪的法定刑之所以轻于盗窃罪,是因为侵占罪不侵害占有而仅侵害所有,而且将自己占有下的财物变为自己所有,对行为人具有诱惑性,非难可能性较低。"代为保管"的含义,是行为人非通过不法的方式取得占有,因而脱离占有物也属于代为保管的财物,《刑法》第 270 条第 2 款属于注意规定,第 1 款规定的也不是所谓委托物侵占罪。区分盗窃罪与侵占罪的关键,在于确定财物的占有归属,他人占有的财物是盗窃罪的对象,自己占有或者脱离占有的财物是侵占罪的对象。单纯毁坏代为保管的财物的,不成立故意毁坏财物罪;谎称被盗而拒绝返还的,也不成立诈骗罪,均仅成立侵占罪。名义人利用处分"错误汇款"和"错误记账"的钱款,不是成立盗窃、诈骗罪,而是成立侵占罪。截留贿赂款、侵吞所保管的赃物和销赃款的,成立侵占罪。

条　文

第二百七十条　【侵占罪】将代为保管的他人财物非法占为己有,数额较大,拒不退还的,处二年以下有期徒刑、拘役或者罚金;数额巨大或者有其他严重情节的,处二年以上五年以下有期徒刑,并处罚金。

将他人的遗忘物或者埋藏物非法占为己有,数额较大,拒不交出的,依照前款的规定处罚。

本条罪,告诉的才处理。

实务疑难问题

1. 侵占罪所保护的法益是什么？成立本罪要求非法占有的目的吗？

通说认为，成立包括侵占罪在内的取得型财产犯罪，都要求行为人主观上具有非法占有的目的。对于具有利用意思的取得型财产犯罪，根据是否转移占有或者侵害占有，可以分为转移占有的犯罪即夺取罪和不转移占有的侵占类犯罪（侵占罪、职务侵占罪、侵吞型贪污罪）。由于侵占罪的对象是自己合法占有下的财物以及非基于他人本意脱离他人占有而偶然由行为人占有或者占有人不明的脱离占有物。也就是说，侵占的对象不是他人占有下的财物，而是自己占有或者脱离占有的财物，所以，不能认为与盗窃、诈骗罪一样，成立侵占罪也要求行为人主观上具有非法占有的目的。因此，侵占罪所保护的法益是财产的所有而不包括财产的占有，行为人主观上要求具有不法所有的目的。

2. 如何理解“代为保管”？第 270 条第 2 款是注意规定吗？

刑法理论通说认为，代为保管，是指接受他人委托或者根据事实上的管理而成立的对他人财物的持有、管理。行为人与财物所有人、管理人之间具有代为保管财物的关系是构成这种形式侵占罪的前提条件。张明楷教授认为，所谓“代为保管的财物”是指行为人受委托而占有，并且有义务返还或者有义务按照委托人要求的特定用途（目的）使用的财物。①

本书认为，不应将“代为保管”限定为存在委托信任关系。国外刑法理论之所以认为委托物侵占罪中“委托信任关系”是一种不成文的构成要件要素，是为了说明委托物侵占罪法定刑高于脱离占有物侵占罪的原因（法定最高刑分别为 5 年和 1 年）。而我国《刑法》第 270 条第 1 款和第 2 款，对于侵占代为保管的财物与侵占遗忘物、埋藏物适用同样的法定刑。我们若随意将委托信任关系添加为侵占罪的不成文的构成要件要素，则不利于在关于死者的占有、不法原因委托（如侵吞所保管的赃物），以及起初出于毁弃的意思转移占有之后产生利用的意

① 张明楷：《刑法学》（第 6 版），法律出版社 2021 年版，第 1260 页。

思等问题上的处理。立法者之所以在“他人财物”前加上“代为保管”这一定语，是为了区别于盗窃罪等侵害他人占有的夺取罪。

应该说，所谓“代为保管的他人财物”，是指除遗忘物、埋藏物之外，非以不法手段而占有的他人的所有物。这样，理解代为保管的他人财物只需把握以下几点：一是所占有的财物不是以盗窃等不法手段取得的，或者虽然是以盗窃等不法手段取得，但存在未达刑事法定年龄等实体上的处罚阻却事由，或者证据上难以证明等诉讼上的障碍而不能追究刑事责任的情形，如16岁生日当天盗窃他人摩托车，生日过后继续占有、使用该摩托车的；二是所占有的财物不属于遗忘物和埋藏物；三是所占有的财物并非无主物。

我们注意到，其他国家和地区关于脱离占有物侵占罪的对象，一般都有兜底性规定。如《日本刑法典》第254条规定：“侵占遗失物、漂流物或者其他脱离占有的他人的财物的，处一年以下惩役或者十万元以下罚金或者科料。”我国台湾地区“刑法”第337条规定：意图为自己或第三人不法之所有而侵占遗失物、漂流物或其他脱离本人所持有之物者，构成侵占脱离持有之物罪，处500元以下罚金。而我国《刑法》第270条第2款关于脱离占有物侵占罪的规定，是一种封闭性的规定，对象仅限于遗忘物和埋藏物。固然我们可以将遗忘物扩大解释为除埋藏物以外的所有脱离占有物，但这毕竟超出了一般人对于遗忘物含义的理解。按照本书的上述理解，就可以将遗忘物、埋藏物以外的脱离占有物，纳入“代为保管的他人财物”中，使侵占罪与盗窃罪等夺取罪的对象之间，既不重叠也无遗漏，从而有效保护财产法益。而且，这种解释也能为一般人所接受。因为只要不是他人占有下的财物，公民都可以基于无因管理而暂时占有保管，这种占有保管权，可以认为是基于物主推定的承诺。例如，楼上住户飘落的衣物、河中的漂流物、信箱中误投的邮件，行为人都可以基于物主推定的承诺而占有保管这些脱离占有物，只不过应当在合理期限内、以合理的方式返还物主，而不能将自己作为所有权者对占有下的财物加以利用处分。另外，侵占罪是公认的仅侵害所有权而不侵害占有的财产犯罪，这也说明了取得占有的行为本身，不为法律所禁止，法律禁止的只是易占有为所有的行为。

其实，《刑法》第270条第2款只是对脱离占有物的列举或者示例。即使没有第 2 款的规定，也完全可以将包括遗忘物、埋藏物在内的所有脱离占有物纳入“代为保管的他人财物”的范畴。因为占有脱离占有物本身都是合法的，即都不是通过非法的方式占有脱离占有物的，所以从这个意义上讲，《刑法》第 270 条第 2 款的规定是提醒司法人员注意的注意性规定，是多余的，是可以删除的。

3. 应当区分所谓“遗忘物”与“遗失物”吗？

目前刑法理论一般认为，遗忘物与遗失物不同。前者指财物的所有人或持有人将所持财物放在某处，因疏忽忘记拿走，后者是指物主丢失的财物。二者的区别是：(1)前者一经回忆一般都能知道财物所在位置，一般较容易找回；而后者一般不知失落何处，也不易找回。(2)前者一般尚未完全脱离物主的控制范围；而后者则完全脱离了物主的控制。(3)遗忘物一般脱离物主时间较短；而遗失物一般脱离物主时间较长。刘明祥教授也主张严格区分遗忘物与遗失物，认为遗忘物是持有者因疏忽未带走而遗留在他人能有效管理之场所的财物，遗失物则是不慎丢失在无人管理之场所或有很多人进出、管理人不能有效控制之公共场所的财物。二者的最大区别不在于物主丢失财物是否立刻回想起财物遗留的场所、是否及时寻找、拾得者是否知道失主，而在于财物是否遗留在属于管理者能有效管理、控制该财物的场所，能否认定丢失的财物已置于管理者的占有或控制之下。

但是，遗忘物与遗失物区分说，存在诸多疑问。首先，行为是否成立犯罪取决于被害人记忆力的强弱，其合理性值得怀疑；而且当被害人起先不知失落何处，后经回忆知道财物所在位置时，行为人的行为又由无罪变成有罪，这也不合适。

其次，根据社会的一般观念，若财物脱离被害人的时间很短、距离很近，仍属于被害人占有下的财物，而非遗忘物。例如，日本最高法院判例认为，被害人将拎包遗忘在公园的长椅上，离开现场约 200 米之后才发现丢失，而被告人一直目睹着被害人遗忘拎包，在被害人离开现场约 27 米之时迅速拿走了拎包，该案中被害人仍占有着拎包，因而行为人构成盗窃罪而非侵占罪。

再次，刘明祥教授认为财物遗留在他人能有效管理之场所的属于遗忘物，这明显误判了财物的占有归属问题。因为既然是遗留在他人能有效管理场所的财物,如遗忘在“旅馆的客房、居民的住宅、出租汽车”这类他人能有效管理控制的财物,明显属于有人占有的财物。对于空间管理者而言属于遗忘物,因而空间管理者将其占为己有的构成侵占罪,但第三人取走该财物的,无疑属于侵害他人占有下的财物而应构成盗窃罪。然而,刘明祥教授将空间管理人与第三人的地位相混淆了。质言之,针对遗留在他人能有效管理场所的财物,对于空间管理人而言,属于遗忘物,但对于第三人而言,则属于有人占有的财物,而非遗忘物,不是侵占罪的对象。

复次,刘明祥教授认为,丢失在公共广场、车站码头等有很多人出入、管理者很难有效控制的公共场所的,则不论丢失者是否立刻回想起准确的丢失地点、马上返回寻找,都不能认为是遗忘物,而只能视为一般的遗失物,取走不构成犯罪。这显然极大地缩小了遗忘物侵占犯罪的保护范围,也不能说明为什么丢失在公共场所的财物,不能像丢失在他人能有效管理场所的财物,得到刑法的同样保护。事实上,绝大多数遗忘物都是遗忘在公共场所,而非遗忘在他人能有效管理控制下的场所,况且,若遗忘在他人能有效管理控制的场所,通常会失而复得。若将遗忘在公共场所的财物,排除在遗忘物侵占罪保护对象之外,会使得规定遗忘物侵占犯罪的立法意图几乎落空。

最后,民法理论也认为,所谓遗失物,就是无人占有的有主动产。这清楚地表明,关于遗失物,民法理论仅仅强调了三点:一是无人占有;二是有主物;三是动产。可以说,这和刑法上的“非基于他人本意而脱离他人占有(不是基于委托关系),偶然由行为人占有或者占有人不明的财物”的脱离占有物概念几乎相同。正因如此,张明楷教授才主张将遗忘物规范性地解释为脱离占有物。

综上,本书主张,不应区分遗忘物与遗失物,侵占罪中的“遗忘物”就是遗失物,是他人由于疏忽而丢失的财物。

4.埋藏于地下的财物,就是“埋藏物”吗?

案1:甲自己有一栋房屋,他父亲去世前就跟他说过,房屋的某个地方藏着一些银圆,但不知道具体位置。几年后,甲要将房屋卖给乙,但同时约定，如果以后发现房屋里藏着银圆应当归甲所有。后来乙在翻修房屋时，发现一个墙角下埋着许多银圆，乙将大量银圆据为己有，只是将一点点银圆交给了甲。

如果在甲将房屋出卖给乙之前，有人偷偷地从墙角下挖出银圆，肯定构成盗窃罪。因为银圆是甲占有的，尽管甲不知道银圆藏在何处。在甲将房屋出卖给乙之后，甲依然对银圆享有所有权，但他已经丧失了占有，乙将银圆据为己有，就是将自己占有下的他人财物据为己有，构成侵占罪。

埋藏物，刑法理论通说认为，一般是指埋藏于地下的财物。有教科书指出，埋藏物一般是指很久以前埋藏在地下，所有人不明的财物。埋藏物的所有权属于国家。还有教科书声称，埋藏物是指不归行为人所有的埋藏于地下的财物，无论其所有者是否明确（所有者不明的，归国家所有），埋藏时间多久，财物是什么性质，只要行为人不是出于盗窃的目的在对地面挖掘时，偶然发现地下埋藏物，明知不归本人所有，应当交出而拒不交出，非法据为己有，数额较大的，就构成侵占罪。

张明楷教授指出，对于埋藏物，不要从字面上进行理解，不要以为凡是埋在地底下的物都是埋藏物。埋藏物，是指埋于地下或者藏于他物之中的财物，藏于墙缝中、沉在水下的财物，也应属于埋藏物。埋藏物必须是他人享有所有权但丧失了占有的财物。如果是他人占有的财物，就不属于埋藏物。埋藏物必须是他人所有（包括国家、单位所有）的财物，而且应是所有人明确的财物。在既不属于国家所有又所有人不明的情况下，根据存疑时有利于被告的原则，不得以侵占罪论处。概言之，埋藏物是埋于地下或者藏于他物之中的，他人（包括国家、单位）所有但并未占有，偶然由行为人发现的财物。①

本书认为，立法者之所以紧随遗忘物之后规定埋藏物，一是表明两者均具有脱离占有物的性质，即系无人占有的他人所有物；二是相对于遗忘物而言，埋藏物位于相对比较隐蔽的场所，如地下、水中、墙缝中。因此，通说将埋藏物限于地下就不当缩小了埋藏物的范围。另外，将埋藏物与地下的文物相混同，也是存在

① 张明楷：《侵犯人身罪与侵犯财产罪》，北京大学出版社 2021 年版，第 231 页。

疑问的。因为文物并非是无人占有,而是归国家占有并所有的财物。盗掘古墓获得文物的,构成盗掘古墓葬罪与盗窃罪的想象竞合犯,从一重处罚。此外,将埋藏物限于所有人明确的财物也存在疑问。因为所有人不明不等于没有所有权人。只要属于他人所有,即便具体归谁所有并不明确,也应属于埋藏物。

要言之,所谓埋藏物,就是不属于他人占有但属于他人所有的,埋藏、隐匿于地下、水中、墙缝中等不易被人发现的场所中的财物。

5."拒不退还"与"拒不交出",是侵占罪的构成要件吗?

刑法理论通说一般将"拒不退还"与"拒不交出"看作侵占罪的构成要件。通说指出,拒不退还或者拒不交出,是指行为人非法占有他人财物,被人发现后,经所有人、管理人要求其退还或者交出时,仍不予退还或交出。如果经权利人要求,行为人退还或交出所占有的财物,则不构成犯罪。这种"拒不退还、拒不交出要件论",在学界以及司法实践中有很大的影响。例如,对于"深圳机场梁丽拾金案",国内对于财产犯罪颇有研究的董玉庭与刘明祥两位教授均认为,梁丽的行为是否构成侵占罪,关键取决于是否符合侵占罪的"拒不交出"这一要件。

国外刑法理论通说与判例认为,所谓侵占行为,是指实现非法占有目的,将自己占有下的财物非法占为己有的一切行为;当非法占为己有的意思在外部体现出来的时候,就成立本罪,而且是既遂。我国台湾地区林山田教授也指出,行为人只要在客观上明确显示其不法的取得意图,即可该当侵占行为,而成立本罪,故如拒不交还借用物、将持有的他人金钱抵充债务或寄存银行入己、谎称被窃或遗失或隐匿不交、设定质权或抵押权、将他人托管的土地擅行让与他人、将其持有物标价待售,或托人代售等行为,均可认定为侵占行为。

其实,我国刑法条文中有很多的赘语,是完全可以删除的。例如,《刑法》第174条规定,未经国家有关主管部门批准,"擅自"设立商业银行等金融机构的,构成擅自设立金融机构罪。未经国家有关主管部门批准而设立金融机构,就属"擅自",因而"擅自"可谓赘语,没有独立的含义,不属于需要证明的构成要件要素。同样,"拒不退还"与"拒不交出"也属于赘语。可以认为,"拒不退还"只是对"非法占为己有"的强调,或者只是对认定行为人是否"非法占为己有"的一种说明。易言之,从占有人将自己暂时占有的他人财物不法转变为自己所有之时,拒不退还、拒不交出的意思已经昭然若揭,没有必要再在司法上证明“拒不退还”与“拒不交出”情形的存在与否。

6. 我国侵占罪、职务侵占罪、贪污罪三罪之间是什么关系?

《德国刑法典》关于侵占犯罪,规定了脱离占有物侵占罪和委托物侵占罪两个罪名,法定最高刑分别为3年和5年有期徒刑;《日本刑法典》规定了侵占遗失物等罪、委托物侵占罪及业务侵占罪,法定最高刑分别为1年、5年、10年惩役;我国台湾地区“刑法”规定了侵占脱离持有之物罪、普通侵占罪、业务侵占罪与公务或者公益侵占罪,法定刑分别为500元以下罚金,5年以下有期徒刑、拘役或者或科或并科1000元以下罚金,6个月以上5年以下有期徒刑,1年以上7年以下有期徒刑。有学者认为,其他国家和地区的这种侵占犯罪罪种的划分方法比较科学,主张重构我国侵占犯罪罪名体系,将侵占犯罪划分为侵占委托物罪、业务侵占罪、侵占脱离他人持有的财物罪和公务侵占罪(贪污罪)。

其实,我国侵占犯罪在立法上本就是一个梯度性的罪群体系,只是没有解释清各侵占犯罪的规定。《刑法》第270条第2款关于侵占遗忘物、埋藏物的规定,相当于国外的脱离占有物侵占罪,只是欠缺“其他脱离占有的财物”这种兜底性规定;在法定刑上,本该低于第270条第1款的委托物侵占罪,因为不侵害委托信任关系,而且将遗忘物等脱离占有物占为己有的诱惑力较大,导致这种行为的违法性与有责性都轻于委托物侵占罪。因此,我们在对侵占遗忘物、埋藏罪犯罪量刑时,应当判处相对于侵占代为保管的他人财物行为较低的刑罚。另外,如果将“遗忘物”规范性地扩大解释为脱离占有物,而且将第270条第1款的代为保管的他人财物限定解释为委托占有物,则该款规定的就是委托物侵占罪;而如果按照“遗忘物”的字面含义进行解释,将漂流物、楼上飘落的衣物、误投的邮件解释为“代为保管的他人财物”(本书持这种观点),则该款既有委托物侵占罪性质,也有脱离占有物侵占的属性。

职务侵占罪中“利用职务上的便利”,就是基于业务而占有财物,职务侵占罪就是将基于业务占有的财物非法占为己有,因而,《刑法》第271条第1款相当于国外的业务侵占罪。另外，由于我国贪污罪条文明文规定的行为方式除公务侵占外，还包括窃取、骗取等方式，因此，贪污罪中只有侵吞行为才属于侵占犯罪（公务侵占），若不考虑窃取、骗取行为方式，则贪污罪可谓一种公务侵占罪。

综上，我国《刑法》第 270 条第 2 款、第 270 条第 1 款、第 271 条第 1 款、第 382 条第 1 款分别规定了脱离占有物侵占罪、委托物侵占罪、业务侵占罪、公务侵占罪，形成一个法定刑依次加重的侵占罪罪群体系；受委托占有财物者可谓违法身份，业务占有者和公务占有者可谓责任身份。

7. 误以为是遗忘物而取走的，是侵占还是盗窃？

案 2（2004 年司考题）：甲乘坐长途公共汽车时，误以为司机座位后的提包为身边的乙所有（实为司机所有）；乙中途下车时，甲误以为乙忘了拿走提包。为了非法占有该提包内的财物（内有司机为他人代购的 13 部手机，价值 2.6 万元），甲提前下车，并将提包拿走。官方公布的答案是，甲的行为成立侵占罪。

案 3（2003 年司考题）：某游戏厅早上 8 点刚开门，甲就进入游戏厅玩耍，发现 6 号游戏机上有一个手机，甲马上装进自己的口袋，然后逃离。事后查明，该手机是游戏厅老板打扫房间时顺手放在游戏机上的。甲被抓后称其始终以为该手机是其他顾客遗忘的财物。官方公布的答案是，甲的行为成立盗窃罪。

上述两道司法考试真题，案情似乎都是将本属于他人占有下的财物，误认为是遗忘物而据为己有，然而，一个成立侵占罪，另一个却成立盗窃罪，似乎前后矛盾。本书认为，前者是事实认识错误（抽象的事实认识错误），后者属于法律评价的错误，即法律认识错误。在前者情况下，地点是正在运行的公共汽车上，提包置于司机座位后，行为人误认为属于遗忘物是有一定根据的，因为司机对于车厢内财物很难实施有效的控制。而对于后者，早上 8 点游戏厅刚开门，没有其他顾客，即便手机属于前晚顾客遗忘的，按照社会的一般观念，经过昨晚关门清理，也已转移到游戏厅老板的占有之下，因而在法律上属于他人占有的财物，并非脱离占有物。行为人将这种财物评价为遗忘物，属于对象的归类错误，如误以为未办理养犬证的狗不是故意毁坏财物罪的对象一样,因而属于不影响故意犯罪成立的法律认识错误。

案2是将他人占有下的财物误以为是遗忘物,主观上具有侵占遗忘物的故意,客观上实现的是盗窃罪的客观事实,属于典型的抽象事实认识错误。关于抽象的事实认识错误,一般认为在构成要件重合的范围内成立轻罪的故意既遂犯。国外理论和判例一般认为,盗窃罪与侵占罪构成要件间存在实质的重合,因而肯定侵占罪的成立。但是,仅从构成要件分析,侵占是易自己占有为不法所有的犯罪,而盗窃罪是侵害他人占有的犯罪,两者之间应该是对立的关系,而不存在构成要件上重合的部分。从实质上看,侵占罪在取得型财产犯罪中到底居于什么地位?这从德国修改后的侵占罪条文中可见一斑。德国现行《刑法典》第246条侵占罪第一项规定:“为自己或第三人侵占他人动产,如行为在其他条款未规定更重之刑罚的,处3年以下自由刑或罚金刑。”可见,侵占罪实质上是取得型财产犯罪的兜底性犯罪,因为取得罪都是具有利用意思、最终都侵害他人所有权的犯罪。质言之,只要具有利用意思、侵害他人财产所有权的,都符合侵占罪的构成要件。因而,侵占罪与盗窃等取得型犯罪构成要件之间存在竞合关系。

> 案4(深圳机场梁丽拾金案):2008年12月9日上午,深圳机场清洁工梁丽看到一个小纸箱在行李车上无人看管,以为是乘客丢弃的,就顺手把小纸箱当作丢弃物清理到清洁车中,推到机场一残疾人洗手间内放置。后经同事打开查看,发现里面是一包包黄金首饰。她获知后并未上交,而是在下午下班时带回了家。后查明,梁丽拿走的是某珠宝公司王某携带的重14公斤、内装价值261万元黄金首饰的纸箱。王某因机场不予办理托运而暂时离开纸箱去其他柜台找值班主任咨询,回来后未见纸箱即以被盗报案。公安人员得知是梁丽拿走了纸箱后,到梁丽家中追回了纸箱并带走了梁丽。

本书认为,仅从法律上分析,由于被害人离开纸箱的时间很短、距离很近,而且位于被害人目所能及的范围内,因而按照社会的一般观念,纸箱应属于被害人占有下的财物。也就是说,梁丽的行为该当了盗窃罪的客观要件。但从主观上看,她不仅没有盗窃的故意,而且没有侵占遗忘物的故意。当时纸箱位于垃圾桶旁边,而且纸箱表面比较破旧,梁丽第一次发现这个纸箱后,过几分钟回来发现纸箱仍在原处,就把纸箱当作旅客的丢弃物顺手放进清洁车,并告诉工友曹某拾到纸箱,放在残疾人洗手间,如有人认领就交还。事实上,在机场也时常有因为超重而被旅客丢弃的价值不大的财物。而且,当同事打开纸箱发现是黄金首饰时,梁丽还以为她们是在开玩笑,甚至认为是一些装饰用的假首饰,而非真金白银。从这些事实可以看出,梁丽误以为是抛弃物是有一定根据的。本案属于典型的事实认识错误,就如猎人误将一早上山采药的老人当作野兽射击一样,顶多属于过失,而过失盗窃、过失侵占,均不构成犯罪。因此,梁丽的行为因没有财产犯罪的故意,应宣告无罪。

综上,将他人占有下的财物误以为是遗忘物,或者相反,以及将他人占有下的财物或者遗忘物误以为是抛弃物,或者相反,属于认识错误。应分清属于法律认识错误还是事实认识错误,属于法律认识错误的,不影响故意犯罪的成立;属于事实认识错误的,阻却重罪的故意或者犯罪故意,成立侵占罪或者无罪。

8. 为何侵占罪的法定刑轻于盗窃罪?

日本学者西田典之认为,委托物侵占罪的法定刑为 5 年以下惩役,比盗窃、诈骗罪还要轻,这是因为,本罪的对象是自己占有的他人财物,该物处于自己可以自由处分的状态,并非通过排除他人的占有而取得,可以说在动机方面更具有诱惑性,因而责任非难的程度得以减轻,而且,妨碍他人对物利用的程度也有所减少,因此违法性也得以减轻。此外,脱离占有物侵占罪的法定刑为 1 年以下惩役或者 10 万元以下的罚金或者科料,之所以明显减轻到如此程度,也就是考虑到欠缺占有侵害的违法性,以及该行为在动机方面的诱惑性更大而使有责性更低。

本书认为,法定刑的配置一般考虑的是违法性、有责性以及预防犯罪的必要性三方面的因素。盗窃罪与侵占罪法定刑悬殊的原因在于:一是就侵占代为保管的财物而言,由于财物已经在其占有之下,相对于侵害他人占有的盗窃罪等夺取罪而言,仅侵害所有而不侵害占有,因而违法性较轻,而且,处于自己可自由支配状态下的财物对行为人会产生极大的诱惑力,因而有责性会降低;二是就侵占遗忘物、埋藏物这类脱离占有物而言,由于同样不侵害占有而使违法性较轻,且相对于侵害委托信任关系的侵占代为保管的财物而言,违法性得以进一步降低,另外,在拾金不昧的社会风尚尚未形成的今天(许霆得到社会大众广泛的理解与同情,就说明了这一点),将脱离占有的财物占为己有相较于侵吞代为保管的财物,无疑具有更大的诱惑力,因而使得有责性显著降低;三是无论是侵占代为保管物还是侵占遗忘物,被害人都具有一定的过错,可谓一种自损行为,使得处罚的必要性降低;四是无论哪一个国家,盗窃罪的发案率都会远远高于侵占罪,因而侵占罪的一般预防的必要性明显低于盗窃罪,正如虽然故意毁坏财物罪的违法性并不轻于盗窃罪,但在所有国家刑法中,故意毁坏财物罪的法定刑都轻于盗窃罪,这主要就是考虑到一般预防必要性的大小;五是之所以职务侵占罪的法定刑重于委托物侵占罪和脱离占有物侵占罪,是因为行为人系基于业务而占有财物,具有反复、继续实施的可能性,而且业务人员将业务占有下的财物占为己有具有明显的背信性质,业务侵占的发案率也很高,因而无论是从违法性、有责性,还是从一般预防的需要考虑,都有必要加重对业务侵占行为的处罚。

9. 如何区分盗窃罪与侵占罪?

案5:甲是某洗浴中心经理,该洗浴中心为顾客准备了存放物品的插卡电子柜。A客人与甲很熟,洗浴时将3.1万元现金放入了电子柜,但没有领取柜卡,让甲帮自己保存;B客人将1.9万元现金放入电子柜后洗浴,后发现电子柜的卡丢失。第二天早上,A、B两位客人均发现柜内财物丢失。报案后,查明甲拿走了两位客人电子柜内的现金。

这个案件涉及如何判断事实上的占有的问题。B客人丢失柜卡后,电子柜中的财物确实还在他的占有之下,甲拿走B占有的财物的行为构成盗窃罪。由于A和甲很熟,A当着甲的面把钱放进柜子后就根本没向甲要卡,表明特别信任甲。A虽然将财物放进一个柜子里,但这与他没有将财物放进柜子里,而是直接交给甲,甲再放入某个柜子,是完全一样的。所以,可以认为A实际上是委托甲保管3.1万元现金,甲拿走所保管的3.1万元现金的行为构成侵占罪。

案6:甲搭乘乙驾驶的黑车前往某地,在到达目的地之后,甲认为乙的要价过高,商谈许久,乙不肯让步;甲为了能够降低车费,就通过假装给城管同事打电话的方式冒充城管人员,声称自己搭乘了黑车,让城管同事赶来现场。乙信以为真,为了躲避处罚,乙意欲弃车而逃。在乙下车准备拔车钥匙的时候,甲用力摁住了车钥匙,乙在没能将自己的车钥匙拔走的情况下弃车而逃。乙逃走之后,甲驾驶乙的车辆离去。乙逃了一段路之后,觉得罚款金额不会超过弃车的价值,就折回来找自己的车,发现甲已将自己的车开走了,乙遂报案。

本案中,乙虽然弃车而逃,但根据社会的一般观念,他还占有着自己的弃车,所以,甲的行为构成盗窃罪。

案7:乙举办家庭宴会,甲受雇当洗碗工。其间,乙把一个新的铝锅交给甲去洗,但是乙忘了锅里有2万元现金。甲在清洗前,将铝锅内的塑料袋倒在乙家门外的垃圾桶中,当时甲并没有看到2万元现金。后甲去门外倒垃圾时,发现之前从铝锅中倒出的塑料袋里有2万元现金,于是,甲就将现金据为己有。乙的妻子丙发现铝锅中没有了2万元现金,就问乙是怎么回事。乙多次与甲交涉并要求甲返还,但甲始终说没有见过,于是乙报了警。

本案中,在一般人看来,既然是倒在垃圾桶中,就表明主人对其中的财物放弃了所有和占有,所以应该认为,乙已经丧失了对2万元现金的占有,甲拿走垃圾桶中2万元现金的行为成立侵占罪。

盗窃罪与侵占罪区分的关键在于占有归属的判断。

刑法理论一般认为,刑法中的占有由客观的占有事实与主观的占有意思两个要素组成。然而,具体情形下占有如何确定,仍然是理论和实践中的难题。

有学者根据财物的占有状态,将占有大致分为9种类型:(1)他人实际掌握、控制、监视和管理的情形,如身穿、手拿、肩扛的财物;(2)他人依靠其支配下的机械器具确保财物占有的情形,如渔民在远海所撒渔网中的捕获物;(3)他人概括支配的封闭场所范围内确保财物占有的情形,如食客遗忘在餐厅单人式厕所内的手机;(4)根据财物的性质与放置的地点能够推定他人占有的情形,如放置于机场厕所旁、紧挨垃圾箱的昂贵旅行箱;(5)他人有意将财物置于难以被人发现的区域的情形,如饥荒年代农民将自己的农具藏在难以为别人所知的隐蔽山洞里;(6)从财物的性质上能够推断并非抛弃物,他人具备占有意思并且知悉财物所在地的情形,如老者将贵重的金佛放在离家很远的破庙里,按月朝拜一次;(7)根据财物的自然属性可以预料到它(犬、飞禽等)会返回自己支配范围内的情形,如他人的信鸽;(8)财物虽在短时期内与所有人分离,但所在位置离所有者较近,所有人对此有明确认识的情形,如食客在餐厅用膳后将钱包遗忘在餐桌上,离开200米想起后立马回取;(9)由于特殊情形(战争、地震等)使财物占有发生偏离,但他人仍享有占有权的情形,如大地震发生后大量贵重财物散落四处而物主前往他处避难。本书基本同意该学者对具体情形占有归属的判断,但该学者只是进行了列举而没有提炼出明确的判断基准。

日本前田雅英教授指出,总结日本判例关于占有有无的判断,决定占有的实质性基准是:(1)财物本身的特性;(2)占有者支配意思的强弱;(3)因距离等因素形成的客观、物理上支配关系的强弱。本书对此表示赞同。确定财物的占有关系(包括占有的有无和占有的归属),应考虑财物本身的性质、占有者支配意思的强弱,以及因时间、距离、地点等因素所形成的对于财物的客观、物理上支配关系的强弱三方面的因素。

第一,谈到财物的性质对占有关系判断的影响,通常讨论的是具有回归习性的飞禽走兽。实际上,财物的大小等特性也会对占有的认定产生一定的影响。例如,按照社会一般观念,大型、笨重的财物通常并不因为脱离物主的支配范围而成为他人占有下的财物或者脱离占有物。单位雇佣的司机,即便将车开出千里之外,也应认为汽车的占有还是属于车主(包括单位的法定代表人)。因而,受雇司机将车开出后卖给他人的,不是成立侵占罪或者职务侵占罪,而应成立盗窃罪。

关于大型财物占有归属的判断,韦某权盗窃案最为典型。

案8:2004年4月10日凌晨,郑某因醉酒将其驾驶的凌志轿车(价值人民币373380元)停放在西安市文艺路凯撒宫对面的机动车道上,钥匙未拔,车窗亦未关。当天早上6时许,被告人韦某权(系出租车司机)途经此地,发现了这一情况。约1小时后,韦某权驾车再次途经此路段,发现该车仍然停放在原处。于是其潜入凌志车中,发现钥匙未拔,便将车开走,藏匿于西安市某医院停车场。随后韦某权将存放在车中的手机、皮鞋及美元供自己使用和挥霍。韦某权还对车辆进行了维修，更换了车牌。不久被抓获。关于本案，西安市中院一审、陕西省高级人民法院二审均以盗窃罪定罪处罚。本案控辩审三方的争议，主要围绕涉案车辆是否为遗忘物进行。①

本书认为，对汽车这种大型财物占有关系的判断具有特殊性。在一般人的观念中，由于汽车很难携带，并且在车管所存在产权登记，汽车上还有车牌、发动机号码等易于识别的标志，因而难以将汽车评价为脱离占有的遗忘物，即便钥匙未拔、车窗未关，也是如此，这跟脱离时间的长短没有直接关系。也就是说，汽车这种大型财物，因为不便于携带、不难找回等因素，即便物理上脱离了物主的控制，并且物主因遗忘而一时缺乏支配的意思，也应认为属于原物主占有，将汽车开走占为己有的，不成立侵占罪，而应成立盗窃罪。

第二，关于占有意思，只对客观支配事实的判断起补充作用。也就是说，客观支配强的，占有意思要求就弱（如位于能够有效管理、控制空间内的财物）；相反，客观支配弱的，要肯定占有则要求具有较强的占有意思。例如，被害人将笨重的行李放在候车厅座位上后去厕所方便，这时虽然行李被置于人员出入频繁的候车厅，被害人对于行李物理上的支配管领力较弱，但由于被害人具有强烈的占有意思，一般人也会认为系有人占有的财物，因而，他人趁机拿走的，构成盗窃罪而不是侵占罪。

第三，关于占有关系的判断，国内学者较多关注的是财物所处的场合的性质是人员出入频繁的公共空间，还是空间管理人具有一定管领力的场所。车站、码头、人民广场这类车水马龙、熙熙攘攘的场所，空间管理人难以有效控制，因而落在这种场所的财物属于脱离占有物，这一般没有问题。有问题的是银行、出租车这类介于公共空间与封闭空间之间的场所中的财物占有归属的判断。国内外均有学者认为，落在银行的财物归银行建筑物管理者占有，不属于脱离占有物。然而，在人口众多的我国，银行虽不如车站、码头般热闹，但人员的出入也很频繁，认为对于遗忘于银行的财物，能很快形成银行管理者的占有，本书存疑。

① 西安市人民检察院诉韦国权盗窃案，《最高人民法院公报》2006 年第 4 期。

对于遗忘在出租车中财物的占有归属，刑法理论上存在属于司机占有和属于遗忘物的观点分歧。本书认为，乘客刚下车时，只要出租车尚未驶离，该行李仍由乘客占有，因为时间很短，距离很近，若司机发现这一情况后迅速驶离，则司机构成盗窃罪；当然，若此时后一乘客上车将前一乘客落下的行李据为己有，也成立盗窃罪。除此之外，前乘客落下的行李，包括忘在后备箱中的行李，均转归司机占有，后乘客取走的，构成盗窃罪，司机占为己有的，成立侵占罪。

国内学者关于占有关系的判断，往往忽视了财物脱离被害人的时间、距离的长短对占有判断的影响。日本有几个著名的判例，能给我们一些启示：

(1)被害人与朋友坐在公园长椅上聊天时，将拎包放在身边长椅上，被告人坐在旁边的长椅上注意到被害人身边的拎包后，假装看报纸。几小时后，被害人起身送朋友到地铁站，忘记带走身边的拎包。被告人想着只要被害人稍微离拎包远一点就拿走它，并观察着被害人的动静。当看着被害人与朋友上了公园出口的横行过街天桥，离开拎包的位置约27米远时就迫不及待地拿走了拎包。被害人在离开遗忘拎包的位置约200米远，时间大约2分钟时，发现自己忘记拿走拎包，随即返回，但为时已晚。本案一审、控诉审及终审均肯定了盗窃罪的成立。控诉审的判决理由是："虽然被害人将本案拎包遗忘于公园长椅上，但被害人脱离本案拎包现实控制的距离与时间极为短暂，在此期间，公园内几乎无人通行，被害人不仅对遗忘场所有明确的认识，对可能拿走拎包的人也能想象得到，事实上也是如此，被害人通过拨打自己的手机，马上就找到了正躲在厕所翻包的小偷。根据这些事实，能够认定在被告人对本案拎包不法取得之际，被害人并未失去对本案拎包的实力支配，而仍然继续保持着对该物的占有。"日本最高裁判所的判旨是："被告人取得本案拎包，是在被害人从遗忘该物的长椅处走向距离长椅不过27米处场所的时间点，根据本案以上等等的事实关系进行判断，在该时间点上，即便考虑到被害人暂时忘记了本案拎包而从现场离开的事实，也不能认为被害人失去了对本案拎包的占有，被告人非法取得他人拎包的行为构成盗窃罪。"

日本山口厚教授对上述判决发表了肯定性意见：在判断占有的有无时，一直以来都是采用控诉审这样的判断方法，即从被害人离开财物的时间点开始，直到发现自己遗忘了财物并回到遗忘财物处的全部状况加以综合判断。最高裁判所是直接根据被告人取得财物的时间点来判断被害人是否丧失占有的，即通过控诉审判决中没有提到的“被告人取得本案拎包，是在被害人从遗忘该物的长椅处走向距离长椅不过27米远处的时间点”这一事实来肯定被害人的占有的，这一点是很清楚的。这两种判断方法存在差异，是因为一直以来被告人实施取得行为的时间点无法确定，根据“存疑时有利于被告人”这一刑事裁判的“铁则”，只能这样解决问题，即最大限度地考虑被害人与财物之间的时间、距离的隔离的场合，能否肯定被害人对财物的占有。本判例中，在被告人实施取得行为的时点已经确定的基础上，直接采取了以该时间点来判断被害人是否丧失占有的判断方法，可以说这种判断方法才是本来的占有判断方法，因为只有在取得行为的时间点，被害人是否丧失占有，才成为需要判断的问题，至于在取得行为实施完毕后，被告人即便又丧失占有，但盗窃罪一旦成立即告既遂，也就不可能再说不成立盗窃罪了。

本书赞成山口厚教授的分析。判断被害人是否丧失占有，基准点当然应是被告人取得财物的时间点，而不是被害人发现遗忘了财物后返回原处的时间点；只要证明上没有困难，就应以前者而不是后者作为判断占有是否丧失的时间点。

(2)被害人在等公共汽车时，将照相机放在身边30厘米处，随着队伍向着检票口方向移动，在距离检票口仅有3.66米处时，被害人发现自己忘记照相机而马上返回，但照相机已被人拿走。从被害人跟随队伍开始移动一直到返回该场所，经过的时间大约为5分钟，而放置照相机的场所与他返回前的地点之间的距离仅为19.88米。判例以“照相机仍然处在被害人的事实支配之下”为由，肯定了被害人的占有。

(3)被害人将钱包遗忘在车站售票处的4号窗口，当被害人走到距离4号窗口十五六米远的13号窗口时，发现丢失了钱包而马上返回到4号窗口，但钱包已被人拿走。其间大约经过了一两分钟。判决认为：“被害人从4号窗口离开不久，马上发现自己将本案钱包遗忘于该场所，并且即便在来到13号窗口的时间点，对于位于4号窗口的本案钱包，被害人仍然目所能及，所以可以认为，钱包仍处在被害人支配力所能及的区域内，根据所经过的时间、场所，认定本案钱包仍然处于被害人的实力支配之下是正当的。”判决肯定了被害人的占有。

(4)被害人将钱包遗忘在大型超市6楼的长凳上,离开朝着1楼而去,即便乘坐自动扶梯单程也要2分20秒,直到又过了大约10多分钟后,被害人才发现遗失了钱包而马上返回,但钱包已被人拿走。判决以“即便考虑到被害人对本案钱包遗忘的场所有明确的记忆,正好在前述长凳附近的A小孩注意到本案钱包的存在,并且A预计失主会回来取得本案钱包的时间点上,客观地看,也不容易断定被害人的支配力仍能及于本案钱包”为由,否定了被害人对本案钱包的占有。

日本上述4个判例中,各自场所的距离以及被害人从遗忘物品开始到发现物品遗失后返回所经过的时间,大致如下:①被害人离开200米,经过2分钟才发现拎包遗失,但被告人取得拎包时仅距离27米;②大约19.58米,约经过5分钟;③十五六米,约经过一两分钟;④若用自动扶梯要用2分20秒的距离,经过10多分钟。本书认为,最后一个判例之所以否定被害人的占有,除了距离较远、时间较长外,还有两个重要原因:一是遗忘的钱包位于人员进出频繁的大型超市;二是钱包遗忘在超市6楼,而被害人下到1楼后方才发现钱包遗失,由于空间的阻隔,超出了被害人目所能及的范围,因而很难继续支配钱包。

综上,我们在判断占有关系时,一是考虑财物本身的性质(如大小、携带的可能性等);二是虽然物理性支配较弱,如果物主有强烈的支配意思,则可能认为并未丧失占有;三是考虑被害人对于财物物理支配力的强弱,要具体分析场所的性质,物主离开财物的时间长短、距离远近,若能确切证明行为人取得被害人财物的时间点,则应以此时物主离开财物的时间、距离长短,作为判断占有是否丧失的时点基准。

10. 存款名义人当然占有存款吗?

案9:乙以自己名义办了一张银行卡,存入20万元,然后将银行卡交给国家工作人员甲,并将密码也告诉了甲。几天后,甲被双规了。乙估计甲还没有使用该银行卡,就到银行办理挂失,并将20万元取出。

如果认为银行卡名义人当然占有存款,就会否认夺取罪(盗窃、诈骗罪)的成立。应该说,甲虽然不对银行享有债权,但事实上享有行使债权或者说使用银行卡的利益。乙若告知银行职员真相,银行职员不可能同意其挂失取款,所以可以认为,本案中的乙是通过欺骗银行职员的方式取得了行使债权或者使用银行卡的利益,构成诈骗罪,之后取出现金的行为还构成诈骗或者盗窃罪(看是在银行柜台取款还是柜员机取款),二者成立包括的一罪,以诈骗罪一罪定罪处罚即可。

案10:2009年5月被告人仇某宾用本人的身份证办理了和银行POS机捆绑的、能用于经常性提取现金的e时代卡一张,后通过朋友介绍将该卡以每月租金2000元租给被害人牟某敏使用。同年6月下旬,牟某敏在银行自动取款机上因操作不慎致该卡被吞没。被害人即时将吞卡之事通知了被告人仇某宾,要求被告人凭身份证到银行领取该卡后返还,并告诫被告人卡中30万元是自己做生意赚的,不要动这笔钱,动了要犯法的。但被告人置若罔闻,于同年7月上旬到银行办理了该卡的挂失、补卡手续,并凭新卡对卡中的29万余元进行了取现、转账处理。上海市黄浦区人民法院一审与上海市第二中级人民法院二审均认定被告人仇某宾的行为构成盗窃罪。①

关于该案的定性,刑法理论界存在盗窃罪、诈骗罪、侵占罪及不当得利4种意见的激烈争论。应该说,虽然仇某宾是银行卡的名义人,但其卡中存款事实上归属于被害人牟某敏。如果银行职员知道真相是不会为其办理挂失补卡手续的,所以成立诈骗罪,之后取现的行为,看是在柜台上还是柜员机上,分别评价为诈骗罪或者盗窃罪。二者成立包括的一罪,以诈骗罪一罪定罪处罚即可。

案11:甲与乙外出打工,同住一室,由于乙为未成年人,乙的父母托付甲照顾乙。甲将自己的身份证借给乙使用,乙冒用甲的姓名进入一家公司工作,公司用这张身份证给乙办理了银行卡发放工资。乙将身份证还给甲,并将银行卡交给甲保管。甲在保管期间瞒着乙到银行将其中的大部分存款

---

① 参见上海市黄浦区人民法院(2010)黄刑初字第172号刑事判决书;上海市第二中级人民法院(2010)沪二中刑终字第503号刑事裁定书。

转入自己的银行卡。

对于本案,张明楷教授认为,由于甲从法律上占有了乙的财产,对法律上占有的财物可能成立侵占罪,所以,对甲的行为应以侵占罪论处。本书对此抱有疑问。虽然银行卡的名义人是甲,而且现实保管着该卡,但是否就意味着被害人乙委托甲保管并占有着卡中存款呢?若认为只要对于存款具有随时取现的处分可能性,就取得了存款的占有,而不追问行为人是否具有正当的取款权限、是否拥有对于存款的实质性权利,则盗、骗、抢、拾得他人银行卡并知悉密码后取现的,恐怕也只能成立侵占罪了。应该认为,卡中存款并不归甲占有和所有。甲隐瞒真相到银行柜台支取不属于自己的存款,应当评价为诈骗罪。

日本关于存款占有归属的讨论源于一个典型判例(“村长案”):村长将自己所保管的村集体所有的现金以自己的名义存入银行,后来村长将存款取出用于自身的消费。判决认为,该款项相当于自己所占有的他人之物,如果出于非法取得的意思而提取该款项的,就构成侵占罪。这被认为肯定了基于存款的占有。若否定基于存款的占有,那么,仅限于所实际提取的存款构成侵占罪(委托物侵占罪);但在不取现而是直接转账的场合,由于并未实际经手存款所体现的现金,不符合侵占罪的对象中他人的“物”就不能成立委托物侵占罪,而仅可能成立法定刑相对较低的背信罪,这被认为有失均衡。因为村长无论是以取现的形式消费还是以转账的形式利用处分,对于委托人财产法益的侵害没有差别。因此日本学界多数说认为,肯定基于存款的占有,更为妥当。可是,这意味着不仅对于侵占罪中的占有(除事实上的占有外还包括法律上的占有),相对于夺取罪中的占有(仅限于事实上的占有)做了扩张解释外,还对“财物”的概念作出了修正。为此,日本西田典之教授指出,若不作出这种修正的话,在出于保管的目的而将受托的钱款存入银行的场合,与在持有现金情形实施占为己有的行为构成侵占相比,在银行存款的情形之下实施处分行为而只构成背信,这并不合理。如果考虑到这一点,那么,仅仅对于委托物侵占以及业务上侵占才肯定基于存款的金钱占有(并非存款的占有)的观点则要更为妥当。而且,若肯定对于正当的存款者(如上述判例)利用自动取款机进行转账,因为没有输入虚假的信息而不成立使用电子计算机诈骗罪,正好可以成立(业务)侵占罪。

由此可以看出,日本之所以在侵占罪中肯定存款的占有,是因为日本刑法规定侵占罪的对象仅限于财物。在上述村长案中,村长从自己名义的账号上取出现金后消费,固然可以针对取出的现金评价为财物而成立侵占罪,但当村长不取现金而是直接从账号上做转账处分时,因为没有作为有体物的现金的出现,从严格意义上讲,不能成立侵占罪;同时,因为使用的是自己名义的账号,没有输入虚假的信息,也难以评价为使用电子计算机诈骗罪,故顶多认定为可以包含利益侵占的背信罪。但问题是,村长无论是取现还是转账消费,对于委托人利益的侵害并无差别,若对于转账的情形评价为法定刑轻于委托物侵占罪、业务侵占罪的背信罪,显然有失均衡。于是,日本多数说不得不对侵占罪中的财物概念进行扩张,使之包括基于存款的占有。

日本刑法中财产犯罪的对象严格区分财物和财产性利益,犯罪对象可以包括财产性利益的是抢劫罪、诈骗罪、敲诈勒索罪和背信罪,除此之外,财产犯罪的对象仅限于财物,如盗窃罪、侵占罪。但非法利用他人银行卡在柜员机上转账时,由于侵害的只是他人存款债权这种财产性利益,无法以盗窃罪制裁,于是增设了使用电子计算机诈骗罪,以规制盗窃财产性利益的行为。由此,日本学者仅在侵占罪中谨慎地将财物概念扩大到基于存款的占有。

那么,村长案若发生在我国,会如何处理呢?由于我国财产犯罪的对象没有明确区分财物与财产性利益,为有效保护法益,有必要将我国财产犯罪的对象扩大到财产性利益。侵占罪的对象也可以是财产性利益。故而,即便认为存款不是物,只是债权这种财产性利益,在上述村长案中,由于村长并不拥有为了自己的利益进行处分上述存款的实质性权利,只是基于村长的身份而暂时占有、保管着属于村所有的资金而已;村长出于利用处分的意思,无论是取现还是转账,都至少侵害了存款债权这种财产性利益,因此成立(职务)侵占罪。

关于存款的占有,涉及两个核心问题:一是占有归属的问题;二是占有什么的问题。当系自己名义的账号,而且名义人对账号中的存款具有实质性权利时,存款当然归属名义人占有,故仅需讨论占有的是存款债权还是存款指向的现金的问题。刑法理论一般肯定名义人在法律上占有存款,而对于存款所指向的现金则认为属于银行占有。不过,存款本身到底属于财物,还是一般的债权?换句话说,存款人享有的到底是物权还是债权,则可以讨论。

张明楷教授认为,不管是事实上还是法律上,存款人都占有了债权,至于存款债权所指向的现金,则由银行管理者占有,而不是存款人占有。存款人无论是事实上还是法律上均占有存款债权,这固然没错,认为现金归银行占有,也大体正确。问题是,行为人将钱存入银行仅仅是为了利息而与银行形成单纯的债权债务关系吗?恐怕不是。现在大街小巷到处都是自动存取柜员机,家家户户不是个个都买保险柜存钱,而是通常在有了一定数额的现金后即时存入银行。因为,将钱存入银行与将钱放入自家的保险柜中,几乎是同样的效果,甚至说存入银行更安全、便捷(随时可以支取,现在普及电子支付更是如此),即便存钱的银行网点被烧、被抢,存入银行的钱都会安然无恙;相反,放在自家保险柜中还可能被盗。可以说,理论上之所以肯定存款的占有,其实质根据在于银行具有作为存款人的保险柜的实质性机能。在现代社会,出现了物权债权化、债权物权化现象,财物概念逐渐呈现缓和化趋势。经验也告诉我们,拥有存款与拥有现金无异。例如,极少有贪官因为对方不送装满麻袋的1000万元现金,而是送一张记载有1000万元存款的银行卡,而不高兴的。

综上,本书的结论是,存款人不仅在事实上和法律上占有着存款债权,而且事实上及法律上与银行共同占有着存款现金。本书的观点可能遭受的批评是,若认为存款人占有着存款指向的现金,是否就意味着存款人丢失银行卡后,伪造一张具有同样记载金额的银行卡取现的,或者银行卡丢失后干脆用铁锤砸坏柜员机取出原卡上记载的金额,也不会构成财产犯罪呢?这并不难反驳。尽管存款人占有着银行相应的现金,但也只能以合法的方式取得该款项。正如,丢了超市储物柜密码条后,不能通过砸坏柜子取走自己的财物一样。还需说明的是,银行只是相当于储户的保险柜,但储户与银行之间并不存在保管委托合同关系,否则,在银行拒不支付存款时就可能成立侵占罪。存款虽具有准物权性质,但与银行之间的债权债务关系这一本质并没有改变,在银行申请破产时,储户与银行的其他债权人相比,并不享有优先受偿权。

关于案10"仇某宾案",杨兴培教授主张成立侵占罪。理由是,吞没前的卡内资金虽然归被害人牟某敏所有,但吞卡后的卡内资金应该归被告人即卡的名义人仇某宾占有、控制,被害人遗留在卡内的财物属于刑法上的遗忘物。本书认为,是成立盗窃罪、诈骗罪等夺取罪还是成立侵占罪,关键在于卡内存款占有归属的确定。被告人虽然是银行卡的名义人,但将卡租给被害人后,卡及取款密码完全由被害人占有支配,而且卡内存款也确属被害人劳动所得,被害人对之拥有实质性权利;被告人之所以重新取得对卡内存款的支配,是因为只有名义人才有权取出被柜员机所吞没的卡。即便被告人具有挂失、补办新卡的权限,也丝毫不能改变其对原卡内存款不拥有实质性权利的事实;被害人吞卡后第一时间通知被告人吞卡的事实,并告诫被告人不要动卡内存款,这都表明,卡内存款不属于刑法意义上的脱离占有物;因为不存在委托保管关系,也不属于委托保管物;吞卡后虽然卡事实上暂时由银行占有,但也不属于被告人占有,被害人只是让被告人凭身份证取出吞没的银行卡而已,并无将卡内存款转移给被告人占有的意思;正如甲租用乙的房屋,丢失钥匙后,要求乙再提供一把钥匙,并没有把房内财物转移给乙占有的意思一样;被害人自始至终都对卡内存款拥有实质性权利,而且缺乏转移占有的意思与事实,被告人是通过侵害占有的方式取得他人财物,从违法性与有责性上看,也值得作为夺取罪(盗窃、诈骗罪),而不是以法定刑要轻得多的侵占罪论处。

关于案11,张明楷教授认为构成侵占罪。理由是,由于银行卡的名义人为甲,所以,甲与银行存在债权债务关系,而非乙与银行存在债权债务关系。既然如此,甲的行为就不属于冒用他人银行卡,因而不成立信用卡诈骗罪。从法律关系上看,也不能认定甲欺骗了银行工作人员,因此甲的行为不成立普通诈骗罪。由于甲从法律上占有了乙的财产,对法律上占有的财物可能成立侵占罪,所以,对甲的行为应以侵占罪论处。很显然,张明楷教授是将存款债权与取款权限作为处分可能性进行把握的,而不考虑对于存款是否存在实质性权利。

本书认为,张明楷教授的上述观点值得商榷。若认为具有处分可能性就意味着占有了财物,则出门旅游前委托邻居保管钥匙,邻居拿走房间财物的,也只是成立侵占罪了。这恐怕不能被人接受。正如日本学者所言,出门旅行前委托熟人保管存折和印章,熟人擅自使用存折、印章取款的,即便事实上存在取款的可能性(可谓处分可能性),但熟人并没有取款的正当权限。因此,这种场合不应承认存款的占有,熟人擅自取款的,不是成立委托物侵占罪,而是成立盗窃罪。案 11 中,虽然乙是用甲的名义办理银行卡,但银行卡中的存款是乙的薪金所得,跟甲没有关系;乙将卡交给甲保管,而且两人同住一室,即便认为乙委托甲保管卡,也只是保管“卡”本身而已,绝没有委托甲保管占有卡中存款的意思,而银行卡,不过相当于银行保险柜的钥匙。如果坚持认为名义人当然在法律上占有着卡中存款,则意味着“卡”由谁保管并不重要;也就是说,即便乙亲自保管卡,因为卡上存款本来就属于银行卡名义人甲所占有,则即便甲从乙处偷出银行卡后取款,也还是仅成立侵占罪。但这一结论恐怕张教授也未必认可。因此,甲擅自使用实质上属于乙的银行卡取款,侵害了乙对于存款债权的占有及所有,应该成立盗窃罪或诈骗罪,而非侵占罪。

案 12:李某因为自己没有身份证,便借同学韩某的身份证办理了一张农业银行的借记卡,并一直使用。2005 年年底,韩某通过偶然的机会知道了这张借记卡的卡号和密码。2006 年 3 月 10 日,韩某通过查询知道该卡上有现金 1.5 万元,便于次日持自己的身份证,到银行谎称借记卡丢失,将该借记卡挂失并补办了一张新卡,将原卡上的 1.5 万元转入新卡中,供自己使用。2006 年 4 月底,李某发现自己所持的借记卡已被韩某挂失,便找到韩某要求归还卡上的金额,此时,韩某已经将卡上的 1.5 万元现金挥霍一空,拒绝了李某的还款请求。

对于该案,有学者指出,根据银行的业务惯例,合法的存款债权应当归属于存款名义人,即存单上注明的存款人方为该存款债权的合法占有人。至于存款进入银行之前由谁占有在所不问。因此,本案中 1.5 万元存款债权当属韩某占有无疑。李某虽然持有银行卡,但对于存款的“占有”不具有排他性,即不能对抗韩某就该笔存款同时向银行提出支付请求。恰恰相反,韩某却可以凭借存款名义人的身份随时剥夺李某对存款的“占有”。因此,韩某的占有才是排他性的,才能够成立刑法上的占有,韩某的行为属于“将代为保管的他人财物非法占为已有,拒不归还”,应评价为侵占罪。

本书认为,这种认为存款名义人当然占有账号中存款的观点,过于简单化。

名义人之所以可以凭借自己的身份证进行挂失补卡，这完全是银行出于管理的需要做出的规定，与民事权利的归属不可相提并论。正如房东将房屋出租之后，即便法律上占有着房屋空间和事实上握有钥匙，也不能说就占有着房间内的财物。而账号，就相当于银行为名义人提供的储物柜，至于储物柜里所装财物归属于谁，完全是民法上的财产权属问题。诚然，按照银行法上的世界通例，账号、银行卡及存折仅限于本人使用，但这只是银行法的管理规定，丝毫不能改变账号、银行卡及存折可能被名义人以外的人占有使用的事实。质言之，账号中存款的占有及所有权，到底归属于谁，是需要进行实质性判断的。本案中的银行卡，从当初办理直至案发，都归被害人李某实际上占有和使用，跟名义人韩某一点关系都没有；借用他人身份证办卡，就相当于借用他人的房屋存放物品，不能说因为房屋产权是谁的，房屋内的物品就当然归谁占有。因此，该卡中的存款无论是占有还是所有权，实质上都归属于李某。名义人韩某是以挂失、补办新卡的方式侵占他人对于存款的占有及所有权，完全具备夺取罪的违法性与有责性，不应以法定刑低得多的侵占罪定罪。事实上，这种想当然地认为名义上占有存款的观点，在司法实践中是有害的。

案13：2009年2月，甲所在村的村委规定，欲申请宅基地者，必须预先向村委交付3万元保证金，如果申请得以批准，该3万元作为宅基地的使用费用由村委进行相应处理；如果申请没有被批准，村委将退还3万元。甲申请后，将一本以自己的姓名开户、存有3万元现金的活期存折交给了村委，并告知会计存折密码。同年5月，甲的申请被批准。2010年6月，甲在建房过程中急需用钱，无意中获知，2009年其向村委交付的3万元存折，村委并未提出该款。于是，甲以存折丢失为由，持自己的身份证到银行挂失了该存折，后取出3万元用于建房。

对于该案，有观点认为应构成侵占罪，甚至认为属于民事纠纷而不构成犯罪。若认为这类案件只是成立侵占罪而不成立夺取罪的，是不合法理的。再举一例，乙向甲追讨10万元欠款，甲身边没有现金，于是将记载有10万元存款的自己名义的存折交给乙并告知密码，作为还款；在乙取款之前，甲赶到银行以自己的身份证进行挂失、取款。如系因为名义人是某人，某人具有凭身份证挂失、取款的银行法上的“权限”,就认为只成立法定刑远低于盗窃、诈骗罪的侵占罪,其结论的荒谬性显而易见。

11. 名义人处分“错误汇款”与“错误记账”,是盗窃、诈骗还是侵占?

案14:甲本打算将10万元汇给丙,但误把账号写成乙的账号。乙发现自己的账号多出了10万元,顿感“天上掉馅饼”,于是,通过柜员机取现2万元(当日柜员机取现最高金额为2万元),再通过柜员机转账2万元(偿还自己的债务),然后马不停蹄地到银行窗口取现6万元。

该案是构成盗窃罪、诈骗罪,还是侵占罪,抑或无罪?这是关于错误汇款所产生的激烈争论。定性的关键在于,乙对于错误进入自己账号的存款,是否获得存款债权及正当的取款权限。持否定态度的,通常肯定盗窃、诈骗、使用电子计算机诈骗罪等夺取罪的成立;持肯定态度的,通常否定夺取罪的成立,而认为仅成立脱离占有物侵占罪,或者仅属于民法上的不当得利,不构成犯罪。

案15:情人节这天,银行职员甲因想着赶紧下班去跟情人约会而心不在焉,将一笔原本属于乙的50万元存款错误记到丙的账号上。丙发现后感谢上苍对他的眷顾,于是通过取现、转账、刷卡消费,1个月不到花光了这笔飞来横财。

若认为丙并不占有这笔50万元的存款,则其行为构成夺取罪(盗窃、诈骗罪)。若认为丙占有着该笔存款,则其行为只是变占有为所有,构成侵占罪。

在德国,银行卡名义人取出他人的错误汇款和错误记账的钱款,不构成盗窃、诈骗等夺取罪,是因为,德国刑法理论比较强调法秩序的统一性,包括形式上的统一性;而根据德国民法的规定,债权取得具有无因性,行为人取得了债权。因而在德国,关于错误汇款和错误记账案,只能作为民事上的不当得利处理。但是在日本,刑法理论与判例多数人主张成立盗窃、诈骗等夺取罪,即在机器上取款的成立盗窃罪,在银行柜台取款的成立诈骗罪;少数人主张成立脱离占有物侵占罪。

关于错误汇款(包括错误记账),张明楷教授认为,账号名义人从银行柜台取现的,成立诈骗罪或信用卡诈骗罪;在柜员机上取现或转账的,构成盗窃罪。李强博士主张按照侵占罪处理。杨兴培教授与周光权教授均认为,应将错误记账的情形作为民事上的不当得利处理,不成立侵占罪。黎宏教授则指出,就云南"何某案"而言,由于取款前其账户中已经有百万元之多,对于这"百万元之多"的财物,何某处于"想取的话,随时都可以取走"的实际支配状态,因此属于其占有的财物。从此意义上讲,何某将自己不义占有的他人财物据为己有,应当构成侵占罪,而不可能构成盗窃罪。主张构成盗窃罪的观点,忽视了何某对于其银行账户当中的财物具有实际支配的事实。

本书虽然赞成黎宏教授的论证过程和成立侵占罪的结论,但需要指出的是,"何某案"并非属于错误汇款、错误记账案。该案判决书指出:"被告人何某于2001年3月2日持只有10元的农行金穗储蓄卡到设在云南民族学院的建行ATM自动柜员机上查询存款余额,未显示卡上有钱。被告人何某即按键输入取款100元的指令,时逢农行云南省分行计算机系统发生故障,造成部分自动取款机失控,当即按何某指令付出现金100元,被告人何某见状,即继续按键取款,先后6次取出现金4400元……"[①]从判决对案件事实的认定来看,何某在取款前,账户上并没有多出存款,因而与广州"许霆案"相似,均是利用银行计算机系统故障,反复操作自动取款机取款。因此本书认为,法院对此案的定性是正确的。

案14属于典型错误汇款的情形。如前所述,德国判例与通说一直认为属无罪,日本多数说认为成立夺取罪,少数说认为成立脱离占有物侵占罪。本书认为成立侵占罪。行为人并没有通过侵害占有的方式取得他人的财物,而是对自己占有下的存款进行了处分;存款名义人对于错汇的存款不享有最终的实质性权利,简单地讲,就是只有占有权而不具有所有权;当存款人将自己作为所有者,为了自己消费的目的进行取现、转账的,主观上具有利用处分意思即非法占有目的,客观上具有变占有为所有的行为,应成立侵占罪。或许有观点认为,本书观

① 云南省高级人民法院(2002)云高刑终字第1397号刑事裁定书。

点与对上述案11的分析相矛盾。其实不然。案11中，存款实际所有人并没有将存款委托给存款名义人占有的意思，也不属于脱离占有物，而是属于他人占有的财物，行为人侵害他人占有下的财物，违法性与有责性均达到了夺取罪的程度，当然成立夺取罪。而在错误汇款、错误记账的情形，错汇、错记的存款是由于汇款人或者银行的错误，导致名义人账号上的存款额增加，账号中的存款显然不属于汇款人占有，也不宜评价为银行占有（银行在汇款业务中不过就是履行快递公司的机能），故难以评价为他人占有下的财物，而是属于自己偶然占有的财物，跟误投的邮件和楼上邻居偶然飘落的衣物一样，属于脱离占有物；由于对存款不具有实质性权利，作为所有者对存款进行利用处分的，成立侵占罪。

12. 毁坏受托保管的财物成立故意毁坏财物罪，谎称被盗成立诈骗罪吗？

张明楷教授认为，将代为保管的他人财物单纯予以毁坏的，仅成立故意毁坏财物罪，谎称代为保管的财物被盗而拒绝返还的，成立诈骗罪。[①]

本书认为上述观点存在疑问。因为无论是毁坏代为保管的财物，还是谎称代为保管的财物被盗而拒绝返还，违法性也仅限于将自己占有下的财物变为自己所有。换言之，受委托保管苹果的人，是直接把苹果吃到自己肚子里而不能返还，还是卖掉后谎称被盗而拒绝返还，抑或扔到大海里而不能返还，结局都是将自己占有下的他人财物据为己有，或者作为所有权人进行利用处分。违法性和有责性都没有什么差异。而诈骗罪说和故意毁坏财物罪说导致明显的罪刑失衡，吃到自己肚子里的，以侵占罪最终判处5年有期徒刑；扔到大海里，以故意毁坏财物罪最重可以判处7年有期徒刑；卖掉或者吃到自己肚子里后谎称被盗欺骗对方使对方放弃追索的，以诈骗罪最重可以判处无期徒刑。这完全有悖立法者特意对侵占罪设置较低法定刑的旨趣。因此，本书认为，对于代为保管的财物，无论是单纯毁坏还是谎称被盗而拒绝返还，都仅成立侵占罪，最重判处5年有期徒刑。

---

① 张明楷：《刑法学》（第6版），法律出版社2021年版，第1265页。

13. 截留贿赂款、侵吞赃物或者销赃款，构成侵占罪吗？

对于截留贿赂款和侵吞赃物、销赃款的案件，占有说、经济的财产说都主张成立侵占罪，而法律的财产说和本权说一般否定侵占罪的成立。主张折中说或者中间说的张明楷教授，关于不法原因给付肯定成立诈骗罪、否定侵占罪。理由是，受托转交贿赂款和保管赃物、代为销赃，行为人和被害人之间不存在受法律保护的委托信任关系，而且因为是不法原因给付，对方无权要求返还，将这种财产据为己有，就不能说侵占了自己占有的他人财物。①

本书主张经济的财产说和占有说。对于截留贿赂款和侵吞赃物销赃款的案件，因为行为无疑给对方造成了经济上的损害，而且我国《刑法》第 270 条第 1 款规定的也不是所谓委托物侵占罪，从维护财产秩序的角度，应当肯定侵占罪的成立。

14. 因为“金钱占有即所有”，处分所保管的金钱，一定不构成侵占罪吗？

民法上出于交易便捷的考虑，一般认为“金钱占有即所有”。但在刑法上，如果金钱是密封的，或者指定了金钱用途的，则还是应该认为是他人的所有物，变占有为所有的，可能成立侵占罪。当然，如果行为人有填补金钱的意思和能力，因为难以证明行为人有不法所有的意图，而不能肯定侵占罪的成立。

15. 如何处理“所有权保留案”？

对于所有权保留案，可以分以下几种情形讨论：(1)购买人已经付了大部分货款，而且还在继续支付的，所有权保留的一方即出售方窃回的，构成盗窃罪；(2)购买人仅付了少部分钱款，而且不按时分期付款，出售方窃回的，不构成犯罪；(3)购买者付款很少的时候就出卖的，应认定为侵占罪；(4)购买人已经付清大部分货款，而且还在继续还款，购买人出卖的，不作为犯罪处理；(5)第三人任何时候窃取所有权保留的财物的，都成立盗窃罪。

---

① 张明楷：《刑法学》(第 6 版)，法律出版社 2021 年版，第 1263 页。

16.“告诉才处理”等于自诉？被害人向公检法告发，公检法能拒绝吗？

所谓“告诉才处理”，是指只有被害人向公安、司法机关告发或者起诉，公安、司法机关才能进入刑事诉讼程序，其强调的是不能违反被害人的意愿进行刑事诉讼。反之，在行为原本(可能)构成犯罪的前提下，只要被害人不表达进入刑事诉讼程序的意愿，公安、司法机关就不应当进入刑事诉讼程序。

对此，可以归纳如下：(1)被害人不告发的，公安、司法机关不得进入刑事诉讼程序。(2)被害人向公安机关告发的，公安机关应当立案侦查；事实清楚，证据确实、充分的，应当移送人民检察院审查起诉。(3)被害人向人民检察院告发的，人民检察院视情况，或者要求公安机关立案侦查，或者决定自行侦查，或者提起公诉。(4)被害人向人民法院起诉的，人民法院应当受理；人民法院认定证据不足的，应当视情况驳回起诉，建议被害人撤诉、宣告无罪或者移送公安机关立案侦查。与之相应，在任何阶段，只要被害人撤回告诉的，公安、司法机关就应当撤销案件，作出不起诉决定或者裁定终止审理、判决宣告无罪。

很显然，告诉才处理，与以节省司法资源为宗旨的自诉存在本质区别。

第四章　诈骗罪与敲诈勒索罪

第一节　诈　骗　罪

·导　读·

诈骗罪,是指以非法占有为目的,使用欺骗方法,骗取数额较大的公私财物的行为。诈骗罪(既遂)的基本构造为:行为人实施欺骗行为→对方(受骗者)产生(或继续维持)错误认识→对方基于错误认识处分财产→行为人或第三者取得财产→被害人遭受财产损失。我国诈骗罪是对个别财产的犯罪,交易目的落空,就可以认为存在财产损失。

从实质上说,欺骗行为是使对方陷入处分财产的认识错误的行为。既存在受骗者(财产处分人)与被害人具有同一性的二者间诈骗,也存在不具有同一性的三角诈骗,但受骗者必须具有处分被害人财产的权限或者处于处分被害人财产的地位。三角诈骗与盗窃罪的间接正犯的区别在于,受骗者是否具有处分被害人财产的权限与地位。传统的三角诈骗是因为受骗而处分他人的财产,而新类型的三角诈骗,是因为受骗处分自己的财产而使他人遭受财产损失。盗窃罪与诈骗罪的区别在于是否存在处分行为与处分意思。诈骗罪与(职务)侵占的区别在于,非法占有的目的是产生于取得占有之前还是之后。

电信诈骗取款人,在诈骗既遂之前参与的,成立诈骗罪的共犯;既遂之后帮助取现、转账的，成立盗窃、诈骗罪与掩饰、隐瞒犯罪所得罪的想象竞合；多次帮助取现、转账的，可以因为形成心理默契而成立诈骗罪的共犯。将自己的银行卡提供给他人非法使用，可能成立诈骗罪的共犯；事后帮助取现、转账的，还可能成立盗窃、诈骗罪与掩饰、隐瞒犯罪所得罪的想象竞合；诈骗犯自己取现、转账的，在诈骗罪之外，还成立盗窃、诈骗罪，与前面的诈骗罪数罪并罚。骗取不法原因给付的财物，成立诈骗罪。不作为的诈骗不同于举动诈骗。不应区分所谓种类的认识错误与数量的认识错误，只要认识到财产外形的转移，就应肯定诈骗罪的成立。滥用银行卡的行为评价的重心不是取得银行卡的行为，而是利用银行卡的行为。对于利用"伪基站"设备发送诈骗短信，不能简单地根据诈骗短信的条数认定成立诈骗罪的未遂，若短信内容不能直接导致对方处分财产，只能评价为诈骗罪的预备。

条　文

第二百六十六条　【诈骗罪】诈骗公私财物，数额较大的，处三年以下有期徒刑、拘役或者管制，并处或者单处罚金；数额巨大或者有其他严重情节的，处三年以上十年以下有期徒刑，并处罚金；数额特别巨大或者有其他特别严重情节的，处十年以上有期徒刑或者无期徒刑，并处罚金或者没收财产。本法另有规定的，依照规定。

实务疑难问题

1. 何谓诈骗罪的构造？

案1：某游戏厅以每枚1元的价格出售游戏币。甲伪造了该游戏厅的游戏币，并以每枚3角的价格出售。很多玩家购买并在该游戏厅的游戏机上使用了甲出售的伪造游戏币，最终导致该游戏厅的损失惨重。

应该说，只要行为人的欺骗行为使自己获得了财产性利益，而使对方损失了该财产性利益，即可构成诈骗罪。本案中，玩家的行为使得游戏厅没有向他们收取游戏费,这与债务人使用欺骗手段使债权人免除债务是一个道理。本案中受骗的对象应该是游戏厅的经营者。因为在玩家拿着伪造的游戏币使用游戏机时,经营者会认为玩家拿着的是自己卖出的真实的游戏币。在这种情况下,可以认为玩家已经通过自己的欺骗行为使游戏厅的经营者发生了认识错误,且在该认识错误的情况下,免除了玩家因使用游戏机产生的债务,即处分了该财产性利益。所以,若玩家明知是伪造的游戏币而使用的,完全可以构成诈骗罪。甲与游戏玩家构成诈骗罪的共犯。如果玩家在并不知道游戏币是甲伪造的情况下购买并使用了伪造的游戏币,则玩家不构成犯罪,甲对游戏玩家构成诈骗罪,还对游戏厅构成诈骗罪的间接正犯(游戏玩家是被利用的工具)。虽然存在两个被害人,两个被害的内容,但由于只有一个出售伪造游戏币的行为,可以认为是想象竞合。

案2:甲乙丙三人是货车司机,乙丙合伙,甲单干。甲用3000元购买了200张假交通处罚决定书,并将其以4000元转卖给乙丙。乙丙行车随身携带七八张空白假交通处罚决定书,一旦发生车辆超高超重,就会按照违规情况填写空白的假交通处罚决定书,交警误以为该车已被其他交警罚款,便不再作出交通处罚决定。乙丙用到第三张假交通处罚决定书时,被交警识破,当场查获乙丙二人身上的七八张假交通处罚决定书。这种假交通处罚决定书既印有伪造的某交警的签章,也印有伪造的某交警大队的公章,经查,该交警大队真实存在,该交警查无此人。

本案中,乙丙的行为成立诈骗罪,诈骗的对象是骗免债务(免交罚款),诈骗数额按乙丙逃缴的罚款数额计算。甲只是出卖给乙丙假交通处罚决定书,难以认定出卖行为是引起乙丙实施诈骗罪构成要件的教唆行为,不能认定为诈骗罪的教唆犯,认定为帮助犯是有可能的。

案3:甲使用欺骗方法,让乙用不动产为自己向银行贷款提供担保,甲以乙提供的担保向银行骗取贷款1000万元后逃跑。6个月后,银行要求乙代为还本付息,但乙仅代为还款100万元。

本案中,甲欺骗他人为自己提供担保,造成了担保人的财产损失,对担保人成立诈骗罪。因为担保人用不动产为甲提供担保时,其不动产一般就不可能出卖,也不可能再用该不动产为自己贷款提供担保,这显而易见是财产性利益的损失。财产性利益是诈骗罪的对象,而担保亦是一种财产性利益。另外,甲对银行也实施了欺骗行为,并且具有故意与非法占有目的,甲对银行肯定成立诈骗罪。因为本案中银行的目的并没有实现,银行存在实质的个别财产损失。即使银行完全实现了担保权,最终没有损失,也是因为实现担保挽回了损失,而不是说甲没有给银行造成损失。否认银行是被害人的观点难以成立。

诈骗罪(既遂)的基本构造,即"诈骗五步走"为:行为人实施欺骗行为→对方(受骗者)产生(或继续维持)错误认识→对方基于错误认识处分财产→行为人或第三者取得财产→被害人遭受财产损失。

第一步,行为人实施足以使对方陷入处分财产的错误认识的欺骗行为。

判断欺骗行为是否足以让对方产生认识错误时,不能完全按照一般人的标准,而要考虑对方的个体情况。比如,行为人谎称自己在公检法有关系,可以帮忙捞人出狱,想借此骗取犯罪分子家属的财物。虽然一般人都能识破这个骗局,但倘若家属信以为真,就应被评价为欺骗行为。又如,行为人冒充慈禧太后、孙中山、宋庆龄、张学良等人骗钱,虽然一般人都知道他们早已驾鹤西去,但只要能使像被害人一样认知水平的人陷入错误认识,也可谓欺骗行为。

欺骗行为必须足以使对方陷入处分财产的错误认识。例如,行为人对老太太说"你家孙子在前面马路被车撞了",老太太因为慌张未锁家门就出去了,行为人趁机入室将老太太家里贵重财物尽数卷走。行为人实施了欺骗行为,老太太也因此受骗陷入了错误认识,但老太太并未陷入处分财产的错误认识,即并未产生将家中财物转移给行为人占有的意思,只是因为受骗而使自己对家中财物的占有出现松懈。所以,行为人的行为不能谓之诈骗罪中的欺骗行为,不构成诈骗罪,而是构成盗窃罪。但如果行为人对老太太说"你客厅里摆着的瓷器系赝品,我出 1 万元买了",老太太信以为真,以 1 万元的价格将价值 100 万元的古董卖给了行为人,这时行为人的行为才是诈骗罪中的欺骗行为。

第二步,受骗者陷入错误认识。

诈骗的第一步是行为人实施欺骗行为,且该行为足以使对方产生处分财产的错误认识。第二步就是受骗者确实产生或维持了错误认识。当然,这里的错误认识也是指处分财产的错误认识,而不是任何错误认识。例如,行为人假装试穿西服而趁营业员不注意悄悄溜走。按照社会的一般观念,在行为人付钱之前,营业员不可能把西服处分给行为人,即没有将西服转移给行为人占有,营业员并没有陷入处分财产的认识错误,所以行为人的行为不构成诈骗罪,而是盗窃罪。

既然诈骗罪的第二步是让受骗者产生或维持错误认识,就说明受骗者必须是具有一定认识判断能力的自然人。欺骗没有正常认识判断能力的幼儿或者严重精神病患者,让其交付财物的,谈不上使其陷入错误认识,所以构成的不是诈骗罪,而是盗窃罪。

必须强调的是,机器没有意识,不可能产生错误认识,不会受骗。单位没有意识,单位也不能被骗,只有单位的职员才会受骗。行为人利用捡拾的他人银行卡,在自动柜员机上取款的,由于机器不能被骗,只能成立盗窃罪;在银行柜台取款和特约商户刷卡消费的,因为存在自然人被骗,而成立信用卡诈骗罪。"许霆案"中,由于机器不能被骗,许霆不可能成立诈骗罪和信用卡诈骗罪,只能成立盗窃罪。

第三步,受骗者基于错误认识处分财产。

关于这一步,有三点需要特别注意:

一是受骗者必须是对财产具有处分权限的自然人,但不需要是财物的所有权人或者占有人。例如,趁主人不在家,行为人欺骗住家保姆"你家主人让我来取几件西服去干洗",保姆信以为真,将主人几件昂贵的衣服交给行为人拿去"干洗"。按照社会的一般观念,主人不在家时,住家保姆对主人的几件西服具有处分权限。

二是这里的处分是指转移财产的占有,而不是转移财产的所有权。例如,所谓以借为名而非法占有财物的"借物诈骗案",就是只转移占有,不影响诈骗罪的成立。

三是受骗者在处分财产时必须具有处分的意识(意思)。这是指受骗者需要认识到自己是在将某种财产转移给他人占有,必须认识到财产的存在,但不需要受骗者对财产的数量、价格等有明确的认识。

第四步，行为人或者第三者取得财产。

这一步的关键在于，行为人或第三人取得的财产与被害人处分的财产必须具有同一性，即两者必须是同一种东西，这在理论上被称为“素材的同一性”。就狭义的财物即有体物而言，行为人所取得的必须是被害人所丧失的。对于财产性利益而言，行为人所获得的财产性利益与被害人所损失的财产性利益必须具有对应关系。例如，行为人利用捡拾的他人存折到银行柜台取款，行为人所得到的现金就是银行所损失的现金。又如，行为人欺骗他人免除债务，被害人丧失了债权，行为人的债务得以免除，二者具有对应关系。

第五步，被害人遭受财产损失。

通常而言，行为人取得了财产，被害人就遭受了财产损失，但也有不容易判断的时候。如果行为人在取得被害人财产的同时，也提供了相当的对价或者商品，还能说被害人有财产损失吗？例如，行为人欺骗没有患肝病的人说其患了严重的肝病而以市场价向其推销治疗肝病的药，虽然被害人整体财产没有损失，但对于没有患肝病的人而言，花钱买治疗肝病的药就是浪费，支付买药的钱款就是财产损失。又如，未成年人冒充成年人购买不得向未成年人出售的烟酒，烟酒商也可谓陷入了错误认识，但不能说其有财产损失。

总之，行为人实施的行为必须完全符合诈骗罪的构造或者说诈骗罪的因果流程，才能成立诈骗罪（既遂）。

2. 受骗者有所怀疑但仍然处分财产的，能成立诈骗既遂吗？

案4：某法院在一起民事纠纷的判决书中，将败诉方应支付给胜诉方的人民币60万元误写成了人民币600万元。在判决书送达给胜诉方与败诉方以后，该法院发现了判决书中的笔误，就重新更正了该判决书。但是，在更正后的判决书寄达双方当事人之前，原错误的判决书已经进入了执行阶段。负责执行的法官甲已经知道原判决书的数额出现了错误，仍对被执行人说：“按照法院的判决，你应当向胜诉方支付600万元。”被执行人表示自己仅欠对方60万元，怎么可能要支付600万元呢？但甲仍以判决书中已经写明支付人民币600万元为由，要求被执行人支付600万元。最后，被执行人同意从自己的银行账户中划走人民币600万元。甲将其中的60万元用于支付胜诉方的债务，将其余款项据为己有。

虽然成立诈骗罪要求行为人的行为使被害人陷入认识错误，并且基于该认识错误处分财产，但并不是说，只要被害人对行为人的欺骗内容有所怀疑，就能够否定被害人陷入认识错误。当下，社会上发生了很多的诈骗案件，在涉及金钱问题时，人们普遍会对他人言行的真实性产生怀疑。在这样的社会环境下，如果认为只有被害人完全对欺骗内容没有怀疑时才定诈骗罪的话，就几乎没有定诈骗罪的余地了。这样一来，反而又会出现更多的诈骗案件。本案中，甲在得知判决书内容已经被修正的情况下，实际上有告知被执行人的义务，但他不仅没有告知，反而要求被害人按照原来错误的判决书的内容缴纳款项，如果被害人知道原判决书已经修正的话，也肯定不会缴纳600万元。所以，可以将负责执行的法官的行为认定为诈骗罪。同时，法官的行为还构成执行判决滥用职权罪，与诈骗罪成立想象竞合，从一重处罚。

案5：行为人声称自己想移民加拿大，由于没钱办理移民手续，所以要将张大千的真迹以20万元的低价卖给被害人。被害人怀疑行为人说的话是否真实，因为根据市面价格，张大千的真迹是不可能只卖20万元的。但是，被害人还是抱着试试看的态度将行为人的赝品以20万元的价格买了回来。

本案中，被害人已经完全认识到可能买到假货，仍处分了这笔钱。有观点认为，这种投机行为是被害人自冒风险的行为，不能将行为人的行为认定为诈骗罪。该案中，行为人已经明确说明这幅作品就是张大千的真迹，而且也编造了一些低价出售的理由，可以将行为人的行为认定为诈骗罪。因为，行为人的确对书法作品作出了虚假说明，被害人虽然对这幅作品是否为张大千的作品心存怀疑，但显然更加相信行为人的话，否则，就不会最终以20万元的价格购买这幅作品了。

不过，在另外一些情况下，行为人的行为可能并不构成诈骗罪。例如，在古玩市场，卖方将自己店中的某件古玩标价30万元，但并没有对买方就古玩的来历、材质等进行虚假说明。在这种情况下,买家为了投机,以30万元购买了一件只值300元的古玩,就不能认为行为人出售古玩的行为构成诈骗罪。因为在这样的案件中,古玩卖家并没有作任何虚假陈述,也就是说,古玩卖家没有实施诈骗罪所要求的欺骗行为,那么,买家以30万元购买价值300元古玩的行为,只是一种投资的行为而已,不存在被害人受骗后处分财物的行为。所以,卖方只是为出卖财物单纯开出了价格,而没有就该财物的性能等进行虚假陈述的行为,不能认定为诈骗罪。又如,在"赌石"中,卖主时常会以非常高的价格出售一块没有玉的石头,由于这块石头在出售之前并没有被切开过,卖主也不知道石头里面到底是否有玉。买家以很高的价格买下石头后,发现石头里面并没有玉,在这种情况下,就不能认为行为人的行为构成诈骗罪,因为卖家并没有实施欺骗买家的行为。

综上,即便受骗者有所怀疑,只要最终处分了财产,还是应该肯定诈骗罪的成立。

3. 如何评价诈骗罪中的财产损害(损失)?

案6:被告人没有通过法律职业资格考试,而决定持假证从事律师业务,于是花钱私刻了一个律师事务所的公章,制作了律师执业证。随后,被告人以律师身份从事诉讼活动,先后收取了21个人的代理费、辩护费,总共10万余元。

按照个别财产说,被害人因受欺骗而丧失了个别财产,就是财产损失。被害人向被告人支付的律师费,就可谓财产损失。被告人的行为不仅构成诈骗罪,而且还构成妨害司法罪。如果某类犯罪必须有律师辩护,但判决作出后甚至在判决生效后,发现被告人根本不是律师,需要重新审理的话,就妨害了司法活动,但在"妨害司法罪"一章中还找不到可以适用的罪名。所以,对本案被告人只能以诈骗罪论处。

由于《德国刑法典》明文规定财产损害是成立诈骗罪的条件,德国刑法理论一般认为诈骗罪的法益就是"财产",围绕"财产"和"财产损害"展开了法律的财产说、经济的财产说及法律的经济的财产说的争论,现在理论与判例的通说是经济的财产说。受德国刑法理论的影响,日本刑法理论也开始讨论诈骗罪中的财产损害的判断。根据法益保护原理,所有的财产犯罪都是侵害他人财产、给他人造成财产损害的犯罪,为何人们一般不讨论盗窃等罪的财产损害,而仅讨论诈骗罪的财产损害呢?原因在于,盗窃罪等夺取罪(相对于交付罪)是对财产持有的"静的状态"的侵害,而诈骗罪(敲诈勒索罪也具有类似性)往往是基于一定的交易目的而交付财产,这里存在财产处分的"动的自由",与我们日常商品交换具有相似性。虽然交付了财产,但如果达到了交易的目的,则很难说存在财产损失,因此,诈骗罪中的财产损害相对于盗窃罪等罪而言,才需要进行特别的判断。

财产损害的讨论,通常与是对个别财产的犯罪还是对整体财产的犯罪相关联。德国因为《刑法典》明文规定财产损害是诈骗罪的要件,故德国刑法理论一般认为诈骗罪是对整体财产的犯罪;而日本因为诈骗罪条文并未明文要求"财产损害",故除个别学者认为所有的财产犯罪都是针对整体财产(全部财产)的犯罪外,通说一直认为除背信罪是对整体财产的犯罪外,其他财产犯罪都是针对个别财产的犯罪。将财产犯罪进行这种分类的目的就在于财产损害的判断。

日本长期以来的通说认为,因交付而转移的个别的财物或利益的丧失本身,就是诈骗罪中的法益侵害,这是认为诈骗罪是针对个别财产的犯罪的当然结论。这种观点被称为"形式的个别财产说"。但是,当行为人提供了反对给付(双方给付)的场合,若还认为交付即损害,恐怕存在疑问。因此不少学者认为,虽然应维持诈骗罪是针对个别财产的犯罪的立场,但对于诈骗罪中财产损害的判断应进行实质的财产损害的判断,在提供了反对给付的场合,若双方给付的价值相当,且基本达到对方的交易目的,就不应认为存在财产损害。这被称为"实质的个别财产说"。

表面上看,日本主张的实质的个别财产说与德国主张的整体财产说存在对立。其实从具体事例的处理上看,都会考虑交易的目的是否达到(所谓目的失败论),是否属于法益关系错误,被害人所得到的财物是否具有使用价值,能否满足被害人的主观需要。也就是说,最终取决于是否存在实质的经济上的财产损害。因而可以说,日本的实质的个别财产说与德国的整体财产说结论几乎一致。

付立庆教授认为,不仅诈骗罪是侵犯整体财产的犯罪,而且盗窃罪也应采整体财产说。刘明祥教授也认为,盗窃罪、抢劫罪、诈骗罪等都是针对整体财产的犯罪;对作为诈骗罪成立条件的财产损害,应该理解为是整体的或实质的财产损害,不能视为个别财产的损害;不应该把骗取财物的同时支付了相当价值的财物行为,当诈骗罪来处理。因此,是否存在财产损害,应该从一般人的立场,按商品或服务的市场价格,对被害人交付的财物、提供的服务与欺诈行为人向对方提供的商品或服务进行综合评价,以确定被骗者有无经济上的实际损害以及实际损害的大小。刘明祥教授还认为,强迫交易罪的规定也正好说明了连国外公认的典型的针对个别财产的抢劫罪都是针对整体财产的犯罪。

如果上述观点成立的话,则行为人用具有相当价值的网络游戏中的武器装备骗取刑法教授交换留学日本时收集的视若珍宝的日文资料,因为市场价值相当,因而不存在财产损害。但这样就没有财产损失吗?同样,强迫刑法教授用珍贵的日文资料交换等值的网络游戏装备,也难言刑法教授没有损失。所以,难以从强迫交易罪得出我国《刑法》规定的抢劫等罪是对整体财产犯罪的结论。

本书主张经济的财产说,对诈骗罪中的财产损害,应结合对方的主观目的、反对给付物的利用价值等方面,从经济的角度进行实质的判断。

关于骗购经济适用房是否成立诈骗罪的问题,值得讨论。付立庆教授认为,骗购经济适用房的行为不应定诈骗罪,理由有四:(1)整体财产不存在损失。(2)即便认为开发商是被害人,被骗价格是市场价格与行为人所支付价格间的差别,这种诈骗罪也无法解释,如今限购令政策下存在夫妻假离婚骗购住房的现象,因此,根据平等保护原则,骗购经济适用房入罪也应慎重。(3)如果将骗购经济适用房的行为一律纳入刑法规制范围,可能会导致“秩序维持模式”。(4)从刑法谦抑性角度出发,宜遵循市场规律,以行政或民事法等手段处理,刑法的触须不宜伸得过长。

本书认为上述观点值得商榷。日本有两个判例为大家所熟知,一个是假装具有领取特供物品的资格而领取的判例,另一个是假装具有务农的意思而低价买下国有土地的判例,都肯定了诈骗罪的成立,而且理论上也没有反对的声音。骗购经济适用房,与夫妻假离婚购买按照限购令本没有资格购买房屋的行为,完全是两码事。出台限购令的目的是国家抑制房价的过快上涨，而国家用纳税人的血汗钱建造有限的经济适用房，是为了让低收入群体也能有安身立命之所。开发商出售经济适用房不纯粹是一种商业行为，而是国家的政策性行为，骗购经济适用房会导致国家建造经济适用房的目的落空，而且进一步恶化我国社会的不公平状况，严重影响政府的公信力和社会稳定。因此，没有理由否定诈骗罪的成立。诈骗数额就是经济适用房价格与市场价之间的差额。

4. 成立诈骗罪是否需要处分意思？如何区分盗窃与（二者间）诈骗？

案7：行为人实施了两次不法行为：第一次，行为人给被害人发了一个链接，上面显示支付1元钱。行为人告诉被害人，点开这个链接就可以看到以前的购物记录。被害人信以为真，点开链接之后发现是一个程序，被害人再次点击，于是被害人卡里的3万元转到了行为人的账户上。第二次，行为人开设了一个淘宝店，但其实是空店，根本没有商品。被害人进入该淘宝店，要买商品时，行为人让被害人付款，并发给被害人一个链接，被害人以为点开链接后会把货款汇到支付宝账户里面去，但点开链接之后，货款直接转到行为人账户上。

本案中，被害人只知道点开链接需要支付1元钱，实际上支付了3万元，并不是所谓对财物的量的认识错误。因为处分意思必须是处分值得刑法保护的财物的意思，1元钱原本就不是刑法保护的法益，不能说被害人有处分意思，所以行为人的第一次不法行为因为被害人没有处分行为和处分意思，不构成诈骗罪，只能认定为盗窃罪（间接正犯）。第二次不法行为中，被害人存在处分行为和处分意思。因为被害人误以为处分给支付宝平台，但实际上处分给了行为人。这既说明行为人有认识错误，也说明行为人有处分意思。就是说，被害人以为将钱转移到了支付宝平台上去了，这当然是转移占有的意思。所以，行为人的第二次不法行为构成诈骗罪。

案8：甲在没有办理入住手续的情况下，溜进了一家五星级酒店，用该酒店的电话向一家拉菲红酒经销商订购了4瓶红酒，市场价共计4.2万元。A、B二人为拉菲经销商的送货收款人员，在二人将红酒送到该酒店的吧台后,甲以送来的红酒没有包装为由,要求A回去拿包装。A走以后,甲又对B说:"你先把酒放在吧台这里,现在和我上18层楼去拿钱。"B以为甲是该酒店的吧台人员,就把酒放在吧台后随甲取钱,但当电梯坐到2楼时,甲假装接到电话,要去处理急事,让B单独到18层楼某房间拿酒的价款,B信以为真,甲随即跑到该酒店一楼的吧台处,将4瓶红酒拿走。

本案中,甲的行为可能构成盗窃罪或者诈骗罪。如果认为拉菲红酒经销商派出的员工B在受到甲的欺骗以后,将红酒放在吧台跟着甲到酒店18层拿价款,是B处分该4瓶红酒的行为,就可以将甲的行为认定为诈骗罪;如果不能将B的该行为认定为是对4瓶红酒的处分行为,甲的行为应该成立盗窃罪。应该说,B之所以会将红酒放在吧台,是因为他以为甲是该五星级酒店的工作人员,而吧台上的服务人员也是该五星级酒店的工作人员,将酒放在吧台就相当于向甲所在的酒店交付了财物,他跟着甲上楼领取红酒的价款是期待酒店在自己交付了货物以后会付相应的对价。如果该五星级酒店就是要购买拉菲红酒经销商的酒,酒店人员让送货人员将酒送到吧台,然后再要求送货人员到负责财务的酒店部门结账,那么,送货人员将酒放在酒店吧台时,显然已经交货了。而且,如果B在18层楼向酒店领取了价款以后,极有可能不会再回到吧台重新将这些红酒交付给相关人员。所以,在正常的交易中,完全可以将B把4瓶红酒放在酒店吧台的行为认定为交付行为。只不过在本案中,甲并不是该酒店的工作人员,他希望通过欺骗手段获得这些红酒而已,但B对此并不知情,B认为自己将这些红酒放在吧台,就已经向收货人一方交付了财物,故不能否认B向对方交货就是处分行为。因此,本案中甲的行为构成诈骗罪,而不是盗窃罪。

案9:甲是从事运输的老板,经常为乙矿产公司运输矿石。甲与货车司机串通,在货车底部安装空水箱,当装好矿石称重时,司机会将水箱装满矿石;中途将水箱中的矿石卸下,将水箱装满水后到目的地卸下车载的矿石。甲以该方式作案25次,涉案矿石价值5万元。

本案涉及盗窃罪与诈骗罪的区分。如果认为受骗方已经处分了财物,行为人就应该成立诈骗罪,否则就成立盗窃罪。应该说,第一次称重的时候，乙公司员工知道自己处分的是矿石，只不过对矿石的重量存在认识错误，可以认为乙公司员工基于认识错误处分了矿石。诈骗的对象就是水箱中的矿石。因为原本是不应当在水箱中装矿石的，但由于行为人的欺骗，导致被害人处分了矿石，行为人取得矿石后装进了水箱。从本案情况看，由于乙公司没有押运员，像矿石这样财物，也不可能成为封缄物，因为运输车就是甲的车，所以在装车之后到达目的地之前，矿石应当由甲占有。而对于自己占有下的财物，是不可能成立盗窃罪的。所以，从全案来看，应当认定甲的行为构成诈骗罪。

案10：甲在某大型商场外以9折的价格兜售该商场购物卡。某日，甲要把价值7万元的购物卡以9折卖给乙，二人来到自动取款机附近交易，甲以先付钱后验卡为名，先收取了乙的6.3万元，甲把钱放入自己包里后，乙催促甲交付购物卡，甲以种种理由推脱，找借口离开了自动取款机附近，乙虽然尾随甲，但跟得不够紧，甲中途逃跑。

应该说，诈骗罪中的处分行为与处分意思，就是转移占有的行为与意思，乙将6.3万元交给了甲，当然具有处分行为与处分意思，所以甲的行为成立诈骗罪。

诈骗罪的基本构造是：欺骗行为→认识错误→交付（处分）财产→财物/利益转移。诈骗罪是基于他人有瑕疵的意思交付（处分）财产而转移占有的犯罪。而盗窃罪，是违反被害人的意思，将他人占有下的财物转移为自己或者第三者占有。虽然二者同为夺取罪（占有转移罪），但诈骗罪属于表面上得到被害人同意的交付罪，而盗窃罪是未经被害人同意的夺取罪。

虽然理论上均认为，处分行为的有无是区分盗窃罪与诈骗罪的关键，但对于处分行为人是否需要处分意思（处分意识），以及处分意思的内容如何，则存在分歧。处分意思必要说认为，评价处分行为，不仅要求受骗者在客观上具有处分财产的行为，而且要求主观上具有处分财产的意思。如果肯定无意识的处分行为，会导致难以区分盗窃罪与诈骗罪。而处分意思不要说认为，只要被骗者客观上存在处分行为即可，不以主观上存在处分意思为必要。处分意思缓和说（折中说）认为，即便是处分意思不要说，为了肯定存在“基于对方有瑕疵意思的占有转移”,也以存在某种转移意思为必要;而且,也将虚构所交付之物的价值的情形包括在内。因此可以认为,如果对处分意思的内容作相对宽泛的理解,两种学说之间只是限于表面的对立。

应该说,日本刑法理论中的处分意识不要说与处分意识必要说在具体结论上,并不存在特别差异。因为处分意识不要说一般将“处分意识”理解为财产处分者对所处分的财产的价值(价格)、数量、种类、性质有完全的认识,进而认为不要求这种完全的认识;而且,持处分意识不要说的学者,为了肯定受骗者“基于意思而转移占有”,也要求受骗者有某种转移的意思;而持处分意思必要说的学者通常对处分意识作缓和的解释。于是,二者的对立呈现表面化的局面。

关于处分意思是否必要的各种学说,实质分歧在于,对处分意思的内容,即处分行为人的认识内容、认识程度的理解的不同。主张处分意思缓和说的日本学者山口厚认为,只要出于占有转移的意思,即便并未具体认识到所转移的物或者财产性利益的存在亦可;对所转移的物或者财产性利益的价值、内容、数量存在错误,也可认定存在“基于意思的占有转移”;谎称要去处理掉,而拿走了夹有1万元纸币的旧杂志,或者谎称已经履行了债务,而事实上逃避债务履行的情形,也包括在内。可见,山口厚教授认为财物种类即质的认识错误,仍属于诈骗罪中的认识错误,而肯定具有处分意思。主张处分意思必要说的张明楷教授认为,在受骗者没有意识到财产的种类而将财产转移给行为人时,不宜认定具有处分意识。可见,张教授认为只有量的认识错误,才属于诈骗罪中的认识错误,才能肯定行为人具有处分意思,而种类即质的认识错误,不宜肯定行为人具有处分意思和处分行为。

本书认为,处分意思不要说具有相对合理性。只要被骗人认识到财物外形上的占有转移,即使没有认识到所转移的具体财物的种类、数量、价值,即无论是量的错误还是质的错误,均属于诈骗罪中的认识错误,应肯定存在处分行为而成立诈骗罪。因为盗窃罪与诈骗罪具有占有转移的共同本质,只是占有转移的原因不同:盗窃罪是他损犯罪,是行为人单干完成的犯罪;而诈骗罪是自损犯罪,是被害人由于受到行为人的欺骗,主动奉上财物的犯罪。二罪侵害法益一样,非难上的差异仅在于促使财物占有转移的手段上。既然行为人使用了欺骗手段,对方因受欺骗而直接将财产转移给(必须符合诈骗罪的直接性要件)行为人占有,即使没有具体认识到转移占有的财物的种类,也无法否认具备了欺骗的行为本质;而且将种类的错误归入“诈骗”,也符合一般人的观念。相反,若认为只有量的错误才成立诈骗,质的错误应成立盗窃罪,则明显使得盗窃罪与诈骗罪的区分人为地复杂化。

张明楷教授设计了四个案例:(1)甲将商场中的便宜照相机与贵重照相机的价格条形码互换,店员将贵重照相机按照便宜照相机的价格“出售”给行为人(以下简称“价格条形码案”);(2)乙取出照相机包装盒中的泡沫,将两个照相机塞入一个照相机包装盒中,店员仅收取一个照相机的货款(以下简称“照相机案”);(3)丙取出方便面包装盒中的方便面,将照相机塞入方便面包装盒中,店员按照方便面的价格收取货款(以下简称“方便面案”);(4)丁明知被害人的书中夹有一张贵重邮票(被害人没有意识到),假装向被害人借书而非法占有其中的邮票(以下简称“邮票案”)。

张明楷教授指出:首先,在受骗者没有认识到财产的真实价值(价格)但认识到处分了该财产时,应认为具有处分意识。因而,上述“价格条形码案”成立诈骗罪。其次,在受骗者没有认识到财产的数量(或财物的数量),但认识到处分了一定的财产时,也宜认定为具有处分意识。上述“照相机案”宜认定店员具有处分意识,乙的行为成立诈骗罪。再次,在受骗者没有意识到财产的种类而将财产转移给行为人时,不宜认定具有处分意识。上述“方便面案”中,不宜认定店员对照相机具有处分意识。因为在根本没有意识到方便面包装盒中有照相机的情况下,不可能对照相机具有处分意识。其实,行为人将照相机放入方便面包装盒中只交付方便面的货款,与行为人在购买方便面时将照相机藏入自己大衣口袋里只交付方便面的货款一样,对于店员而言没有实质区别。如果将后者认定为盗窃罪,那么对前者(方便面案)也应认定为盗窃罪。最后,在受骗者没有意识到财产的性质而将财产转移给行为人时,也不宜认定具有处分意识。上述“邮票案”中,不宜认定被害人具有处分意识,因为被害人根本没有意识到邮票的存在,只是转移书的占有,并没有转移邮票占有的意思,丁的行为成立盗窃罪,因为丁实际上是以借书为名掩盖盗窃行为。

本书同意张明楷教授关于“价格条形码案”与“照相机案”的分析及结论，但不赞同关于“方便面案”和“邮票案”的处理结论和理由。就“方便面案”而言，认为“行为人将照相机放入方便面箱子中只交付方便面的货款，与行为人在购买方便面时将照相机藏入自己大衣口袋里只交付方便面的货款一样，对于店员而言没有实质区别。如果将后者认定为盗窃罪，那么对前者（方便面案）也应认定为盗窃罪”的观点，本书以为值得商榷。将照相机藏入自己大衣口袋，根据刑法理论通说，盗窃行为已经既遂，而将照相机塞入方便面纸箱中，只要行为人没有走出收银口，照相机都还在商场的占有之下。致使照相机的占有发生转移的原因，正是丙将装有照相机的纸箱冒充普通方便面纸箱交给收银员结账，收银员因受到欺骗而作出了将装有照相机的方便面纸箱，作为普通的方便面纸箱处分给行为人的决定。而且，如果张教授的类比成立，则在行为人将照相机装入方便面纸箱时就已经成立盗窃罪的既遂，想必张教授也不会认同这个结论。可以肯定，致使照相机占有转移的行为，是行为人在收银台将照相机冒充方便面结账的欺骗行为，因而应以诈骗罪予以非难。

至于“邮票案”，认为“被害人根本没有意识到邮票的存在，只是转移书的占有，并没有转移邮票的占有的意思。丁的行为成立盗窃罪，因为丁实际上是以借书为名掩盖盗窃行为”的看法也值得讨论。邮票的占有之所以发生转移，是由于丁欺骗了被害人，使被害人误认为是将一本普通的书借给了丁；也就是说，转移占有的手段是“骗”，而不是“窃”。被害人虽然没有认识到邮票的存在，但认识到了连同邮票在内的财物外形上的占有转移，而且，占有之所以转移，正是因为受到丙的欺骗；而诈骗罪，本来就可谓盗窃罪的间接正犯，是借助被害人之手转移占有。此外，所谓“掩盖犯罪事实”，一般都是发生在本来的犯罪之后，同时发生的也难言“掩盖”；而且，本案也不是行为人先将邮票藏入书中，而后以借书为名转移邮票的占有。

本书认为，因受欺骗而作出财物占有转移的决定的，只要行为人认识到了财物外形上的占有转移，就应肯定处分行为的存在。而且，在现代经济社会，虽然使用者关注的是商品的种类，但商家关注的只是价值，商家既可以单卖，也可以将不同种类的商品捆绑销售；对于商家而言，无论是方便面，还是照相机，最终都只关注价值上的损失，如果方便面的纸盒足够大，行为人放入1个照相机的价格并不高于1箱方便面的价格，那么即使行为人将1个照相机冒充1箱方便面结账，店员因受“欺骗”也陷入了种类上的认识错误，但想必商家也不会认为自己遭受了财产损失。所以，对于只追逐价值和利润的商家来说，区分种类与数量的认识错误，认为前者构成盗窃罪，后者构成诈骗罪，并没有多少实质意义。我们应关注的，是发生财物占有转移的原因，究竟是“骗”还是“窃”。

国内学者刘明祥还讨论了“卖鱼案”：假定行为人趁店员不注意将店员的钱包丢进鱼袋中，称重付款后一并带走。刘明祥教授认为，由于店员并不知道袋子里面有自己的钱包，没有把钱包这种特定的财物转移给行为人占有的意思，因而不能认为有交付钱包的行为，以钱包为对象的诈骗罪当然不能成立。而且实际上，行为人把店员的钱包放入装鱼的袋中时，就已经构成盗窃罪，至于后来店员交付鱼的行为，只是为其实现对钱包的占有起了帮助作用，不能以此作为定诈骗罪的理由。

本书对此存有两点疑问：一是即便店员没有认识到鱼袋中装有自己的钱包，但也认识到了包括钱包在内的财物外形上的占有转移，而且转移占有的原因是受到欺骗。二是认为行为人将店员的钱包放入鱼袋中，即便尚未称重付款，就已经构成了盗窃罪，这恐怕不符合客观事实，因为付款前装有钱包的鱼袋仍属于店员占有。也就是说，将钱包放入鱼袋中，顶多属于诈骗罪的预备行为，若认为放入鱼袋中就已经构成盗窃罪，无疑使财产犯罪既遂的认定过于提前。所以，“卖鱼案”也应成立诈骗罪。

案11：孙某通过某订票网站提供的电话预订机票，客服人员要求孙某通过网银汇款，孙某遂按其要求汇款至工行某账户。虽经查询已扣款成功，但对方说钱未到账，声称需要通过自动取款机“联网操作”以使付款生效。于是孙某又按其引导，在自动取款机上输入所谓的使购票款生效的激活码“18356”（实际上该数字输入到了自动取款机的转账数额一栏），相应数额即被转入骗子账户。此时，孙某丈夫来电，说接到短信通知，账户被扣18356元。孙某急忙找客服交涉，此时客服称，之前通过网银支付的958元机票款已收到，机票也已生效，账户被扣18356元系失误操作所致，可通过网银转账退还，并教孙某如何操作。之后，骗子以输入验证码的名义“指导”孙某输入数字“280838”。得手后，骗子又以退款操作为由，用同样手段转走2万余元。该案中，被害人前后转账4次，总共被骗取32万余元。

对于本案，有人指出，只要实际管控财产且具有民事行为能力的主体因为被骗而实施了财产处分行为，即使其主观上没有处分财产的意思，也应当认定为诈骗罪中的处分行为。被害人的处分意识只是学者们通过不完全归纳推理出的被害人特征，不是认定诈骗犯罪的必要条件。在上述新型机票诈骗案中，被害人虽然客观上实施了4次转账行为，但在后3次转账行为中，其主观上完全没有意识到自己的行为会产生转账的后果，根据处分意识不要说，该案应当定性为诈骗罪。

本书认为，虽然成立诈骗罪不要求行为人具有处分意思，但必须认识到财物外形上的占有转移，也就是说，必须认识到自己在转移财产；如果认为没有意识到转移财产的事实也能成立诈骗罪，无异于否定成立诈骗罪必须存在处分行为，可能导致欺骗醉汉“签名纪念”，而实际上是签署收条的行为，也能成立诈骗罪。上述案件中，被害人“受骗”不假，但被害人只是以为自己在进行退款操作，根本没有认识到自己在进行转账操作。也就是说，被害人根本没有认识到财产占有转移的事实；这种情形下不仅没有处分意思，更没有处分行为，与欺骗醉汉签名没有区别，故不应认为成立诈骗罪。该案实际上是利用没有认识的被害人这种“工具”，盗划被害人的存款，属于违反被害人的意志、转移财物占有的行为，故应成立盗窃罪。利用被害人本人的盗窃罪间接正犯与诈骗罪的区别在于，被害人有没有认识到财物外形上的占有转移的事实，根本没有认识到自己正在实施转移财物占有的行为的，应评价为盗窃罪的间接正犯。

是否认识到“财物”外形上占有转移的事实的判断并不难，困难的是“财产性利益”的占有转移认识的判断，如无钱食宿、无票乘车。行为人一开始就不具有付钱的意思而点菜吃饭或住宿的（所谓犯意先行型），成立诈骗罪（系举动诈骗）没有问题。行为人食宿之后才产生不付钱的意思（所谓食宿先行型），趁人不注意悄悄溜走的，成立利益盗窃（理论上有争议）。问题在于，谎称送朋友马上回来而趁机溜走的，这时店员是否存在处分行为，存在争议。本书认为，即便店员没有明确的免除债务的意思,而只要认识到因为顾客的外出而一时无法结账的事实,就应认为存在处分行为,就能肯定诈骗罪的成立;即使结账时间未到(如规定12点前退房结账),只要认识到因为顾客外出而可能无法结账即可。事实上,店员同意顾客外出时,通常不难想到顾客可能逃债,但碍于情面只能将疑虑存在心中而已。也正因如此,现在各宾馆一般要求顾客事先交存足够的押金,以避免逃债。在无票乘车的场合,一开始就打算逃票的,属于利益盗窃;上车后售票员询问是否有人没买票时保持沉默的,成立不作为诈骗;行为人下车时才产生不付钱的意思,大摇大摆走出车站检票口的,属于利益盗窃(逃避债务);出站口有人值守的,成立举动诈骗;谎称马上补票而趁机溜走的,成立诈骗罪。

5. 如何区分“三角诈骗”与盗窃罪的间接正犯?

案12:甲公司与乙公司签订了一份货物买卖合同。合同约定由乙公司负责向甲公司供应货物。乙公司在交货期前一天给甲公司打电话,说明第二天将按照约定交货。甲公司表示现在没有库房存放这些货物,要求乙公司晚点送货。乙公司为了存放这批应交给甲公司的货物,还临时租赁了仓库。一星期后,甲公司要求乙公司送货,在甲公司接受了乙公司送来的货物之后,甲公司拒不向乙公司支付货款。乙公司将甲公司诉至法院,要求其支付货款;甲公司反诉乙公司,称其违约迟延履行交货义务,要求乙公司承担违约责任。法院经审理认为,乙公司应向甲公司支付违约金,因为乙公司没有提供甲公司要求其延期履行的证明;同时,甲公司需向乙公司支付货款。

本案中,甲公司提出反诉,可谓“以捏造的事实提起民事诉讼”,因而甲公司的行为无疑成立虚假诉讼罪。同时,因为甲公司的虚假反诉,导致法院受骗作出乙公司应向甲公司支付违约金的判决,甲的行为还构成(三角)诈骗罪。虚假诉讼罪与诈骗罪形成想象竞合,应从一重处罚。

案13:被告人曾在一个物流管理公司工作过,离开该公司后又溜到该物流管理公司的厂棚内,偷偷地把一个发给他人的货物快递单撕碎,然后贴上收件人为自己父亲的快递单。物流公司送件人就把这个货物送给被告人的父亲。

对于本案，司法机关认定为盗窃罪。如果是盗窃罪的话，就只能认定为盗窃罪的间接正犯；如果是诈骗罪的话，则是直接正犯。应该说，被告人偷换快递单就是欺骗行为，使送件人误以为货物就是应当送给被告人父亲的，而送件人按快递单地址送货，就是财产处分行为。所以，本案成立被告人为行为人、送件人为受骗者、他人为被害人的（三角）诈骗罪。

刑法理论一般认为，受骗人具有处分被害人财产的权限或者处于可以处分被害人财产的地位时，成立“三角诈骗”，否则，成立利用第三人的盗窃罪的间接正犯（不同于利用被害人本人的盗窃罪的间接正犯）。为此，受骗者是否具有处分被害人财产的权限或地位，成为区分（“三角”）诈骗罪与盗窃罪间接正犯的关键。

根据何种标准认定受骗者是否具有处分被害人财产的权限或地位，国外刑法理论存在各种学说。事实的接近说认为，只要作为受骗者的第三人与财产之间具有客观的接近关系，对财产具有事实上的介入可能性，那么他就可以成为财产处分者。主观说认为，应以受骗者是否为了被害人而处分财产为基准，如果受骗者是为了被害人而处分财产，则行为人的行为构成诈骗罪，反之则成立盗窃罪。阵营说认为，应以受骗者是与行为人的关系密切，还是与被害人的关系密切为区分标准，即以受骗者是属于行为人阵营，还是被害人阵营为标准进行区分，属于被害人阵营的成立诈骗罪，属于行为人阵营的成立盗窃罪。授权说或权限说认为，受骗者在被害人概括性授权范围内处分财产时，其行为属于处分行为，行为人的行为成立诈骗罪；反之，受骗者处分财产的范围超出了被害人的概括性授权时，行为人的行为成立盗窃罪。审核义务说认为，第三人仅仅是单纯地主观上确信自己对财物有支配权限是不够的，除非他对代理权限的事实条件已经尽了审查和检验的义务，在此基础上的主观确信就可以支持一个有效的同意。

国内学者的立场也存在严重分歧。有学者同意授权说。有学者主张综合说，认为所谓具有处分被害人财产的权限或地位，不仅包括法律上的权限或地位，也包括事实上的权限或地位。至于受骗者事实上是否具有处分被害人财产的权限或地位，则应根据社会的一般观念，以其事实上是否得到了被害人的概括性授权为基准。至于是否得到了被害人的概括性授权，则应根据受骗者是否属于被害人阵营、是否财产的占有者或辅助占有者、其转移财产的行为外表上（排除被骗的因素)是否得到社会一般观念的认可、受骗者是否经常为被害人转移财产等因素进行判断。

本书基本赞同综合说。只要根据法律、交易惯例或者社会一般观念,受骗者处于被害人阵营,就应肯定其具有处分或转移被害人财产的一般性权限,其行为属于处分行为,欺骗者行为成立诈骗罪。“保姆案”中,保姆显然处于被害人阵营,按照社会的一般观念,负责打理家务的保姆有权处理西服干洗之类的事务。如果认为保姆必须小心翼翼、时时刻刻地向主人请示,一是这种做法未必是主人所乐意见到的,二是也不符合诚实信用的公共生活交往准则。因而,“保姆案”应属于典型的“三角诈骗”。

案14:甲男乙女关系亲密。乙有1辆车,停放于住处公共车库。依照惯例,车主将第2把钥匙交给车库管理员,以便车主遗忘钥匙时,也可以将车开出。甲曾获得乙的同意,向管理员拿钥匙开车。其后,管理员知道甲乙二人交深,认为乙同意甲取车,又多次将钥匙交给甲。某日,甲未得乙同意,向管理员谎称,乙同意出借汽车;甲取得钥匙,开走乙车,据为己有。

对于该案,德国多数学者认为构成诈骗罪。本书认为,车主乙将车钥匙交给车库管理员保管,是对车库管理员的信任,车库管理员显然处于乙的阵营。甲男因与乙女交往较深,多次直接从管理员手中拿钥匙开车,应该认为车库管理员既有客观权限,也尽了审查义务(因甲男多次直接从其处拿钥匙开走汽车),因而应认为作为受骗者的车库管理员,具有处分被害人财产的权限或地位,其交出钥匙的行为属于处分行为,甲男的行为成立诈骗罪。

案15:黄某在一家大型超市自助寄存柜旁,见钟某正在存包,暗中记下其所存包的特征。当钟某进入超市购物后,黄某利用一张作废的密码条,找到超市自助寄存柜值班保安张某,谎称其自助寄存柜打不开,要求张某将钟某存包的柜门打开。黄某准确说出柜内存放物品的种类及特征,张某打开自助寄存柜进行物品核对,发现与黄某所述一致,于是离开。黄某遂将钟某存放在该柜内的一个男式单肩挎包拿走。经鉴定,黄某取走物品价值共计人民币1.7万余元。

关于本案的定性,存在盗窃罪与诈骗罪的意见分歧。本书认为,超市自助寄存柜系超市无偿租借给顾客暂时使用的存物场所，即便超市保安有寄存柜钥匙，自助寄存柜的使用人也拥有绝对的支配权限，未经使用人同意，包括超市管理人在内的任何人都无权打开自助存物柜。换言之，超市保安不处于任何一方的阵营，不具有处分自助寄存柜中财物的权限，其受欺骗打开自助寄存柜的行为，不是诈骗罪中的处分行为，其只是被利用作为“打破持有”的工具，因而欺骗者属于盗窃罪的间接正犯，不成立诈骗罪。

6.“偷换二维码案”，是定盗窃还是诈骗罪？何谓新类型的“三角诈骗”？

案16（“偷换二维码案”）：被告人将商户的微信收款码换成了自己的，直到月底收款时，商户才发现顾客付款时实际上是将货款支付给了被告人。被告人对几家商户采取了同样的手段，默默在家躺着收取了70万元货款。

关于本案的定性存在盗窃罪说与诈骗罪说的分歧。盗窃罪说认为，本案中被告人的行为相当于在商家的收银抽屉下面打了一个洞，使货款掉入被告人的口袋。诈骗罪说认为，顾客是被骗者，商家是受害人，被告人的行为成立“三角诈骗”。应该说，本案不是传统的“三角诈骗”，而是一种新类型的“三角诈骗”。

案17：张某借用李某的购物网站账号购买了一部价值6000元的手机，收货人填的是自己，收货地址填的也是自己家住址，并且自己付了全款。在卖家发货前，李某瞒着张某登录该账号，并联系卖家把收货人和收货地址都改成了自己的。后来，卖家将张某购买的手机寄送给李某，李某将手机据为己有。

本案中，卖家可谓受骗者，虽然处分了自己的财产，但按照交易惯例，也无须再次发货给张某，所以属于受骗处分自己的财产而使他人遭受财产损失的新类型的“三角诈骗”。

案18：甲购入某法院拍卖的一幢楼房后，长期未打理。乙等人把该幢楼房私自分层出租。某日，甲来看自己购置的该幢大楼，得知真相后找到乙，让乙清理楼房，乙把甲推搡了出去，于是甲报警。

本案中，难以认为乙等人的行为构成盗窃罪。因为乙等人并没有盗窃这幢大楼本身,没有盗窃这幢大楼的产权,也没有盗窃甲占有的财产性利益。应该说,乙等人对承租人成立诈骗罪。因为承租人所要租用的不是有争议或者有瑕疵的房子,所要租的也不是随时可能被收回去的房子,而是要租用房主有权出租的房子,但乙等人出租的房子并非如此。如果承租人知道真相,就不会租用这个房子。所以,承租人是受骗者。按照交易惯例,承租人支付房租后无须另外再向甲支付房租。也就是说,承租人因为受骗处分自己的财产,而使他人遭受财产损失。这可谓新类型的“三角诈骗”。

传统观点认为,成立“三角诈骗”,要求受骗人(财产处分人)必须具有处分被害人财产的权限,或者处于可以处分被害人财产的地位。受骗者是否具有处分被害人财产的权限或地位,是区分(“三角”)诈骗罪与盗窃罪间接正犯的关键。只要受骗者在事实上具有处分被害人财产的权限或地位,就可以将行为人的行为认定为诈骗罪。近年来,“三角诈骗”出现了一种新的行为类型,如“偷换二维码案”,受骗的是顾客,而真正受损失的是商家。

在讨论“偷换二维码案”时,以下几点是需要明确的:其一,“偷换二维码案”的被害人是商户,从不同角度来说,商户存在不同的损失,但不能重复评价。一方面,可以说商户将商品转移给顾客是一种损失,此时的行为对象是商品本身;另一方面,也可以说商户将商品转移给顾客后,应当得到的货款没有得到。从经营过程来看,具体表现为顾客的银行债权原本应当转移给商户,但事实上却转移给了被告人。这也是一种损失,此时的行为对象是银行债权。这两个损失只能评价一个,不能两个同时评价。其二,“偷换二维码案”的商户除了处分商品外,没有处分银行债权;顾客处分了自己的银行债权,但没有处分商品。其三,成立诈骗罪要求受骗人具有处分行为与处分意思;如果没有处分行为或者虽有处分行为但无处分意思,也不应当以诈骗罪论处。其四,在考虑“偷换二维码案”的行为对象是商品还是银行债权时,必须考虑素材的同一性。倘若认为被告人对商户实施欺骗行为,使商户基于认识错误将商品处分给第三者即顾客,是没有疑问的。但是,这一结论没有评价被告人得到银行债权这一事实。

本书认为,“偷换二维码案”被告人的行为成立“三角诈骗”。但是,这里的“三角诈骗”并不是传统类型的“三角诈骗”,而是另一种类型的“三角诈骗”,即被告人实施欺骗行为，受骗人产生认识错误并基于认识错误处分自己的财产，进而使被害人遭受损失。为了说明这种新类型的“三角诈骗”入罪的可能性，有必要将其与传统类型的“三角诈骗”进行比较。

传统类型的“三角诈骗”的构造为：被告人实施欺骗行为→受骗人产生或者继续维持认识错误→受骗人基于认识错误处分（或交付）被害人的财产→被告人获得或者使第三者获得财产→被害人遭受财产损失。这种行为之所以能够成立诈骗罪，是因为受骗人具有处分被害人财产的权限，从而使受骗人的处分与被害人自己的处分具有相同性质。换言之，如果受骗人没有处分被害人财产的权限，就不可能与两者间的诈骗具有相同性质。

新类型的“三角诈骗”的构造为：被告人实施欺骗行为→受骗人产生或者继续维持认识错误→受骗人基于认识错误处分（或交付）自己的财产→被告人获得或者使第三者获得财产→被害人遭受财产损失。显然，在这种情况下，只要能够说明和肯定受骗人处分自己的财产导致被害人遭受财产损失，就使得受骗人自己的处分与被害人的处分具有相同性质。

概言之，新类型的“三角诈骗”与传统类型的“三角诈骗”都是被告人实施欺骗行为，受骗人基于认识错误处分财产，都是使受骗人之外的被害人遭受财产损失；唯一的不同是，新类型的“三角诈骗”是受骗人处分自己的财产，传统类型的“三角诈骗”是受骗人处分被害人（第三者）的财产。在本书看来，这一区别并不重要，因为既没有改变受骗人，受骗人依然具有处分财产的权限，也没有改变被害人，更没有改变被告人。既然如此，就应当承认这种类型的“三角诈骗”。

问题是，具备什么条件，才能认定受骗人处分自己的财产导致被害人遭受财产损失进而认定为“三角诈骗”？答案大体是，受骗人具有向被害人转移（处分）财产的义务，并且以履行义务为目的，按照被害人指示的方式或者以法律、交易习惯认可的方式（转移）处分自己的财产，虽然存在认识错误却不存在民法上的过错，但被害人没有获得财产，并且丧失了要求受骗人再次转移（处分）自己财产的民事权利。在“偷换二维码案”中，顾客因为购买商品，具有向商户支付货款的义务；顾客根据商户的指示扫二维码用以支付商品对价时，虽然有认识错误但并不存在民法上的过错，商户却遭受了财产损失。由于交易已经完成并且有效,所以,即使商户可能以不当得利为由请求顾客返还商品,但也不可能要求顾客再次支付商品对价。在这种情况下,顾客处分自己银行债权的行为,就直接造成了商户的财产损失。

就“偷换二维码案”而言,上述分析与结论,既满足了诈骗罪中的受骗人具有处分权限的要求,也满足了将商户作为被害人的要求;既全面评价了案件事实,也没有对案件事实进行重复评价。

值得进一步说明的是素材的同一性。一般认为,诈骗罪中的素材的同一性,是指被告人得到的财产与被害人损失的财产具有同一性,或者说,被害人的损失与被告人的取得必须是一种表里关系或者对应关系。本书的上述分析看似不符合这一要求,其实不然。在两者间的诈骗中,被害人处分的是自己的财产;在传统类型的“三角诈骗”中,受骗人处分的是被害人的财产。所以,刑法理论将素材的同一性表述为被害人的损失与被告人的取得必须是一种表里关系或者对应关系。其实,即使在两者间的诈骗与传统类型的“三角诈骗”中,也可以甚至应当认为,素材的同一性是指受骗人处分的财产与被告人取得的财产具有同一性。换言之,“受骗人处分的财产与被告人取得的财产具有同一性”这一要素,不仅更加明确,也更加符合两间者的诈骗与传统类型的“三角诈骗”的事实真相。在“偷换二维码案”中,受骗人处分的是自己对银行享有的债权,被告人得到的也是对银行享有的债权。这种同一性,还不只是表里关系或者对应关系,而是具有完全的同一性,因而更加符合素材同一性的要求。

不可否认,本书是为了处理“偷换二维码案”而提出了所谓新类型的“三角诈骗”。但是,这种新类型的“三角诈骗”,并不是只能适用于“偷换二维码案”,而是可以适用于类似上述案例的其他案件。

7. 盗窃罪与诈骗罪能够竞合吗?

本书认为,如前所述,诈骗罪与盗窃罪存在竞合关系。

虽然可以将盗窃罪界定为,以非法占有为目的,违反被害人的意志,将他人占有下的财物非法转移给自己或者第三人占有的行为,将诈骗罪界定为,实施欺骗手段,使他人基于有瑕疵的意思处分交付财物的行为,但不可否认,这些定义中的要素,基本上都是为了将该罪与相关犯罪区分开,而属于分界要素,并非本质性要素。

本书认为,财产罪的本质性要素,是通过侵害占有而侵害他人的财产所有,从这个意义上讲,故意毁坏财物罪是所有财产罪的兜底性犯罪。相对于毁弃罪,取得罪最本质性的要素就是利用意思,因而可以认为,侵占罪是取得罪的兜底性犯罪。相对于非占有转移罪(侵占罪)而言,夺取罪的本质性要素是违反被害人的真实意思侵害他人对财产的占有,因而夺取罪的兜底性犯罪是盗窃罪。虽然相对于夺取罪(盗窃、抢劫、抢夺罪)而言,诈骗罪与敲诈勒索罪属于基于被害人有瑕疵的意思,转移财物占有的犯罪,属于交付罪,但不可否认,诈骗罪中转移财物的占有仍然是违反被害人真实意思的,因而,诈骗罪也符合盗窃罪的本质性要素——违反被害人的意思、未经本人真实有效的同意转移占有。

需要说明的是,主张盗窃罪与诈骗罪之间,不仅存在想象竞合,而且存在法条竞合,并非意味着任何时候都同时成立二罪,而导致诈骗罪实际上被废止。而是说,当不能严格区分二罪,或者同时符合二罪的构成要件,以及不承认二罪之间存在竞合将难以妥当处理相关案件时,应大胆承认二罪之间存在竞合关系,直接以盗窃罪定罪处罚。当能够区分二罪,行为明显符合诈骗罪构成要件,而与盗窃罪构成要件相距甚远时,还是应当适用诈骗罪定罪处罚。也就是说,承认二罪之间的竞合,进而适用盗窃罪定罪处罚,仅限于例外情形。

8. 如何区分诈骗罪与(职务)侵占罪?

案 19:甲是某商贸公司停车场的管理员。在甲负责看管的停车场内有较多空车位,甲便伪造公司停车场所需的停车证与车辆进出使用的蓝牙设备,以公司名义低价将停车位出租给附近上班的其他人员停车,甲因此获利 2 万余元。购买停车证的人员以为自己已经在该商贸公司办理正当的停车手续,均将车停在了甲负责管理的停车场内。

应该说,甲所侵占的对象是他负责看管的但由单位享有的停车这种财产性利益。事实上,甲所在的商贸公司并没有将这些停车位出租的打算,所以,不能轻易将擅自低价出租停车位所得价款直接认定为商贸公司本应得的财物。不可否认的是,商贸公司对甲负责看管的停车位享有财产性利益,甲通过制作伪造的停车证等行为侵害了自己所在的商贸公司的这种财产性利益。所以,可以认为甲的行为构成职务侵占罪,侵占的对象是其所在的商贸公司对停车位享有的财产性利益。另外,顾客本身并没有因为交付租金而获得这些空车位的合法使用权。如果这些顾客知道这些真实情况的话,根本不会交付财物。所以,可以认为他们因为受到甲的欺骗而处分了自己的财物。这样的话,甲的行为还构成诈骗罪。由于只有一个行为,应成立想象竞合犯,从一重处罚。

案20:甲乙夫妻二人负责经营一家有限公司,需要向银行贷款,但二人的银行账户资金往来数额不大,无法获得足额贷款。丙为了帮甲乙融资,从自己的银行账户向甲的银行卡汇款,同时为避免汇款后甲乙将款取走,丙就将甲的身份证、网银U盾、银行卡和存折拿走,以便汇款后自己立即将款转出。丙第一次向该账户汇款50万元,两天后将款转出;第二次汇款47万元,还没有转出时,甲持自己之前因其他原因办理的临时身份证到银行办理挂失,将该卡上的47万元转入自己的其他账户了。

对于本案,如果认为甲占有由丙汇入自己银行卡上的存款,则甲的行为构成侵占罪,否则,只能认为构成诈骗罪。应该说,一般人不会认为在丙拿走甲的身份证、网银U盾等以后,甲还可以随意处置丙存入甲银行卡的存款。所以,甲虽然是银行卡的持有人,但按照社会一般观念以及甲与丙的约定,不能认为甲对丙汇入的47万元享有任何权利。在以社会的一般观念为标准判断占有时,丙拿走甲的身份证、网银U盾、银行卡等事实,是重要的判断资料。或许可以认为,就47万元的存款债权而言,虽然甲享有法律上的占有,但丙则享有事实上的占有。法律上的占有者对事实上的占有者当然可能实施盗窃或者诈骗。本案中,甲通过向银行职员挂失取款,还应当成立诈骗罪。由于只有一个行为,成立想象竞合犯,从一重处罚。

案21:甲乙丙丁4名被告人系某高档餐厅主管,负责结账等事项。4名被告人先向顾客虚报菜价,多收顾客餐费。然后再利用其主管权限修改电脑账单,造成是客人消费了与多收餐费等值的烟酒的假象,最后利用修改过的账单入账,将对应的该部分烟酒据为己有。

本案中,从形式上说,餐厅损失了烟酒,但是餐厅获得了烟酒的对价,而且餐厅本来就是要出售烟酒的,所以餐厅没有损失,不是受害人,甲乙丙丁的行为不成立职务侵占罪。受害人是顾客,顾客损失的是现金,这一损失是由4名被告人的行为造成的,所以,4名被告人对顾客构成诈骗罪。

诈骗罪与(职务)侵占罪的区别在于财产占有的归属。如果是通过欺骗手段将他人占有下的财物转移为自己占有,构成诈骗罪。若是将自己基于职务或者业务占有下的财物,或者将委托占有物、脱离占有物变为自己所有,则成立(职务)侵占罪。质言之,诈骗罪的对象是他人占有下的财物,(职务)侵占罪的对象是自己本来占有下的财物或者脱离占有物。或者说,行为人出于非法占有目的,通过欺骗手段,让他人将自己占有下的财物转移给行为人占有,构成诈骗罪。在行为人已经占有他人财物后,使用欺骗手段拒绝返还的,构成侵占罪。例如,被告人向被害人借摩托车骑用,借来之后产生不法所有的目的,谎称摩托车被盗而拒绝归还的,因为其不是通过欺骗的手段取得占有的,所以仅成立侵占罪。如果被告人一开始就具有非法占有的目的假装借用摩托车,借来之后出卖的,则成立诈骗罪。因为其一开始就具有非法占有目的,通过欺骗手段将他人占有下的财物转移为自己占有。

9. 能简单根据所发送诈骗短信的条数认定成立诈骗罪(未遂)吗?

案22:李某受人雇佣驾驶轿车,从福建省闽侯县、宁德市出发,沿途使用"伪基站"设备冒充农行号码发送诈骗短信。经检测,李某发送该短信导致17899个移动通信用户通信受阻,致正常通信中断累计时长达298.31小时。一审法院认为,其行为构成扰乱无线电通讯管理秩序罪。浙江省金华市人民检察院抗诉认为,李某的行为既构成扰乱无线电通讯管理秩序罪又构成诈骗罪,系手段与目的的竞合,属于想象竞合犯,应从一重罪处罚。根据最高人民法院、最高人民检察院《关于办理诈骗刑事案件具体应用法律若干问题的解释》第5条的规定,对不特定人群发送诈骗短信在5000条以上的,应当认定为刑法第266条规定的"其他严重情节",以诈骗罪(未遂)

定罪处罚。本案应以诈骗罪定罪处罚。二审法院认为,被告人的行为同时触犯非法利用信息网络罪和诈骗罪,依法应择一重罪处罚,即构成诈骗罪。①

应该说,上述判决存在疑问。单纯受雇利用"伪基站"发送诈骗短信,并不具有导致被害人财产损失的现实、紧迫的危险。只有所发送的诈骗短信内容具有导致被害人转款的具体、现实、紧迫的危险性,即不需要实施进一步的欺骗行为就能非法获取被害人的财产,才能认定为已经"着手"实行了诈骗,而可能成立诈骗罪的未遂;否则,只能认定成立非法利用信息网络罪、扰乱无线电通讯管理秩序罪、诈骗罪(预备)的想象竞合,从一重罪处罚。

案23:谭某、张某在网络上从事为他人发送"刷单获取佣金"的诈骗信息业务。谭某、张某雇佣秦某等负责发送诈骗信息。张某主要负责购买"阿里旺旺"账号、软件,租赁电脑服务器等;秦某主要负责招揽、联系有发送诈骗信息需求的上家、接收上家支付的费用及带领其他人发送诈骗信息。法院认为,本案被告人的行为属于为上家的诈骗犯罪准备工具、制造条件,由于此时诈骗犯罪尚未着手实施,其行为在实质上属于诈骗犯罪的预备。谭某、张某、秦某以非法获利为目的,通过信息网络发送刷单诈骗信息,构成非法利用信息网络罪。虽然本案中并无证据证实具体实施诈骗的行为人归案并受到刑事追究,但不影响非法利用信息网络罪的成立。②

上述刷单判例明确指出,为他人发送刷单诈骗信息,属于为上家实施诈骗准备工具、制造条件,因而还属于诈骗的预备,而非法利用信息网络罪就是犯罪预备行为独立入罪。所以,不能简单地认为发送诈骗短信就能成立诈骗罪未遂,是成立非法利用信息网络罪还是诈骗罪未遂,取决于所发送信息的内容是否具有导致被害人处分财产的现实、紧迫的危险;具有上述危险的,同时成立非法利用信息网络罪与诈骗罪(未遂),反之,则仅成立非法利用信息网络罪。

① 参见浙江省金华市中级人民法院(2016)浙07刑再5号刑事判决书。

② 参见江苏省沭阳县人民法院(2017)苏1322刑初1327刑事判决书;江苏省宿迁市中级人民法院(2018)苏13刑终203号刑事判决书。

犯罪预备行为只具有侵害法益的抽象危险,只有当行为人实施了具有侵害法益的具体、现实、紧迫危险性的行为,才能认为着手实行了犯罪。诈骗罪的着手实行,应该是不需要实施进一步的行为就能使被害人基于认识错误处分财产的行为。司法解释规定按照所发送短信的条数认定诈骗未遂的本意,是行为人已经着手实行了诈骗犯罪。若所发送的诈骗短信内容不能直接导致对方陷入认识错误处分财产,就还只是诈骗罪的预备,不能认定为诈骗未遂。所以,不考虑诈骗短信的具体内容,简单根据所发送诈骗短信的条数认定诈骗未遂的观点与做法,违背未遂犯的基本原理,不可取。

10. 如何认定滥用银行卡的刑事责任?

案 24(许霆案):在广州打工的许霆以自己余额仅为 176.97 元的借记卡在某工商银行自动柜员机取款时,恰逢柜员机系统升级出现异常,出现取款 1000 元卡上记账仅扣 1 元的“天上掉馅饼”现象。于是,许霆在约 3 个小时的时间内持续用该银行卡取款 170 余次,取款 174000 元。其在逃离 1 年多后被抓获。

该案经广州市中级人民法院一审以盗窃罪判处无期徒刑,上诉后经广东省高级人民法院发回重审;广州市中级人民法院重审后以盗窃罪判处 5 年有期徒刑,之后再经广东省高级人民法院二审及最高人民法院核准,判决生效。虽然法院是以盗窃罪定性,但在刑法理论界及网民中关于“许霆案”定性的看法五花八门。例如,有罪论中有盗窃罪说、信用卡诈骗罪说、诈骗罪说、合同诈骗罪说、侵占罪说等;无罪论中亦有不当得利说、无效交易说、银行过错说、无实施合法行为的可能性说、行为难以模仿说、刑法谦抑说、刑罚目的说、罪刑法定说等多种观点。

案 25:荣某到某工商银行柜员机取钱时发现别人将银行卡遗忘在柜员机插卡槽中,柜员机屏幕上显示的正是操作过程中取款、查询等业务的画面。荣某意识到这是他人在操作后未将卡退出,于是按了一下查询键,发现卡中尚有余额 2.72 万余元人民币。于是,荣某当即取出人民币 4000 元。为了把卡中的钱全部占为己有,荣某在柜员机上对密码进行修改后退出。

之后荣某在商场刷卡消费200元,到工商银行营业窗口将卡中的2.3万元转入自己的牡丹灵通卡中,然后将“捡”到的卡丢弃。荣某的行为可以分为在柜员机上取现4000元以及在银行窗口转账2.3万元前后两个主要行为。

关于本案的定性,张明楷教授认为,荣某前一行为构成盗窃,后一行为构成诈骗;王作富教授则认为,前一行为属于侵占遗忘物构成侵占,后一行为不构成诈骗而是盗窃;杨敦先教授却认为,前一行为构成诈骗,后一行为是前面诈骗行为的后续行为或称继续行为,不构成独立犯罪,本案中荣某的行为仅构成诈骗一罪。其实,本案中的卡并非掉在柜员机外边的脱离占有的遗忘物,而是归银行占有的财物,因为若荣某不去操作,该卡很快就会被吞入而归银行占有。既然如此,该行为是否属于《刑法》第196条第3款中所规定的盗窃信用卡并使用定盗窃罪的情形呢?不管怎么说,3位学者的争论也充分暴露出,刑法理论界在滥用银行卡行为定性上存在严重分歧。

案26:张某因业务繁忙常委托朋友李某为其存款,某日,张某将刚收到的业务款5万元现金及信用卡交给李某,要李某将5万元现金代为存入信用卡内,并将信用卡密码告知了李某。次日,李某依约去银行存款,在查询发现该卡内尚有人民币10万元时,顿生歹意,不仅未将5万元现金存入信用卡,反而将卡内现金10万元取走。李某事后将卡返还给张某。数日后,张某持卡到银行取款时发现卡内无钱,即要求李某返还人民币15万元,李某拒不返还,导致案发。

这是《人民法院报》上登载的1个案例。张某的行为可以分为将5万元占为己有的前行为与将卡中10万元取走的后行为。关于该案的定性,观点可谓“精彩纷呈”:有观点认为前后行为均成立侵占罪,有观点主张前后均成立盗窃罪,有观点声称前行为构成侵占罪、后行为构成信用卡诈骗罪,有观点坚信不构成犯罪。理论界王志祥教授也参与了本案的讨论,认为前后行为均成立侵占罪。该案的讨论意见充分显示了司法实务界在滥用银行卡行为定性上分歧严重。

以上举例不过是冰山一角,但足可看出理论与实务在滥用银行卡行为定性上认识混乱、分歧严重。究其缘由,主要有两点:一是不明白各种财产犯罪的构造、不清楚财产犯罪之间的界限；二是不知晓银行卡和存款的法律性质、不了解存款的占有归属。因此，认真探讨滥用银行卡的刑事责任，具有重要的理论与实践意义。

第一，滥用自己名义的银行卡的刑事责任。

其一，利用柜员机故障取款的定性。所谓利用柜员机故障取款，是指柜员机出现多取少扣（如“许霆案”中取1000元扣1元）甚至不扣状况时，行为人趁机取款的情形；不包括银行计算机系统出现故障平白无故地增加储户存款金额的情况，也不包括因系统故障柜员机自身发疯般地向外吐钱的状况。

无罪说的主要理由是，行为人插自己的真卡并且输入正确的密码取款，属于正当的交易行为，至多因为没有法律上的根据取得利益而属于民法上的不当得利。然而，试想，即便是柜员机出现故障，将钱吐出，飘洒一地，行为人捡拾后尚且构成侵占罪，更何况像许霆那样自己在柜员机上通过银行卡“瞎鼓捣”才使柜员机吐出钱来，而且钱币只是露出一部分（柜员机并没有直接将钱吐到许霆的口袋里），若几秒钟内不被行为人取走，现金会自动回到柜员机中；换言之，若没有合法的取款权限，柜员机吐出一半（或打开存钱口盖子）的钱的占有及所有也属于银行，任何人取走都是破坏银行对该现金的占有而构成盗窃罪，许霆的行为怎么可能无罪呢？再则，不能以某种行为属于民法上的不当得利为由，否认该行为构成财产犯罪。换言之，民法上的不当得利，也可能构成刑法上的侵占、盗窃、诈骗罪。

侵占罪说仅评价了许霆从柜员机取款口拿走露出一半的钱的行为（想当然地以为属于“遗忘物”），而没有评价操作柜员机使其吐钱的行为，这显然是本末倒置。这就类似，小偷甲潜入物主家中将财物扔出围墙外，恰巧被从此处路过的好贪便宜的乙“捡走”，仅评价了乙的侵占行为（侵占脱离占有物）而没有评价甲的盗窃行为一样。许霆在明知柜员机“有点不正常”，而且在明知自己通过第一次错误操作取出1000元已经远远超过卡中原有存款额的情况下，还不断地“招惹”有点“发疯”的柜员机，使之不断地吐出钱来，这种“招惹”行为跟小偷甲的行为一样，属于违反被害人意志、破坏被害人对于财物的占有，应构成盗窃罪。再则，即便许霆因为卡中尚有“余额”而有权继续“操作”柜员机，也无权拿走取款口仅露出一半的钱,因为第一次吐出的1000元就已经满足了其取款请求;对于取款口仅露出一半的钱仍不失为银行占有,任何人拿走都构成盗窃罪,而不是侵占罪。尚需说明的是,理论界均认为许霆第一次取出1000元的行为属于不当得利。其实,对于多出的800余元也属于侵占,只是没有达到侵占罪定罪起点而不作为犯罪处理罢了。假定第一次柜员机就吐出了1万余元,而许霆予以“笑纳”的话,与“找钱诈骗”一样,当然成立侵占罪。

诈骗罪说(包括合同诈骗罪说与信用卡诈骗罪说)的最大问题在于,其违背了机器不能被骗的基本原理。正如张明楷教授所言,“机器不能被骗”成为各国刑法理论公认的命题。陈兴良教授也指出,机器不能被骗这一原理是建立在机器不能表达意思、不具有意志这一逻辑前提之上的。值得一提的是,黎宏教授以前也承认“机器不能被骗”,但后来改弦易帜地指出,被骗的不是机器本身,而是设置机器的主人即自然人。机器处分财物,实际上是机器的主人在陷入错误的情况下处分财物,这种通过“欺骗”机器获取他人财物的行为,符合《刑法》中所规定的诈骗罪的构成要件,应当构成诈骗罪。如果黎宏教授的欺骗机器就是欺骗机器的设置者即自然人,就是使自然人陷入认识错误进而作出财产处分决定的观点成立的话,那么用铁片或者假币从自动售货机换取饮料,用插入铁片等手段让自动服务机提供擦鞋、按摩等服务的,全都属于欺骗了机器的设置者即自然人而成立诈骗罪;如果将自动取款机当人看待,那么,将机器砸坏后取走其中现金的行为,就成立抢劫罪了,因为行为人对机器“人”实施了暴力,使机器“人”丧失了保护现金的能力,进而取走了现金。这恐怕是任何人都不会接受的。而且,如若认为机器也能被骗,则几乎难以区分盗窃罪与诈骗罪,使犯罪构成要件丧失了定型性机能。所以,主张机器能够被骗,因而滥用银行卡在自动柜员机取款也能成立诈骗犯罪的观点,是我们所不能接受的。

综上,许霆案件事实的核心内容在于,其是否将银行占有的现金转移为自己占有。许霆明知自动柜员机发生故障,很清楚地知道第一次取款就已经超出原卡中的存款金额而无权再向银行提出取款请求,很明白自己就是要通过不断操作“发疯”的柜员机破坏银行对于现金的占有而建立新的占有,违背银行的意志,因而完全符合盗窃罪构成要件。需要补充说明的是,假如许霆卡上本来有

20 万元存款，经过第一次操作发现取 1000 元仅扣 1 元的“秘密”后，连续操作柜员机，取走 17 万元现金，而卡上仅扣 170 元。对于这种情形，由于许霆所取金额并未超出原存款金额，其具有存款额度内的取款请求权，故难以证明行为人具有非法占有目的，因而即便因为柜员机故障，使得卡中仅扣 170 元，也难以盗窃罪相绳。

其二，恶意透支的犯罪构造。恶意透支属于《刑法》第 196 条信用卡诈骗罪的一种行为类型，必须完全符合进行信用卡“诈骗”活动这一项前规定；而信用卡诈骗罪属于诈骗罪的特殊类型，以符合（普通）诈骗罪的犯罪构成为前提；诈骗罪基本构造决定了欺骗的对象必须是具有意思能力的自然人，必须是“人”因受欺骗陷入认识错误，并基于认识错误作出财产处分决定。因此，本条的“恶意透支”仅限于在特约商户刷卡消费以及在银行窗口透支取现的情形；而在自动柜员机上透支的，侵害了银行占有下的现金，构成盗窃罪。本文仅讨论在特约商户刷卡透支消费的犯罪构造问题。

国外刑法理论一般将不当利用信用卡，分为名义人不当使用自己的信用卡（不具有支付钱款的意思与能力而刷卡消费）与非名义人不当使用名义人的信用卡。由于盗窃、捡拾他人信用卡（未得到名义人承诺）的行为人假装名义人在特约商户刷卡消费，明显违反信用卡仅限于本人使用的银行规则，属于欺骗行为；行为人使特约商户基于认识错误交付商品或者服务，成立诈骗罪，这基本上没有争议。这种情形在我国属于冒用他人信用卡型信用卡诈骗罪。所以，国外刑法理论一般仅讨论名义人不当使用自己的银行卡在特约商户进行消费透支（恶意透支）的犯罪构造问题。

恶意透支问题，可谓理解诈骗罪基本构造的极好素材，也是理解诈骗罪的“试金石”。关于恶意透支，涉及持卡人（信用卡会员）、特约商户（加盟店）以及发卡行（信用卡公司）三方。运作过程是：持卡人购物时出示信用卡，特约商户仅检验卡是否真实有效（是否伪卡、废卡）、签名与信用卡背面预留的签名是否一致（有的国家，如我国，还要输入密码）后交付商品，然后特约商户将有持卡人签名的签购单送到发卡行，由发卡行垫付货款（扣除手续费）后，发卡行在到期还款日直接从持卡人账号中扣取所垫付的款项。由于恶意透支存在一些无法妥当解释的问题,德国刑法理论一般否定诈骗罪的成立,而是专门设立法定刑相对较低的滥用信用卡罪予以规制,而日本一般以诈骗罪进行处理。

恶意透支问题争论的焦点在于:(1)是否存在欺骗行为与认识错误,这是诈骗罪肯定说与否定说分歧之所在;(2)谁是受骗者与受害者,这涉及是对面型诈骗(传统的两者间诈骗)还是三角型诈骗的问题;(3)损害的是财物(商品)还是财产性利益(免除债务),这关系到是成立诈骗财物罪(所谓一项诈骗)还是诈骗利益罪(所谓二项诈骗)问题;(4)是交付商品时成立诈骗罪既遂,还是发卡行垫付货款后方成立既遂,这影响到既遂成立时间的问题。

在日本,围绕这些焦点问题,形成了诈骗罪肯定说与否定说的对立。在肯定说内部还存在各种分歧,主要有 4 种学说:(1)认为受骗者、财产处分者以及受害者均为加盟店的对面型一项诈骗罪说(支持者有大塚仁、大谷实、川端博);(2)认为受骗者、财产处分者及受害者均为信用卡公司的对面型二项诈骗罪说(赞成者为藤木英雄和伊东研祐);(3)认为受骗者与财产处分者是加盟店,而受害者为信用卡公司,诈取的对象是财物的三角型一项诈骗罪说(提倡者为林美月子、内田文昭、前田雅英、芝原邦尔、冈野光雄等);(4)认为诈取的对象为财产性利益为三角型二项诈骗罪说(肯定者是山口厚、中森喜彦、曾根威彦、西田典之、林干人等)。

诈骗罪否定说的理由是:从信用卡交易实际情况来看,加盟店仅关注信用卡是否真实有效以及签名是否一致,而不会关心持卡人是否具有支付货款的意思与能力;而且加盟店还负有只要信用卡真实有效,就不得拒绝交易的信用卡交易上的义务。因此,缺乏作为诈骗罪构成要件的欺骗行为和认识错误,连成立诈骗罪未遂的余地都没有。诈骗罪肯定说将使用真实信用卡与使用伪造、变造的信用卡同等对待,也显得极不自然;而且,从交易实情看,加盟店不会遭受现实的财产损害,实际受损害的是信用卡公司。日本判例及通说肯定诈骗罪的成立,而德国通说否定存在诈骗罪中的认识错误,因而否定诈骗罪的成立。

国内学者对于恶意透支犯罪构造问题探讨的还不多。张明楷教授指出,持卡人的行为属于“三角诈骗”:持卡人为诈骗人,受骗者与财产处分人为特约商户职员,被害人为发卡银行。持卡人的行为符合恶意透支的条件的,认定为信用卡诈骗罪。不过,在这种情况下,由于被害人不是特约商户,所以不能认定持卡人骗取了财物;只有认定其骗取了财产性利益(骗免债务),才符合“素材的同一性”要件。

本书认为,关于恶意透支,(1)虽然特约商户通常只审查卡的真实有效性与签名的一致性,而不关心持卡人的支付意思与能力,但根据诚实信用原则,特约商户在明知持卡人不具有支付意思与能力时,具有拒绝交易的义务,而持卡人在不具有支付意思与能力时不应刷卡消费。因此,持卡人假装具有支付意思与能力刷卡消费时,属于举动诈骗,存在诈骗罪中的欺骗行为与认识错误,理应成立(信用卡)诈骗罪。(2)虽然特约商户交付了商品,但最终并没有遭受财产损失,所以应该认为受害人是发卡行;根据特约商户与发卡行之间的合约,特约商户具有处分发卡行财产的权限与地位,故成立特约商户为受骗人与财产处分者、发卡行为受害人的“三角诈骗”。(3)由于发卡行损失的是不良债务的承担,根据素材的同一性原理(行为人所得到的与受害人所损失的必须是同一种素材),行为人在购物时,本应承担支付货款的债务,但其通过刷卡签名的方式使自己当即免除了债务,同时使发卡行承担了垫付货款的债务,因此,持卡人得到的是免除债务的财产性利益,受害人遭受的是承担不良债务的财产损失。(4)由于刷卡消费时几乎可以肯定已经使得发卡行遭受了承担不良债务的财产损失,所以成立诈骗罪既遂的时间是刷卡消费时。

第二,滥用他人名义的银行卡的刑事责任。

(1)非法利用拾得的银行卡。关于非法利用捡拾的他人银行卡在柜员机上取款、转账行为的定性,2008 年 4 月 18 日最高人民检察院在《关于拾得他人信用卡并在自动柜员机(ATM 机)上使用的行为如何定性问题的批复》指出,这种情形属于“冒用他人信用卡”,应以信用卡诈骗罪追究刑事责任。刘明祥教授支持批复以信用卡诈骗罪定罪的立场。但张明楷教授坚持认为,信用卡诈骗罪是诈骗罪的特殊类型,机器不能被骗,用拾得的信用卡在自动取款机上取款的行为,不是成立信用卡诈骗罪,而是成立盗窃罪。此外,也有观点一直支持侵占罪说。

本书认为,插真卡输密码,完全符合柜员机取款程序,似乎是得到了银行的同意而未违反银行的意志，其实不然。根据银行业惯例，银行卡仅限于本人使用，柜员机之所以满足非法持卡人的取款请求，是银行为了追求便捷、高效服务的目的而推定持卡人就是储户本人。若非法持卡人在银行窗口取款时面对营业员声明“这张卡是捡来的”，银行职员无论如何不会同意其取款的，这说明非法持卡人采用与诈骗相似方法，是违背银行章程和银行意志的，同时也是违反银行卡权利人的意志的。因此，不能得出银行“同意”的结论。再则，盗划他人存款的行为成立盗窃罪。拾卡者在柜员机取款时，在柜员机吐出现金之前，必然实施了减少他人存款金额、侵害他人存款债权的行为，而这显然是违反合法持卡人意志的；所以，即便认为取款因为得到了银行的“同意”而没有侵害银行对于现金的占有，也不可否认取款行为侵害了合法持卡人的存款债权，无法否认针对合法持卡人的存款债权成立盗窃罪。因此，利用捡拾的银行卡在柜员机上取现、转账成立盗窃罪；在银行柜台取现、转账以及在特约商户刷卡消费，属于“冒用他人信用卡”，成立信用卡诈骗罪。

需要说明的是，利用他人遗忘在柜员机中的银行卡取款的，由于银行卡处于银行的占有之下（因为若行为人不进行非法操作，该卡很快就会被柜员机吞卡），属于将他人占有下的财物占为己有，因此，当场取款以及退卡后在银行窗口、柜员机取现、转账或者在特约商户刷卡消费，均属于《刑法》第196条第3款的“盗窃信用卡并使用”，而成立盗窃罪。案25中，因为卡尚在柜员机中，而不是荣某在柜员机外边捡拾的，故不属于“遗忘物”，荣某的行为属于“盗窃信用卡并使用”，应成立盗窃罪。

（2）盗窃信用卡并使用。《刑法》第196条第3款规定：“盗窃信用卡并使用的，依照本法第二百六十四条的规定定罪处罚。”对于该规定，有观点认为属于注意规定，因而盗窃信用卡并使用的行为不能一概构成盗窃罪。刘明祥教授则认为，该款把本应作为信用卡诈骗罪定罪的行为也作为盗窃罪论处，属于法律拟制。本书认为，该款既有注意规定的一面，也有法律拟制的一面。盗窃信用卡后在柜员机上取现、转账的，原本就构成盗窃罪，这是注意规定的一面；盗窃信用卡后在银行窗口取现、转账以及在特约商户刷卡消费的，本属于“冒用他人信用卡”而应成立信用卡诈骗罪，但根据该款规定，只能以盗窃罪论处，这是法律拟制的一面。由此可以认为，虽然盗窃信用卡并使用一概以盗窃罪论处，但构成要件中包含了信用卡诈骗的情形，与信用卡诈骗罪可能存在竞合，这直接关系到共犯的处理问题。

此外，关于“盗窃信用卡并使用”的实行行为的认定，关系到承继共犯的处理。有观点认为属于双重实行行为。本书认为，单纯盗窃信用卡的行为，对于持卡人的存款债权只具有抽象性危险，没有形成侵害财产法益的具体的、紧迫的危险，因而仅属于盗窃罪的预备行为；“盗窃信用卡并使用”的实行行为是“使用”所盗窃信用卡的行为。未参与盗窃、仅于事后明知是盗窃的信用卡而参与使用的，根据是在柜员机上还是对自然人使用，与盗窃信用卡者在盗窃罪（在柜员机上使用）或者信用卡诈骗罪（在银行窗口及特约商户使用）范围内成立共犯，盗窃信用卡者单独成立盗窃罪。

（3）抢劫信用卡并使用。张明楷教授认为，行为人以暴力、胁迫等强制手段抢劫他人信用卡的，即使没有使用，也不妨碍抢劫罪的成立。抢劫信用卡事后使用的，根据使用行为分情形成立信用卡诈骗罪或盗窃罪，与抢劫罪数罪并罚。刘明祥教授则认为，抢劫信用卡不使用的，不能定抢劫罪；事后使用的，应单独评价为信用卡诈骗罪。吴允锋教授却认为，抢劫信用卡并使用的，其评价的重心应立足于抢劫行为本身，无论是当场使用还是事后使用所抢得的信用卡，均应评价为抢劫罪，而无须将事后使用行为单独评价为信用卡诈骗罪。

抢劫信用卡并使用的核心问题有两点：一是抢劫信用卡行为本身是否值得以抢劫罪论处；二是事后使用行为是单独评价还是整体评价为抢劫罪。这两点都与抢劫罪法益的理解有关：其一，抢劫罪是侵犯人身与财产两方面法益的犯罪，但刑法将其置于“侵犯财产罪”一章中，说明本罪保护的主要法益是财产权而非人身权。其二，若认为抢劫信用卡未使用也成立抢劫罪且判处3年以上有期徒刑（抢劫罪的起点刑就是3年有期徒刑），就意味着，在我国本不作为犯罪处理的暴力、胁迫行为（国外一般规定有暴行罪、胁迫罪）承受了3年以上徒刑的刑罚，从而形成了间接处罚，因而需要慎重对待。其三，在我国轻微伤害不构成犯罪，故意致人轻伤的适用3年以下徒刑。因此，鉴于信用卡本身价值微薄,为避免间接处罚暴力、胁迫行为,可以考虑将抢劫信用卡致人轻微伤或者轻伤以上的,认定为抢劫罪,从而判处 3 年以上有期徒刑。这样既可以避免间接处罚,又能实现罪刑相适应。其四,抢劫信用卡尚未使用的,对于持卡人财产权仅形成抽象性危险,使持卡人遭受财产损失的是事后的使用行为。因此,抢劫信用卡并使用的评价重点应是使用信用卡的行为,根据是否对自然人使用,分别成立信用卡诈骗罪(冒用他人信用卡)和盗窃罪。若抢劫行为本身致人轻微伤或者轻伤以上,与抢劫罪数罪并罚;否则,仅成立信用卡诈骗罪或者盗窃罪。

(4)骗取信用卡并使用。对于骗取信用卡并使用的,国内学者探讨的并不多。张明楷教授认为,对于骗取信用卡并使用的,不能认定为诈骗罪。因为信用卡本身不能被评价为诈骗罪的对象,侵犯法益的行为是使用信用卡的行为,而不是骗取信用卡的行为,所以,只能根据使用行为的性质定罪量刑;在柜员机上使用的定盗窃罪,在银行柜台、特约商户冒充持卡人取款、转账、消费的,成立信用卡诈骗罪。国外有学者认为,假装借钱而骗取他人银行卡后,无论在柜员机上取款还是转账,均成立诈骗罪包括的一罪。

本书认为,固然由于银行卡本身价值微薄,骗取银行卡行为本身不值得作为诈骗罪处罚,而且由于行为人对于卡中存款不拥有实质性权利,骗得银行卡也不意味着占有了卡中存款,但是不考虑具体情形而断然认为没有诈骗罪成立的余地,也是存在疑问的。问题的实质在于,持卡人是否对卡中的存款做出了概括性的处分。刑法理论一般认为,骗领信用卡的(一开始就具有非法占有的意图),无论是对自然人使用,还是在柜员机上取款透支,由于在行为人骗领信用卡时发卡银行已经做出了概括性财产处分(使行为人能够在一定限额内进行透支),所以整体评价为信用卡诈骗罪通常没有问题。由此,骗取信用卡并使用的,是评价为诈骗罪还是根据事后使用情形评价为信用卡诈骗罪或者盗窃罪,取决于行为人骗取信用卡时被害人的财产处分意思的内容。例如,行为人假装向被害人借款 10 万元,被害人将一张内有 10 万元存款的储蓄卡交给行为人去取款,由于其已经将卡中的 10 万元存款处分给行为人,这与被害人将 10 万元现金直接交付给行为人无异,当然成立诈骗罪,而不是信用卡诈骗罪或者盗窃罪。但是,如果卡中实际有 15 万元存款，行为人取款金额超过了 10 万元，则就 10 万元部分成立诈骗罪（因为被害人对这 10 万元部分具有财产处分的意思）；但就超过部分，被害人并没有做出财产处分，而是行为人以违反被害人意志的方式取得的，因而在柜员机上使用的，成立盗窃罪，在银行柜台或者特约商户使用的，属于冒用他人信用卡而成立信用卡诈骗罪；若行为人只有一个行为，成立想象竞合犯，若存在两个行为，则应数罪并罚。

11. 如何确定电信诈骗取款人的刑事责任？

就电信诈骗而言，在通常情况下，只要被害人将资金汇入行为人所指定的账户，就应当认定为诈骗既遂。如果被害人在 24 小时之内可以取消转账或前往银行止付的，则经过 24 小时之后认定为诈骗既遂。在事前没有通谋的情况下，取款人在电信诈骗行为人既遂后实质性终了之前的帮助取款行为，不能成立诈骗罪的共犯，只能成立掩饰、隐瞒犯罪所得罪。反复帮助特定同一电信诈骗犯套现、取款的行为人，即使表面上没有语言、文字的事前通谋，也能够成立诈骗罪的共犯。换言之，虽然第一次取款行为仅成立掩饰、隐瞒犯罪所得罪，但在事实上形成心理默契的情况下，后面的取款行为应当成立诈骗罪的共犯。取款人连续为同一特定电信诈骗行为人取款，前面的行为构成掩饰、隐瞒犯罪所得罪，后面的行为构成诈骗罪的共犯，应当作为包括的一罪处理，认定为诈骗罪，但不能将掩饰、隐瞒犯罪所得罪的数额计入诈骗数额，不实行数罪并罚。

12. 如何确定领取无正当原因汇款的行为性质？

行为人利用自己名义的储蓄卡（存折）领取无正当原因的汇款（现金）的行为，有不同表现形式：无正当原因的汇款不仅包括他人的错误汇款，而且包括行为人或者他人因诈骗等犯罪所得的汇款。对于错误汇款和银行错误记账进入银行卡的存款，应当肯定名义人占有存款，只是其没有权利进行利用处分。持卡人无论在银行自动柜员机上取现、转账，还是在银行柜台取现、转账，抑或特约商户刷卡消费，均仅成立侵占罪。将自己的银行卡提供给他人非法使用的，然后自己又用该卡取现或者转账的，由于其并不是存款权利人，不占有存款，故成立盗窃、诈骗罪,同时成立掩饰、隐瞒犯罪所得罪,系想象竞合,从一重处罚。诈骗犯自己取现、转账的,无论是不是自己的银行卡,由于其不是存款的实际权利人,不占有存款,取现、转账的,成立盗窃罪、诈骗罪或者信用卡诈骗罪,与本来的诈骗罪数罪并罚。

13. 骗取不法原因给付的财物,成立诈骗罪吗?

案27:甲知悉乙官员一直想除掉举报人丙,遂主动找到乙,表示只要支付10万元酬金,愿意帮其除掉丙。乙信以为真,爽快支付给甲10万元,甲拿到10万元后没有杀人,而是移民至加拿大。

案28:甲假装同意卖淫,让乙先行支付嫖宿费3000元。甲等乙付钱后谎称上厕所,而从卫生间遁走。

案29:甲为除掉仇人丙,找到职业杀手乙,假装表示只要能除掉丙,事后愿意支付5万美元作为杀人的酬金。甲等乙除掉丙后,突然人间蒸发。

案30:甲假装向卖淫女乙许诺,愿意事后支付3000元嫖娼费。甲嫖娼后溜走。

案31:甲官员向乙承诺,只要乙能够帮助除掉"上访户"丙,愿意事后支付20万元作为感谢费。乙杀死丙后,甲产生不付钱的意思,以欺骗手段让乙同意免除支付杀人酬金。

案32:甲向卖淫女乙承诺,事后愿意支付3000元嫖娼费。甲嫖娼后产生不付钱的意思,以欺骗手段让乙免除嫖娼费。

雇凶杀人和卖淫嫖娼,均属不法交易。实践中,赌博、行贿受贿、买卖毒品、买卖枪支、买卖假币之类的不法交易比比皆是。在民法上,不法交易中形成的债权债务关系,称为不法原因给付。一般来说,已经给付的财物,给付方没有返还请求权;所形成的不法债务,"债权方"也无权请求对方偿付。但在刑法上,利用不法交易骗取对方财物,骗得不法劳务,或者骗免不法债务的,是否成立诈骗罪,值得深入探讨。

关于不法交易与诈骗,国外有学者将其分成"为达不法目的骗取财物型"与"为达不法目的骗取劳务型"两类,还有学者将其归纳为"骗取财物型"与"骗免不法债务型”两类。本书认为，不法交易与诈骗问题无非涉及3种情形：(1)利用不法交易骗取他人的财物的，如骗取杀人酬金、嫖娼费、毒品、赌资、购买假币的钱款等，虽然可以认为，如果不受骗就不会交付财物，故交付的财物本身并无不法性，但交付的财物无疑属于用作犯罪之物(包括组成犯罪行为之物、供犯罪行为所用之物以及犯罪滋生之物)，无论对方的行为是否构成诈骗罪，这种财物终将被没收，因而可以将这种财物称为“不法”财物，将这种类型的诈骗称为“骗取不法财物型”；(2)谎称事后给付财物，欺骗他人提供杀人、卖淫、黑出租服务(未取得出租运营许可的出租运输服务)后不兑现承诺的，由于杀人、卖淫等服务属于不法劳务，因而这种诈骗类型可以称为“骗取不法劳务型”；(3)行为人本打算事后支付报酬，待他人提供不法劳务后，以欺骗手段骗免支付报酬的，可以称为“骗免不法债务型”。需要说明的是，行为人一开始就不打算支付报酬，事后采取欺骗手段让对方免除不法债务的，事后的欺骗行为不过是为了掩盖骗取不法劳务的犯罪事实，并没有侵害到新的法益，正如一开始就不打算付钱而点菜吃饭，饭后谎称送朋友而逃走的，没有必要在诈骗财物罪之外再评价诈骗利益罪。因而，将该类行为归入骗取不法劳务型即可。骗免不法债务型，是指本打算事后支付报酬，只是在他人提供不法劳务后才产生不支付报酬的意思，进而以欺骗手段免除支付报酬的债务，这不同于一开始就打算赖账的骗取不法劳务型诈骗。

关于不法交易与诈骗，下面分为骗取不法财物型、骗取不法劳务型和骗免不法债务型三种类型进行讨论。

第一，骗取不法财物型。该类型是否成立诈骗罪，理论与判例存在肯定说、否定说与折中说的分歧，多数学者持肯定说。肯定说的根据基本上都是“良货”(gutes geld)理论。例如，德国学者认为，金钱作为具有交换价值的财产，不管行为人出于什么样的使用目的，金钱本身作为“良货”被人骗取，不能否认存在诈骗罪的“被害”，因而应肯定诈骗罪的成立。日本刑法理论通说也认为，由于所交付的物或者利益本身并不存在任何的非法性，因而仍应肯定诈骗罪的成立。国内学者张明楷教授也指出，虽然一般来说，基于不法原因给付财物后，给付者没有返还请求权，但是，在给付之前，被害人所给付的财产并不具有违法性。

否定说的理由主要有：即便认为金钱本身是合法的，但用于犯罪的目的，也不再是所谓的“良货”，而是刑法没收的对象；肯定受雇杀人者的行为构成诈骗罪，进而保护雇凶杀人的计划，这显然是不必要的，只要没收杀人酬金就足够了；基于不法原因给付时，给付者是为了实现法所禁止的目的，既然如此，该财物便处于法的保护之外，不存在受法保护的财产，没有发生财产损失，因而，基于不法原因给付时应否定诈骗罪的成立。

折中说认为，由于杀人是犯罪行为，为了犯罪目的提供财物的，不值得作为被害者加以保护，否则会招致民法和刑法的冲突，因而骗取杀人酬金的应否定诈骗罪的成立；而卖淫嫖娼行为，只不过是违背公序良俗的一般违法行为，故骗取嫖娼费的，基本上可以肯定诈骗罪的成立。

关于骗取不法财物的，如骗取杀人酬金或购毒款，德国判例一般肯定诈骗罪的成立。日本判例也一直肯定诈骗罪的成立，如谎称用于伪造货币而诈取金钱，谎称替对方购买黑市米而骗取金钱，谎称卖淫而诈取借款，设置赌博骗局诈取金钱，谎称替人行贿而诈取贿赂款等，均肯定诈骗罪的成立。

我国《刑法》规定有招摇撞骗罪，在司法实践中，行为人冒充国家机关工作人员，谎称能够替人行贿，或者可以利用职权替人办事而诈取钱财，实质上也属于不法交易，因为给付钱物的人显然认识到自己行为的性质是行贿，属于民法上的不法原因给付。对于这类案件，实践中一般都认定为招摇撞骗罪或者诈骗罪。此外，明知是假毒品（如面粉）而冒充毒品贩卖的，其实也属于一种不法交易，司法实践中一般都以诈骗罪进行处罚。关于设置骗局诱骗他人赌博从而骗取钱财的，即所谓赌博诈骗，也是一种不法交易。1995 年 11 月 6 日最高人民法院《关于对设置圈套诱骗他人参赌又向索还钱财的受骗者施以暴力或者暴力威胁的行为应如何定罪问题的批复》指出，行为人设置圈套诱骗他人参赌获取钱财的，属于赌博行为，构成犯罪的，应当以赌博罪定罪处罚。该批复存在疑问：即使认为被害人参与赌博是违法行为，其由于“输”而交付财物属于不法原因给付，也应得出成立诈骗罪的结论。因为诈骗罪的成立并不要求对方的财产处分行为出于特定动机，而且行为人客观上设置了不法原因；如果没有行为人的诈骗行为，被害人不可能产生认识错误，也不可能处分自己的财产。因此，上述行为完全符合诈骗罪的犯罪构成。不过，最近司法解释似乎肯定了赌博诈骗的成立。例如，2020年10月16日最高人民法院、最高人民检察院、公安部《办理跨境赌博犯罪案件若干问题的意见》指出，使用专门工具、设备或者其他手段诱使他人参赌，人为控制赌局输赢，构成犯罪的，依照刑法关于诈骗犯罪的规定定罪处罚。

不法原因给付是否成立诈骗罪，与对财产罪法益的理解有关。前文已经介绍，对于不法原因给付，法律的财产说和本权说一般否定诈骗罪的成立，经济的财产说和占有说则肯定诈骗罪的成立，法律的经济的财产说和平稳占有说等中间说，一般否定诈骗罪的成立。在财产罪的法益问题上，本书一向主张经济的财产说和占有说，认为只要给对方造成了经济上的财产损害，就应肯定财产罪的成立。

就骗取不法财物而言，本书认为应肯定诈骗罪的成立。理由在于：一是诈骗罪是侵害他人财产处分自由权的犯罪，无论出于什么目的处分财物，使用欺骗手段骗取他人财物的，都是对他人财产处分自由权的侵害。二是诈骗罪属于财产犯罪，处罚该罪是为了避免造成他人的财产损害，而使用欺骗手段诈取他人财物，即便对方是出于违法犯罪的目的，也是给对方造成了经济上的财产损害，对方都是财产上的受害者。三是之所以经济的财产说能成为德国的通说，占有说能成为日本的有力说，是因为惩治财产犯罪的最终目的是保护财产秩序。四是虽然惩治财产犯罪一般是为了直接保护被害人的财产，但不限于此。例如，通说认为，盗窃、抢劫淫秽物品、毒品等违禁品的，也能成立盗窃、抢劫罪，并不是因为该类行为侵害了持有者的财产，而是侵害了财产秩序。五是肯定骗取不法财物的成立诈骗罪，也不是为了保护不法交易者的财产，而是为了保护诚实信用、公平交易的财产秩序。例如，雇凶杀人的酬金等用于不法交易的财物最终会被没收，不仅如此，雇凶者还会被追究故意杀人罪教唆犯的责任。六是对于不法原因给付，即使民法上不享有返还请求权，但刑法对其保护的必要性也要比违禁品高。七是财产是否值得以诈骗罪进行保护，行为是否值得以诈骗罪进行处罚，交付财物者是否属于诈骗罪的被害者，与诈骗行为人所骗取的财产是否应最终返还给受骗人，是不同层面的问题，这正是刑法与民法功能不同之所在，前者重在维护秩序，后者重在弥补损失。

第二，骗取不法劳务型。卖淫、替他人杀人以及未取得营运资格而载客的运输服务，均为不法劳务。对于一开始就没有付钱的意思而让他人提供不法劳务的，是否成立诈骗罪，在理论上存在争议。关于骗取杀人劳务是否成立诈骗罪，德国刑法理论中存在否定说与肯定说的对立。应该说，否定诈骗罪的成立更具合理性。因为，杀人这种服务是犯罪行为，不具有市场交换价值和财产利益。对于雇凶者不仅不值得以诈骗罪予以保护，而且还应承担故意杀人罪的教唆犯的刑事责任。

关于骗取性服务是否成立诈骗罪，国外刑法理论与判例存在广泛的争论。否定说的理由为，卖淫行为违背公序良俗，卖淫女的劳动不具有财产性利益。如日本学者西田典之指出，既然卖淫行为有违公序良俗，则其本身并不是值得法律保护的财产性利益。因此，通过实施诈骗行为而逃避付款的行为并未产生财产上的损害。肯定说通常从经济的财产说或者占有说出发，认为是否值得刑法保护应独立于民法判断，骗取卖淫服务的行为仍然给卖淫女造成了财产上的损害，因而值得以诈骗罪进行保护。例如，日本学者前田雅英认为，刑法上诈骗罪成立与否，应独立于民事上的效果进行判断。的确，对于明显违背公序良俗的卖淫服务，在刑法上的保护必要性相当低，但不应因此认为其缺乏作为诈骗罪进行处罚的法益侵害性。日本学者大谷实也指出，这种情形若不受欺骗的话，就不会有违背公序良俗的卖淫行为或犯罪行为，因此，刑法上值得保护的肯定说是妥当的。此种情况下，诈骗罪的对象是提供卖淫行为或者犯罪行为的劳务。这种结论，对不按情人合同提供生活费用，或不按卖淫契约支付嫖娼费用的诈骗行为也适用。这种场合诈骗罪的对象是支付生活费或卖淫费用这种财产性利益。

德国有一个嫖娼后以假币支付嫖娼费的著名判例，一审肯定诈骗罪的成立，二审改判无罪。日本一个判例指出：即便原审认定的契约违背公序良俗，根据《民法典》第 91 条是无效的，但民事上是否有效，与应否承担刑事责任是本质不同的两个问题。诈骗罪作为侵害他人财产权的犯罪，并不单纯是为了保护被害人的财产权，还因为以这种违法手段所实施的行为有扰乱社会秩序的危险。而且，在扰乱社会秩序上，签订卖淫契约时采取欺骗手段，与通常交易中采取欺骗手段没有任何不同。嫖娼费可以成为诈骗利益罪的对象，因而应肯定诈骗罪的成立。韩国大法院判决也指出：一般来说，之所以不能从经济上评价男人和妇女之间的性行为以及妇女和对方之间达成的以取得钱财或者财产上利益等为对价实施性行为的约定行为，是因为该契约本身是以违背善良风俗以及其他社会秩序为内容的无效法律行为。但是，由于诈骗罪对象的财产上利益，不一定意味着私法上保护的经济上利益，因此，妇女以收到钱财为前提而卖淫时，该行为的费用相当于诈骗罪对象的财产上利益，故欺诈妇女而脱离性行为的费用时，成立诈骗罪。

本书认为，骗取卖淫服务的，成立诈骗罪。理由在于：一是尽管卖淫嫖娼为法律所禁止，但事实上性服务具有市场交换价值，卖淫女正是以此为业，嫖客也以支付一定金钱为对价获得性服务。二是只要事实上具有交换价值，就值得刑法予以保护。正如淫秽物品、毒品等违禁品，《刑法》在传播淫秽物品罪、非法持有毒品罪之外，还承认其是财产犯罪的对象，就是旨在保护其交换价值，这类物品的丧失也会给持有人造成财产损失。持有毒品本身就构成犯罪，肯定骗取毒品的行为构成诈骗罪，绝不单纯是为了保护持有者的占有权，也是为了保护诚实信用的财产交易秩序。三是违禁品的持有尚且值得刑法保护，没有理由认为，更应具有保护性的卖淫服务反而不值得刑法保护。无论旧社会还是现代社会，从事卖淫服务的女性通常文化程度不高，缺乏其他的谋生技能，提供卖淫服务多半是为生计所迫。以欺骗手段获取卖淫服务，从经济的观点看，无疑给卖淫女造成了财产损失，故没有理由不作为诈骗罪进行处罚。四是承认卖淫服务是一种值得刑法保护的财产性利益，与卖淫服务所得最终会被没收并不矛盾。正如骗取杀人酬金或者违禁品的，虽然成立诈骗罪，但最终也会被没收一样。之所以成立诈骗罪，是因为这种行为侵害了他人的财产处分自由权，破坏诚实信用、公平交易的财产秩序。用于获得不法劳务的财物或者通过提供不法劳务获得的财物，之所以最终会被没收，是因为提供这种不法劳务的行为违反了《刑法》《治安管理处罚法》等的禁止性规定。

值得一提的是，行为人明知是未取得营运资格的“黑出租车”，一开始就不打算支付车费而骗乘的，不成立诈骗罪。单纯的劳务不能成为诈骗罪的对象。例如，谎称要紧急赶到医院探望住院的母亲而乘坐朋友私家车的，由于私家车的运输不是有偿劳务,不值得作为诈骗罪进行保护。骗乘黑出租车,与骗乘私家车提供运输服务,没有本质上的不同,均不属于值得以诈骗罪保护的有偿劳务。

第三,骗免不法债务型。在他人提供不法劳务(如杀人、卖淫)后,行为人产生不支付费用的意思,或者从事不法交易(如赌博)形成不法债务后,行为人以欺骗手段免除不法债务的,是否成立诈骗罪?对此,国外刑法理论通常没有与前述骗免不法劳务型进行严格区分。认为两者的差别在于,非法占有的目的产生的时间不同,前者产生于获得不法劳务之后,后者产生于提供不法劳务之前。

就雇凶杀人而言,在对方杀人后产生赖账的意思,以欺骗手段免除不法债务的,由于杀人这种劳务不具有有偿性,不是诈骗罪保护的对象,因而骗免支付杀人酬金债务的,不成立诈骗罪。

当初具有支付嫖娼费的意思,嫖娼后意图不支付钱款,而以欺骗手段免除支付嫖娼费的,应以诈骗罪进行处罚。因为即使签订卖淫契约、提供卖淫服务违背公序良俗,但从经济的观点看,事后骗免嫖娼费,无疑给卖淫女造成了财产损失,相当于骗取了卖淫服务。张明楷教授认为,诈骗罪属于财产罪,而不是扰乱社会管理秩序的犯罪,否则,以欺骗手段获得他人爱情等行为也会构成诈骗罪,这难以为我们接受。持肯定说的学者主要以卖淫者遭受了经济损失需要刑法保护为理由,但是,既然卖淫者原本不应当取得经济利益,也就不能认定其遭受了经济损失。本书认为这种观点值得商榷。虽然诈骗罪不是妨碍社会管理秩序的犯罪,但近年来本权说向占有说转变,放任私力救济向禁止私力救济变化,单纯保护民法承认的所有权及其他本权发展到保护占有本身,单单保护民法所认可的法律的财产发展到保护经济的财产,都说明财产罪不仅仅是保护被害人的财产权,还保护财产秩序。违禁品可以成为诈骗罪的对象,骗取杀人酬金也值得作为诈骗罪处罚,绝不单纯是为了保护对方的财产权(因为最终会被国家没收),而是为了保护诚实信用、公平交易的财产秩序。

对于以欺骗手段骗免赌债的,由于赌债不受法律保护,也不像卖淫这种劳务存在值得刑法保护的财产利益性,故不值得以诈骗罪进行处罚。需要说明的是,骗免赌债不同于骗取已经输给对方的赌资。对方赢得的赌资,虽然最终会被国家没收,但赌资的持有值得刑法保护,因此,以欺骗、盗窃、抢劫、敲诈勒索等手段获取赌资的，成立相应财产犯罪。

获得违禁品后产生非法占有目的，进而以欺骗手段免除不法债务的，也成立诈骗罪。例如，行为人收到卖方交付的毒品、假币、枪支等违禁品后，产生不支付货款的意思，若只是单纯的不偿还债务（如携货潜逃），就只是民事上的债权债务关系，但如果行为人采取欺骗手段免除支付货款义务的，由于给对方造成了财产损失，就值得作为诈骗罪进行处罚。

总之，对于骗免不具有市场交易性的不法债务的，如杀人酬金和赌博债务，不成立诈骗罪；相反，对于骗免具有市场交易性的不法债务的，如嫖娼费、购买违禁品的货款，因为对方存在财产损失，根据经济的财产说和占有说，应作为诈骗罪进行处罚。

综上，骗取他人为进行不法交易而提供的财物，如杀人酬金，嫖娼费，购买毒品、假币、枪支等违禁品所支付的预付款的，成立诈骗罪。因而，案 27 和案 28 中，甲的行为成立诈骗罪。一开始就没有支付对价的意思，骗取他人提供杀人、卖淫等不法劳务的，根据情形可能成立诈骗罪。由于替人杀人不具有市场交易性，不是诈骗罪所保护的有偿劳务，故案 29 中甲的行为不成立诈骗罪。卖淫服务虽然违背公序良俗，但事实上卖淫嫖娼是一种具有市场交易性的有偿劳务，骗取卖淫服务，会给卖淫女造成财产损失，因而案 30 中甲的行为成立诈骗罪。骗免不法债务的，根据情形可能成立诈骗罪。骗免雇凶杀人的债务或是骗免赌债的，由于不存在受刑法保护的财产性利益，故设案 31 中甲的行为不成立诈骗罪。骗免嫖娼费的，由于卖淫女存在财产损失，故案 32 中甲的行为成立诈骗罪。

14. 诈骗罪能由不作为构成吗？

案 33：甲乙二人将多张真币变造成错版人民币。某日，甲来到一个烟酒店，借故和女店主丙套近乎，买烟时把事先变造好的 10 元人民币递给丙，问丙是否认识收藏错版人民币的买家。这时乙进入烟酒店，表示愿意出 1 万元购买甲的错版人民币，但身上没带钱，马上回去取钱。丙信以为真，当场拿出 1 万元买下了甲的错版人民币。

本案中，虽然甲乙二人谁都没有主动要求丙购买，但他们演的“双簧”

的确让丙受骗,而且丙也确实因为甲乙的"双簧"陷入了认识错误,所以,甲乙的行为是作为的诈骗,而不是不作为的诈骗。当然甲乙还另外构成变造货币罪,与诈骗罪数罪并罚。如果行为人没有实施任何行为,或者行为人实施了某种行为但没有诈骗的故意,但当对方由于某种原因或者因为行为人的行为产生认识错误的时候,行为人就负有诚实信用义务,需要向对方说明情况。这种情形才需要讨论不作为的诈骗问题。

案34:某税务人员每天在菜市场收税,某日该税务人员没有来,甲就身穿税务人员的制服,坐在税务人员收税的老地方,很多商贩误以为甲是新来的税务人员,就把税款交给了甲。

本案中,虽然甲什么也没说,但甲的行为肯定成立诈骗罪,而且是作为的诈骗。诈骗行为不是一定需要讲话的,关键是行为人的动作、举止等向对方传达的是什么样的信息。

不作为能否成立诈骗罪,在刑法理论上有争议。

"全面否认说"一概否认欺骗行为可以表现为不作为,但在说理上不完全相同。例如,德国学者麦耶(Hellmuth Mayer)认为,诈骗罪若能由不作为构成,也只能是不真正不作为犯;而不真正不作为犯只有直接包含在记述的构成要件之中时,才能与作为等价;许多犯罪的构成要件行为是不可能由不作为构成的,如诈骗罪等夺取罪。德国学者瑙克(Naucke)指出,对构成要件的解释应受立法者意思的约束,而如果探求立法者意思,就会发现只有作为才能被视为欺骗行为;将不作为解释为欺骗行为,因违反了立法者意思而有违罪刑法定原则。德国学者格林瓦尔德(Grünwald)提出,诈骗罪是目的犯,目的是引起外界事象的实现意思,而不作为的领域不可能存在这种目的。

"部分否认说"仅承认特定的部分不作为可以成立欺骗行为。例如,德国学者伯克曼(Bockelmann)认为,只有通过不阻止他人陷入认识错误时,才能成立不作为的欺骗;如果他人已经陷入了认识错误而不履行说明义务使其继续维持认识错误的,则不成立不作为的欺骗;如果处罚单纯使他人维持错误的不作为,就会导致不当处罚对他人错误进行经济利用的一切行为。

本书认为,上述"全面否认说"及"部分否认说"的理由均不能成立,"欺骗"

可以表现为不作为,不作为能够成立诈骗罪。

首先,立法者考虑到要使不变的文字表述适应立法后不断变化的生活事实,构成要件的内涵就不能封闭化;认为诈骗罪记述的构成要件中没有包括不作为,其实是对有限生活事实的归纳,是对诈骗罪构成要件内涵的固化。为有效保护法益,只要行为人对于他人可能陷入或者已经陷入的认识错误具有说明义务,而且能够履行该说明义务,这种不作为形式的诈骗就与作为形式的诈骗具有等价性,而且这种解释也不会导致诈骗罪构成要件的无限扩张。

其次,认为按照立法者意思,诈骗罪构成要件不包含不作为,这是一种主观解释的观点。“对于刑法的解释不能采取主观解释论,只能采取客观解释论。”因为,“‘法律意义’并非固定不变的事物,它系随着生活事实而变化——尽管法律文字始终不变——也就是随着生活本身而变化”。

再次,不作为是客观行为的一种表现形式,而目的是一种主观要素,不作为的行为人完全可能具有特定目的,完全可能实现对因果经过的目的性操纵。事实上,不作为杀人、放火等不作为犯,在具体犯罪过程中完全可能具有特定目的。

最后,仅承认不阻止他人陷入认识错误可以构成不作为的诈骗,而否认具有说明义务的人不履行说明义务,致使他人继续维持认识错误的可以成立不作为的诈骗,是没有道理的。因为,无论是不阻止他人陷入认识错误,还是不履行说明义务致使他人继续维持认识错误,最终都是因为行为人负有说明义务,且能够履行义务却不履行,而导致他人处分财产、遭受财产损失。

综上,只要行为人处于保证人地位,负有说明真相的义务,且能够履行义务,因不履行该义务致使他人陷入认识错误或者继续维持认识错误,进而处分财产、遭受财产损失的,就成立不作为的诈骗罪。问题的关键在于,行为人在何种情形下负有说明义务,即不作为诈骗罪的作为义务来源何在?

不作为犯的核心问题就是作为义务的来源问题,这关系到罪刑法定原则能否真正得到落实。关于不作为犯的作为义务来源,我国刑法通说教科书认为一般包括:法律明文规定的义务、职务或业务上要求的义务、法律行为引起的义务、先行行为引起的作为义务。国外刑法理论认为一般包括:法律明文规定的作为义务;基于契约/事务管理形成的作为义务;基于常理、习惯形成的作为义务;基于先行行为形成的作为义务等。

本书认为，不作为诈骗的作为义务来源主要有如下几方面：一是法律明文规定的义务。例如，《保险法》规定，健康保险的投保人负有说明身体是否存在严重疾病的义务；《产品质量法》规定销售者对产品质量负有瑕疵担保义务；《消费者权益保护法》规定消费者享有知情权，与此相应的是商品和服务的提供者负有提供必要资讯的义务。二是合同规定的义务。例如，合同规定发生情势变更时负有通知对方的义务，不履行告知义务而致对方损失的，成立诈骗罪。三是基于诚实信用原则产生的义务。例如，存在长期供货关系的一方因为发生洪水等自然灾害，致使支付货款的能力明显下降，在收到对方的货物时基于诚实信用原则负有告知真相的义务。四是基于危险前行为产生的说明义务。例如，因为自己无意识的行为使对方产生了具有处分财产危险的认识错误时，负有说明真相的义务，以避免对方的财产损失。五是基于契约关系以外的特别信赖关系产生的义务。例如，对于近亲、挚友的关系，事实上的生活共同体（如夫妻关系或同居男友），通常在此种保证人地位多是在保护生命身体法益的脉络被举例，但是发生在财产法益的情形，并非完全不可想见，尤其是不具同财关系的近亲之间。从常理上说，在存在特别信赖关系的成员之间，连生命健康这种重要的法益保护上尚且存在保证人义务，对于相对较轻的财产法益更应存在保证人义务。

第二节　敲诈勒索罪

·导　读·

敲诈勒索罪，是指以非法占有为目的，对他人实行威胁（恐吓），索取公私财物数额较大或者多次敲诈勒索的行为。敲诈勒索罪（既遂）的基本结构或者构造为：对他人实施威胁（恐吓）→对方产生恐惧心理→对方基于恐惧心理处分交付财产→行为人或者第三者取得财产→被害人遭受财产损失。敲诈勒索罪构成要件的内容为，使用胁迫手段，使对方产生恐惧心理，进而取得财产。敲诈勒索罪中的胁迫，是指以恶害相通告，使对方产生恐惧心理。恶害的种类没有限制，包括对被害人的生命、身体、自由、名誉等进行胁迫。

敲诈勒索罪与抢劫罪的区别在于，暴力、胁迫手段是否达到足以压制对方的反抗的程度；抢劫罪中的胁迫，仅限于暴力性胁迫，而敲诈勒索罪中的胁迫，包括以揭发隐私、损毁名誉相威胁；成立抢劫罪，应当坚持"两个当场"。敲诈勒索罪与诈骗罪可能发生竞合。只要有索取财物的正当性根据，就不能构成敲诈勒索罪。没有上访诉求而以上访相威胁索要财物的，成立敲诈勒索罪；存在上访的合理诉求的，不成立犯罪。冒充警察抓赌、抓嫖案，可能成立招摇撞骗罪、诈骗罪、敲诈勒索罪和抢劫罪。盗窃车牌后索要少量财物的，不成立敲诈勒索罪。盗窃或捡拾他人宠物后领取或索要赎金，只有以杀害宠物相威胁的，才能成立敲诈勒索罪。对于"碰瓷案"，应当具体分析，对方以为违章了而交付财物的，成立诈骗罪。

条　文

第二百七十四条　【敲诈勒索罪】敲诈勒索公私财物，数额较大或者多次敲诈勒索的，处三年以下有期徒刑、拘役或者管制，并处或者单处罚金；数额巨大或者有其他严重情节的，处三年以上十年以下有期徒刑，并处罚金；数额特别巨大或者有其他特别严重情节的，处十年以上有期徒刑，并处罚金。

实务疑难问题

1. 为协助警察逮捕罪犯而交付财物的，成立敲诈勒索罪既遂吗？

案1：女大学生乙借高利贷，周利息30%，出借方甲要求乙女手持自己身份证拍裸照，并将裸照交给甲。当乙女不能按期还款时，甲就以在网上公布裸照相要挟，迫使乙女还本付高息。

本案中，女大学生在借款时是同意的，或者说是承诺按照每周30%的利息返还的。在以前发放高利贷本身并没有作为犯罪处理的情况下，被告人采取胁迫手段要求女大学生还本付息的，认定为敲诈勒索罪可能不合适。但现在最高人民法院、最高人民检察院通过司法解释明确，以超过36%的实际年利率发放高利贷的，可以非法经营罪论处。在这种情况下，被告人以在网上公布裸照相要挟，迫使女大学生偿还非法债务的，就可能构成敲诈勒索罪。

成立敲诈勒索罪，必须符合敲诈勒索罪的构造。敲诈勒索罪（既遂）的基本结构或者构造是对他人实施威胁（恐吓）→对方产生恐惧心理→对方基于恐惧心理处分交付财产→行为人或者第三者取得财产→被害人遭受财产损失。所谓敲诈勒索行为，是指威胁、胁迫或者恐吓对方，进而要求对方处分交付财产的行为。而所谓威胁、胁迫和恐吓，是指以恶害相通告，使对方产生恐惧心理的行为，比如暴力行为，以对方的自由、名誉相威胁等。

一般来说，行为人实施了一定的暴力行为，就会对被害人造成威胁。因为这意味着如果不交付财产，行为人就可能会继续实施暴力。不过，暴力不限于对被害人直接实施，也可以针对第三者甚至行为人自己，只要能让被害人感受到威胁就可以。例如，行为人拿啤酒瓶猛砸自己的脑袋，也是一种向被害人通告恶害的方式，属于敲诈勒索罪中的威胁。因为这个行为暗示着，如果你不交付财物，我就会以同样的方式对待你。敲诈勒索罪的暴力不需要达到足以压制被害人反抗的程度，只要能让被害人产生恐惧心理即可。这一点与抢劫罪不同，抢劫罪中暴力必须达到足以压制被害人反抗的程度。

威胁被害人使对方产生恐惧心理的方式，还包括对被害人的自由、名誉等进行威胁。需要注意，行为人所通告的被加害对象，既可以是交付财物的被害人，也可以是与被害人有密切关系的第三人。如不交付财物就加害其女友，被恐吓者和被害人可以不是同一个人，即所谓“三角恐吓”。又如威胁代理人交付委托人的财物，威胁政府官员处分政府的财物。成立“三角恐吓”，要求被恐吓者即产生恐惧心理处分交付财产的人，必须是具有处分他人财产的权限或者地位的人，如政府官员、代理人。

不能认为只要行为人实施了威胁、恐吓行为，就可以成立敲诈勒索罪的既遂。例如,行为人的威胁行为没有使被害人产生恐惧心理,但被害人基于怜悯或者其他原因交付了财物,只能成立敲诈勒索罪的未遂。又如,行为人的胁迫行为虽然使被害人产生了恐惧心理,之后被害人报了警,警察为了抓捕行为人,便让被害人前往约定地点交付财物。在这种情况下,虽然被害人交付了财物,但被害人并不是在处分财物,而是在协助警察抓捕罪犯,即便最后因为警察处置不当,导致财物实际被行为人取走,行为人的行为也只能成立敲诈勒索罪的未遂。

虽然敲诈勒索罪中的威胁是指通告恶害,但恶害最终有没有实现,或者行为人是否打算实现,对敲诈勒索罪的认定并不重要。也就是说,即便行为人所通过的恶害是假的,或者行为人并不打算实现恶害,只要能使对方相信恶害实际存在而产生恐惧心理,进而交付财物,就不影响敲诈勒索罪的成立。例如,行为人向被害人谎称绑架了他的儿子,如果不交付100万元赎金就马上撕票。如果被害人出于恐惧心理而交付了赎金,行为人的行为就成立敲诈勒索罪。

成立敲诈勒索罪,并不要求行为人所威胁实现的内容必须是违法的。也就是说,即便以合法内容相威胁,依然可以成立敲诈勒索罪。例如,抓住小偷后以将其扭送至司法机关相威胁要求其将赃物悉数交给自己,或者抓住脱逃的死刑犯,以扭送至司法机关相威胁,要求其家属交付财物,都能成立敲诈勒索罪。

总而言之,只要行为人实施了以恶害相通告的恐吓行为,使对方产生恐惧,进而基于恐惧心理处分交付财物(违背对方的真实意志,即非心甘情愿的赠与),就是敲诈勒索。

2. 区分敲诈勒索罪与抢劫罪,应坚持"两个当场"吗?

虽然《刑法修正案(八)》将敲诈勒索罪的法定最高刑由以前的10年有期徒刑提高到15年有期徒刑,但敲诈勒索罪与抢劫罪的法定刑仍然相差悬殊。一方面,不论敲诈勒索罪的法定最高刑仅为15年有期徒刑,甚至低于盗窃罪、诈骗罪、抢夺罪(三罪最高刑均为无期徒刑),而抢劫罪的最高刑为死刑;以及前者构罪要求数额较大或者多次,而后者没有数额的要求。另一方面,多次敲诈勒索的,仅处3年以下有期徒刑,而多次抢劫的,可处3年以上10年以下有期徒刑;入户敲诈勒索的,并没有被明文规定为加重情节,而入户抢劫的,却被明文规定为抢劫罪的加重情节,可处10年以上有期徒刑、无期徒刑或者死刑;冒充军警人员敲诈勒索的,也没有被明文规定为敲诈勒索罪的加重情节,而冒充军警人员抢劫的,被明文规定为抢劫罪的加重情节;等等。可以说,就人权保障角度而言,准确区分敲诈勒索罪与抢劫罪,将案件正确定性,具有重要的实践意义。

关于二罪之间的界限,我国传统观点和通说坚持"两个当场"作为二罪区分的标志,即当场使用暴力或者暴力性威胁,并且当场取得财物的,成立抢劫罪,反之,若日后兑现暴力威胁的内容或者日后取得财物的,仅成立敲诈勒索罪。而张明楷教授认为,抢劫罪只要求足以压制他人反抗的暴力、胁迫的"当场",而不要求强取财物的"当场"。陈兴良教授不仅不要求强取财物的"当场",而且不要求暴力、胁迫的"当场",仅要求暴力、胁迫必须达到足以使被害人不能反抗或者不敢反抗的程度。

本书认为,"两个当场"肯定说与否定说的根本性分歧在于,当场实施了足以压制他人反抗的暴力、胁迫而要求日后交付财物的,例如,行为人持刀以当场废掉被害人的双臂相威胁,要求被害人3天内筹集50万元汇入指定的账号,肯定说认为仅成立敲诈勒索罪,而否定说认为应以抢劫罪论处。本书的结论是:传统的"两个当场"应当坚持,只是应当认识到"两个当场"不是成立抢劫罪的充分条件,而是必要条件,即只有当场实施了足以压制他人反抗的暴力,或者准备当场兑现的足以压制他人反抗的暴力性胁迫,并且当场取得财物的,才能成立抢劫罪,否则,仅成立敲诈勒索罪。

第一,抢劫罪与敲诈勒索罪法定刑相差悬殊的原因。

为什么《刑法》规定抢劫罪的最低刑是3年有期徒刑,最高刑是死刑,而敲诈勒索罪的最低刑是管制,最高刑是10年有期徒刑[该问题提出于《刑法修正案(八)》出台之前]?唯一理由就是,抢劫犯不仅面对被害人直接以当场实现侵害行为(暴力)相威胁,而且强迫被害人必须当场交出财物,往往使被害人处在人身权利与财产权利难保两全的极度紧迫的危险状态;也就是说,被害人只能在交出财物保护人身安全,不交财物而冒立即遭受被伤害甚至被杀的危险之间当场做出选择。可见,抢劫罪具有严重的危害性。但是,敲诈勒索罪则不同。因为从实现威胁的内容到交付财物之间,有若干时日的时间距离,被害人即使当场拒绝或者答应行为人的要求,都不会当场使自己的人身和财产受到损害。由此可见,敲诈勒索罪的危害性比抢劫罪轻得多,这就是二罪的法定刑相差悬殊的原因,同时这也是两罪本质区别所在。

本书认为,敲诈勒索罪虽然同抢劫罪一样,会侵害到被害人的意思决定和行动自由,但是,一方面被害人还有一定的选择自由,另一方面其手段行为不会直接严重侵害到被害人的生命与健康。诚如我国台湾地区学者所言:恐吓者可能对被害人略施薄惩,打耳光、伤害、捣毁家具等。如果惩罚手段让被害人心理崩溃,胆寒股栗献上财物,则已经是强盗,而非恐吓取财。被害人如果仍有进退余地,交付财物只是退敌之计,则为恐吓取财。先心理恐吓,再捣毁家具或伤害,被害人未至不能抵抗的程度,应该成立毁损(或伤害)、恐吓取财两罪,二者俱罚。

就敲诈勒索而言,行为人即便实施了暴力或者暴力性胁迫,要么由于暴力威胁并非当场兑现,要么由于当场实施的暴力并没有达到足以压制他人反抗的程度,使得被害人尚有一定的选择余地:是当场予以拒绝,还是假装答应被告人的要求,随后报警请求公力救济。敲诈勒索罪与盗窃罪、诈骗罪的法益侵害性大体相当,差异仅在于丧失财物的原因不同:敲诈勒索罪是被害人本可以避免财产损失却基于恐惧心理而交付财物;诈骗罪是因为被害人不明真相,“被人卖了还帮忙数钱”,基于认识错误而主动将财物奉上;盗窃罪是因为被害人对自己的财物保管不善而给人以可乘之机,导致财产占有的转移。抢劫罪则不同,被害人几无过错,如木偶一般任人摆布,没有选择公力救济的机会,唯有服从暴徒的要求,以求舍财保命。换言之,如果被害人尚未完全丧失意思决定与行动自由,还有从容选择的机会,既保财又保命,则行为的法益侵害与盗窃罪、诈骗罪等纯粹的财产犯相当,不值得以抢劫罪科以重刑。

第二,对“两个当场”的坚持。

陈兴良教授对坚持“两个当场”的传统观点提出的第一点质疑是,我国传统观点否认暴力可以成为敲诈勒索的手段,当然也否认以当场使用暴力相威胁可以成为敲诈勒索罪的手段。可是,现在的通说并不否认当场使用暴力或者暴力相威胁也可以成为敲诈勒索罪的手段。通说教科书就指出,敲诈勒索罪中行为人威胁将要实施危害行为,并非意味着发出威胁之时不实施任何侵害行为。例如,威胁将要实施伤害行为,但在威胁发出之时实施相对轻微的殴打行为;或者威胁将要实施杀害行为的,但在威胁发出之时实施伤害行为。此种当场实施较轻加害行为,同时威胁将来实施较重加害行为的方式,可能影响行为人触犯的罪名和符合的具体犯罪数量,应当结合具体案件情况予以判断。由此可见,通说并不否认当场使用暴力或者以暴力相威胁可能成为敲诈勒索罪的手段行为。

陈兴良教授的质疑之二是,如果基于“两个当场”的理解,则使用暴力并未达到致使被害人不能抗拒而当场取财行为,也不能认定为敲诈勒索罪,其结果是以抢劫罪论处,从而扩张了抢劫罪的范围。这同样是对通说的误解。因为通说教科书一向认为,抢劫罪中强制行为包括以暴力、胁迫或其他方法,使被害人不敢、不能或不知反抗。传统观点既然要求抢劫罪中的当场使用暴力或者使用暴力相威胁必须达到使人不能、不敢、不知反抗的程度,就当然能够推论出,在当场使用暴力或者以当场实施暴力相威胁而没有达到足以压制他人反抗的程度时,不能成立抢劫罪。而且,既然以揭发隐私相要挟尚且构成敲诈勒索罪,通说就不可能得出,当暴力或暴力相胁迫未达压制他人反抗程度时反而无罪的结论。因而,结果只能是以敲诈勒索罪定罪。

陈兴良教授的质疑之三是,我国刑法理论对敲诈勒索罪与抢劫罪的区分,侧重于对取财手段及其程度的描述,但对于财产占有转移的方式并无透彻的分析。那么,在当场取得财物的情况下,敲诈勒索罪与抢劫罪如何区分呢?对于这一点,我国刑法理论没有予以正面回答。这表明,我国学界对于敲诈勒索罪与抢劫罪的分界尚未能从本质上加以把握,其理论上的似是而非给实务带来困惑。进而,陈兴良教授认为,对于敲诈勒索罪与抢劫罪的区分,不能仅限于手段行为的描述,还应当论及财产占有转移的方式,而这两者之间恰恰存在本质上的关联。因此,被害人到底是在丧失意志自由的情况下,财物被劫取,还是在意志被胁迫但尚未完全丧失意志自由的情况下,交付其财物,就成为区分敲诈勒索罪与抢劫罪的另一个标志。其实,陈兴良教授所要表明的观点是,敲诈勒索罪与抢劫罪的区分不仅在于是否使用了足以压制他人反抗的暴力或者暴力性威胁的手段,而且在于抢劫罪取得财物的方式是劫取,而敲诈勒索罪是交付。但是,即便在肯定夺取罪与交付罪财产分类的国外刑法理论中,除论述抢劫罪与敲诈勒索罪的根本区别在于暴力或者胁迫是否达到了足以压制他人反抗的程度外，并没有在手段之外，专门论述何为劫取、何为交付。这是因为，暴力或者暴力性胁迫达到了足以压制被害人反抗，以致被害人丧失意思决定自由时，自然只能是劫取；反之，没有达到足以压制被害人反抗的程度，被害人尚未完全丧失意思决定自由的，自然就属于被害人基于有瑕疵的意思转移财物占有的交付或者处分了。这是不言自明的道理，根本不用专门论证和推演。质言之，暴力或者暴力性胁迫是否达到足以压制他人反抗的程度，与财产占有转移的方式是劫取还是交付，是一个问题的两个方面。只要正确判断手段是否达到了足以压制他人反抗的程度，就同时解决了财物取得的方式是劫取还是交付的问题。因此，即便通说教科书关于敲诈勒索罪中的论述中没有出现“交付”或者“处分”的表述，也不影响二罪的区分。

案2：被告人何某生在一发廊内对其同伙何某清、何某达、何某仁（均在逃）说，其女友兰某娇被其父亲兰某荣介绍嫁往广东，得去找兰某荣要钱。次日上午10时许，何某生携带照相机和4副墨镜，何某清携带一把菜刀，与何某达、何某仁一起分乘两辆摩托车到兰某荣家。兰某荣不在家，何某生对兰某荣的妻子和女儿拍了照。下午2时许，在返回的路上，何某生将兰某荣从一辆微型车上拦下，要兰某荣赔偿其4000元，并对兰某荣拍照。兰某荣拒绝赔偿后，何某清踢了兰某荣一脚。兰某荣见状就说：“有什么事到家里去好好说。”到兰某荣家后，兰某荣说没有钱。何某生说：“不拿钱我不怕，照了你们的相，会有人来杀你们。”接着，何某清又拿出菜刀扔在桌上，叫兰某荣把手指剁下来，兰某荣即到外面向他人借了2000元，交给何某生。此款被4人均分。该案由江西省会昌县人民法院一审认定为敲诈勒索罪，经抗诉后，江西省赣州市中级人民法院二审改判为抢劫罪。

对于本案，陈兴良教授认为，从本案的事实来看，以暴力相威胁，其暴力是较为严重的。如果是就此把被害人身上或者家里的财物取走，则构成抢劫罪是没有问题的。因为家里没钱，要到外面去借钱，如果被告人押着被害人去取钱，其行为构成抢劫罪也同样没有问题。但在本案中，被害人是独自外出借钱，正如一审判决所言，本来被害人是可以报案的，只是因为害怕事后报复,才把2000元交给被告人。在此,需要分析的不是当场的问题,而是被告人使被害人不能反抗而取得财物,还是被害人在可以反抗的情况下,因为恐惧而交付财物。换言之,被害人交给被告人2000元时,是完全丧失了意志自由,还是意志自由受到胁迫,基于自己的意思而交付财物?其认为,显然是后者而非前者。因此,本案应当以敲诈勒索罪论处。由此可见,“两个当场”只是形式性的特征,对于敲诈勒索罪与抢劫罪的区分,不能根据“两个当场”,而是应当根据两罪之间的本质界限。

其实,陈兴良教授正是根据“两个当场”的理论得出了成立敲诈勒索罪的结论。其也承认,从本案的事实来看,以暴力相威胁,其暴力是较为严重的。如果是就此把被害人身上或者家里的财物取走,则构成抢劫罪是没有问题的,这说明,被告人当场使用暴力相威胁的行为已经达到了足以压制他人反抗的程度,符合了暴力当场的条件。但因为正如一审判决所言,本来被害人是可以报案的,只是因为害怕事后报复,才把2000元交给被告人,即被告人并非是当场取得财物,因而不符合当场取财的条件。按照“两个当场”的理论,不正是应该得出不成立抢劫罪,而是成立敲诈勒索罪的结论吗?如果真诚地反对“两个当场”,就应得出成立抢劫罪未遂(因为手段行为已达到了足以压制他人反抗的程度,只是由于被害人家中没有现钱而未得逞)和敲诈勒索罪既遂(基于恐惧心理筹钱交款)的结论。就如张明楷教授所言:行为人对被害人实施了足以压制其反抗的暴力、胁迫后,迫使其日后交付财物的行为,宜认定为抢劫罪。

陈兴良教授之所以得出与其立场相悖的结论,一是误解了通说所谓“两个当场”,即当场实施了足以压制他人反抗的暴力,或者足以压制他人反抗的暴力性威胁,并且当场取得财物。误以为只要当场使用了暴力或者暴力性威胁,而不问是否达到足以压制他人反抗的程度都成立抢劫罪。二是如若认为即便当场实施了暴力或者暴力性威胁,只要本身没有达到足以压制他人反抗的程度,仅成立敲诈勒索罪,而与当场取得财物与否无关,就应该像张明楷教授那样,得出只要当场实施了足以压制他人反抗程度的暴力、胁迫,即便是迫使日后交付财物,也应成立抢劫罪的结论。但陈兴良教授恰恰在上述案例的分析中，一方面认为暴力、胁迫本身已经达到了足以压制他人反抗的程度；另一方面又考虑被告人并没有强迫被害人当场交出财物或者跟随被害人寻找财物，而是给了被害人报警的机会，因而不符合抢劫罪当场取财的条件，由于缺乏取财的当场，而得出了敲诈勒索罪的结论。这正是“两个当场”的逻辑。

或许陈兴良教授本身并非真诚地反对“两个当场”，只是反对在当场使用未达到足以压制他人反抗程度的暴力、胁迫手段，而当场取得财物的，成立抢劫罪的结论。可是，传统观点和通说一直以来都强调，成立抢劫罪的手段必须达到使被害人不能、不敢、不知反抗的程度。既然当场使用的是没有达到足以压制他人反抗程度的暴力、胁迫，按照通说本来的立场，也是仅成立敲诈勒索罪的。

其实，陈兴良教授犯了理论与实务界常犯的一个错误，那就是，将手段行为本身是否达到了足以压制他人反抗的程度，与是否当场取得了财物这两个不同的问题混为一谈。两者应该单独、客观地判断，并非互为因果。上述案件中，在人多势众的情况下，拿出一把菜刀叫被害人自己把手指剁下来的举措显然已经足以压制被害人的反抗，系抢劫罪的手段行为，只是由于意志以外的原因（被害人家里没有现钱）未能当场取得财物，因而成立抢劫罪的未遂。之后，被害人在能够报警的情况下，还是很听话地出门借钱，无非是担心若不满足被告人的要求，日后会遭受被告人的报复（因为被告人声称“不拿钱我不怕，照了你们的相，会有人来杀你们”），这正好符合了敲诈勒索罪中胁迫要件，而且事实上取得了财物，当然应在抢劫罪未遂之外，另外成立敲诈勒索罪的既遂。在当场使用了足以压制他人反抗的暴力、胁迫，因为被害人缺乏现钱而未能当场劫取到财物或者仅劫取了少量财物，进而要求被害人继续筹措钱款的情况，理论与实践通常未能对行为过程条分缕析，而是进行了整体性评价。

案 3:2009 年 10 月 19 日，唐某国将伍某清和刘某军骗至某酒楼包厢，并叫来蒋某清和 10 余名老乡将伍某清、刘某军加以控制。唐某国以伍某清使其舅舅刘某春损失 5 万元为由，强迫伍某清赔偿 1.5 万元。期间有人从身后打伍某清的头部与背部，并以折断的筷子顶着伍某清的脖子，逼迫伍某清以“做工程签合同需交押金1万元”为由打电话要其弟伍某林存1万元到其中国农业银行的账户上，唐某国等人逼问出银行卡密码后，由同伙蒋某清持上述银行卡取走9800元；另5000元威胁伍某清在次日12时前存到唐某国指定的账户（伍某清等人脱身后报警，未存入该款项）。其间，唐某国等人威胁伍某清写下了一张3万元的欠条。得手后，唐某国等人逃离现场。10月20日至21日，唐某国多次打电话、发短信给伍某清和刘某军，要他们汇款5000元至其指定的银行卡账户，否则对他们不利。

关于本案的定性，有三种处理意见：第一种意见认为，第一、二、三阶段的行为具有同一性，是基于同一种犯罪目的，即非法占有他人财物，针对的是同一犯罪对象，第二、三阶段行为是第一阶段行为的延续，因为犯罪目的未得逞，所以应视为抢劫的部分未遂，唐某国逼迫伍某清写下的借条中的3万元和被害人伍某清等人被放走以后，唐某国多次打电话、发短信向其勒索5000元均认定为抢劫未遂的数额。第二种意见认为，第一阶段的行为构成抢劫罪，第二、第三阶段的行为符合敲诈勒索罪的犯罪构成，因意志以外的原因未得逞，是犯罪未遂；与第一阶段的抢劫行为不具有依附与牵连关系，不符合吸收犯和牵连犯的特征，应以敲诈勒索罪（未遂）与抢劫罪数罪并罚。第三种意见认为，第一阶段的行为构成抢劫罪，第二、第三阶段的行为构成敲诈勒索罪（未遂），与第一阶段的行为具有牵连关系，应该采取吸收原则，从一重罪处断，唐某国等人的行为仅构成抢劫罪。

本书认为，本案被告人的行为构成抢劫罪既遂（犯罪金额为9800元）和敲诈勒索罪未遂（未遂金额为5000元+30000元），应当数罪并罚。对案件中的行为应分阶段进行评价，厘清行为的个数。就本案而言，第一阶段使用足以压制被害人反抗的暴力取得9800元钱，显然构成抢劫罪。逼写30000元欠条以及要求次日打款5000元并打电话催讨的犯罪事实，由于不符合抢劫罪当场取财的条件，即便暴力手段达到了足以压制他人反抗的程度，也只能以敲诈勒索罪论处。疑问在于，本案抢劫罪中的暴力、胁迫行为与敲诈勒索罪中的暴力、胁迫行为似乎是重叠的，怎能评价为两个行为呢？其实，虽然可以认为敲诈勒索罪的实行行为包括敲诈行为与取财行为，实施暴力、胁迫为敲诈勒索罪的着手，但是相对于抢劫罪而言，敲诈勒索罪偏重于财产犯性质，主要评价的是没有法律根据的、违反被害人真实意思而取得他人财物，因此，敲诈勒索罪不是典型的复行为犯、复法益犯，主要实行行为应为取财行为。之后打电话催讨5000元，为利用先前暴力胁迫形成的余威而实施的敲诈勒索实行行为。就逼写3万元欠条的行为而言，也可以在抢劫9800元行为以外单独评价，因为被告人是在逼取1.5万元之后另外逼写欠条的。因此，本案应以抢劫罪既遂(9800元)和敲诈勒索罪未遂(35000元)数罪并罚。对于逼写欠条的行为，也可能被评价为财产性利益的抢劫。不过，逼写欠条的实质是要求日后交付财物，所以评价为敲诈勒索也是可以的。

综上，抢劫罪的"两个当场"，能够契合抢劫罪与敲诈勒索罪之间法定刑的差异化设置，能够准确区分二罪，并做到罪刑相适应，所以应当予以坚持。

3. 敲诈勒索罪与抢劫罪构成要件之间是对立关系吗?

虽然成立抢劫罪要求暴力、胁迫手段达到足以压制他人反抗的程度，而敲诈勒索罪的手段行为不需要(而不是"不能达到")达到足以压制他人反抗的程度，但不能由此认为，二罪构成要件之间是对立关系。否则，当行为人实施了并不足以压制一般人反抗的暴力、胁迫，但碰巧被害人因为特别胆小而吓得魂飞魄散，在完全丧失意志自由的情况下任由行为人取走财物的，因为行为人主观上只有敲诈勒索的故意，而客观上实现的是抢劫的犯罪事实，二罪之间是对立关系就意味着构成要件间没有重合的部分，结果只能成立敲诈勒索的未遂和过失的抢劫既遂，这种结论不能被人接受。这说明，敲诈勒索罪与抢劫罪构成要件之间，是一种补充关系的法条竞合关系。诚如张明楷教授所言：敲诈勒索罪与抢劫罪不是对立关系，凡是符合抢劫罪的犯罪构成的行为，必然符合敲诈勒索罪的犯罪构成(数额要求除外)，但符合敲诈勒索罪的犯罪构成的行为，不一定符合抢劫罪的犯罪构成。因此，不能简单地说"抢劫罪是以足以压制他人反抗程度的暴力、胁迫手段强取财物，敲诈勒索罪只能是以没有达到足以压制他人反抗程度的暴力、胁迫取得财物"；而应当说"敲诈勒索罪的成立，不要求暴力、胁迫手段达到足以压制他人反抗的程度；如果暴力、胁迫手段达到足以压制他人反抗的程度，则以抢劫罪论处”。

4. 敲诈勒索罪与绑架罪构成要件之间是对立关系吗？

绑架罪与敲诈勒索罪构成要件之间不是对立关系，而是包容竞合关系。从理论上讲，绑架罪可谓“非法拘禁 + 敲诈勒索”。绑架罪是侵犯人身权的犯罪，只要行为人出于勒索财物或者满足其他不法要求为目的绑架控制了他人，就成立绑架罪的既遂。考虑到绑架罪的法定刑很重，即便行为人绑架他人后进而勒索到了财物，也无须另外认定敲诈勒索罪，以绑架罪一罪进行评价即可。由于绑架罪可谓非法拘禁罪与敲诈勒索罪的结合犯，未事先通谋，未参与绑架，亦未参与看管人质的，仅在他人完成绑架行为后受托打勒索财物的电话，即便参与了分赃，也只能与绑匪在敲诈勒索罪的范围内成立共犯，而不是成立绑架罪的共犯。行为人一上来就“撕票”，然后谎称人质还在手上进而勒索财物的，只能以故意杀人罪与敲诈勒索罪和诈骗罪的想象竞合犯数罪并罚。没有实际绑架人质，谎称绑架了人质而勒索财物的，不成立绑架罪，仅成立敲诈勒索罪与诈骗罪的想象竞合犯。

5. 如何界分敲诈勒索罪与诈骗罪？

案 4：甲在网上发帖揭发当地干部乙违规建房的行为，在当地引起了网友关注。乙找到甲，提出给甲 3000 元，让甲删除网帖。甲对乙说：“删帖不是我一个人能办到的，我还需要再打点别人，你给的钱少了。”乙就给了甲 1 万元现金和 4 条名烟，甲随后删除了自己发出的网帖。版主丙为了提高点击率，恢复了删除的网帖，该网帖在当地越炒越热。乙再次找到甲，甲提出再给 2 万元就能找关系彻底删除。乙认为 2 万元太多，仅愿意出 1 万元，甲收到乙 1 万元后，通过关系找到了版主丙，丙删除了网帖。

本案中，甲的意思显然是，你不给够钱，我就不给你删帖。无论行为人口气如何，只要他利用了足以让被害人交付财物的事实，就可以认定为胁迫。敲诈勒索罪的认定，不能仅看行为人的语言内容，要考虑场景，判断行为人是否利用了被害人的困境。本案中，甲显然已经利用被害人的困境，让被害人交付了财物，所以成立敲诈勒索罪没问题。此外，甲第一次说要打点别人，但他根本没有打点，第二次也说找关系需要钱，他虽然找了关系但并没有花钱，实际上将所有的财物都据为己有。所以可以认为，本案中甲既利用了被害人的恐惧心理，也编造了打点别人的谎言，所以甲的行为成立敲诈勒索罪与诈骗罪的想象竞合。

敲诈勒索罪与诈骗罪的构造相似：实施恐吓行为（欺骗行为）→对方产生恐惧心理（陷入或者继续维持认识错误）→对方基于恐惧心理（认识错误）处分交付财产→行为人取得财产→被害人遭受财产损失。从理论上讲，二罪的关键区别在于行为人实施的是恐吓行为还是欺骗行为；对方是产生恐惧心理还是陷入认识错误；对方是基于恐惧心理处分交付财产，还是基于认识错误处分交付财产。具体而言，可能存在以下几种情形：

第一，行为人仅实施了欺骗行为，被害人陷入错误认识并产生恐惧心理，进而处分财产的，由于行为人仅实施了欺骗行为，所以成立诈骗罪。

第二，行为人仅实施了恐吓行为，被害人虽陷入一定的错误认识，但完全或者主要是基于恐惧心理处分财产的，由于行为人实施的是恐吓行为，所以成立敲诈勒索罪。

第三，行为同时具有欺骗与恐吓的性质，被害人仅陷入错误认识，没有产生恐惧心理，并基于错误认识处分财产，成立诈骗罪。

第四，行为同时具有欺骗与恐吓性质，被害人仅产生恐惧心理，没有陷入错误认识，并基于恐惧心理处分财产的，成立敲诈勒索罪。

第五，行为同时具有欺骗与恐吓性质，被害人既陷入错误认识又产生恐惧心理，进而处分财产的，成立诈骗罪与敲诈勒索罪的想象竞合，从一重处罚。

由上，甲谎称绑架了乙的儿子并要求赎金，由于这个行为既具有恐吓性质，也具有欺骗性质，乙既产生了恐惧心理，又陷入了认识错误，既基于恐惧心理交付财产，也基于认识错误处分财产，所以，甲的行为成立敲诈勒索罪与诈骗罪的想象竞合，从一重处罚。

6. 吃出铁钉要求饭店赔500万元,否则诉诸媒体和法律,构成敲诈勒索罪吗?

在不少情况下,行为人为了行使自己的民事权利而使用胁迫手段。应当认为,行使民事权利的行为,阻却敲诈勒索罪的违法性。这里的民事权利,是法定的民事权利,或者说具有民事根据的民事权利,而不是行为人自己主张的道德权利。

行为人以胁迫手段取得对方不法占有的自己所有的财物的,不应认定为敲诈勒索罪。债权人为了实现到期债权,对债务人实施胁迫的,应当如何处理?在国外有成立敲诈勒索罪(恐吓罪)、胁迫罪和无罪三种观点。我国《刑法》没有规定胁迫罪。应该说,既然存在到期债权,使用胁迫手段索要债权范围内的财产,就没有侵害对方的财产,因此不能成立作为财产罪的敲诈勒索罪。不过,如果手段本身不当,如故意伤害、非法拘禁,则以手段所触犯的罪名定罪处罚。

损害赔偿请求权的行使,原则上也不成立敲诈勒索罪。例如,行为人在饭店点菜吃饭,菜中吃出铁钉,以向媒体反映或者向法院起诉相要挟,要求饭店赔偿500万元的,虽然赔偿数额偏高,也不能认为构成敲诈勒索罪。因为行为人的手段和目的均具有正当性,至于赔偿数额,则取决于双方的商谈。饭店要是觉得赔偿数额太高,可以选择接受媒体曝光和官司。但是,如果行为人以杀伤饭店老板或者放一把火烧掉饭店相威胁,而且所要求的赔偿数额明显超过应当赔偿的数额的,由于手段不具有正当性,目的超出了应当赔偿的范围,应当以敲诈勒索罪论处。

行为人以恐吓手段要求对方履行高利贷、赌债、“青春损失费”等不受法律保护的债务的,虽然成立催收非法债务罪,但还可能成立敲诈勒索罪,甚至抢劫罪。因为既然债务不受法律保护,就表明行为人的行为不是行使权利,因而不存在违法阻却事由。

总之,区分权利行使与敲诈勒索罪,关键在于行为人有无索取财物的合法根据,以及手段是否具有正当性。

7.如何定性冒充人民警察、联防队员抓赌、抓嫖案?

抢劫罪中的暴力、胁迫手段必须达到足以压制他人反抗的程度,而敲诈勒索罪不要求达到足以压制他人反抗的程度,以此区分二罪,在理论上显得极为明快;但是在具体案件中,暴力、胁迫手段是否达到足以压制他人反抗的程度,判断起来却显得十分微妙。应该说,这种判断属于事实判断,是证据采信本身的问题,无关法律适用与法律疑问的澄清,因而,当具体案件中的暴力、胁迫手段是否达到足以压制他人反抗程度难以判断时,可以适用"存疑时有利于被告人原则",直接以敲诈勒索罪定罪处罚。

《两抢意见》第9条第1款中指出:"行为人冒充正在执行公务的人民警察'抓赌'、'抓嫖',没收赌资或者罚款的行为,构成犯罪的,以招摇撞骗罪从重处罚;在实施上述行为中使用暴力或者暴力威胁的,以抢劫罪定罪处罚。行为人冒充治安联防队员'抓赌'、'抓嫖'、没收赌资或者罚款的行为,构成犯罪的,以敲诈勒索罪定罪处罚;在实施上述行为中使用暴力或者暴力威胁的,以抢劫罪定罪处罚。"该解释明显存在疑问:为何冒充人民警察是骗(招摇撞骗),而冒充联防队员时行为性质就变成敲诈勒索了呢?其实,无论是冒充人民警察,还是冒充联防队员,身份的冒充虽然具有欺骗性质,但实质上不过是使对方产生畏惧的一种"工具"而已,应当成立敲诈勒索罪而不是诈骗罪。一般来说,被害人是基于畏惧心理交付财物,而不是基于官员身份的认识错误处分财物。

实践中这类案件定性很混乱。例如,被告人王某军等人冒充警察以抓赌为名,四次闯入农民家中,被告人王某民佯装警察逼迫交钱,王某军把门,侯某军协助要钱,修某在外面看车,共抢得赌资现金1000元及其他财物。关于该案的定性,吉林省永吉县人民法院一审以抢劫罪定性,吉林省吉林市人民检察院抗诉认为应以敲诈勒索罪定罪,后经吉林省永吉县人民法院再审维持抢劫罪的定性。[①]又如,被告人包某等人商议找一名卖淫女引诱嫖客,然后冒充警察要钱。正当被害人嫖娼时,被告等人突然闯入房间,李某星出示一张伪造的"海口市公安局振

---

① 参见吉林省永吉县人民法院(2004)永刑再初字第3号刑事判决书。

东分局治安科”证件说:“我们是公安局的,查夜。”并问该名男子与卖淫女是什么关系,该男子答是在街上刚认识的。李某星接着说:“你这是嫖娼行为,是愿意罚款还是带公安局处理?”该男子害怕便表示愿意罚款私了。这时包某将卖淫女带出房间让其离开。包某、李某星、唐某东迫使该男子当场交出人民币2800元后让其离开。海南省海口市振东区人民法院一审与海南省海口市中级人民法院二审均认定为抢劫罪。①

本书认为,该类案件中,之所以被害人容忍他人拿走财物或者主动交出财物,一般是屈服于对方的官方身份,因而属于基于恐惧心理交付财物,应当定性为敲诈勒索罪。除非行为人仗着人多势众,携有警棍、假枪等器具,当场使用了足以压制被害人反抗的暴力或者暴力性威胁,否则不应以抢劫罪定罪处罚。

8. 如何定性“酒托案”? 只要有“交易”就是强迫交易罪而不是抢劫罪吗?

对于雇用女性引诱男网友至消费场所高额消费,然后以暴力、胁迫手段逼迫“埋单”的案件的定性,存在抢劫罪、敲诈勒索罪与强迫交易罪的分歧。从司法实践看,大多倾向于以强迫交易罪定罪。之所以出现定性上的纷争,一是因为没有正确把握抢劫罪与敲诈勒索罪的界限;二是误将抢劫罪与强迫交易罪构成要件之间的关系当作一种对立关系。实际上,抢劫罪与强迫交易罪之间不是对立关系,而是存在竞合。不能认为只要有所谓的交易存在,即便使用了足以压制他人反抗的暴力或者暴力性威胁,也只能成立强迫交易罪,而是应该认为,行为虽然含有部分从事交易的因素,但主要是以暴力、胁迫或其他方法强行劫取公私财物,客观上交易内容严重不真实,对市场秩序危害不大,但对特定被害人个人的人身、财产权利危害较大的,构成抢劫罪,而不成立强迫交易罪。抢劫罪是对个别财产的犯罪,说得极端一点,如果被害人不愿意理发,而被几个彪形大汉强行摁住进行理发,即便头发理得很专业,并且理完后按照正常标准收费,也还是侵害了被害人的个别财产,符合了抢劫罪的构成要件。“酒托案”不同于“抓嫖案”,被害人通常不会基于名誉的考虑而屈服于对方,被害人之所以交出财物,

---

① 参见海南省海口市中级人民法院(2000)海中法刑终字第75号刑事裁定书。

通常是因为酒吧一方雇用了打手，被害人稍有不从，生命、健康就会受到现实的威胁。因此，该类案件一般应以抢劫罪而非强迫交易罪定罪处罚。

9. 盗窃车牌后索要少量财物的，构成敲诈勒索罪吗？

案 5：甲盗窃了 20 多人的车牌号，分别给车主打电话，让车主出 100 元将车牌赎回；考虑到去车管所办车牌还需要交费，而且程序烦琐，车主纷纷出 100 元将车牌赎回。甲从中得利 2000 余元。

这样的案件，司法实践中很多是作为敲诈勒索罪处理的。但是应当认为，这种单纯给他人制造麻烦的行为不能评价为敲诈勒索。因为被害人已经丢失了车牌，不满足被告人的要求时，也只是丢失车牌，所以，既不能认定被告人的行为构成胁迫，也不能认定被害人产生了恐惧心理。被告人往往也是要求被害人交付办理车牌费用相当的财物，被害人要是觉得划不来也可以自己去补办车牌，所以不能认为行为人实施了敲诈勒索所要求的胁迫或者恐吓行为。也就是说，在被害人已经丢失了车牌的情况下，被告人要求被害人交付赎金的行为，并非属于以恶害相通告的行为，所以不构成敲诈勒索罪。本案中，将被告人偷走车牌的行为认定为盗窃罪就可以了。

对于盗窃车牌索要少量财物的案件，由于只是让被害人产生困惑，并未产生恐惧心理，不是敲诈勒索行为，不能构成敲诈勒索罪。如果认为车牌是国家机关证件，可以评价为盗窃国家机关证件罪。如果把车牌看作财物，则可以评价为（多次）盗窃罪。

10. 盗窃、捡拾财物向物主领取赏金或索要赎金，一定构成敲诈勒索罪吗？

一开始就以领取赏金或者索要赎金为目的盗窃他人视为宝贝"儿子"的宠物狗后，领取狗主人悬赏的奖金的，如何处理？如果认为领取赏金也可谓对于狗的利用意思，则可对盗狗的行为认定为盗窃罪。事后谎称捡拾宠物狗而领取或者索要宠物狗赏金或者赎金的，可能成立诈骗罪。若以杀害宠物狗相威胁索要赎金的，则成立敲诈勒索罪。单纯以不归还宠物狗相威胁的，不能成立敲诈勒索罪，只能对宠物狗本身成立盗窃或者侵占罪。

捡拾他人重要证件或者文件资料后,单纯以不归还相威胁索要赎金的,不成立敲诈勒索罪,但如果以毁坏相威胁的,则可能成立敲诈勒索罪。

11. 对于"碰瓷案",一定成立敲诈勒索罪吗?

案6:某酒吧晚上生意特别火爆,很多人晚上驾车去该酒吧消费。酒吧停车场紧靠一条主干道,甲驾驶高档轿车停靠在主干道边,发现有人驾车从酒吧停车场拐出来时,甲就驾车以正常车速直行,会使对方车辆与自己车辆剐蹭。然后,甲以自己轿车高档,对方的保险无法全额理赔为由,让对方当场交付一定的赔偿金。由于对方往往已经饮酒,又想到自己的保险很可能无法全额理赔,所以就按甲的要求给钱。甲每次用这样的方法获取少则几千元多则上万元乃至几万元的"赔偿金"。

对于"碰瓷案"应当作出区分。如果确实可以认为行为人对被害人实施了胁迫、恐吓行为,被害人产生了恐惧心理才交付财物的,可以按照敲诈勒索罪处理;但如果被害人根本没有意识到自己的违章是对方造成的,也认为自己应该向行为人交付赔偿金的,就不能按照敲诈勒索罪处理,应认定为诈骗罪。本案中,被害人显然是认为自己已经违章,保险又不能全额赔偿行为人高级轿车的剐蹭,这才交付财物的,被告人也没有实施任何胁迫、恐吓行为,被害人也没有产生恐惧心理。所以,本案以诈骗罪处理比较合适。

第五章　职务侵占罪与挪用罪

第一节　职务侵占罪

·导　读·

职务侵占罪,是指公司、企业或者其他单位的工作人员,利用职务上的便利,将本单位财物非法占为己有,数额较大的行为。所谓“利用职务上的便利”,并不是指占为己有或者据为己有的行为本身利用了职务上的便利,而是指所据为己有的财物是行为人基于职务或者业务占有下的本单位财物。职务侵占罪所保护的财产是本单位的财产,本单位是被害人。本罪中的单位,不同于作为犯罪主体的单位。由于本罪中的单位是被害人,所以并不限于具有法人资格的单位,一人公司、个体工商户、合伙企业等,都能成为本罪中的公司、企业、其他单位。

职务侵占罪的客观行为类型仅限于狭义的侵占行为,不包括窃取与骗取。窃取、骗取的,成立盗窃、诈骗罪。作为职务侵占罪对象的“本单位财物”,限于单位现存的财物和确定的收益。公司业务员将收回的货款据为己有的,成立职务侵占罪。但公司人员利用职务上的便利将原本可以由单位承揽的业务变为个人承揽,利用业余时间完成承揽合同获取利益的,不成立职务侵占罪。由于职务侵占行为仅限于将基于职务或者业务所占有的本单位财物据为己有,因此,行为人必须具有不法所有的目的。

条 文

第二百七十一条 【职务侵占罪】公司、企业或者其他单位的工作人员，利用职务上的便利，将本单位财物非法占为己有，数额较大的，处三年以下有期徒刑或者拘役，并处罚金；数额巨大的，处三年以上十年以下有期徒刑，并处罚金；数额特别巨大的，处十年以上有期徒刑或者无期徒刑，并处罚金。

实务疑难问题

1. 职务侵占罪的本质是什么？"窃取"与"骗取"是本罪的实行行为吗？

案1：甲原本是A快递公司的员工，由于B快递公司缺少派送快递的员工，就向A快递公司借调人员到B快递公司派送快递，甲就暂到B快递公司派送快递。甲在B快递公司派送快递时，将其负责派送的价值6000元的财物据为己有。

应该说，虽然甲是被暂时借调到B快递公司派送快递，根据"职责论"，还是应被认定为B快递公司的员工，其将自己基于职务或者业务占有下的财物占为己有，能够成立职务侵占罪。不过，考虑到甲所派送的是小型封缄物（不是冰箱彩电），根据"区分说"，甲将快递的内容物据为己有的，成立盗窃罪。

案2：甲是某市物资局下属国营仓库的主管人员，于1997年退休。1999年国营仓库改制成有限责任公司，注册资本500万；市物资局以国营仓库资产投资控股60%，甲与乙持股40%；经过股东大会选举，甲被选为公司的副总经理，市物资局人员担任总经理。2001年年初，公司在原国营仓库中发现物资局存在仓库中的50吨铝锭，甲将其出卖，得款60万元。2002年物资局发现有部分铝锭放在库房，便向甲索要，甲称以每吨1万元卖掉了，还给物资局50万元。

本案中，铝锭由物资局所有，原本放在国营仓库，后来放在改制后的公司，但不属于改制后的公司的财产。铝锭虽属于代为保管的财物，但根据

《刑法》第91条第2款的规定，这50吨铝锭可以认定为公司的财物，即本单位的财物，所以，对甲的行为可以认定为职务侵占罪，犯罪数额为铝锭的价值60万元。

案3：某网络服务公司的员工甲，私自将自己负责管理的公司游戏币、游戏装备等卖给玩家，获利百万元。

对于本案，如果认为虚拟财产是财物，甲的行为肯定成立职务侵占罪。如果认为虚拟财产不是财物，甲也是利用职务便利为玩家谋取利益，然后收受玩家给予的好处，至少也成立非国家工作人员受贿罪。不过，由于虚拟财产也具有财产的3个特征（价值性、转移可能性、管理可能性），所以也是财产犯罪的对象。本案中甲的行为成立职务侵占罪，犯罪数额就是其出售获利的数额。

案4：甲公司生产一种有名的牛肉，A、B两餐厅长期从甲公司购买该牛肉，并以该牛肉为招牌为甲公司做广告。甲公司常年以特惠价（仅为批发价的一半）向A、B两餐厅供应牛肉。甲公司销售经理乙以将牛肉卖给A、B餐厅为由，得到主管人员批准后，将牛肉从公司仓库拉出放入自己事先找好的冷库，再以通常价格销售给其他人，后又伪造与A、B餐厅的买卖牛肉合同，结算时按照特惠价交付公司货款。乙的行为导致甲公司损失几百万元。

本案中，乙实际上是利用职务上的便利，欺骗单位的主管人员，非法占有了本单位的财物。按照职务侵占罪行为方式包括"窃取""骗取"的传统错误观点，乙的行为成立职务侵占罪。但从法条规定看，职务侵占罪的行为方式应限于狭义的侵占行为。本案中，应该把牛肉认定为犯罪对象，只要乙欺骗公司主管人员，把牛肉拉出公司库房，就应该认为犯罪已经既遂。乙再去把牛肉卖给别人，这样的行为已经不是犯罪评价的对象了。归还批发价一半的货款给公司的行为可以说只是掩盖自己犯罪事实的行为。本案中，由于乙事先并不占有牛肉，其是通过欺骗主管人员将牛肉处分给他，所以成立诈骗罪。诈骗数额就是牛肉批发价的一半。

案5：某公司给员工买各种保险，其中包括养老保险。如果所买的养老保险越多，届时返还给员工的也就越多。公司每月给员工买500元的养老保险(由公司支付)。但是,公司的会计甲,只给员工买300元的养老保险,将10位员工每月剩下的200元变成购买自己的养老保险,于是,被告人每月购买了2500元的养老保险。

本案中,被告人作为会计事先基于职务占有了本单位的财物,其将单位给每位职工买保险的200元据为己有的行为,成立职务侵占罪(不考虑数额)。

虽然贪污罪条文明文规定行为方式除侵吞(侵占)外,还包括窃取、骗取等方式,但职务侵占罪条文只是规定"公司、企业或者其他单位的工作人员,利用职务上的便利,将本单位财物非法占为己有",并没有规定窃取、骗取等非侵占的行为方式。然而,我国刑法理论通说众口一词地认为除侵占外,职务侵占还包括窃取、骗取等方式,而且基本上是不加论证、想当然地得出这一结论。例如,刑法通说教科书认为,关于侵占单位财物的手段,法条上未作明确规定。职务侵占的手段包括多种:利用职务之便窃取财物;以涂改账目、伪造单据等方法骗取财物;因执行职务而经手财物,应上交的不上交,加以侵吞等。

看来,刑法理论通说之所以将职务侵占罪的行为方式做扩张解释,是顾及与贪污罪的协调。殊不知,这种解释反而导致了更大的不协调。未利用职务上的便利(如非本单位的人员)盗窃、诈骗公司、企业财物的,理所当然地适用盗窃罪、诈骗罪定罪处罚,最重可判处无期徒刑;而利用了职务上的便利(违法性与有责性更重)窃取、骗取原本不归自己占有的财物的,因为具有单位人员这种"护身符",就可以享受职务侵占罪的"优待"?虽然《刑法修正案(十一)》将职务侵占罪的法定刑提高到无期徒刑而与盗窃、诈骗罪持平,但根据2016年最高人民法院、最高人民检察院《关于办理贪污贿赂刑事案件适用法律若干问题的解释》的规定,6万元以上为职务侵占的"数额较大"、100万元以上为职务侵占的"数额巨大",导致职务侵占罪的定罪数额起点和量刑标准远远高于盗窃、诈骗罪。

1997年全面修订《刑法》时只是将贪污罪从原来的"侵犯财产罪"一章移到新设立的"贪污贿赂罪"一章,而对于条文的表述几乎没有变化。本来,贪污罪应属于一种业务侵占犯罪和公务侵占犯罪。日本刑法将公务员的贪污犯罪行为作为业务侵占罪定罪处罚。而我国台湾地区在业务侵占罪之外,专门规定了公务侵占罪(第 336 条第 1 项),法定刑高于业务侵占罪。我国台湾地区学者认为,公务侵占罪的主体是公务员,客观上表现为具有公务员身份的行为人将因执行公务而持有之物加以侵占。我们可以大胆地猜测,现行《刑法》之所以仍然规定贪污罪行为方式包括窃取、骗取,是由于立法者没有正确把握夺取罪(占有转移罪)与侵占罪(非占有转移罪)之间的区别所致。但是,“解释者与其在得出非正义的解释结论后批判刑法,不如合理运用解释方法得出正义的解释结论;与其怀疑刑法规范本身,不如怀疑自己的解释能力与解释结论”。

本书认为,《刑法》第 382 条关于贪污罪行为方式之所以规定除侵占外,还包括窃取、骗取等利用职务上的便利侵害公共财物的行为,是为了加强对公共财物的保护。窃取、骗取普通财物的适用盗窃罪、诈骗罪,最高只能判处无期徒刑;而适用贪污罪定罪处罚,则最高可判处死刑。事实上,现行《刑法》对公共财物进行特别保护的条款随处可见,尤其是“妨害对公司、企业的管理秩序罪”一节,有很多是专为保护国有财产而设的,如非法经营同类营业罪,为亲友非法牟利罪,签订、履行合同失职被骗罪等。况且,利用职务上的便利窃取、骗取公共财物的行为,不仅针对的对象是公共财物,而且行为本身还具有渎职的性质,因此,相对于非利用职务上的便利窃取公共财物而言,违法性与有责性要重。立法者正是出于这种考虑,明知国家工作人员利用职务上的便利窃取、骗取公共财物,不属于狭义的易占有为所有的侵占行为,但考虑到对象是公共财物,主体是国家工作人员,行为具有渎职性,违法性与有责性并不轻于公务侵占(甚至更重),为实现罪刑相适应,而在狭义公务侵占外,将窃取、骗取这类夺取罪的行为方式纳入贪污罪范畴。一方面,这出于所谓协调性考虑而向贪污罪看齐;另一方面,可能受到《刑法》第 271 条第 2 款的规定“鼓舞”所致。该款规定:“国有公司、企业或者其他国有单位中从事公务的人员和国有公司、企业或者其他国有单位委派到非国有公司、企业以及其他单位从事公务的人员有前款行为的,依照本法第三百八十二条、第三百八十三条的规定定罪处罚。”其实,该款规定只是注意规定,国有公司、企业或者其他国有单位中从事公务的人员利用职务上的便利,将本单位财物非法占为己有的,原本就符合贪污罪的构成要件。因此该款规定并不能成为职务侵占罪行为方式包括窃取、骗取的论据。

此外,职务侵占罪紧随侵占罪之后,而且法定刑重于侵占罪,我们有理由认为,职务侵占罪条文其实规定的是一种业务侵占罪,行为方式为将基于业务上占有的财物变为自己所有。“利用职务上的便利”的含义就是基于业务而占有。

综上,职务侵占罪是一种业务侵占罪,客观方面表现为将自己基于职务或者业务占有下的本单位财物据为己有或者使第三者所有的行为,除非《刑法》有特殊规定(如第183条第1款)。公司、企业或者其他单位的人员窃取、骗取事先不属于自己占有下的本单位财物,不成立职务侵占罪,而是成立盗窃、诈骗罪。职务侵占罪所保护的是本单位的财产,本质是一种背信行为,是单位职员将基于职务或者业务占有下的本单位财物据为己有,从而侵害了本单位的财产,单位成为本罪的被害人。

2. 何谓“利用职务上的便利”? 应否区分所谓职务之便与工作之便?

应该说,《刑法》多个条文中的“利用职务上的便利”的含义具有相对性。就职务侵占罪而言,所谓“利用职务上的便利”,并非指占为己有或者据为己有的行为本身利用了职务上的便利,将单位的财物拿回家并不需要利用职务上的便利,而是指所据为己有的财物是基于行为人的职务或者业务事先所占有的本单位的财物。其中的“占有”,是指事实上的占有,与作为夺取罪典型的盗窃罪对象的事实上的占有含义相同。质言之,职务侵占罪中的所谓“利用职务上的便利”,就是强调所侵占的对象事先在行为人的占有支配之下。若非行为人的占有支配之下,则只能成立作为转移占有的盗窃、诈骗罪等夺取罪。

职务侵占罪在本质上是一种业务侵占罪,是将自己基于职务或者业务所占有下的本单位财物据为己有的行为。本书按照主体将职务侵占罪大致分为银行人员型、公司人员型、工厂人员型、保安人员型等几种类型进行分析。

第一,银行人员型。

银行人员因为整天与钱打交道,难免“见钱眼开”、中饱私囊。对于银行人员型犯罪,认定职务侵占罪成立与否的关键在于,所侵害的财产是归属于客户还是银行所有,即是否属于行为人占有或者主管、控制、支配下的财物,若属于行为人占有或者主管、控制、支配下的属于银行所有的钱款，构成职务侵占罪，否则成立盗窃、诈骗罪等夺取罪。

案6：被告人潘某某是福建省泉州市商业银行股份有限公司（以下简称“泉州市商业银行”）的储蓄会计，在任职期间从其操作的电脑中发现，储户李某一本账号为22－265×××无加密码的活期存折，有存款256600元，且该存折自1998年2月未曾动用过，遂产生伺机冒领用于购房之念。1999年7月，被告人潘某某利用泉州市商业银行发行“海峡储蓄卡”之机，于同月10日中午，乘同事不在之时，从电脑中调出李某的存折，擅自加密，密码为246810；次日，被告人潘某某用他人代填的办卡申请表，在偷盖出纳的私章和业务章后，私自在电脑中办理了一张卡号为683×××的李某存折的海峡储蓄卡。之后，被告人潘某某持该卡到泉州市商业银行的另一支行取款时被告知应先换存折方可取款。同月19日上午，被告人潘某某乘无人之机，再次进入电脑，通过操作程序，对李某的存折进行更换，将原账号为22－265×××的旧存折更改为21－734×××的新存折。从1999年7月21日至同年10月6日，被告人潘某某先后到泉州市商业银行南俊巷支行、临江支行以及在其所在营业厅，采用5次持卡取款、2次私填取款凭证而后偷盖出纳私章和业务章并擅自提取现金的手段，共7次冒领李某存款计256600元。后案发。福建省泉州市鲤城区人民法院认为：被告人潘某某为泉州市商业银行的职工，主观上具有非法占有的目的；客观上实施了利用职务上的便利，冒用储户名义，采用骗取的手段，侵占其经营的本单位钱财人民币256600元的行为，且数额巨大；其行为侵犯了所在单位财物的所有权，符合职务侵占罪的主、客观要件，构成职务侵占罪。一审法院以职务侵占罪判处被告人潘某某7年有期徒刑。福建省泉州市中级人民法院二审认为：上诉人潘某某身为泉州市商业银行的职工，利用职务之便，冒用储户名义，采用盗窃、骗取的手段，侵占本单位钱财人民币256600元，其行为已构成职务侵占罪。因此，驳回上诉，维持原判。①

① 参见福建省泉州市中级人民法院（2000）泉刑终字第426号刑事裁定书。

本书认为,上述两级法院的判决存在疑问:其一,被告人并没有事先占有或者控制、支配着涉案钱款,涉案存款属于储户李某占有和所有,而不属于本单位财物。其二,虽然被告人利用了身为储蓄会计容易进入银行电脑系统的便利条件,但这种便利条件并非占有本单位财物的便利条件,而是方便作案的条件。而成立职务侵占罪的职务之便,必须是利用已经占有或者控制、支配财物的便利条件。其三,一审法院认为是“骗取”,二审法院认定系“盗窃、骗取”,这至少说明两级法院均意识到不属于侵吞;既然不属于侵吞,认定为职务侵占罪就会导致罪刑不均衡。其四,不应将刑事责任与民事赔偿责任相混淆。固然从民事上看,被告人所在的银行会承担对于储户李某的赔偿责任,但从银行承担赔偿责任的事实本身,正好说明遭受损害的直接受害人不是银行,而是储户,行为人犯罪行为所获得的财产不是本单位财物,而是储户的财物。因此本书认为,本案被告人伪造他人存折、冒领他人存款,应成立金融凭证诈骗罪。

案7:被告人吴某任徐州农业银行鼓楼办事处朱庄营业所(以下简称“朱庄营业所”)储蓄员期间,掌握了储户权某在朱庄营业所的存折密码。1999年5月29日,被告人吴某在工作的柜台窃得了一个旧存折,其填上了权某的姓名和账号,又通过微机查出权某的存款余额并填写在存折上。而后,被告人吴某于1999年5月30日持该存折在徐州农业银行奎北储蓄所冒领权某存款26000元。次日,又以同样的方法在其他多个储蓄所冒领权某存款计168000元。徐州市泉山区人民法院认为:本案从主体看,被告人吴某虽系全民所有制企业银行的职工,是合同制工人,但不具有管理职权,也不具有国家工作人员身份,其从事的工作是劳务性的。从侵犯的客体来看,被告人吴某所侵犯的不是他人财产所有权和国家的金融票据管理制度,因为储户一旦将钱存入银行,银行就负有保管责任,如果该款项被人冒领后,银行就必须全额赔偿,而事实上,被告人吴某所在的朱庄营业所已将被吴某冒领的存款全部赔偿,因此其侵犯的是本单位的财产所有权和单位的管理制度。在客观方面,被告人吴某从秘密窃取本单位的存折,到掌握权某的账号、密码及通过微机查得存款的余额,然后填写存折的内容,这一系列的行为均利用的是其作为储蓄员的便利条件。因此,被告人的行为符合职务侵占罪的全部构成要件。法院以职务侵占罪判处被告人吴某6年有期徒刑。①

本书认为,上述判决是错误的。首先,不能以被告人属于全民所有制企业银行的合同制工人为由,认为其不具有管理职权,其所从事的工作具有劳务性,得出不具有国家工作人员身份的结论。这种身份论是早已被抛弃的观点。是否具有管理权限,是否管理、经营、经手公共财物,与其是合同制工人还是有正式编制的所谓体制内职工,是否从事的是劳务,根本没有关系。是不是贪污罪的主体,关键是看实际是否履行管理、经营、经手公共财物的职责。本案被告人既然是储蓄员,当然从事的是管理、经营、经手公共财物的职责。所以,不能否定本案被告人符合贪污罪的主体条件。其次,被告人掌握密码、窃得存折、查询余额,利用的并不是主管、管理、经营、经手公共财物的便利条件,不具有储蓄员的身份的其他人也能完成这些行为。最后,行为人获得的财物系储户的财物,而不是储蓄所的财物,不能根据储蓄所赔偿了储户损害的事实,得出行为人侵害的是本单位财物的结论。而且,认为"储户一旦将钱存入银行,银行就负有保管责任,如果该款项被人冒领后,银行就必须全额赔偿",这种说法也很牵强。因此,本书认为,本案被告人伪造存折后冒领他人存款的行为,应成立金融凭证诈骗罪。

第二,公司人员型。

该类人员的行为是否成立职务侵占罪,关键还是在于行为人是否事先已经占有、控制、支配着本单位财物。

案8:2005年4月起,童某、葛某串通江苏京沪高速公路某收费站收费员张某、胡某及个体运输业主刘某等人,合谋利用张某、胡某的职务便利,调换通行卡偷逃道路通行费(也称"过路费")。童某、葛某、刘某上高速公路服务区守候,游说过往车辆调换IC卡(通常是长途换短途或以大车换小车),以达到偷逃过路费的目的。半年时间内,上述犯罪嫌疑人换卡140余次,偷逃过路费共计36万余元。车主按照其偷逃费用的约三分之一付童某等人"手续费"10万余元钱款。关于本案的定性,存在诈骗罪说,诈骗罪和

① 参见江苏省徐州市泉山区人民法院(1999)泉刑初字第278号刑事判决书。

公司、企业人员受贿罪说以及职务侵占罪说的分歧。

本书认为,本案应定职务侵占罪。首先,过往车辆司机并非受骗者、受害者,而是受益者,收费员也没有陷入认识错误,因此,不符合诈骗罪的构造,不成立诈骗罪。其次,区分职务侵占罪与受贿犯罪,关键在于财物的归属。若财产本应由单位取得,而以"贿赂"形式呈现,应成立职务侵占罪而不是受贿犯罪。本案中收费员所收受的"贿赂",实质是本应由单位收取的过路费,因而,应成立职务侵占罪。最后,收费员利用收费的便利,明知应按长途车和大车收费,而仅收取短途车和小车的费用,伙同他人将本应由单位所得的过路费占为己有,符合职务侵占罪构成要件,成立职务侵占罪。

案9:2004年10月5日,恒泰众合公司股东、市场部经理兼出纳马某使用恒泰众合公司法定代表人孙某的身份证,私自以孙某的名义在北京市朝阳区中国农业银行亚运村支行办理了一张中国农业银行金穗卡。同年10月8日,马某利用电话转账的方式,将恒泰众合公司存在孙某名下的中国农业银行卡内的人民币17万元,划入马某私自办理的中国农业银行金穗卡内,后将款取出存入户名为马某的中国建设银行储蓄卡内。对于该案,北京市朝阳区人民法院一审认定为盗窃罪。北京市第二中级人民法院二审认为,马某是恒泰众和公司股东,在本公司主管销售和兼任出纳,其支取公司人民币17万元的行为属于职务行为,因而二审改判为职务侵占罪。①

本书认为,一审认定盗窃罪正确,二审改判错误。原因如下:其一,公司钱款存在法定代表人孙某名下,显然不属于被告人马某占有下的财物。其二,虽然被告人是股东,在公司主管销售和兼任出纳,但对于并非属于其占有下的公司钱款以电话转账的形式转入自己私自办理的银行卡中,不应评价为职务行为,而属于盗划单位存款,应成立盗窃罪。

案10:被告人宋某在被害人宋某馥的赣州市四方来副食品商行打工,利用搬运发货的工作便利,趁人不备或采取欺骗方法,先后6次私自从该商行店面及仓库内提走财物,价值人民币5780元。江西省赣州市章贡区人民

---

① 参见北京市第二中级人民法院(2006)二中刑终字第263号刑事判决书。

法院认为,被告人宋某利用职务便利侵占本单位财物,构成侵占罪;由于被告人宋某是在个体商行打工,不符合职务侵占罪主体条件;被告人宋某犯侵占罪,判处有期徒刑8个月。[①]

本案中。宋某只是在他人的副食品商行打工,并未基于职务或者业务事先占有商行的财物。其所谓"利用搬运发货的工作便利,趁人不备或采取欺骗方法,先后6次私自从该商行店面及仓库内提走财物,价值人民币5780元",并非"利用职务上的便利",而是利用"工作之便",故应成立盗窃罪。

第三,工厂人员型。

厂长、车间主任管理、控制、支配着工厂财物,其利用职务之便出售本厂财物占为己有,构成职务侵占罪或者贪污罪,这没有什么疑问。但对于车间工人,如流水线的工人,将自己"过手"的财物非法占为己有,是成立职务侵占罪还是盗窃罪,存在争议。本书认为,由于车间有车间主任,整个工厂有厂长,出工厂大门还要经过门卫盘查,故原则上应该认为车间工人不过是车间财物的占有辅助者,即便工作期间财物握在手中,也不宜认为财物归其占有,因此,车间工人将工厂财物占为己有的,原则上应该成立盗窃罪。

案11:某公司生产线上职工方某利用当班之机,在长达1个月的时间里几乎每天窃取生产线上的铜质半成品若干,并藏于衣兜内,于下班时窃离公司。然后,以废铜价格销赃。经查,方某的职责是对流经其岗位的半成品按规定的工艺予以加工,然后将加工完毕的半成品经流水线移交下道工序。关于本案的定性,有盗窃罪,掩饰、隐瞒犯罪所得收益罪,以及属于职务侵占但未达数额较大故不构成犯罪的意见分歧。

本书认为,本案不成立职务侵占罪,而应构成盗窃罪。虽然流水线工人事实上握有单位财物,但因为车间还有车间主任等上位监视者,而且门卫对于走出单位大门的人还会进行盘查,故流水线上的工人对其"过手"的财物,不过是占有辅助者,没有基于业务而占有本单位财物,故不属于职务侵占罪,而应成立盗

① 参见江西省赣州市章贡区人民法院(1999)章刑初字第128号刑事判决书。

窃罪。

第四,保安人员型。

关于保安利用自己当班之机将看守的单位财物非法占为己有的定性,理论与实践中主要有职务侵占罪与盗窃罪的分歧。本书认为,单位保安只不过是单位财物的监视占有者,不属于单位财物的占有者,其利用看守的便利将单位财物非法占为己有的,应成立盗窃罪,而不是职务侵占罪。

案12:被告人刘某原系湖南德力电力公司员工,负责保卫、巡逻和看管公司施工用的电缆线。2010年5月26日,被告人刘某利用看管施工电缆线的职务之便,趁公司工作人员检查线路和吃饭之机,将电缆线偷运到废品收购站,销赃得4000元。海南省洋浦开发区人民法院认为:被告人刘某以非法占有为目的,利用职务便利,采取窃取、侵吞等手段,将本单位保管和使用中的电缆线变卖后,将所得款项非法据为己有,数额较大,已构成职务侵占罪。法院对被告人刘某以职务侵占罪,判处有期徒刑6个月。

本书认为,上述定性为职务侵占罪的判决是错误的。在社会一般观念上,保安履行的只是财物的监视者的角色,财物归单位的上位主管人员占有。保安利用看守便利,将他人占有下的财物占为己有,应成立盗窃罪,而不是职务侵占罪。

案13:任某系石家庄市保安服务公司派往某钢铁公司驻勤的保安。2005年12月20日零点左右,其伙同在其他公司驻勤的保安张某、翟某,在其当班之机,将钢铁公司价值5.2万余元人民币的6台异步电动机装在汽车上偷出。

关于该案的定性,存在职务侵占罪与盗窃罪的分歧。职务侵占罪说的理由为:第一,犯罪嫌疑人张某、翟某、任某实施犯罪时明显利用了任某的职务便利;第二,犯罪嫌疑人张某、翟某、任某非法占有的任某驻勤单位的财物应当视为任某本单位财物。

本书认为,上述保安的行为应定性为盗窃罪,而不是职务侵占罪。按照社会的一般观念,其所看守的财物归单位主管人员占有,其不过是单位财物的监视者。保安将看守下的财物占为己有,是通过侵害他人占有的方式取得财物,故应成立盗窃罪。

综上,职务侵占罪中的“利用职务上的便利”的含义,就是行为人将自己基于职务或者业务所占有下的本单位财物据为己有。职务侵占罪与盗窃、诈骗罪的区别就在于财物占有的归属不同。针对自己事先占有下的财物,只能成立职务侵占罪,侵害他人占有下的财物,只能成立盗窃、诈骗罪。

3. 一人公司、合伙企业、个体工商户是不是职务侵占罪中“公司、企业、其他单位”?

2008年6月17日最高人民法院研究室《关于对通过虚假验资骗取工商营业执照的“三无”企业能否成为职务侵占罪客体问题征求意见的复函》指出,私营、独资等公司、企业、事业单位只有具有法人资格才属于我国刑法中所指的单位,其财产权才能成为职务侵占罪的客体。刑法理论与实务一般也认为,个体工商户和合伙企业所雇佣的人员不属于职务侵占罪的主体。

应该说,认为职务侵占罪中的“公司、企业或者其他单位”必须具有法人资格的观点存在疑问:(1)职务侵占罪条文中规定的是“公司、企业或者其他单位的工作人员”,就算否认个体工商户和合伙企业属于公司、企业,也不可否认属于“其他单位”。立法者之所以使用“其他单位”这一模糊的概念,就是为了将各种形式的组织纳入职务侵占罪的保护之下。(2)若否认这类单位的人员属于职务侵占罪的主体,将直接导致对这类单位财产的歧视性保护(只能适用法定刑较低的侵占罪)。(3)违背立法者在侵占罪之外设立职务侵占罪,旨在严惩业务上占有财物者的侵占行为的初衷。(4)即使是一人公司,其财产权也值得刑法保护,一人公司的雇员将基于职务或者业务占有下的公司财产据为己有的,也成立职务侵占罪。(5)只是考虑到职务侵占罪所保护的就是本单位的财产,而一人公司的股东和个体工商户的老板是单位财产的实际所有人,所以其不能成为职务侵占罪的犯罪主体。(6)对于实际上的一人公司,即名义上存在多个股东,但实际出资人和股东只有一个人,其他股东均为挂名的,实际独有出资人也不是职务侵占罪的主体。

4. 利用职务上的便利承揽原本应由单位承揽的业务,构成职务侵占罪吗?

职务侵占罪中的利用职务上的便利,是指行为人利用自己基于职务或者业务占有了本单位财物的状态。所以,职务侵占罪的对象必须是单位现存的财物和确定的收益。行为人利用职务上的便利将原本应由单位承揽的业务改为自己承揽,然后利用业余时间完成的,由于并没有侵占单位现存的财物和确定的收益,所以不能成立职务侵占罪。当然,单位的业务员收回单位的应收款不上交而是据为己有的,由于是单位确定的收益,当然成立职务侵占罪。

5. 通说认为职务侵占罪需要具有非法占有目的,对吗?

我国刑法理论通说认为,成立职务侵占罪需要行为人主观上具有非法占有目的。应该说,这种说法存在疑问。因为职务侵占罪与侵占罪、贪污罪中的“侵吞”一样,其对象事先就在行为人的占有支配之下。职务侵占罪是将自己事先基于职务或者业务占有下的本单位财物据为己有或者使第三者所有。所以,准确地讲,不是“非法占有目的”,而是“不法所有的目的”。

第二节 挪用资金罪

·导 读·

挪用资金罪,是指公司、企业或者其他单位的工作人员,利用职务上的便利,挪用本单位资金归个人使用或者借贷给他人使用,数额较大,超过3个月未还的,或者虽未超过3个月,但数额较大、进行营利活动的,或者进行非法活动的行为。该罪的构成要件为,公司、企业或者其他单位的工作人员,利用职务上的便利,挪用本单位资金归个人使用或者借贷给他人使用。本罪所侵犯的法益是单位资金的占有、使用、收益权。

挪用资金罪的实行行为只有“挪”,而不是“挪+使用”。挪出资金就既遂。使用行为另外构成犯罪的，应当与挪用资金罪数罪并罚。“挪用资金归个人使用”的本质，就是违背单位意志，将自己基于职务或者业务占有下的单位资金挪为自己控制支配，改变了单位资金的占有支配使用状态。应当根据挪出资金的实际用途，认定行为类型。“挪用资金三个月未还”，是犯罪成立的条件，不是犯罪既遂的条件。挪用资金罪与职务侵占罪构成要件之间不是对立关系，而是包容竞合关系。挪用资金罪中的“资金”必须是单位现存的资金。不能认为成立挪用资金罪“主观上不得具有非法占有目的”。在是否具有非法占有目的难以查明时，至少可以认定成立挪用资金罪。长时间只挪不还，或者挪出资金用于个人挥霍的，应当认定为职务侵占罪。

条　文

第二百七十二条　【挪用资金罪】公司、企业或者其他单位的工作人员，利用职务上的便利，挪用本单位资金归个人使用或者借贷给他人，数额较大、超过三个月未还的，或者虽未超过三个月，但数额较大、进行营利活动的，或者进行非法活动的，处三年以下有期徒刑或者拘役；挪用本单位资金数额巨大的，处三年以上七年以下有期徒刑；数额特别巨大的，处七年以上有期徒刑。

国有公司、企业或者其他国有单位中从事公务的人员和国有公司、企业或者其他国有单位委派到非国有公司、企业以及其他单位从事公务的人员有前款行为的，依照本法第三百八十四条的规定定罪处罚。

有第一款行为，在提起公诉前将挪用的资金退还的，可以从轻或者减轻处罚。其中，犯罪较轻的，可以减轻或者免除处罚。

实务疑难问题

1. 挪用资金罪的本质是什么？“挪而未用”的，构成挪用资金罪吗？

案1：出纳甲将单位保险柜的60万元现金拿回家放了5个月，没有使用。

应该说,本案中甲将单位资金60万元拿回家,即便没有使用,也是违背单位意志将单位资金置于个人的占有支配之下,侵害了挪用资金罪所保护的法益,因此成立挪用资金罪,而且是犯罪既遂。

挪用资金罪所保护的法益是单位资金的占有、使用、收益权。挪用资金罪中所谓“利用职务上的便利”,旨在强调所挪用的资金事先在行为人基于职务或者业务占有支配之下。挪用资金罪的本质,是行为人违背单位的意志,将其原本基于职务或者业务占有支配下的单位资金置于个人的支配之下,改变了单位资金的占有支配使用状态。挪用资金罪的实行行为是“挪”,而不是“挪+使用”。将资金从单位挪出,犯罪行为就已既遂,进而使用另行构成犯罪的,如用于赌博、走私、购买假币、贩卖毒品,应当与挪用资金罪数罪并罚。所谓“挪而未用”,超过3个月未还的,也成立挪用资金罪。

2.何谓“挪用资金归个人使用”?“个人”就是自然人吗?

案2:时任北京市通州区宋庄镇邢各庄村党支部书记的李某,个人决定将该村集体资金15万元借给马某。一审、二审法院均认为:虽然李某将借款之事告诉了多数村党支部、村委会成员,且没有表示反对,但根据《通州区村级组织规范化管理工作实施细则(试行)》的规定,大额费用支出要首先经两委联席会议研究,再由村民会议或村民代表会议讨论决定,日常财务开支数额较大的,须经村财务管理领导小组集体研究后方可支出。李某出借15万元未履行上述程序,属于个人擅自决定,不属于集体决定。因而,李某的行为成立挪用资金罪。

应该说,既然“李某将借款之事告诉了多数村党支部、村委会成员,且没有表示反对”,说明李某挪用资金的行为并未违背单位意志,也没有证据表明其挪用资金是为了谋取个人利益,所以不应认为其是挪用资金归个人使用,不构成挪用资金罪。

挪用资金罪条文中的“借贷给他人”,其实也是挪用资金归个人使用。不能说《刑法》第384条挪用公款罪中仅规定了“挪用公款归个人使用”,而没有规定“借贷给他人”,就得出挪用公款借贷给他人,就不属于“挪用公款归个人使用”

而不构成挪用公款罪的结论。应该说，所谓“挪用资金归个人使用”，其本质就是行为人违背单位意志，将原本由其基于职务或者业务占有支配下的单位资金变为自己的占有支配之下，擅自改变了单位资金的占有支配使用状态。因此，挪用资金后是否使用，给谁使用，是给自然人使用还是单位使用，是给非国有单位使用还是国有单位使用，都侵害了单位资金的占有、使用、收益权，都改变了单位资金的占有支配使用状态，因而从法益保护主义观点看，都属于“挪用资金归个人使用”，都构成挪用资金罪。对此还有专门的司法解释和立法解释对“归个人使用”是否包括归其他单位使用作出明确。2002 年全国人大常委会《关于〈中华人民共和国刑法〉第三百八十四条第一款的解释》规定：“有下列情形之一的，属于‘挪用公款归个人使用’：(一)将公款供本人、亲友或者其他自然人使用的；(二)以个人名义将公款供其他单位使用的；(三)个人决定以单位名义将公款供其他单位使用，谋取个人利益的。”应该说，之所以出台解释对“归个人使用”中的“个人”，是否包括单位进行明确，就是因为实务中很多人不清楚“挪用资金(公款)归个人使用”的本质，不明了立法目的，未从法益保护主义角度思考问题。

3. 本打算挪用资金炒股但实际用于购买自住房的，如何处理？

《刑法》第 272 条第 1 款根据用途的不同设置了不同的犯罪成立的条件。理论上认为，不同的用途意味着单位资金丧失的危险性不同，或者说归还资金的可能性大小存在差异。用于非法活动的，资金会被没收，风险最大，所以条文规定这种情形没有数额和挪用时间的要求(实际还是要求一定的数额)。用于营利活动的，因为投资有风险，所以有数额较大的要求，但没有挪用时间的要求。非法活动和营利活动之外的其他活动，如用于购买自住房，一般认为风险最小，所以成立犯罪既有数额的要求，也有挪用时间的要求。

刑法条文按用途规定了 3 种行为类型，即进行非法活动、营利活动和其他活动(理论上习惯称谓)。问题是，这 3 种用途是按行为的客观用途判断还是按行为人的主观想法判断？或者说，是否要求行为人使用了资金？应该说，对于进行非法活动、进行营利活动的，必须按照客观事实进行判断。比如，行为人原本打算挪用资金进行赌博,挪出资金后实际用于炒股的,应评价为挪用资金进行营利活动,要求数额较大。又如,行为人原本打算挪用资金用于非法活动或者营利活动,但实际没有使用,或者实际用于购买自住房的,应当认定为挪用资金进行其他活动,要求数额较大和挪用时间超过3个月。或者反过来,原本打算挪用资金购买自住房的,挪出后发现股市行情不错,将资金用于炒股的,应认定为挪用资金进行营利活动;原本打算挪用资金进行炒股的,挪出后发现赌博来钱快,将资金用于赌博的,应认定为挪用资金进行非法活动。

总之,如果挪出资金时的想法与后来的用途不一样的,要按照后来的实际用途来认定,实际未用的,认定为挪用资金进行其他活动。

4. 挪用资金购买自住房2个月就案发的,是不成立犯罪,还是犯罪未遂?

挪用资金罪条文规定,挪用资金用于非法活动和营利活动以外的活动即其他活动的,要求"超过3个月未还"。如果行为人挪用资金用于购买自住房,原本打算6个月后归还,结果挪用资金2个月就案发的,是不成立挪用资金罪还是成立挪用资金罪的未遂?应该说,就挪用资金进行其他活动而言,虽然从理论上讲挪出资金就已经犯罪既遂,但立法者认为挪用时间没有超过3个月,或者说挪用资金3个月内就归还的,不值得科处刑罚。从这个意义上讲,可以将"超过3个月未还"看作是犯罪成立的条件。其实我国刑法中犯罪既遂和犯罪成立的条件不一致的,并非个别现象。例如,虽然从理论上讲,骗取了贷款就既遂,但如果没有实际给金融机构造成重大损失,就还不值得科处刑罚。所以骗取贷款罪中的"造成重大损失"可谓犯罪成立的条件。所以,挪用资金用于购买自住房,2个月就案发的,不是成立挪用资金罪的未遂,而是不成立挪用资金罪。

5. 挪用资金罪与职务侵占罪构成要件之间是对立关系吗?

案3:被告人是某区人民医院住院部财务科收费员,其于2002年12月至2005年3月间,采取预交款收据不交财务结账、抽单少交现金等方式挪用公款326473.63元归个人使用,至今未还。一审法院认定构成挪用公款罪,二审法院改判为挪用资金罪。

本案中,被告人在两年多时间内只挪不还,有理由认为,行为人一开始就具有非法占有目的,应当认定为职务侵占罪或者贪污罪,而不应认定为挪用资金罪。

案4:丁某是某医药公司福建市场营销主管、驻福建办事处副主任,其于1997年6月至1999年5月,利用负责为公司销售孕宝等保健品、回笼货款的职务之便,采用收款不入账的方式,截留货款达285657.8元,全部用于个人挥霍。其中除26000元于1999年3月交回公司外,余款259657.8元至今未退还给公司。对此犯罪事实,法院认定成立挪用资金罪。

既然丁某在近两年时间内"采用收款不入账的方式,截留货款达285657.8元,全部用于个人挥霍。其中除26000元于1999年3月交回公司外,余款259657.8元至今未退还给公司",就可以认为丁某一开始就具有非法占有目的,应当认定为职务侵占罪。

应该说,还是有不少人主张犯罪构成要件之间是对立排斥关系的"互斥论"。但"互斥论"存在事实难以查明、认识错误、共犯过剩时会形成处罚漏洞等问题。我国刑法理论通说习惯于认为,成立职务侵占罪要求具有非法占有目的,而挪用资金罪不具有非法占有目的,而是具有归还的意图,因而职务侵占罪与挪用资金罪构成要件之间是一种对立排斥的关系。其实应当认为,成立职务侵占罪需要主观上具有非法占有目的,而成立挪用资金罪不要求具有非法占有目的,当具有非法占有目的或者说不具有归还意图时成立职务侵占罪。二罪之间是一种包括竞合关系。只要行为人挪出了资金,不管是否具有非法占有目的,或者说是否打算归还,就至少成立挪用资金罪,但进一步查明行为人具有非法占有目的时,则成立职务侵占罪。而且,所谓非法占有目的,也不要求具有永久性地剥夺他人财产的意图。只要挪用资金的行为严重妨碍了他人对于资金的利用,或者挪用较长时间不归还的,不管是主观上不想还,还是客观上不能还,都可以认为行为人具有非法占有目的,而成立职务侵占罪。只是考虑到不能查明行为人挪出资金时就具有非法占有目的,挪出后不归还时行为人又未进一步实施将基于职务或者业务占有下的资金转移为自己所有的行为,而不能认定存在"易占有为所有"的职务侵占行为,只能认定为挪用资金罪罢了。

6. 挪用资金罪中的“资金”，必须是单位现存的资金吗？

案5：刘某承包了彩票投注站，希望中大奖，其以不缴纳投注金的手段，从其经营的彩票投注机上一次性打出总金额556920元的15张彩票。可惜仅中奖8320元。后被福利彩票主管部门及时发觉，刘某被迫打下欠彩票款557048元的字据。刘某因无力支付巨额彩票投注金，打下欠条两天后企图逃匿，后被抓获。对于本案，检察院以合同诈骗罪起诉，一审法院认定构成挪用资金罪，二审法院维持原判。

本案中，刘某并没有将单位现存的556920元的资金挪出自己使用，其只是在没有交付投注金的情况下打出了彩票自己使用，其行为是将其基于职务或者业务占有下的本单位财物据为己有，应成立职务侵占罪，而不是挪用资金罪。

案6：一民营房地产公司的负责人甲个人欠乙500万元，一直没有还，乙不断地催促，但甲一直没有钱归还。于是，甲就建议乙购买本单位的一套住房，金额刚好也是500万元，乙不需要再交付购房款了。乙同意后，甲让公司将一套房子交付给了乙，由甲负责付款。公司的财务账上显示的是甲欠公司500万元。

本案中，甲并没有将公司现存的500万元现金挪出来自己使用，所以不应成立挪用资金罪。

挪用资金罪中的“资金”必须是单位现存的资金。也就是说，必须是行为人将自己基于职务或者业务占有支配下的单位现存的资金挪出来自己支配使用，才能成立挪用资金罪。

7. 受委托管理经营国有财产的非国家工作人员挪用国有资金的，如何处理？

如果认为《刑法》第382条第2款关于受委托管理经营国有财产的人员侵吞、窃取、骗取国有财物定贪污罪的规定是法律拟制，则这类人员挪用国有资金的，就是成立挪用资金罪，而不是挪用公款罪。应该说，所谓“身份论”“血统论”

不具有合理性，“职务论”或者“职责论”才具有合理性，只要行为人实际上履行的是国家工作人员的职责，从事的是管理国有财物的公务，就应认为其是国家工作人员，其挪用国有资金的，应当成立挪用公款罪，而不是挪用资金罪。

8. 提起公诉前退还挪用资金从宽处罚规定，能否类推适用于挪用公款罪？

《刑法》第 272 条第 3 款规定："有第一款行为，在提起公诉前将挪用的资金退还的，可以从轻或者减轻处罚。其中，犯罪较轻的，可以减轻或者免除处罚。"该规定显然是有利于被告人的规定。刑法并不禁止类推解释和类推适用，禁止的只是不利于被告人的类推解释和类推适用。既然该款规定是有利于被告人的，就可以类推适用于挪用公款罪，即国家工作人员在提供公诉前将挪用的公款退还的，可以从轻或者减轻处罚，其中，犯罪较轻的，可以减轻或者免除处罚。

第三节　挪用特定款物罪

·导　读·

挪用特定款物罪，是指将专用于救灾、抢险、防汛、优抚、扶贫、移民、救济款物挪作其他公用，情节严重，致使国家和人民群众利益遭受重大损害的行为。本罪的挪用，是指有关单位和个人改变专用款物用途，如将扶贫资金用于给本单位职工建宿舍。本罪侵害的只是专款（物）专用的财经纪律。这是本罪法定刑轻于挪用资金、公款罪的原因之所在。若将特定款物挪归个人使用，则成立挪用资金、公款罪。

条　文

第二百七十三条　【挪用特定款物罪】挪用用于救灾、抢险、防汛、优抚、扶贫、移民、救济款物，情节严重，致使国家和人民群众利益遭受重大损害的，对直接责任人员，处三年以下有期徒刑或者拘役；情节特别严重的，处三年以上七年以下有期徒刑。

实务疑难问题

为何挪用特定款物罪的法定刑远低于挪用资金、公款罪？

挪用特定款物罪的法定最高刑只有 7 年有期徒刑，而挪用资金罪的法定最高刑为 15 年有期徒刑，挪用公款罪的法定最高刑为无期徒刑。从理论上讲，挪用用于救灾、抢险、防汛、优抚、扶贫、移民、救济款物等特定款物的危害性更大，可为何挪用特定款物罪的法定刑反而轻于挪用资金罪和挪用公款罪呢？应该说，本罪的挪用，是指由有关单位和个人改变专用款物的用途，如将扶贫资金用于给本单位建办公大楼，或者给本单位职工建宿舍楼。本罪所保护的法益，是所谓专款专物的专用制度，侵害的是专款专物专用的财经纪律。

第六章 毁坏罪与拒付报酬罪

第一节 故意毁坏财物罪

·导 读·

故意毁坏财物罪,是指故意毁坏公私财物,数额较大或者有其他严重情节的行为。凡是有害财物的效用的行为,都属于毁坏。毁坏既包括从物理上变更或者消灭财物的形体,也包括通过对财物施加有形力或者影响力,使财物的效用丧失或者减少的一切行为。具体地说:(1)通过对财物行使有形力,导致财物的完整性受到物理性毁损的,当然属于毁坏财物。(2)通过对财物行使有形力,导致财物的效用减少或者丧失的,也属于毁坏财物。(3)虽然没有直接对财物行使有形力,但使他人财物的效用减少或者丧失的,同样是毁坏财物。故意毁坏财物罪与盗窃罪等取得罪构成要件之间不是对立关系,而是包容竞合关系。教唆他人毁坏财物,他人实施盗窃的,在故意毁坏财物罪的范围内成立共犯。

条 文

第二百七十五条 【故意毁坏财物罪】故意毁坏公私财物,数额较大或者有其他严重情节的,处三年以下有期徒刑、拘役或者罚金;数额巨大或者有其他特别严重情节的，处三年以上七年以下有期徒刑。

实务疑难问题

1. 让他人鸟儿飞走、鱼塘中鱼儿游走，将戒指扔海里，是“毁坏”财物吗？

案1：浙江省义乌市一纽扣工厂职工与老板发生纠纷，职工出于报复的目的冲到纽扣厂将厂里事先分门别类装在几十个麻袋里的纽扣全部混在一起。后来老板雇请十多人花了十几天时间才重新归类。

某大学一群学生因对学校不满，冲到学校图书馆将学校图书馆里几百万本编目归类的图书全部打乱。后来学校雇请数十人花了几年时间重新编目归类。

某中学食堂临时工因对学校克扣工资不满，在食堂中午开饭前，将装在几十个菜盆里的菜全部混倒在一口大缸里。

对于上述案件，若坚持物理性毁损说和形式解释论，则会否认属于毁坏财物，但若坚持效用侵害说，则会肯定故意毁坏财物罪的成立。

案2：甲到乙家实施抢劫杀人后，为了避免司法机关发现自己与乙的通话记录，就将乙手机等物取走，长时间放在自己家的花盆下，准备伺机扔掉。但案发时，手机等物仍然在自己家的花盆下。

本案中甲的行为属于隐匿财物。若坚持物理性毁损说，会否认属于毁坏财物，但若坚持效用侵害说，则会肯定故意毁坏财物罪的成立。

案3：被告人甲在某商场从事电脑专柜的销售业务。甲所在的商家规定，销售人员销售量较多时，可以获得一定奖励。而且，销售人员在销售过程中，可以在商家定价基础上，下浮10%价格销售电脑。甲为了提高自己的销售业绩，将所负责销售的电脑以低于商家定价50%的价格出售，由于销售的台数较多，导致该商家损失惨重。

本案中，甲毁坏的不是他负责销售的电脑本身，而是电脑本应在交易中具有的财产价值。只要认为财产性利益能够成为故意毁坏财物罪的对象，就应肯定本案中甲以超低价格出售商场电脑的行为构成故意毁坏财物罪。

案4:A是商场的工作人员,在受到部门领导的责罚后,气愤难平,就径直将商场的商品全部扔到了大街上,结果扔出去的商品被街上的行人捡走了。

应该说,本案是构成取得罪还是毁弃罪的关键就在于,能否将第三者占有财物的事实认定为行为人"据为己有"。一般而言,在行为人将自己负责销售的商品送给自己的亲朋好友的情况下,我们往往能够将这样的行为理解为行为人将负责销售的商品"据为己有"了,但在行为人故意使这些商品让不相干的第三人占有时,往往很难认定为行为人将这些商品"据为己有"。从一般预防的角度考虑,一般人不会随意将自己单位的财物转移给不认识的第三人占有,所以,对这样的行为不需要解释为"据为己有";但一般人却很有可能会将自己单位的财物转移给自己的亲人、朋友占有,于是,这样的行为一般预防的必要性比较大,可以解释为取得罪中的"据为己有"。本案中,难以认为A具有非法占有的目的,所以只能认定成立故意毁坏财物罪。

何谓"毁坏",我国刑法通说教科书指出,损毁财物的方法有多种,包括砸毁、撕毁、压毁等。但这不过是依照《现代汉语词典》做出的解释,并没有回答毁弃罪的本质。谁也不会否认,摔碎玻璃杯的行为属于毁坏。但是,将他人笼中的小鸟放飞、鱼池中饲养的鱼儿放走、将屎尿撒在他人饭钵中、侵入他人股票账户高进低出、将他人原本分门别类地各种纽扣混在一块、拿走单行交通标志牌使司机遭受罚款损失、在他人新建的大楼外墙上张贴"专治淋病梅毒"广告等行为,是否属于毁坏财物,通说就无法回答。这涉及毁弃罪的本质问题,而毁坏的含义和毁弃罪的本质是一个问题的两个方面。

关于毁弃罪的本质,日本刑法理论中主要存在"效用侵害说"与"物质的毁损说"的对立,目前判例与通说采"效用侵害说";德国刑法中主要有"实体破坏说"与"功能妨碍说"的分歧,现在德国判例与通说改采"功能妨碍说"。

效用侵害说认为,凡是有害于财物效用的行为,都属于毁弃、损坏。因为毁弃罪的核心就是损害财物的效用,而财物效用的减少、灭失与财物遭受物理性的破坏,在反价值性上是完全等同的,都是导致财物不能使用。效用侵害说遭致的批评是:(1)将使效用减失的行为理解为损坏,已经超出了损坏这一日常用语的含义,属于类推解释。(2)在判断能否使用时,考虑感情、精神上的因素,并将其作为财产犯成立与否的标准,不够妥当。(3)将他人鱼池中的鱼放走,并没有侵害财物本身的效用,只是侵夺了财物所有者的权利,使其事实上不能使用,将其理解为损坏很牵强。(4)即便按照物质的毁损说,也并非所有隐匿行为均不可罚。根据非法占有目的不要说,出于隐匿的意思将财物从原来的场所拿出的占有转移行为,成立盗窃罪;采用非法占有目的必要说,隐匿财物、将财物完全置于自己的实力支配下,若具有享受效用的意思,也能成立盗窃罪。(5)根据效用侵害说得出损坏罪成立的事例,按照物质的毁损说也能肯定损坏罪的成立。例如,将他人房屋抬高3尺、平移十几个房间,或是在他人的画上涂撒墨水等。

物质的毁损说(也称物理的毁损说)认为,从物质上(物理上)破坏、毁损财物的一部或者全部,从而侵害财物本来的效用的行为,才是毁弃、损坏。这是因为,毁弃、损害概念本来的意义不在于实施有形的作用,而在于通过这样的方法,物质性地破坏、毁损财物的全部或者部分,从而造成侵害财物效用的结果。

本书赞成效用侵害说。首先,物质的毁损说显然过于缩小了财产罪的处罚范围,不利于保护法益。将他人的戒指砸毁还是扔进大海,或将他人饲养的鱼毒死还是打开闸门让鱼儿游走,抑或将他人笼中的小鸟摔死还是放飞,对于所有权人财产法益的侵害没有本质区别,都是导致他人不能利用财物。用粪便污损他人饭钵的,固然饭钵在物理上并没有遭受毁损,用消毒液反复清洗,或者简单冲洗一下后,不知情的人也能用之享受美味佳肴,但是,要求饭钵的所有权人消毒后使用,或者指望他人在不知情的情况下继续使用曾被粪便污损过的饭钵,是对所有权人的过分要求。

其次,财产犯罪可分为取得罪与毁弃罪,前者以非法占有为目的,后者不以非法占有为目的,若我们对毁坏的解释限于物理性毁损,就会导致财产犯罪形成处罚空隙,如无法处罚隐匿行为。只有将取得罪的本质把握为,出于利用效用的意思侵害财物的占有或者所有,同时将毁弃罪的本质掌握为,出于损害财物效用的意思,使他人遭受财产损害的行为,才能使取得罪与毁弃罪之间既不重叠,也不交叉,从而"分工合作",有效地保护财产法益。

最后，虽然按照非法占有目的不要说，出于毁弃的意思转移占有后放置一边的，也能成立盗窃罪，但非法占有目的不要说难以说明，为何毁弃罪的违法性不比盗窃罪等取得罪的违法性轻，但法定刑却远轻于取得罪。非法占有目的必要说之所以成为通说，就在于能够根据排除意思的有无区分盗窃、诈骗罪与不可罚的使用盗窃、骗用，根据利用意思的有无区别取得罪与毁弃罪。

实体破坏说（也称状态改变说）认为，所谓毁损就是破坏物的“实体”。采用实体破坏说，毁损罪的处罚范围就不至于过大。例如，放走笼中的小鸟不是毁损，因为小鸟本身并未受破坏；将轮胎气放掉的行为不是毁损，因为轮胎本身未受损害。实体破坏说有经验主义的色彩，早些年德国实务采“实体破坏说”，后来德国联邦最高法院不再采用该说。目前，德国通说与判例均采用“功能妨碍说”，认为减损物的正常使用性质，即为毁损；毁损不需要破坏实体，程度不轻地妨碍物的正常功能，就属毁损。根据功能妨碍说，放出笼中小鸟、将白狗喷漆成黑狗、把他人爱犬的毛剃光、对轮胎放气、消除录像录音带、在字画上涂鸦、将脚踏车投入湖中、在他人的饮料里吐痰，都是毁损。

不难看出，德国的“实体破坏说”与日本的“物质的毁损说”相似，德国的“功能妨碍说”与日本的“效用侵害说”相近。所谓妨碍功能，就是妨碍物的效用的发挥、影响所有权人对财物效用的利用。由此，我们大致可以认为，毁弃罪的本质在于，以侵害财物的效用、妨害财物的功能发挥的方式，侵害他人的财物所有权；而取得罪的本质在于，出于利用财物的效用、功能的意思，侵害他人财物的所有权。

关于毁弃罪，目前理论上争论的不是采用哪种学说，而是对效用的侵害、功能的妨碍的解释，或者说毁弃罪的处罚范围能扩张到什么程度，因而归结到对毁弃罪具体行为表现的把握。结合我国的司法实践，可以将故意毁坏财物分为以下几种情形。

第一种是混合行为，即将不同性质的财产混合在一起，导致不同性质的财物不可能再分开或者分开需要花费劳动力的行为。例如，将炼油厂的汽油与柴油混合在一起，将食用油与柴油混合在一起，将不同型号的纽扣混合在一起，将图书馆分门别类编目的图书打乱，将食堂分装在几十个菜盆里的菜混在一起，将大米、小麦、玉米、面粉、绿豆、豌豆等各种杂粮混在一起等,都属于毁坏财物。

第二种是剥夺行为,即行为人没有非法占有目的,但剥夺了他人对财物的占有,隐匿行为就是如此。例如,为避免司法机关发现自己与被害人的通话记录而拿走被害人的手机,或者为防止被害人报警而藏匿被害人的手机,就属于毁坏财物。

第三种是外观改变。对于比较重大的外观改变,应当认定为毁坏。美术作品、艺术作品、文化作品之类的财物的外观改变,很容易被人们认为是毁坏。其实建筑物也是美术作品、艺术作品。在建筑物外墙、人行天桥、道路地面贴满"专治淋病梅毒""办证刻章"等小广告,也是毁坏财物。盗窃道路上的窨井盖,不只是改变了道路的外观,而且使道路的使用价值减损,属于毁坏财物。

第四种是消耗物品。消耗他人物品的行为,部分成立盗窃罪,部分成立故意毁坏财物罪。例如,喝掉他人瓶中酒,吃了他人的盘中鱼,燃放了他人的烟花爆竹,应当构成盗窃罪。又如,向他人传真机发送大量他人不需要的广告,消耗了他人大量的传真纸与油墨的,不能以被害人的传真纸与油墨本来用于消耗为由,否认故意毁坏财物罪的成立。

第五种是间接的物质侵害。例如,行为人向被害人的物品上泼洒油漆等,被害人的清洗不仅花费劳动力,而且清洗行为必然导致物品本身的毁损。介入被害人的清洗行为很正常,所以要将毁损结果归属于行为人的行为。不应当将这种行为评价为间接正犯,因为毁损财物的行为不是被害人的清洗行为,而是泼洒油漆的行为本身。

第六种是对财物缺乏直接有形作用的毁坏行为。例如,将他人的戒指扔到大海里,将他人鸟笼打开让鸟儿自己飞走,把他人鱼塘闸门打开让鱼儿游到大河里。虽然这种行为不是直接作用于财物本身,但存在间接作用或者影响力,可以认定为毁坏。

第七种是导致他人财产性利益减少的行为。既然认为财产性利益属于财物,也是故意毁坏财物罪的对象,就没有理由否认导致他人财产性利益减少的行为成立故意毁坏财物罪。例如,将他人优质股票以最低价格抛售,导致他人遭受重大财产损失,就属于故意毁坏财物。撕毁他人作为唯一的债权凭证的欠条、丢弃他人不能通过挂失等方式挽回损失的金融债权凭证，都能够评价为故意毁坏财物，毁坏财物的数额是欠条等债权凭证记载的金额。

张明楷教授认为，行为人在餐馆吃饭之后发现没有带钱就偷偷溜走了，或者驾驶机动车在高速公路的收费处跟着前面的车辆突然闯过去，又或者将机动车从高速公路护栏的某个缺口处开出去，由于行为人没有实施欺骗行为，不可能成立诈骗罪；由于没有转移财物的占有，不可能成立盗窃罪。有学者主张，这种行为成立盗窃罪，但在张明楷教授看来，与其认定为盗窃罪，不如认定为故意毁坏财物罪。当然，并不是说一定要认定为故意毁坏财物罪，只是觉得认定为故意毁坏财物罪比认定为盗窃罪更有理由。①

本书认为，上述情形行为人明显具有利用或者获利的意思，认定为作为毁弃罪的故意毁坏财物罪明显不妥。严格强调占有的转移应该仅针对狭义的财物即有体物而言的，对于财产性利益，只要能够肯定行为人取得或者享受了财产性利益，被害人丧失了财产性利益，或者说实际遭受了财产损失，就可以肯定行为人对财产性利益的获取或者夺得，而能成立作为夺取罪、取得罪、转移占有犯罪的盗窃罪。

2. 故意毁坏财物罪与盗窃罪等取得罪构成要件之间是对立关系吗？

案5：甲从家住7楼的被害人家里搬出彩电，搬到6楼时发现有人上楼，就将彩电从楼梯间的窗户扔下去摔坏。

如果认为故意毁坏财物罪与盗窃罪等取得罪构成要件之间是对立关系，在不能查明行为人转移占有时有无非法占有目的，如本案，既不能定盗窃罪，也不能故意毁坏财物罪。只有肯定故意毁坏财物罪与盗窃罪构成要件之间不是对立关系，而是包容竞合关系，构成要件有重合的部分，才可以肯定本案中甲的行为至少成立故意毁坏财物罪。

本书认为，毁弃罪与取得罪之间存在竞合关系，凡是符合取得罪构成要件的，也同时符合毁弃罪构成要件，毁弃罪构成要件在所有财产犯罪中，具有截堵

---

① 张明楷：《侵犯人身罪与侵犯财产罪》，北京大学出版社2021年版，第363页。

构成要件的性质。这种竞合论有利于如下问题的妥善处理:

一是行为人侵害了他人对财物的占有,但是否具有利用处分意思难以查明的情形。根据上述竞合论,不管是否具有利用的意思,只要使他人丧失占有、妨害他人对财物效用的利用,就成立毁弃罪;当查明具有利用处分意思时,则成立盗窃罪等取得罪。不过,由于侵占罪的违法性与有责性较低,立法者有意设置相对较低的法定刑(比故意毁坏财物罪法定刑还要轻),因而将自己占有下的财物变为自己所有之后,又加以毁坏的,仅成立侵占罪;未达刑事法定年龄的人盗窃他人财物,达到刑事法定年龄后加以毁坏的,也仅成立侵占罪。

二是出于毁弃的意思转移占有后加以利用的情形。通说认为,当初出于毁弃的意思转移他人财物,占有后放置一边的,成立隐匿型毁弃罪,而如果产生利用的意思进而利用处分财物的,仅成立(脱离占有物)侵占罪。但是应该说,之后加以利用比单纯放置一边,非难可能性更重,应处以更重的刑罚,若以侵占罪定罪反而处罚更轻。因而本书认为,出于毁弃的意思转移占有后又加以利用的,应当成立故意毁坏财物罪,而不是侵占罪。

三是竞合论有利于共犯过剩的处理。例如,甲教唆乙毁坏丙的财物,乙到现场后产生了利用的意思进而将他人财物占为已有的,二人在故意毁坏财物罪的范围内成立共犯,乙单独成立盗窃罪。若认为取得罪与毁弃罪之间是对立关系,则构成要件间没有重合的部分,甲乙不能成立共犯;根据共犯的实行从属性原理,只能宣告甲无罪。但无罪的结论显然不合理。因为若被教唆者乙按照甲的教唆实施了故意毁坏财物的行为,二人成立故意毁坏财物罪的共犯,而事实上当被教唆者实施了更为严重的犯罪盗窃罪时,教唆者反而无罪,结论明显不协调。

第二节　破坏生产经营罪

·导　读·

破坏生产经营罪,是指由于泄愤报复或者其他个人目的,毁坏机器设备、残害耕畜或者以其他方法破坏生产经营的行为。本罪实际上是以毁坏财物的方法破坏他人的生产经营。故意毁坏财物罪与破坏生产经营罪同属于毁弃罪,二者的本质相同。现行刑法所规定的破坏生产经营罪,只不过是针对特定对象所规定的毁弃罪,是通过毁坏生产工具、生产资料等方式破坏生产经营活动。为适应后工业社会和互联网时代的要求,应该认为所谓"以其他方法破坏生产经营",不应限于以毁坏生产资料的方式破坏生产经营,恶意打订餐、订房电话,恶意进行网上差评,"反向炒信"等,都有可能被评价为"以其他方法破坏生产经营",而构成破坏生产经营罪。

条　文

第二百七十六条　【破坏生产经营罪】由于泄愤报复或者其他个人目的,毁坏机器设备、残害耕畜或者以其他方法破坏生产经营的,处三年以下有期徒刑、拘役或者管制;情节严重的,处三年以上七年以下有期徒刑。

实务疑难问题

1. 破坏生产经营罪立法目的是什么?与故意毁坏财物罪之间是什么关系?

案1:某机票代购公司的员工甲与经理乙有矛盾,就想报复乙。甲知道公司购买机票系统登录账户,就利用该账户向某外国航空公司预定了60张机票,直到飞机起飞时,甲既没有退票也没有付款。根据合同约定,机票代购公司向外国航空公司赔偿了7万元。

如果认为故意毁坏财物必须有财物存在,则本案中甲的行为不构成故意毁坏财物罪。如果认为破坏生产经营罪的"以其他方法破坏生产经营",仅限于破坏与"机器设备""牲畜"相当的生产资料,则本案中甲的行为也不构成破坏生产经营罪。本书认为,凡是使他人遭受财产损失的行为,都可谓"毁坏"财物,则本案中甲的行为可以构成故意毁坏财物罪。如果认为只要破坏了生产经营,就属于"以其他方法破坏生产经营",则本案甲的行为也能构成破坏生产经营罪。

案2:村民对征地补偿款不满意,发生征地补偿纠纷后,采用挖村头道路或者在村路上拦截开发商或者经营商等方式要求提高征地补偿款。

一些地方的司法机关将这类案件作为破坏生产经营罪处理。应该说,由于村民挖的是自己的村头道路,是在自己的村路上拦截,而非通过毁坏机器设备、残害耕畜的方式破坏他人的生产经营,所以评价为破坏生产经营罪存在疑问。

案3:行为人为了不合理的索赔,雇了一大帮人堵在某公司门前,不让公司正常营业。

应该说,行为人并没有通过毁坏机器设备、残害耕畜的方式破坏他人的生产经营。行为人的行为严重扰乱了生产、营业秩序的,可以认定为聚众扰乱社会秩序罪。

案4:行为人买福利彩票屡屡不能中奖,非常气恼。于是某晚潜入福利彩票开奖现场,将沙子装入摇奖小球中,致使小球滚动缓慢。某法院认定构成破坏生产经营罪。

应该说,本案中的行为人也没有通过毁坏机器设备、残害耕畜的方式破坏他人的生产经营。其将沙子装入摇奖小球中,可以评价为情节严重的故意毁坏财物,成立故意毁坏财物罪。

案5:甲开染织企业,客户把布送来染色,不同客户的布头上会有标记,写明客户的姓名与印染要求,行为人把布头的标记部分给剪掉了,导致甲不知道布是谁的,也不知道怎么染色了。

应该说,甲的这个行为是将不同的物混合在一起导致无法区分,属于故意毁坏财物。如果说待染的布属于生产资料,甲的行为也符合破坏生产经营罪的构成要件。这两个罪不是对立关系。

1979年《刑法》将破坏生产经营罪规定在"破坏社会主义经济秩序罪"一章中,其保护的法益是社会主义经济秩序。1997年全面修订《刑法》时将其调整到"侵犯财产罪"一章,虽然条文表述不变,但其所保护的法益已由经济秩序转变为财产权。现行《刑法》中破坏生产经营罪紧随故意毁坏财物罪之后,说明破坏生产经营罪也属于一种没有利用意思、单纯给他人造成损失的“损人不利己”的毁弃罪。破坏生产经营罪与故意毁坏财物罪的区别仅在于，其是通过毁坏机器设备、残害耕畜的方式间接给他人造成损失；也就是说，所造成的财产损失不是机器设备、耕畜本身的损失，而是因为机器设备、耕畜被毁坏而造成生产经营上的损失，可谓间接损失。而故意毁坏财物罪所造成的损失是所毁坏的财物本身的损失，可谓直接损失。但二罪有共同的本质，就是本人缺乏利用意思而给对方造成财产损失。

2. 恶意打订餐、订房电话，网上恶意差评，属于“以其他方法破坏生产经营”吗？

案6（南京反向炒信案）：董某为谋取市场竞争优势，指使谢某多次以同一账号恶意大量购买北京智齿公司南京分公司淘宝店铺商品，致使淘宝公司错误判定该店铺从事虚假交易，进而对其商品作出搜索降权的处罚，造成消费者无法通过淘宝网搜索到该公司在淘宝网店铺的商品，从而严重影响该公司的正常经营活动，并由此造成了10万余元的经济损失。

对于此案，南京市雨花台区人民法院一审认为，被告人董某、谢某出于打击竞争对手的目的，其行为属于以其他方法破坏生产经营活动，构成破坏生产经营罪。[①] 被告人董某上诉称：（1）其主观上不具备破坏生产经营罪所要求的“报复泄愤”的目的，行为动机符合“打击竞争对手”的商业惯例；（2）其行为不属于破坏生产资料的经营行为，不属于“以其他方法破坏生产经营”；（3）行为并未造成“生产经营活动无法进行”的后果；（4）行为与后果之间介入了淘宝公司搜索降权处罚的因素，而不具有刑法上的因果关系。南京市中级人民法院二审反驳称：上诉人具有报复及从中获利的主观目的，客观上实施了通过损害他人商业信誉的方式破坏生产经营的行为，实际造成被害单位10万余元的经济损失，而且上诉人的行为与财产损失之间具有因果关系，其行为符合破坏生产经营罪的构成要件，应以破坏生产经营罪定

① 参见江苏省南京市雨花台区人民法院（2015）雨刑二初字29号刑事判决书。

罪处罚。因此二审作出维持原判的判决。[1]

对此判决,理论界存在“支持论”与“反对论”两种对立的观点。

“支持论”认为:(1)虽然被告人并未如毁坏机器设备或残害耕畜那样从物理上毁损他人的生产资料,但被告人的行为实际导致被害单位的网上店铺被淘宝公司做搜索降权处罚,经营活动遭受严重阻碍,整体财产法益遭受损害;(2)将反向刷单炒信的行为评价为破坏生产经营罪的“其他方法”,属于符合法益保护目的的客观解释,未超出刑法用语的最大射程,并不违反罪刑法定原则;(3)本罪中的“毁坏机器设备”“残害耕畜”,仅仅起到提示作用,也就是说,即使行为人没有采取物理性破坏生产资料的方法,但只要行为侵犯了生产经营者基于生产经营的利益,就可以认为是“其他方法”;(4)本案中只要是破坏了电商的经营利益,就可以认为行为符合了破坏生产经营罪的构成要件。

“反对论”的主要理由:(1)破坏生产经营罪所侵害的法益不是财产权,而是“开展业务活动的自由”,各种妨害网店经营的行为,应当构成妨害业务罪,但我国《刑法》并未规定该罪,将本应构成妨害业务罪的行为,按照破坏生产经营罪来处罚,属于典型的类推适用,违反罪刑法定原则;(2)被告人董某的行为,既不属于“毁坏机器设备”,也不属于“残害耕畜”,因而其行为不是“破坏”;(3)根据同类解释规则,破坏生产经营罪中的“其他方法”,必须是毁坏机器设备、残害耕畜等物理性的破坏行为,必须采用“暴力”,行为对象必须是生产工具等生产资料,即仅限于毁坏生产工具或者生产资料等侵犯财产的方法,而炒信行为,并没有直接毁坏任何财物,因而不可能构成破坏生产经营罪;(4)被害单位通过论文相似度软件的有偿使用进而营利的业务行为,虽然属于“生产经营”,但被告人董某通过重复刷单致使被害单位被淘宝网“搜索降权”,并不属于“以其他方法破坏生产经营”的行为。

本书认为,“反对论”的理由并不成立。

---

① 参见江苏省南京市中级人民法院(2016)苏01刑终33号刑事判决书。

首先,破坏生产经营罪所保护的法益并非“开展业务活动的自由”,亦非市场经济秩序,而是他人的财产权。现行《刑法》将破坏生产经营罪置于“侵犯财产罪”一章中的故意毁坏财物罪之后,这充分说明,现行《刑法》中破坏生产经营罪的立法价值取向在于保护他人的财产权,而且从其与故意毁坏财物罪中的故意“毁坏”公私财物相类似的表述——“毁坏”机器设备、“残害”耕畜或者以其他方法“破坏”生产经营来看,应当能够得出破坏生产经营罪与故意毁坏财物罪,同属于不具有非法占有目的的“毁弃罪”的结论。既然可以得出“当刑法规定故意毁坏财物罪就是为了保护他人财产免遭损失(保护他人的财产价值)时,有必要将毁坏解释为使他人财物(股票)价值减少或者丧失的行为”的结论,没有必要否认破坏生产经营罪的立法目的也在于保护他人财产免遭损失,所以,凡是非法使他人遭受财产损失的行为,都可能被纳入本罪所规制的范畴。

其实,故意毁坏财物罪与破坏生产经营罪的区别仅在于,前者是通过毁坏具体财物,直接导致被害人所有的该财物本身的效用减少或者丧失,如摔碎他人的茶杯,导致他人不能用之饮水。而后者,是通过毁坏机器设备、残害耕畜等生产资料的方式,导致他人因为机器停止运转、没有耕畜可以犁地或托运重物而间接导致的财产损失,而不是被毁坏的机器、残害的耕畜本身的财产损失,否则“破坏生产经营罪被完全消解于故意毁坏财物罪之中,从而丧失了单独存在的必要性”。本案正是通过恶意反向炒信的方式,导致被害单位遭受搜索降权的处罚,使网店的经营受到影响进而遭受财产损失的,因而完全符合《刑法》设立破坏生产经营罪的本旨。

其次,将破坏生产经营罪中的“其他方法”的对象限定于与“机器设备”“耕畜”类似的生产资料,将行为方式限定于“暴力”“物理性”的破坏方式,这完全是停留于农耕社会和机器工业时代的固有思维和解释水平,不能适应如今以第三产业为主体的后工业社会和网络时代的要求。应当认为,“其他方法”并不限于破坏工农业生产资料,而是“只要危害行为侵犯了生产经营者基于生产经营的利益,就可以认为是‘其他方法’”。如同可以将故意毁坏财物罪中的“毁坏”解释为一切使他人遭受财产损失的方法一样,如高进低抛他人的股票、打乱他人事先分门别类的各种型号的纽扣。事实上,否定论的立场也前后矛盾。例如,张明楷教授一方面认为，关于故意毁坏财物中“毁坏”的含义，应采取一般的效用侵害说，即“毁坏不限于从物理上变更或者消灭财物的形体，而是包括使财物的效用丧失或者减少的一切行为”；另一方面又认为，“破坏生产经营罪，只不过是故意毁坏财物罪的特殊条款，亦即，只有通过毁坏生产工具、生产资料进而破坏生产经营活动的，才成立破坏生产经营罪”。也就是说，在对故意毁坏财物罪中的“毁坏”含义的理解上，采用了“效用侵害说”，而在对破坏生产经营罪中的“其他方法破坏”的理解上，却采用了物理性毁损说，明显自相矛盾。

再次，诚然将破坏生产经营罪中的“其他方法”，解释为使用暴力、物理性地破坏与机器设备、耕畜类似的工农业生产资料，是最符合同类解释规则要求的，但刑法语词的表述可以不变，其含义完全可能随着时代的发展、法益保护要求的变化、行为方式的异化，而“旧瓶装新酒”。

立法者因为认识到人类的认识具有局限性，不能预料到无穷多变的生活事实，而有意表述为“以其他方法破坏生产经营”，以适应不断变化的生活事实。如果现在的人们仍然恪守农耕社会和机器工业时代的思维，认为只有毁坏机器设备、残害耕畜，才能达到破坏他人生产经营的目的，则随着时代的发展，立法的目的可能完全落空，而不能满足变化了的法益保护要求。

最后，不能因为我国《刑法》缺乏妨害业务罪的规定，就认为将原本应当按照妨害业务罪处理的行为，以破坏生产经营罪处理，有违罪刑法定原则。规定妨害业务罪的国家，如日本，并未将妨害业务罪规定为侵犯财产的犯罪，因而不会认为妨害业务罪属于毁弃罪。但在我国，破坏生产经营罪属于侵犯财产罪中的毁弃罪，因而，将部分通过妨害业务致使他人遭受财产损失的行为，如本案，评价为破坏生产经营罪，没有任何立法论和解释论上的障碍。我们“不能因为某种行为在国外属于刑法规定的A罪，而我国刑法没有规定A罪，便得出在我国‘将某种行为认定为犯罪违反罪刑法定原则’的结论”。而应根据我国现有的刑法规定，在刑法用语的最大射程范围内，将值得科处刑罚的行为，尽可能纳入我国相应犯罪构成要件所规制的范畴，以求最大限度地保护法益。

综上，“南京反向炒信案”中的行为，属于破坏生产经营罪中的“其他方法”，符合破坏生产经营罪的构成要件；以该罪论处，不仅符合法益保护的要求，亦未超出刑法用语的最大射程以及一般人的预测可能性，并不违反罪刑法定原则。恶意打订餐、订房电话，网上恶意差评，使他人遭受财产损失的，既可以评价为“以其他方法破坏生产经营”构成破坏生产经营罪，也可以评价为故意毁坏财物罪。

第三节　拒不支付劳动报酬罪

·导　读·

由于本罪的实质是不履行支付劳动报酬的义务，属于不作为犯，所以，上述两种类型的行为都以行为人有支付能力为前提。转移财产时，已经表明行为人有支付能力；行为人没有支付能力而逃匿的，不可能成立本罪。拒不支付劳动报酬罪，是以转移财产、逃匿等方法逃避支付劳动者的劳动报酬或者有能力支付而不支付劳动者的劳动报酬，数额较大，经政府有关部门责令支付仍不支付的行为。本罪的构成要件内容为拒不支付劳动报酬，法条将其分为两种类型：一是以转移财产、逃匿等方法逃避支付劳动者的劳动报酬；二是有能力支付而不支付劳动者的劳动报酬。实际上，第二种类型可以包含第一种类型。也就是说，即使行为人转移财产或者逃匿，但只要支付了劳动报酬，就不可能构成本罪；反之，只要不支付劳动报酬，即使行为人既不转移财产又不逃匿，也可能构成本罪。根据《刑法》规定，只有经政府有关部门责令支付仍不支付的行为，才构成本罪。本罪的责任形式为故意，因失误而漏发劳动报酬的，不成立本罪。

条　文

第二百七十六条之一　【拒不支付劳动报酬罪】以转移财产、逃匿等方法逃避支付劳动者的劳动报酬或者有能力支付而不支付劳动者的劳动报酬，数额较大,经政府有关部门责令支付仍不支付的,处三年以下有期徒刑或者拘役,并处或者单处罚金;造成严重后果的,处三年以上七年以下有期徒刑,并处罚金。

单位犯前款罪的,对单位判处罚金,并对其直接负责的主管人员和其他直接责任人员,依照前款的规定处罚。

有前两款行为,尚未造成严重后果,在提起公诉前支付劳动者的劳动报酬,并依法承担相应赔偿责任的,可以减轻或者免除处罚。

实务疑难问题

1. 拒不支付劳动报酬罪的立法目的是什么?应否限制“劳动者”的范围?

本来拒不支付劳动者劳动报酬,只是不履行民事债务的行为,为何要将其上升为犯罪呢?这是考虑到我国的现实国情,还有很大一部分如农民工这样的弱势群体,他们背井离乡、别离妻儿外出打工,就是希望能通过打工挣点辛苦钱,结果老板欠薪,使其辛苦付诸东流。可以说,对社会弱势群体来说,劳动报酬可谓“救命钱”。通过民事手段讨薪,显然不足以维护农民工这种社会弱势群体的权益,所以刑法作为社会保障法,帮社会弱势群体讨薪就很有必要。从这个角度讲,本罪中的“劳动者”似乎应限于农民工、普通工人、快递小哥、保安、餐厅服务员、商场营业员、公交车司机等社会弱势群体。

2. 如何把握“经政府有关部门责令支付仍不支付”?

案1:甲是某小型房地产公司的负责人,他所在的公司拖欠了民工100万元工资。甲考虑到当时是12月,民工回家肯定会要求甲付清工资,甲在能够支付该100万元工资的情况下,却在外地躲了3个多月。甲回到该公司后,政府责令甲清偿工人的工资,甲立刻从公司账户中提取了100万元清偿了工资。

如果认为“经政府有关部门责令支付仍不支付”是前面两种行为类型成立条件,即即便行为人以转移财产、逃匿等方法逃避支付劳动者的劳动报酬,也需要责令支付后仍不支付,才能追究本罪的刑事责任,则在本案中,政府的确是在甲已经回到公司后，才责令支付的，所以甲并不构成拒不支付劳动报酬罪。但若认为，“经政府有关部门责令支付仍不支付”，是只针对“或者”之后的“有能力支付而不支付劳动者的劳动报酬，数额较大”，但不针对“或者”之前的“以转移财产、逃匿等方法逃避支付劳动者的劳动报酬”的话，那么，在行为人为了逃避支付劳动者的劳动报酬而实施了转移财产、逃匿等行为时，就可以直接将这样的行为认定为拒不支付劳动报酬罪。应该说，在行为人逃匿不知去向的情况下，政府相关部门也很难责令其支付。行为人也通过自己逃匿的行为显示出了其拒不支付劳动报酬的意图。所以，将逃匿，尤其是卷款潜逃的行为认定为拒不支付劳动报酬罪也是可能的。如果不能这样来理解，就应当通过缓和地解释“经政府有关部门责令支付”来规制逃匿的行为。例如，只要政府有关部门就支付工资事项给行为人打过电话或者发出过通知，就认定为“经政府有关部门责令支付”。也就是说，只要行为人在通常情况下能够接收到政府有关部门的责令，就可以了。至于行为人是否实际上已经收到了政府的责令，则不在考虑之内。

3. 两种行为类型之间是什么关系？逃匿就构成犯罪吗？

应该认为，第二种行为类型可以包含第一种类型。也就是说，即便行为人逃匿，也要求判断其有无支付劳动者报酬的能力。没有支付能力，即便逃匿也不构成本罪；有支付能力，即便不逃匿，也能构成本罪。所以，无论什么情况，都只有在行为人有能力支付而不支付劳动者的劳动报酬时，才可能构成本罪。

4. 因拒不支付劳动报酬被定罪后仍不支付，是想象竞合还是数罪并罚？

张明楷教授认为，行为人不支付劳动报酬，由政府有关部门责令后仍不支付，后来经法院判决支付劳动报酬，行为人仍不执行判决、裁定的，是拒不支付劳动报酬罪与拒不执行判决、裁定罪的想象竞合，从一重处罚。①

应该说，行为人实际上存在两个不作为，侵害了两个不同的法益，应当数罪并罚。

① 张明楷：《刑法学》（第6版），法律出版社2021年版，第1348页。

相关主要司法文件

1. 2000 年 11 月 22 日最高人民法院《关于审理抢劫案件具体应用法律若干问题的解释》,简称为《抢劫解释》。

2. 2005 年 6 月 8 日最高人民法院《关于审理抢劫、抢夺刑事案件适用法律若干问题的意见》,简称为《两抢意见》。

3. 2016 年 1 月 6 日最高人民法院《关于审理抢劫刑事案件适用法律若干问题的指导意见》,简称为《抢劫意见》。

4. 2013 年 4 月 2 日最高人民法院、最高人民检察院《关于办理盗窃刑事案件适用法律若干问题的解释》,简称为《盗窃解释》。

5. 2016 年 12 月 19 日最高人民法院、最高人民检察院、公安部《关于办理电信网络诈骗等刑事案件适用法律若干问题的意见》。

6. 2013 年 11 月 11 日最高人民法院、最高人民检察院《关于办理抢夺刑事案件适用法律若干问题的解释》,简称为《抢夺解释》。

7. 2016 年 4 月 18 日最高人民法院、最高人民检察院《关于办理贪污贿赂刑事案件适用法律若干问题的解释》。

8. 2013 年 4 月 23 日最高人民法院、最高人民检察院《关于办理敲诈勒索刑事案件适用法律若干问题的解释》,简称为《敲诈勒索解释》。